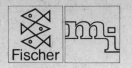

MANAGEMENT ENZYKLOPÄDIE

Taschenbuchausgabe in 10 Bänden

MANAGEMENT ENZYKLOPÄDIE

Das Managementwissen
unserer Zeit

10

Weltbilanzen
Zulieferindustrie

Fischer Taschenbuch Verlag
verlag moderne industrie

Fischer Taschenbuch Verlag und
Verlag Moderne Industrie
Oktober 1975
Für die Taschenbuchausgabe
aktualisierte und gekürzte Ausgabe
Umschlagentwurf: Jan Buchholz/Reni Hinsch
Lizenzausgabe mit freundlicher Genehmigung
des Verlages Moderne Industrie, Wolfgang Dummer & Co., München
© der Originalausgabe 1972 Verlag Moderne Industrie,
Wolfgang Dummer & Co., 8 München 50
© dieser Ausgabe 1975 Verlag Moderne Industrie,
Wolfgang Dummer & Co., 8 München 50 (ISBN 3-478-39690-5)
Gesamtherstellung: Gerhard Stalling AG, Oldenburg
Printed in Germany
ISBN 3-436-02251-9

Weltbilanzen

Als Weltbilanzen werden in jüngerer Zeit internationale Konzernabschlüsse bezeichnet, in die neben der Konzernobergesellschaft und ihren Konzerntöchtern mit Sitz im Inland auch (möglichst alle) Konzerntöchter mit Sitz im Ausland einbezogen sind. In Abweichung vom Wortsinn werden üblicherweise als »Weltbilanz« nicht nur die internationale Konzernbilanz im engeren Sinne, sondern auch die dazugehörige internationale Gewinn- und Verlustrechnung und ggf. der (internationale) Konzernbericht verstanden, soweit dieser die Abschlußpositionen der internationalen Konzernbilanz und der internationalen Konzern-Gewinn- und Verlustrechnung erläutert. Im folgenden werden die Gestaltungsformen von Weltbilanzen – sofern nichts anders gesagt ist – vom Standpunkt der deutschen Konzernobergesellschaft betrachtet, die neben ihren deutschen Konzerntöchtern auch ihre Auslandstöchter in den Weltabschluß einbezieht.

Nach dem Grad der Bindung der Weltabschlüsse an handelsrechtliche Gestaltungsvorschriften ist es für die weiteren Erörterungen sinnvoll, zwischen sog. *freien Weltabschlüssen* einerseits und den nach dem Aktiengesetz von 1965 oder nach dem Gesetz über die Rechnungslegung bestimmter Unternehmen und Konzerne (vgl. Publizitätsgesetz) aufgestellten und damit gewissen Gestaltungspflichten unterworfenen *offiziellen Weltabschlüssen* zu unterscheiden. Weltabschlüsse können ferner lediglich für interne Zwecke aufgestellt werden – sog. *interne Weltabschlüsse* – oder aber zur Publikation bestimmt sein. Solche *publizierten Weltabschlüsse* verfolgen primär ein Informationsanliegen des publizierenden internationalen Konzerns. Handelt es sich dabei um Weltabschlüsse, die nach den Vorschriften des Aktien- bzw. Publizitätsrechtes aufgestellt sind, wird man von ihnen vor allem die Information der Anteilseigner und der Gläubiger über die Vermögens- und Ertragslage des Gesamtkonzerns im gesetzlich definierten Umfang erwarten müssen; handelt es sich um publizierte »freie« Weltabschlüsse, so ist der Berücksichtigung sonstiger Informationsinteressen des publizierenden Konzerns ein nicht unwesentlich breiterer Rahmen gesetzt, der lediglich durch die erst im Entstehen begriffenen »Grundsätze ordnungsmäßiger Konzernrechnungslegung« abgesteckt sein dürfte.

Die bei der Aufstellung von Weltbilanzen im Vergleich zu nationalen Konzernabschlüssen auftretenden Sonderfragen lassen sich in zwei Problemkreise zusammenfassen: (1) Probleme der Berücksichtigung bzw. Ausschaltung divergierender nationaler bilanzrechtlicher Vorschriften und (2) Probleme der Transformation der in ausländischen Währungseinheiten aufgestellten Einzelabschlüsse in die heimische Währung der Konzern-Muttergesellschaft.

Die Berücksichtigung von Abweichungen zwischen dem Bewertungs- und Bilanzierungsrecht im In- und Ausland

Mögliche Arten der Abweichungen

Das deutsche Aktien- und Publizitätsrecht verlangen bei der Aufstellung von Konzernabschlüssen grundsätzlich, d. h. soweit nicht Sondervorschriften eingreifen, die unveränderte Übernahme sämtlicher Aktiva und Passiva aus den rechtskräftig aufgestellten Einzelabschlüssen einbezogener Unternehmen in den Konzernabschluß (vgl. § 331, 1 Nr. 1 AktG: Grundsatz der Maßgeblichkeit der Einzelabschlüsse für den Konzernabschluß). Unabhängig davon verlangt ein allgemein anerkannter Grundsatz der Konzernrechnungslegung, daß die in einem Konzernabschluß zusammenzufassenden Einzelabschlüsse der einzelnen Konzernunternehmen nicht nur in formaler Hinsicht (Gliederung), sondern vor allem auch in materieller Hinsicht (Bilanzierung, Erfolgsabgrenzung und Bewertung) untereinander vergleichbar sind. Aus der Beobachtung beider Grundsätze ergeben sich bei der Einbeziehung ausländischer Tochterunternehmen in einen Weltabschluß Konfliktsituationen, die insbesondere bei der Aufstellung offizieller Weltabschlüsse gelöst werden müssen. Als besonders schwerwiegend sind z. B. gemessen an deutschen Bilanzierungs- und Bewertungsgrundsätzen Abweichungen anzusehen, wenn:

– das »Anschaffungswertprinzip« bei der Bewertung von Vermögensgegenständen grundsätzlich nicht eingehalten zu werden braucht oder in bestimmten Fällen, z. B. bei Währungsneuordnungen nicht eingehalten werden kann;

– das »Niederstwertprinzip« bei der Bewertung des Umlaufvermögens zugunsten des Tages- oder des Wiederbeschaffungswertprinzips durchbrochen werden kann;

– Abschreibungen oder Wertberichtigungen willkürlich ohne Bindung an einen Abschreibungsplan oder von Tages- bzw. Wiederbeschaffungswerten der abzuschreibenden Vermögensgegenstände vorgenommen werden oder müssen;

– aus wirtschafts- oder fiskalpolitischen Gründen in die Steuerbilanzen Wertansätze Eingang finden, die wegen des Zusammenhangs zwischen den nationalen Handels- und Steuerbilanzen in die Handelsbilanzen der Konzernunternehmen übernommen werden müssen (in Deutschland z. B. gem. §§ 154 Abs. 2 Nr. 2 und 155 Abs. 3 Nr. 2 AktG).

Die Antinomie zwischen dem konzernrechtlichen Maßgeblichkeitsgrundsatz und dem Homogenitätspostulat

Bei strenger Auslegung der aktien- und publizitätsrechtlichen Konsolidierungsvorschriften ist für offizielle Weltabschlüsse eine Lösung dieses Problems nicht zu finden: Folgt man dem konzernrechtlichen Maßgeblichkeitsgrundsatz und verzichtet dementsprechend auf den Homogenitäts-

grundsatz für die einzubeziehenden Einzelabschlüsse, dann könnte für eine solche Handhabung allenfalls die Überlegung sprechen, daß die unterschiedlichen Bilanzierungs- und Bewertungsvorschriften Standortbedingungen der einzelnen Konzernglieder darstellen, die, wenn sie im Konzernabschluß ausgeglichen würden, nicht mehr die wirtschaftliche Lage des Konzerns in seiner realen Umwelt, sondern die wirtschaftliche Lage des Konzerns in einer fiktiven, nicht den tatsächlichen Gegebenheiten entsprechenden Welt abbilden würden. Indes sind bei einer unveränderten Übernahme der in- und ausländischen Konzernabschlüsse die in dem Konzernabschluß vereinigten heterogenen Bilanzierungs- und Bewertungsprinzipien möglicherweise so verwirrend, daß die in dem so erstellten Konzernabschluß enthaltenen Informationen weder von einem internen noch von einem externen Adressaten entschlüsselt werden können.

Das Problem könnte auch nicht durch den Verzicht auf die Einbeziehung derjenigen ausländischen Konzerntöchter in den Konzernabschluß gelöst werden, deren Einzelabschlüsse nach Grundsätzen aufgestellt sind, die im offensichtlichen Widerspruch zu den von den inländischen Konzernunternehmen befolgten Bilanzierungs- und Bewertungsgrundsätzen stehen; denn das deutsche Aktiengesetz räumt – ebenso wie die entsprechende Stellungnahme der amerikanischen Securities Exchange Commission (Accounting Series Release Nr. 4) – der Einhaltung des Grundsatzes der Vollständigkeit des Konzernabschlusses einen relativ niedrigen Stellenwert ein, wenn es durch § 329 Abs. 2 Satz 4 die Einbeziehung von Konzerntöchtern stets verbietet, sofern durch deren Einbeziehung die Aussagefähigkeit des Konzernabschlusses beeinträchtigt würde.

Möglichkeiten der Durchsetzung einheitlicher Bilanzierungs- und Bewertungsgrundsätze im internationalen Konzern

Vom Ergebnis her gesehen dürfte eine Lösung dieser Antinomie nur durch eine Modifikation des konzernrechtlichen Maßgeblichkeitsgrundsatzes möglich sein: Die für die Aufnahme in den internationalen Konzernabschluß vorgesehenen Einzelabschlüsse der ausländischen Konzerntöchter sind so umzuformen, daß sie zumindest den gleichen Bilanzierungsgrundsätzen genügen wie diejenigen der inländischen Konzernunternehmen. Dabei ist es gleichgültig oder zumindest von konzernorganisatorischen Erwägungen abhängig, welche Technik dabei verwandt wird.

Die einheitlichen Grundsätze, auf die hin die Abschlüsse der Auslandstöchter ausgerichtet werden, sollten zweckmäßigerweise mit denjenigen Bilanzierungs- und Bewertungsgrundsätzen übereinstimmen, nach denen der Abschluß der Obergesellschaft (und diejenigen der Inlandstöchter) aufgestellt wird. Indes können auch einheitliche Grundsätze, die den Bilanzierungsgepflogenheiten innerhalb anderer Rechtskreise entnommen sind, zur Anwendung gelangen. So legte z. B. die BASF-AG erstmalig für das Geschäftsjahr 1971 einen internationalen »Gruppenabschluß« vor, der nach den Richtlinien der amerikanischen Securities Exchange Commission aufgestellt, nach den »in der BRD und in den USA allgemein anerkannten Grundsätzen« aufgestellt worden ist und der sowohl einen Prüfungsvermerk einer deutschen Wirtschaftsprüfungsgesellschaft wie auch den einer nordamerikanischen Prüfungsgesellschaft trägt.

Für offizielle Weltabschlüsse kann sich rechtlich eine Möglichkeit zur Modifikation des konzernrechtlichen Maßgeblichkeitsgrundsatzes und damit zur Angleichung der nach nationalem Recht aufgestellten ausländischen Einzelbilanzen aus § 336 Abs. 3 AktG ergeben. Danach haben die Konzernabschlußprüfer die dem Konzernabschluß zugrunde gelegten Einzelabschlüsse daraufhin zu prüfen, ob sie den (deutschen) Grundsätzen ordnungsmäßiger Buchführung entsprechen. Wertansätze aus den Einzelabschlüssen der in den offiziellen Weltabschluß einbezogenen Unternehmen dürfen somit immer dann nicht unverändert in den Konzernabschluß übernommen werden, wenn sie nach den (im Rechtsgebiet der Obergesellschaft gültigen) Grundsätzen ordnungsmäßiger Buchführung und Bilanzierung falsch sind; die

Konzernabschlußprüfer haben dann dafür Sorge zu tragen, daß die betreffenden Positionen, wenn sie in den Einzelabschlüssen nicht mehr berichtigt werden können, im Zuge der Konsolidierung bereinigt werden. Bezogen auf die Einzelabschlüsse der Konzernunternehmen mit Sitz im Ausland heißt dies, daß die Einzelpositionen aus den Abschlüssen der ausländischen Konzerntöchter nur insoweit unverändert in den Konzernabschluß übernommen werden müssen, wie sie den in Deutschland geltenden Grundsätzen entsprechen. Sofern Einzelpositionen von diesen Grundsätzen abweichen, müssen sie zum Zwecke der Zusammenfassung im Konzernabschluß berichtigt werden.

Zum gleichen Ergebnis führt die Praxis nordamerikanischer Obergesellschaften, die bei der Einbeziehung ausländischer Konzerntöchter in offizielle internationale Konzernabschlüsse die nach nationalem Handels- (oder Steuer-)Recht aufgestellten Einzelabschlüsse grundsätzlich nicht beachten. Sie fordern von ihren Auslandstöchtern mindestens zwei Abschlüsse: »Einen nach den Grundsätzen des Landes – soweit erforderlich – mit dem dort üblichen Bestätigungsvermerk und einen nach amerikanischen Grundsätzen mit einem amerikanischen Bestätigungsvermerk. Da nur ein Certified Public Accountant diesen erteilen kann, wird die Pflichtprüfung regelmäßig von der Filiale einer amerikanischen Prüfungsgesellschaft durchgeführt, die beide Bestätigungsvermerke erteilen kann« (Dreger, Karl-Martin, Der Konzernabschluß, Wiesbaden 1969, S. 263 f.). Es ist zu begrüßen, daß in jüngerer Zeit auch von deutschen Fachkreisen die nur relative Bedeutung des Maßgeblichkeitsgrundsatzes gem. § 331 Abs. 1 Nr. 1 AktG zunehmend erkannt wird.

Die Umrechnung der Währungsparitäten

Nach der hier vertretenen Meinung muß die Umrechnung der in ausländischen Währungseinheiten aufgestellten Einzelabschlüsse der in den Weltabschluß einzubeziehenden Auslandsunternehmen in DM nach einer Methode erfolgen, die die Struktur des Vermögens-, Schulden-, Aufwands- und Ertragsausweises in diesen Einzelabschlüssen soweit wie möglich unberührt läßt; denn die Umrechnung der ausländischen Einzelabschlüsse mit Hilfe von Wechselkursen ist als formale, vorbereitende Konsolidierungsmaßnahme streng von den Bilanzierungs- und Bewertungsmaßnahmen bei der Aufstellung der Einzelabschlüsse zu trennen.

Unterschiedliche Umrechnungsregeln

Theorie und Praxis der internationalen Konzernrechnungslegung beobachten diesen Grundsatz keineswegs in jedem Falle. Es wird vielmehr versucht, durch Wahl differenzierter Umrechnungskurse für Aktiva, Passiva, Aufwendungen und Erträge den im Zeitablauf schwankenden internationalen Währungsparitäten sowie den internationalen Preisniveau- und Preisrelationsschwankungen soweit wie möglich Rechnung zu tragen und damit im Zuge des Umrechnungsvorganges zugleich eine (nicht immer durchsichtige) Bewertungshandlung vorzunehmen.

Die klassische Umrechnungsregel, die vor allem in der nordamerikanischen Literatur und Praxis vertreten wird, stellt vornehmlich auf die »Fristigkeit« der einzelnen umzurechnenden Aktiva und Passiva in den Einzelbilanzen der Auslandstöchter ab:

– Die liquiden Mittel, Gegenstände des Umlaufvermögens, kurzfristige Forderungen und Verbindlichkeiten werden zu dem Kurs am Bilanzstichtag umgerechnet;

– das Anlagevermögen, langfristige Forderungen und Verbindlichkeiten werden zum (historischen) Kurs des Beschaffungs- oder Entstehungstages umgerechnet;

– Abschreibungen auf das Anlagevermögen werden zu den Kursen der Beschaffungstage der Anlagevermögensgegenstände umgerechnet;

– die übrigen Aufwendungen und Erträge werden zu einem gewogenen oder ungewogenen Durchschnittskurs des abgelaufenen Geschäftsjahres umgerechnet.

Dieser Umrechnungsregel liegt der Gedanke zugrunde, Änderungen der Währungsparitäten auf keinen Fall bei den langfristig gebundenen Vermögensgegenständen und bei langfristigen Verbindlichkeiten zur Auswirkung gelangen zu lassen, während bei kurzfristig gebundenen Vermögensgegenständen die Auswirkungen von Änderungen der Wechselkurse in Kauf genommen werden; dies wohl in der Erwägung, daß Kursschwankungen zwischen dem Beschaffungstag und dem Bilanzstichtag bei diesen Vermögensgegenständen keine allzu großen Auswirkungen haben werden, so daß aus Praktikabilitätsgründen eine Bezugnahme auf die jeweiligen Kurse an den Beschaffungstagen nicht erforderlich erscheint.

Gegen die klassische Umrechnungsregel wird eingewandt, daß nicht die Fristigkeit der einzelnen Vermögensgegenstände und Schulden für die Wahl zwischen Umrechnungskursen am Bilanzstichtag und historischen Umrechnungskursen maßgebend sein könne, sondern ausschlaggebend für die Wahl der Umrechnungskurse müsse sein, ob es sich bei den betreffenden Positionen um Nominalwerte (Forderungen, Bankguthaben, Kassenbestände, Verbindlichkeiten) handele, die von Änderungen der Währungsparitäten unmittelbar betroffen werden oder um »nichtmonetäre« Positionen, die durch Kursschwankungen nur mittelbar berührt werden, weil ihr Zweck nicht in der »Verflüssigung« zu Geld bestehe, sondern in der Leistungserstellung. Nach dieser Überlegung ergibt sich die folgende Umrechnungsregel (n. Dreger, a. a. O., S. 270):

1. Kasse, Bank, Wertpapiere des Umlaufvermögens, kurz- und langfristige Forderungen: Kurs am Bilanzstichtag.

2. Körperliche Gegenstände des Anlage- und Umlaufvermögens sowie Beteiligungen: Kurs im Zeitpunkt des Erwerbs.

3. Kurz- und langfristige Verbindlichkeiten: Kurs am Bilanzstichtag.

4. Grundkapital und Rücklagen: Kurs zum Zeitpunkt der Kapitalausgabe (bzw. des Kapitalerwerbs), bei Rücklagen zum Zeitpunkt ihrer Bildung.

5. Aufwendungen (außer Abschreibungen) und Erträge: Monatlicher Durchschnittskurs.

6. Abschreibungen: Kurs, der beim Erwerb

der abzuschreibenden Gegenstände galt.

Ein weiterer Vorschlag zur Anwendung differenzierter Umrechnungsregeln. wird von Busse von Colbe/Ordelheide (Konzernabschlüsse, Wiesbaden 1969, S. 36 f.) in Anlehnung an angelsächsische Vorbilder diskutiert. Sie stellen das Vorsichtsprinzip in den Vordergrund:

1. Es ist der Umrechnungskurs des Zeitpunktes zu wählen, auf den der Wertansatz der Positionen des ausländischen Jahresabschlusses bezogen ist. – Danach sind die mit Anschaffungs- oder Herstellungskosten zu bewertenden Positionen mit historischen Kursen, die mit Zeitwerten zu bewertenden Positionen mit Kursen des Bilanzstichtages umzurechnen.

2. Bei mehreren, in etwa gleichbedeutenden Bezugszeitpunkten (z. B. bei Verbindlichkeiten Entstehungszeitpunkt und Rückzahlungszeitpunkt) ist der Umrechnungskurs zu wählen, der zum niedrigsten (falls Aktivum oder Ertrag) oder höchsten Wertansatz (falls Passivum oder Aufwand) führt.

3. Die Umrechnung muß... wirtschaftlich sein. Diese Entscheidungsregel schränkt die Geltungsbereiche der ersten beiden ein.

Schließlich wird die Ansicht vertreten, daß anstelle der Verwendung differenzierter Umrechnungskurse die Umrechnung sämtlicher Aktiva, Passiva, Aufwendungen und Erträge mit einem einheitlichen Umrechnungskurs (dem Umrechnungskurs am Bilanzstichtag) zu erfolgen habe. Dies sei nicht nur ein einfach zu praktizierendes Verfahren, sondern verhindere zugleich, daß durch die Umrechnung Verschiebungen der Relationen zwischen den einzelnen Abschlußpositionen hervorgerufen werden.

Die internationale Praxis hat, darauf weist Schultze (Joachim, Zur Frage der Umrechnung fremder Währungen bei konsolidierten Abschlüssen, DB 1968, S. 1077–1080) hin, darüber hinaus in vielen Fällen auch Zwischenformen zwischen den oben genannten Umrechnungsverfahren angewandt, wobei die Umrechnungsmodalitäten auch durch die Ziele der Konzernbilanzpolitik bestimmt sein dürften. Mitunter

vermitteln auch die deutschen Obergesellschaften den Eindruck, daß sie »maßgeschneiderte« Umrechnungsverfahren verwenden (vgl. z. B. die Bemerkungen in: Das Experiment Superbilanz, a. a. O., S. 37).

Wirkungen der verschiedenen Umrechnungsregeln

Es ist offensichtlich, daß die verschiedenen Umrechnungsregeln ceteris paribus bei Wechselkursänderungen zu stets voneinander abweichenden Ergebnissen führen. In der nachfolgenden Tabelle ist der in ausländischer Währung (GE) aufgestellte zusammengefaßte Jahresabschluß einer Auslandsgesellschaft nach vier verschiedenen Methoden in DM umgerechnet worden:

Methode I:
Langfristig gebundene Positionen einschließlich Eigenkapital und Abschreibungen: Umrechnung mit dem historischen Kurs; kurzfristige Positionen: Umrechnung mit dem Kurs am Bilanzstichtag; andere Aufwendungen und Erträge: Umrechnung mit dem Durchschnittskurs.

Methode II:
Nominalgüter: Umrechnung mit dem Kurs am Bilanzstichtag; Realgüter einschließlich Eigenkapital und Abschreibungen: Umrechnung mit dem historischen Kurs; andere Aufwendungen und Erträge: Umrechnung mit dem Durchschnittskurs.

Methode III:
(in loser Anlehnung an Busse von Colbe/Ordelheide): Liquide Mittel: Umrechnung zum Kurs am Bilanzstichtag; Aktiva und Erträge: Umrechnung zu dem Kurs, der zu niedrigsten Wertansatz führt; Passiva und Aufwendungen: Umrechnung mit dem Kurs, der zu dem höchsten Wertansatz führt; Abschreibungen auf Sachanlagen: Umrechnung wie Sachanlagen.

Methode IV:
Aktiva, Passiva, Aufwendungen, Erträge: Umrechnung mit dem Kurs am Bilanzstichtag.

Abschlußpositionen	Ursprungsabschluß (GE)	Umrechnung nach Methode I (DM)	Umrechnung nach Methode II (DM)	Umrechnung nach Methode III (DM)		Umrechnung nach Methode IV (DM)	
1. Liqu. Mittel	100,0	70,0	70,0	70,0		70,0	
2. Umlaufvermögen	150,0	105,0	75,0	75,0		105,0	
3. kurzfr. Ford.	25,0	17,5	17,5	12,5		17,5	
4. langfr. Ford.	25,0	12,5	17,5	12,5		17,5	
5. Sachanl.-V.	225,0	112,5	112,5	112,5		157,5	
6. Eigenkapital	250,0	125,0	125,0		175,0		175,0
7. langfr. Fremdk.	75,0	37,5	52,5		52,5		52,5
8. kurzfr. Fremdk.	200,0	140,0	140,0		140,0		140,0
9. Bil.-Erfolg	–	15,0	25,0	85,0			–
10. Bilanzsumme	525,0	317,5	317,5	367,5	367,5	367,5	367,5
11. versch. Aufw.	300,0	180,0	180,0	210,0		210,0	
12. Abschr. (10 %)	22,5	11,25	11,25	11,25		15,75	
13. versch. Ertr.	322,5	193,5	193,5		161,25		225,75
14. GuV-Erfolg	–	2,25	2,25		60,00		–
15. Summe GuV	322,5	193,5	193,5	221,25	221,25	225,75	225,75
Kennziffern:							
16. AV/UV (4+5/1+2+3)	0,91	0,65	0,80	0,79		0,91	
17. EK/FK (6+9/7+8)	0,91	0,79	0,52	0,47		0,91	
18. AV/langfr. Kap. (4+5/6+7)	0,77	0,77	0,73	0,55		0,77	
19. KV/kurzfr. Kap. (1+2+3/8)	1,38	1,38	1,16	1,13		1,38	
20. Kap.-Umschl. (13/6+7+8+9)	0,614	0,609	0,662	0,571		0,614	

Die Umrechnung eines ausländischen Abschlusses nach Aufwertung der heimischen Währung (Tageskurs am Bilanzstichtag: 0,7/1; historischer Kurs: 0,5/1; Durchschnittskurs: 0,6/1)

Die Tabelle zeigt die Umrechnungsergebnisse nach einer Aufwertung der heimischen Währung gegenüber der Auslandswährung (historischer Kurs GE/DM = 0,5 : 1, Kurs am Bilanzstichtag: GE/DM = 0,7 : 1; Durchschnittskurs: GE/DM = 0,6 : 1)

Das nicht überraschende Ergebnis der

Gegenüberstellung läßt sich wie folgt deuten:

1. Sobald einzelne Aktiva und einzelne Passiva mit voneinander abweichenden Wechselkursen umgerechnet werden, verschieben sich die horizontalen und/oder die vertikalen Bilanzrelationen gegenüber der in Originalwährung aufgestellten Ursprungsbilanz. Es entstehen ferner in aller Regel Umrechnungserfolge als Salden, die je nach dem verwandten Verfahren in unterschiedlicher Höhe anfallen. Nur dann, wenn sämtliche Positionen mit Hilfe eines einheitlichen Umrechnungskurses umgerechnet werden, wird der Ausweis eines Umrechnungserfolges mit Sicherheit vermieden (Methode IV).

2. Auch in der umgerechneten Erfolgsrechnung wird in aller Regel ein Umrechnungserfolg entstehen, sobald die einzelnen Aufwendungen und Erträge mit jeweils unterschiedlichen Kursen aus der Ursprungserfolgsrechnung übernommen werden. Diese Umrechnungserfolge stimmen überdies nicht mit den in den umgerechneten Bilanzen ausgewiesenen Umrechnungserfolgen überein, wenn, wie bei den Methoden I–III, die Umrechnungskurse sowohl für die verschiedenen Bilanzpositionen als auch für die verschiedenen Aufwands- und Ertragspositionen voneinander abweichen. Dementsprechend müssen auch Kennziffern, durch die Bilanzpositionen zu Positionen der Erfolgsrechnung in Beziehung gesetzt werden (z. B. Umschlagsziffern, Rentabilitätsziffern), zu verschiedenen, hier ausschließlich durch die Wahl der Umrechnungsmethode bedingten Ergebnissen führen. Nur dann, wenn der Jahresabschluß der Auslandstochter mit Hilfe eines einheitlichen Wechselkurses umgerechnet wird (Methode IV), lassen sich die gekennzeichneten Umrechnungsdifferenzen in Bilanz und Erfolgsrechnung mit Sicherheit vermeiden.

Zur Brauchbarkeit der verschiedenen Umrechnungsmethoden

Nach diesen Überlegungen ist der Umrechnung der Jahresabschlüsse ausländischer Konzerntöchter mit Hilfe einheitlicher Wechselkurse im Vergleich zu der Umrechnung mit differenzierten Wechselkursen der Vorzug zu geben. Für die Anwendung der Methode IV sprechen darüber hinaus die folgenden Gründe:

1. Im Bereich der offiziellen Rechnungslegung ist es Aufgabe des Konzernabschlusses, den Adressaten dieses Abschlusses einen möglichst sicheren Einblick in die Vermögens- und Ertragslage des Konzerns zu geben (§ 331 Abs. 4 i.V. m. § 149 Abs. 1 AktG). »Einblick in die Vermögenslage« bedeutet dabei vor allem, »daß der Vermögens- und Kapitalaufbau in seinen wesentlichsten Posten dargelegt wird« (Adler/Düring/Schmaltz, Rechnungslegung und Prüfung der Aktiengesellschaft, 4. Aufl. Bd. 1, Stuttgart 1968, S. 13). Ebenso hat im Rahmen des Jahresabschluses die Erfolgsrechnung die Aufgabe, nicht nur die Erfolgsquellen, sondern vor allem die Aufwands- und Ertragsstruktur wiederzugeben (vgl. dies. ebd. S. 15). Es sollten deshalb nur solche Umrechnungsmethoden angewandt werden, durch die auch bei beliebigen Änderungen der Währungsparitäten sichergestellt ist, daß durch die Umrechnung weder die Vermögens- noch die Kapital- noch die Erfolgsstruktur verändert oder verzerrt wird.

2. Es bedarf der Feststellung, daß die Umrechnung der ausländischen Jahresabschlüsse in die heimische Währung ausschließlich der Transformation der Abschlußzahlen dient und insoweit lediglich Änderungen der *Außenwert-Relationen* der betroffenen Währungen zu erfassen in der Lage ist. Der Versuch, durch Anwendung differenzierter Wechselkurse bei der Umrechnung zugleich Änderungen des *Binnenwertes* der betroffenen Auslandswährung (Preisniveau- oder Preisrelationsänderungen innerhalb des ausländischen Währungsgebietes) zu erfassen und ggf. auftretende »Scheinerfolge« auszuschalten, die durch Preisniveau- oder Preisrelationsänderungen innerhalb des Gastlandes der Auslandstöchter auftreten können, ist deshalb zum Scheitern verurteilt, weil zwischen Änderungen der Außenwertrelationen und den Änderungen der Binnenwerte der beiden betroffenen Währungen nur ein loser Zusammenhang nachweisbar ist. So besteht z. B. selbst dann, wenn im Zuge einer Inflationierung

die Binnenwerte beider Währungen rapide absinken, unter sonst gleichen Bedingungen keine Veranlassung zur Änderung der Wechselkursparität beider Währungen, falls die Inflationierungsprozesse annähernd parallel verlaufen. In diesem Falle könnten Binnenwertänderungen durch die Wahl von differenzierten Umrechnungskursen gar nicht erfaßt werden.

3. Die Wahl differenzierter Wechselkurse scheint darüber hinaus auch inkonsequent zu sein: Wenn es erklärtes Ziel von Umrechnungsmethoden ist, durch Differenzierung der anzuwendenden Umrechnungskurse Scheinerfolge, die bei langfristig gebundenen Vermögensgegenständen (Methode I) oder bei nicht monetären Gütern (Methode II) der Auslandstöchter entstehen können, durch Anwendung historischer Wechselkurse zu neutralisieren, so ist zumindest im Bereich der offiziellen Rechnung nicht einzusehen, warum die beabsichtigte Abkehr von der rein nominellen Rechnung nur auf die Auslandstöchter begrenzt werden sollte, während die Einzelabschlüsse inländischer Konzernunternehmen unverändert in den Konzernabschluß übernommen werden, obwohl auch bei ihnen Scheinerfolge ausgewiesen sein können. Ähnliches gilt für die Anwendung des Vorsichtsprinzips auf die Umrechnungsmodalitäten: Ist bereits der Original-Jahresabschluß unter Beachtung des Vorsichtsprinzips aufgestellt worden, so bedarf es nicht einer nochmaligen Berücksichtigung des Vorsichtsgedankens anläßlich der Umrechnung.

4. Nach der hier vertretenen Auffassung handelt es sich bei der Umrechnung der in Fremdwährung aufgestellten Jahresabschlüsse in Beträge der heimischen Währungseinheit lediglich um eine – in Termini der Meßtheorie ausgedrückt – lineare Transformation von Systemen kardinaler Meßwerte: Es existiert eine Meßvorschrift, die es gestattet, die einzelnen Meßwerte einer Kardinalskala (hier die in einer bestimmten Währungseinheit gemessenen Bestands- und Bewegungsgrößen eines Jahresabschlusses) durch Multiplikation mit einer Konstanten (Umrechnungskurs) in Meßwerte einer anderen Kardinalskala zu transformieren, ohne daß dadurch die Isomorphie zwischen Maßgrößen und

Meßwerten verlorenginge; es existiert aber keine Meßvorschrift, die es gestatten würde, verschiedene Meßwerte der gleichen Skala mit unterschiedlichen Faktoren zu multiplizieren, ohne zugleich gegen die Isomorphiebedingung, d. h. gegen die Forderung nach kongruenter Abbildung der Maßgrößen durch die dazugehörigen (transformierten) Meßwerte zu verstoßen.

Nach allem dürfte die Entscheidung für die Wahl eines einheitlichen Umrechnungskurses für die Transformation von Auslandsabschlüssen in Einheiten der heimischen Währung hinreichend begründet sein.

Zum Problem der Auswahl zweckentsprechender Tageskurse

Als einheitlicher Wechselkurs kommt nach den vorstehenden Erörterungen nur der Wechselkurs am Bilanzstichtag in Betracht. In aller Regel bestehen aber auch am Bilanzstichtag mehrere Wechselkurse nebeneinander: Bei konvertierbaren Währungen stehen sich mindestens der (höhere) Devisenbriefkurs und der (niedrigere) Devisengeldkurs gegenüber. In diesen Fällen bietet sich der »Mittelkurs« als einheitlicher Umrechnungskurs nahezu von selbst an.

Bei nicht frei konvertierbaren Währungen, d. h. im Falle der Devisenbewirtschaftung, bestehen regelmäßig darüber hinaus neben den »offiziellen« Wechselkursen inoffizielle »graue« oder »schwarze« Kurse. Auch die offiziellen Kurse können in diesem Falle in Importkurse und Exportkurse gespalten sein, wobei schließlich weitere Differenzierungen nach Arten der Import- bzw. Exportgüter für den Kapital- und Warenverkehr usf. vorgesehen sein können. Angesichts dieser Situation können exakte Regeln für die Kursauswahl kaum aufgestellt werden. Das American Institute of Accountants empfahl nach einer Rundfrage bei seinen Mitgliedern bei Vorliegen mehrerer Kurse denjenigen zu wählen, der der »realistischste« sei. Das sei in aller Regel derjenige Kurs, zu dem Gewinne an die inländische Obergesellschaft transferiert werden können, oder der Kurs, zu dem die meisten geschäftlichen Transaktionen abgewickelt werden (American Institute of Accountants, Research Department, Some Problems Regarding Consolidated and Parent Company Statements, The Journal of Accountancy, 1953, S. 573). Wunderlin (Bernhard, Zur Einbeziehung ausländischer Tochtergesellschaften in den konsolidierten Jahresabschluß, in: Management-Probleme internationaler Unternehmungen, Wiesbaden 1970, S. 117) weist auf die Möglichkeit einer hilfsweisen Ermittlung von sog. Kaufkraftparitätskursen hin, deren Verwendung als Notbehelf u. U. zweckmäßiger sein kann als die Verwendung mehr oder weniger politisch manipulierter offizieller Kurse.

Im übrigen wird bei derart unübersichtlichen, stark politisch und damit willkürlich beeinflußten internationalen Zahlungs- und Transfermodalitäten sehr bald die Grenze der Einbeziehbarkeit der betroffenen ausländischen Konzerntöchter in den Weltabschluß erreicht sein (vgl. Securities Exchange Commission, Regulation S-X Rule 4-02c.).

LITERATUR

Adler / Düring / Schmaltz, Rechnungslegung und Prüfung der Aktiengesellschaft, 4. Aufl., Bd. 3, Rechnungslegung im Konzern, Stuttgart 1972

American Institute of Accountants, Research Department, Some Problems Regarding Consolidated and Parent Company Statements, The Journal of Accountancy, 1953, S. 570 ff.

Bartke, Günther, Bedeutung und Grenzen des Maßgeblichkeitsprinzips im aktienrechtlichen Konzernabschluß, BFup 1971, S. 457 ff.

Busse von Colbe, Walter/Ordelheide, Dieter, Konzernabschlüsse, Rechnungslegung nach betriebswirtschaftlichen und aktienrechtlichen Grundsätzen, Wiesbaden 1969

Dreger, Karl-Martin, Der Konzernabschluß, Grundsätze ordnungsmäßiger Konsolidierung, Konzernrechnungslegung nach Aktienrecht 1965 in Anlehnung an Technik und Praxis in den USA, hrsg. v. betriebswirtschaftlichen Ausschuß des Verbandes der chemischen Industrie e. V., Wiesbaden 1969

Financial Accounting Standards Board, Statement of Financial Accounting Standards No. 1: Disclosure of foreign currency translation information, The Journal of Accountancy, Feb. 1974, S. 62–66

Harding, S. R., Financial and Accounting Problems Peculiar to International Business, The Accountant 1968, S. 45–51

Havermann, Hans, Offene Fragen der Konzernrechnungslegung, in: Bericht über die Fachtagung 1971 des Instituts der Wirtschaftsprüfer in Deutschland e. V., Düsseldorf 1971, S. 29 ff.

Hepworth, Samuel, R., Reporting Foreign Operations, Ann Arbor Mich. 1956

Hiecke, Max, Einbeziehung ausländischer Konzernunternehmen in den Konzernabschluß einer inländischen Aktiengesellschaft – Zur Kursumrechnung von Abschlußpositionen, DB 1975, S. 113–117

Hiecke, Max, Zur Anwendung des konzernrechtlichen Maßgeblichkeitsgrundsatzes bei Einbeziehung ausländischer Konzernunternehmen in den Konzernabschluß einer inländischen AG, DB 1974, S. 1590–1594

Hirtsiefer, Heiner, Probleme der Einbeziehung ausländischer Konzernunternehmen in den Konzernabschluß, Beilage zu BB Heft 6/1970, S. 2 ff.

Jonas Heinrich, Deutsches Aktienrecht und SEC-Vorschriften als Grundlage der konsolidierten Weltbilanz, BB 1972, Heft 18, S. 58–67

Klein, Günther, Die Aussagefähigkeit der Konzernrechnungslegung nach dem Aktiengesetz 1965 und ihre Weiterentwicklung, DB 1969, S. 1025 ff.

Klein, Theodor, Die Aufwertung und das Realisationsprinzip, DB 1970, S. 1745 ff.

Kraenzlein, Heinz, Neuere Entwicklung in den USA und Kanada zur Frage des Umrechnungskurses bei der Einbeziehung ausländischer Konzernunternehmen in den Konzernabschluß, WPg 1974, S. 545–552

Müller, Eberhard, Aufstellungsmöglichkeiten konsolidierter Bilanzen internationaler Unternehmungen, Düsseldorf 1974

Mueller, Gerhard G., International Accounting, New York/London 1967

National Association of Accountants (Hrsg.), Management Accounting Problems in Foreign Operations, Research

Report Nr. 36, New York 1960

Rose, Werner, Die Einbeziehung ausländischer Konzernunternehmen in den Konzernabschluß inländischer Konzerne, WPg 1963, S. 511 ff.

Schnieke, Christian, Probleme der Einbeziehung von Konzernunternehmen mit Sitz im Ausland in den Konzernabschluß, WPg 1970, S. 497–501

Schultze, Joachim, Zur Frage der Umrechnung fremder Währungen bei konsolidierten Abschlüssen, DB 1968, S. 1077–1080

Siebert, Kurt, Konzernabschluß im In- und Ausland (Weltbilanz), in: Information und Kontrolle in der multinationalen Unternehmung, Bericht über eine Diskussionstagung der Schmalenbach-Gesellschaft, ZfbF 1971, S. 189–194

Tuckermann, Bert, Objective Consolidation Standards for Foreign Subsidiaries, The Accounting Review, January 1964, S. 32–37

Wunderlin, Bernhard, Zur Einbeziehung ausländischer Tochtergesellschaften in den konsolidierten Jahresabschluß, in: Management-Probleme internationaler Unternehmungen, bearbeitet von Bohrmann, Werner, A., Wiesbaden 1970, S. 165–194

v. Wysocki, Klaus, Die Konsolidierung von Bilanzen, in: Handbuch der Unternehmenszusammenschlüsse, hrsg. v. Arno Sölter und Carl Zimmerer, München 1972, S. 1229–1254

v. Wysocki, Klaus, Weltbilanzen als Planungsobjekte und Planungsinstrumente multinationaler Unternehmen, ZfbF 1971, S. 628–700

o. V., Das Experiment Superbilanz, in: Manager-Magazin, Oktober 1972, S. 36–39

Prof. Dr. KLAUS v. WYSOCKI,
Wirtschaftsprüfer und Steuerberater,
o. Prof. für Betriebwirtschaftslehre an der Universität München

Werbeagenturen

Was versteht man unter einer Werbeagentur?

Fragt man die Wissenschaftler, dann müssen sie passen. Es fehlt nämlich eine eindeutige gesetzliche Bestimmung des Begriffes »Werbeagentur«. Es ist zwar bekannt, daß es sich um eine wörtliche Übersetzung des amerikanischen Begriffs »advertising agency« handelt, aber das hilft in diesem Zusammenhang auch nicht viel weiter. Der Begriff »Agentur« ist an sich etwas veraltet und wird heute von fast keinem anderen Erwerbszweig mehr benutzt (wenn man von der Schiffahrtsbranche, einzelnen Vertreterfirmen u. ä. Konstruktionen einmal absieht). Bei der Werbeagentur dagegen hat sich die Bezeichnung bis heute hartnäckig gehalten, und zwar wird sie normalerweise als erklärender Zusatz zu dem eigentlichen Firmennamen benutzt.

Da in der Praxis jedermann das Wort »Werbeagentur« als Teil der Firma oder als Firmenzusatz frei wählen kann, gibt es eine Vielzahl von Erscheinungsformen und daher auch eine Vielzahl verschiedener Definitionen.

Selbstverständlich bemühen sich einzelne Autoren und Fachverbände, denen die Werbeagentur »ein Anliegen ist«, um entsprechende Definitionen. Diese gehen fast alle von dem Leistungsumfang aus, der – kurz zusammengefaßt – die Planung, die Gestaltung, die Durchführung und die Kontrolle der Werbung umfaßt. Heider (»Das Recht der Werbeagentur«) definiert die neuzeitliche Werbeagentur als ein selbständiges, kaufmännisches Unternehmen, das aufgrund ständiger Betreuung einen anderen (Werbungtreibenden) in Fragen der Werbung und Absatzförderung berät und für ihn die einheitliche Planung, Gestaltung und Mittlung (Streuung) seiner

Werbung übernimmt, wobei sich die Mittlungstätigkeit als Teilaufgabe der Werbeagentur mit der Tätigkeit eines Werbungsmittlers deckt.

In einer Werbeagentur müssen also so viele Spezialisten zusammenwirken, daß sie in der Lage sind, den hier definierten Leistungsumfang zu erbringen. Selbstverständlich kann der eine oder andere eine Doppelfunktion übernehmen, es ist aber relativ unwahrscheinlich, daß ein einzelner alle Funktionsbereiche abdecken kann. Aus diesem Grunde ist die sogenannte Ein-Mann-Werbeagentur nicht gerade überzeugend. Eine Untergrenze ist trotzdem schwer zu ziehen, und es bleibt somit die Feststellung, daß eine Werbeagentur genausogut 5 Mitarbeiter wie 500 oder 1000 haben kann.

Ihrem Wesen nach gehört die Werbeagentur zu der Gattung der Dienstleistungsbetriebe, die besonders personenintensiv sind und wegen ihrer vorwiegend geistigen Tätigkeit in ihrer Leistungsfähigkeit neben der Zahl weitgehend von der Qualifikation der Personen bestimmt wird (Wallmeier). Das qualitative Moment der Mitarbeiter spielt somit eine entscheidende Rolle. Dessenungeachtet kann jeder in Deutschland, der sich dazu berufen fühlt, eine Werbeagentur aufmachen, und es bleibt den Werbungtreibenden, die sich solcher Agenturen bedienen, überlassen, herauszufinden, ob es sich hier um eine gute oder eine schlechte Werbeagentur handelt.

Diese Unsicherheit ist natürlich kein Idealzustand. Die progressiven Wachstumsraten der großen Agenturen sind deshalb ein Indiz dafür, daß Werbungtreibende mit bedeutendem Etatvolumen häufig gern auf Nummer Sicher gehen und sich renommierten und bekannten Agenturen anvertrauen. Das sagt nichts gegen die Qualifikation kleinerer Agenturen, sondern nur gegen das Fehlen objektiver Bewertungsmaßstäbe bei der Auswahl einer Agentur.

Ähnlich wie bei den Maklern hat ein Teil der Agenturen die mißliche Situation, in der sie sich durch das Fehlen eines Berufsbildes befinden, erkannt und sich in Verbänden zusammengeschlossen. In diesen Verbänden werden nur solche Agenturen aufgenommen, die bestimmte Qualifikationsbestimmungen erfüllen und die einen einwandfreien Ruf als Treuhänder des Werbungtreibenden haben. In der Bundesrepublik Deutschland sind dies die Gesellschaft Werbeagenturen (GWA) und der ADW Verband Deutscher Werbeagenturen und Werbungsmittler e. V. Wenn eine Agentur nicht in einem dieser Verbände ist, so bedeutet dies natürlich nicht, daß sie weniger qualifiziert ist. Schließlich steht es jeder einzelnen Agentur frei, ob sie einem solchen Zusammenschluß beitreten will oder nicht. Trotzdem sind diese für viele Werbungtreibende ein Orientierungsmerkmal, und es kommt nicht von ungefähr, daß die 20 größten Werbeagenturen Westdeutschlands GWA-Mitglieder sind.

Was macht eine Werbeagentur?

Eine Werbeagentur wird häufig mit dem Begriff »Full Service« in Verbindung gebracht, wobei darunter zu verstehen ist, daß die Agentur einen *umfassenden* Leistungsumfang bietet. Im Gegensatz zum Werbungsmittler und Werbeberater, die jeweils nur Teilfunktionen übernehmen, hat eine Agentur den gesamten Leistungsumfang, also Planung, Gestaltung und Mittlung (Streuung) zu erbringen. Es würde sicher abstrakt wirken, wenn man nun den Leistungskatalog einer Agentur aufzählen würde, zumal sich hier von Agentur zu Agentur Differenzen ergeben. Verständlicher wird es, wenn man sich vor Augen führt, was alles getan werden muß, bis die Werbung den Endverbraucher erreicht. Dabei ist zu unterscheiden zwischen Hauptaufgaben und Nebenaufgaben, d. h. also, zwischen Aufgaben, die in ursächlichem Zusammenhang mit der Werbung stehen und in solche, die im Sinne des »Full Service« Zusatzfunktionen besitzen.

Hauptfunktionen

Betrachtet man zunächst die Hauptaufgaben, dann beginnen diese, vereinfacht dargestellt, mit der Entgegennahme des Auftrages beim Kunden. Stellt man sich einen sehr unwissenden Auftraggeber vor, dann könnte dieser formulieren: »Ich möchte, daß Sie für mein Produkt Werbung machen. Wie sind Ihre Vorschläge und was kostet das?«

Vorbereitungen

Die Agentur wird in einem solchen Fall zunächst einmal darangehen, Informationen zu sammeln. Dazu gehört ein Überblick über die Marktsituation und über die Situation des Kunden. Die Marktanalyse sollte Aufschluß darüber geben, *welche* Verbraucher das Produkt bzw. die Konkurrenzmarken kaufen, *warum* sie das Produkt kaufen bzw. nicht kaufen, *wie* der Konsum sich in der nächsten Zeit entwickeln wird, *ob* es Präferenzen für das eine oder andere Produkt gibt, *wo* die Kunden das Produkt kaufen, *welche* Qualitäts- und Preisvorstellungen sie haben usw.

Daneben ist die Situation des Werbungtreibenden von Interesse, *welche* Konkurrenten er hat, *welchen* Marktanteil das Produkt hat und *wie* sich das Produkt in den letzten Jahren entwickelt hat.

Eine ganze Reihe weiterer Informationen über Gesamtmarktentwicklung, volkswirtschaftliche Einflußgrößen, technologische Gesichtspunkte usw. kommen noch hinzu und geben der Agentur einen Überblick über die Ausgangssituation und somit eine Basis für die weiteren Überlegungen.

Entwicklung der Werbekonzeption

Sofern der Agenturkunde diese Untersuchungen nicht schon selbst angestellt hat, wird die Agentur mit Hilfe ihrer marktanalytischen Abteilung, ihres Archivs und ihrer Beziehungen zu Marktforschungsinstituten und zu Verlagen (die im allgemeinen sehr gute marktanalytische Untersuchungen haben) einen derartigen Gesamtüberblick erstellen. Daraus entwickelt sich dann eine *Marketing-Strategie,* die in der Agentur erarbeitet und mit dem Kunden diskutiert wird. Folgt der Kunde dem strategischen Ansatz, dann ergibt sich daraus die *Werbekonzeption,* die in ihrer Gesamtheit die Gestaltung und Planung der Werbung umfaßt. Man könnte auch sagen, daß die Agentur dem Kunden empfiehlt, wie, wo, wann und wie oft für das Produkt geworben werden soll.

Das ›Wie‹ drückt sich in der Gestaltung aus, d. h. in der sogenannten Visualisierung der eigentlichen Werbekonzeption.

Das ›Wo‹ umfaßt die Auswahl der Werbeträger, d. h. also der Medien wie z. B. Zeitungen, Zeitschriften, Fernsehen, Funk, Plakate u. a. Das ›Wann‹ und das ›Wie oft‹ sind aus dem Werbeplan ersichtlich, auch Mediaplan genannt, der detailliert angibt, wann welches Motiv in welchem Werbeträger erscheinen soll und wie oft dies vorgesehen ist.

Um die Gesamtkonzeption dem Kunden vorzustellen, gibt es zwei Verfahren. Das erste ist die Präsentation, bei der die Agentur eine große Denkmalsenthüllung veranstaltet, den Kunden zunächst einmal eine Stunde mit der Aufzählung bekannter Tatsachen langweilt, um dann endlich zur Gestaltung und zum Mediaplan zu kommen. Das andere – bessere – Verfahren besteht darin, daß man die Konzeption stufenweise mit dem Kunden diskutiert und verabschiedet, so daß sich am Schluß eine Präsentation erübrigt, da die Konzeption in allen Details bereits diskutiert worden ist.

Herstellung der Werbemittel

Ist der Vorschlag der Agentur genehmigt worden, dann geht es an die Durchführung der Werbung. Die bisher in mehr oder weniger vollendeter Form vorgestellten Werbemittel müssen nun produziert werden und den Werbeträgern (Medien) zur Verfügung gestellt werden. Es würde hier zu weit führen, die einzelnen produktionstechnischen Abläufe aufzuzeigen. Fest steht, daß jedes Werbemittel ganz spezifische Kenntnisse für seine Fertigstellung voraussetzt und daß ein großer Unterschied besteht zwischen der Herstellung einer Tageszeitungs-Anzeige und einer Illustrierten-Anzeige oder zwischen der Herstellung eines Plakates und eines Fernsehspots. Das bedeutet, daß die Agentur eine entsprechende Anzahl von Fachleuten haben muß, die sich in diesen Dingen auskennt. Da die Werbungtreibenden im allgemeinen hohe Anforderungen an die Qualität der hergestellten Werbemittel stellen – weil sie dafür ja viel Geld ausgeben –, muß die Qualität der in der Agentur tätigen Mitarbeiter entsprechend hoch sein.

Mediaplanung und -durchführung

Während nun die Werbemittel noch hergestellt werden, ist bereits eine andere Abteilung der Agentur tätig geworden, die sogenannte Mediaabteilung. Hier unterscheidet man zwischen der Media-Planung und der Media-Durchführung. Während die Media-Planung bereits in der beratenden Phase Vorschläge ausarbeitet, welche Medien wann zu belegen sind, hat die Media-Durchführung die Aufgabe, den verabschiedeten Mediaplan zu realisieren. Sie nimmt also Kontakt mit den Verlagen, den Sendern, den Plakatanschlagsunternehmen usw. auf, läßt sich erforderliche Reservierungen geben und sorgt letzten Endes dafür, daß die einzelnen Werbemittel rechtzeitig bei den Werbeträgern sind, wobei »rechtzeitig« einen Idealzustand darstellt. Wer in einer oder mit einer Agentur gearbeitet hat, weiß, daß alle diese Arbeiten unter einem enormen Zeitdruck stehen und daß insbesondere gegen Ende der Phase »Werbevorbereitungen« bei aller Organisation die Hektik bedrohliche Ausmaße annimmt. Der Einsatz, der hier von Agenturmitarbeitern in Abend- und Nachtstunden, an Sonn- und Feiertagen verlangt wird und der, wenn er bekannt wäre, sicher das Image der Werbeagenturen etwas heben könnte, ist für den Außenstehenden normalerweise nicht erkennbar.

Kontrolle und Abrechnung

Wenn die Werbung nun »läuft«, dann übernimmt die Agentur die Kontrolle und die Abrechnung. Die Kontrolle erstreckt sich nicht nur darauf, daß z. B. eine bestimmte Anzeige in einer bestimmten Illustrierten an einer gewünschten Stelle zum gewünschten Zeitpunkt erschienen ist, sondern sie umfaßt auch die Qualitätskontrolle, d. h. die Kontrolle der Übereinstimmung zwischen der von der Agentur gelieferten Druckvorlage mit dem vom Verlag erbrachten Druckergebnis.

Die Abrechnung erfolgt über die Mediaabteilung, und zwar im allgemeinen im Namen der Agentur, aber zu Lasten des Werbungtreibenden. Die eingehenden Rechnungen der Werbeträger werden geprüft und an den Kunden weitergeleitet.

Die letzte Aufgabe der Agentur besteht dann noch darin, zusammen mit dem Kunden den Werbeerfolg – soweit dies überhaupt möglich ist – zu kontrollieren und zu diskutieren. Aus dem daraus abgeleiteten Ergebnis kann dann die Agentur – sofern ihr nicht vom Kunden bis dahin gekündigt wurde – die nächste Werbekonzeption erarbeiten.

Zusatzleistungen

Der Fachmann weiß, daß die vorangegangene Schilderung große Lücken aufweist und nur einen ungefähren Überblick über den Leistungsumfang der Agentur geben kann. Die wesentlichen Phasen dürften jedoch genannt worden sein, wobei es sich hier um die Hauptfunktionen einer Agentur handelt. Keine Agentur, die sich Full-Service-Agentur nennt, würde ihren Leistungsumfang auf diese Hauptfunktionen beschränken. Im Gegenteil: In den letzten Jahren nahm bei den großen Agenturen der Leistungsumfang immer mehr zu, wobei allerdings bekannt ist, daß viele dieser Zusatzleistungen mehr oder weniger auf dem Papier, d. h. in den Leistungskatalogen stehen und dem fordernden Kunden gegenüber als Feigenblatt dienen. Die am häufigsten verlangten und damit auch angebotenen Leistungen berühren die Bereiche Verkaufsförderung, Verkaufshilfen (Display), Packungsgestaltung, Marketingforschung, Marketingberatung, Werbeforschung, Motivforschung und Public Relations. Die Aufzählung ist sicher nicht vollständig und auch in der Gewichtung zueinander von Agentur zu Agentur, von Agentur zu Kunde und von Zeit zu Zeit mehr oder weniger unterschiedlich.

Faßt man die hier beschriebenen – und nicht beschriebenen – Leistungen zusammen, dann erkennt auch der Nichtfachmann das vielfältige und umfangreiche Arbeitsvolumen, das eine Agentur zu bewältigen hat. Es setzt eine Anzahl verschieden qualifizierter Mitarbeiter voraus, wobei die Qualifikationsskala vom Allround-Werbefachmann bis zum hochgradig spezialisierten Mitarbeiter reicht.

Für wen arbeitet eine Werbeagentur?

Die Kunden einer Werbeagentur sind sogenannte Werbungtreibende, d. h. Firmen, Institutionen, Verbände, Parteien oder kurz gesagt jeder, der bereit ist, Geld dafür auszugeben, für sein Produkt, sein Anliegen oder seine Idee zu werben. Natürlich sind die Unternehmen, die Produkte oder Dienstleistungen produzieren, in der Überzahl, und sie stellen deshalb das Hauptkontingent der Agenturkunden.

Im Sprachgebrauch der Agentur heißt der Werbungtreibende ›Kunde‹ oder auch ›Etat‹, und der Wert eines solchen Kunden wird – auch wenn das die Kunden nicht gern hören – häufig nach dem Etatvolumen gemessen. Anders ausgedrückt: Je mehr Geld ein Kunde für Werbung ausgibt, desto höher steigt er in der Wertschätzung der betreuenden Agentur. Das hängt im wesentlichen mit dem Provisionssystem zusammen, auf das noch näher eingegangen wird.

Kundenstruktur der Fachagentur

Die Kundenstruktur einer Agentur ist, ähnlich wie bei anderen Unternehmen, von großer Bedeutung. Es gibt verschiedene Unterscheidungskriterien, die hier kurz angesprochen werden sollen. Ein wichtiges Kriterium ist der Unterschied zwischen einer Fachagentur und einer nicht spezialisierten Agentur. Die Fachagentur kann sich spezialisiert haben auf Kunden aus dem technischen Bereich, dem Textilbereich, dem pharmazeutischen Bereich, dem Bankenbereich, d. h. sie hat spezifische Kenntnisse auf einem ganz bestimmten Gebiet, was Kunden, die auf einem relativ schwer verständlichen Sektor tätig sind, natürlich zugute kommt. Schlecht dabei ist allerdings, daß fast ausnahmslos alle Kunden ein geradezu eifersüchtiges Verhältnis zu ihrer Werbeagentur haben und auf keinen Fall dulden wollen, daß »ihre« Agentur außerdem noch einen Konkurrenten berät, selbst wenn der Wettbewerber noch so weit vom Schuß ist. Aus diesem Grunde gibt es in fast allen Agenturverträ-

gen die sogenannte Konkurrenzklausel, die es den Agenturen verbietet, für Konkurrenzunternehmen tätig zu sein. Diese Klausel engt das Tätigkeitsfeld der Fachagenturen wesentlich ein. Trotzdem haben es einige zu bescheidener Größe gebracht.

Kundenstruktur der nichtspezialisierten Agentur

Die nichtspezialisierten Agenturen haben es hier wesentlich besser. Sie können wachsen und wachsen bis zu dem Punkt, wo sie in jedem Angebotssektor einen wichtigen Kunden haben. Von da an geht das Wachstum etwas langsamer bzw. die Verhandlungen mit den vorhandenen Kunden werden schwieriger. Daß die Grenzen hier allerdings weit gesteckt sind, erkennt man an der Größe einzelner Agenturen, die es geschafft haben, 100 Mio. Etatvolumen und mehr im Jahr auf sich zu vereinigen, ohne mit der bösen Konkurrenzklausel zu kollidieren. Bei solchen Agenturen ist die Kundenstruktur relativ vielfältig und umfaßt im allgemeinen viele Branchen.

Kundenstruktur und Etat

Ein anderes Auswahlkriterium für die Kundenstruktur ist die Größe des Etats. Große Agenturen, die einen relativ großen Overhead haben, sind im allgemeinen nicht mehr in der Lage, kleinere Werbeetats noch rentabel zu betreuen, während umgekehrt kleine Agenturen sich bei der Übernahme großer Etats im wahrsten Sinne des Wortes »übernehmen«.

So ergibt sich im allgemeinen eine natürliche Teilung, indem beispielsweise kleinere Agenturen vor Etatvolumen, die über 1 Mio. DM liegen, zurückschrecken, weil sie personell die Agentur zu sehr aufstocken müßten – was in der Vergangenheit wegen des angespannten Arbeitsmarktes nicht immer sofort ohne weiteres möglich war. Hinzu kommt, daß bei einem Verlust des Etats wegen der üblichen Kündigungszeit von drei Monaten eine empfindliche Kostenbelastung eintritt, die die kleine Agentur u. U. ruinieren kann.

Aus diesem Grunde agieren die Inhaber

kleiner Agenturen gegenüber sogenannten Großkunden relativ vorsichtig.

Im Gegensatz dazu sind die großen Agenturen gezwungen, kleinere Etats abzulehnen, und zwar nicht deshalb, weil sie sich zu fein dafür wären, sondern weil die Organisationsstruktur der Agentur nicht mehr zuläßt, einen kleinen Etat rentabel zu betreuen. Je nach Agenturgröße gibt es deshalb Erfahrungssätze hinsichtlich der Größe eines Werbeetats, unter den die Agenturen nicht gehen wollen. Bei führenden und kostenbewußt denkenden Großagenturen liegt dieser Satz zwischen 1 und 1,5 Mio. DM Etatvolumen im Jahr.

Es versteht sich von selbst, daß die Markenartikel-Industrie, die – von Ausnahmen abgesehen – besonders hohe Werbeinvestitionen hat, die treuesten und wichtigsten Kunden der Werbeagenturen sind. Zumindest war es so in den 50er und 60er Jahren. Inzwischen kommen allerdings Dienstleistungsunternehmen, Institutionen, Verbände, Behörden und Interessengemeinschaften hinzu, deren Etats die Markenartikel-Industrie bisweilen vor Neid erblassen lassen.

Am liebsten ist den Agenturen natürlich eine gesunde Mischung aus großen und kleinen Kunden, aus Markenartikelunternehmen und anderen Werbungtreibenden – die Hauptsache ist, sie werben überregional und machen nicht so viel Arbeit.

Wie arbeitet eine Werbeagentur?

Die Arbeitsabläufe in einer Agentur sind relativ vielfältig und kompliziert. Will man diese veranschaulichen, dann ist es zweckmäßig, sich zunächst einmal die beiden extremen Formen des Funktionsablaufes anzusehen.

Der klassische Arbeitsablauf

Der klassische Arbeitsablauf besteht darin, daß Kundenberatung und Marketing-Abteilung zunächst einmal die Marketing-Plattform, das Briefing und das Marketing-Konzept erarbeiten. Dieses geht dann an die Abteilung Text, wo die Copy-Strategie, d. h. die Verbalisierung der Konzeption entwickelt wird. In der nächsten Phase versuchen die Grafiker, das Konzept und die Copy-Strategie in ein Bild umzusetzen, das die Zielgruppe anspricht.

Bei einem derartigen Arbeitsablauf gibt es verschiedene Abteilungen wie z. B. Marketing, Text, Atelier, die nacheinander wirksam werden, was natürlich Zwischenkontrollen verlangt. So muß z. B. der Supervisor, der eine überwachende Funktion und an der Marketing-Strategie mitgearbeitet hat, Kontrolle ausüben, um zu prüfen, ob die nachfolgenden Stellen entsprechend der strategischen Vorgabe gedacht haben. Dieses System hat den Nachteil des Kommunikationsverlustes zwischen den einzelnen Abteilungen und bedingt einen relativ langen Weg von der Aufgabenstellung bis zur Konzeptionserarbeitung.

Das Team-System

Das zweite System wurde als sogenanntes Team-System von der Team Werbeagentur vor rund 15 jahren realisiert und besteht darin, daß keine Abteilungen mehr bestehen, sondern Arbeitsgruppen etabliert werden, die jeweils aus einem Kundenberater, einem Texter, einem Grafiker und aus Spezialisten bestehen und die geleitet werden von einem marketingerfahrenen Kundenberater und einem Konzeptionisten, der auch Creativ-Director genannt wird. Eine derart komplette Arbeitsgruppe nimmt die Aufgabenstellung des Kunden geschlossen entgegen und diskutiert in allen Phasen der Konzeptionsentwicklung gemeinsam alle anfallenden Fragen. Das bedeutet, daß Texter und Grafiker bereits bei der Diskussion von Marketing-Konzepten anwesend sind und daß der Marketingberater oder Kundenberater bei der Entwicklung von Headlines oder grafischen Ideen Vorschläge machen können. Da eine in diesem Sinn organisierte Arbeitsgruppe von leitenden Agenturmitarbeitern geführt wird und alle von Anfang bis zum Ende an dem Problem arbeiten, sind Zwischenkontrollen überflüssig.

Beide Systeme im Vergleich

Selbstverständlich sind beide geschilderten Systeme kaum rasserein anzutreffen. Es gibt zahlreiche Mischformen, da sich in der Praxis herausgestellt hat, daß der Flexibilität gegenüber der Ideologie der Vorrang zu geben ist. Trotzdem sollte man auf die Vor- und Nachteile der Systeme kurz hinweisen. Der Vorteil des klassischen Systems besteht darin, daß die Textabteilung oder das Atelier rentabel ausgelastet werden können, da die einzelnen dort arbeitenden Mitarbeiter wechselweise an einzelne Aufgaben oder Etats herangeführt werden können. Dies kommt auch der Mentalität der Creativen zugute, nicht immer das gleiche tun zu wollen, sondern immer wieder vor neue Aufgaben und Probleme gestellt zu werden. Der Nachteil besteht in einem relativ langen Instanzenweg, im Kommunikationsverlust zwischen den einzelnen Abteilungen und in dem Überwachungs- und Kontrollsystem, das dafür notwendig ist.

Das Team-System hat den Vorteil, daß die Gruppe von Anfang an mit dem Problem konfrontiert ist und sich damit identifiziert, weil es »ihr kunde« ist, an dessen Aufgabenstellung sie arbeitet. Insbesondere die Kundenberater, die im klassischen System häufig nur »Briefträger« sind, können hier zu echten Diskussionspartnern werden und sind in der Lage, beim Kunden die Argumentation der Gruppe glaubwürdig zu vertreten, da sie an der Entstehung der Argumentation mitgewirkt haben.

Wer bezahlt die Werbeagentur?

Die hier gestellte Frage ist zunächst etwas überraschend, weil im Normalfall derjenige die Leistung bezahlt, der sie auch in Anspruch nimmt. Bei den Werbeagenturen ist dies jedoch nicht der Fall. Das hängt damit zusammen, daß die Werbeagentur ursprünglich aus dem Werbungsmittler hervorgegangen ist. Dieser beschränkte sich auf die Funktion der Vermittlung zwischen Werbungtreibenden und Werbeträger, das heißt, er vermittelte in erster Linie Anzeigenaufträge und erhielt dafür von den Werbeträgern eine Provision für die Vermittlung. Diese Art der Vergütung wurde auch beibehalten, als die Werbungsmittler längst zu Werbeagenturen geworden waren und der Leistungsumfang weit über die Vermittlung hinausging. Dadurch ergibt sich die schizophrene Situation, daß die Werbeagentur für den einen die Leistung erbringt, von dem anderen jedoch dafür bezahlt wird. Das System würde schon längst nicht mehr funktionieren, wenn die Werbeträger, also in erster Linie die Verlage und die Rundfunk-, Fernsehanstalten, auch dem Werbungtreibenden die Provision zubilligen würden. Da dies aber nicht der Fall ist und die Vermittlungs-Provision nur von Agenturen kassiert werden darf, ist das bestehende Vergütungssystem – wenn auch umstritten – immer noch aktuell.

Natürlich funktioniert es nur bei sogenannten Streuaufträgen, d. h. dort, wo Medien (Verlage, Rundfunk- und Fernsehanstalten usw.) für die Vermittlung von Aufträgen Provisionen bezahlen. Es funktioniert nicht bei Aufträgen, die nicht mediengebunden sind, wie z. B. bei Dekorationen, Prospekten, Verkaufshilfen usw. Aus diesem Grunde sind die Agenturen natürlich daran interessiert, Media-Werbung zu machen. Unter diesem Gesichtspunkt erhält die Provision der Werbeträger auch eine gewisse Berechtigung, denn wenn diese nicht wäre, würden die Agenturen vermutlich häufiger andere Werbemaßnahmen vorschlagen, als dies zur Zeit noch der Fall ist.

Die erste Frage, die von den Agenturen deshalb normalerweise an den Kunden gestellt wird, heißt: »Wie hoch ist Ihr Streuetat?«, weil aus der Summe aller Streuetats sich die Einnahmen der Agentur und damit ihre betriebswirtschaftliche Potenz errechnen läßt. Dabei gehen die Kunden häufig davon aus, daß die Provisionen der Werbeträger ausreichen, um den gesamten übrigen Leistungsumfang der Agentur, mit anderen Worten den Full-Service, zu bezahlen. Daß dies in zunehmendem Maße nicht der Fall ist, ist ein Problem der Agenturen, mit dem sie in den 70er Jahren fertig werden müssen.

Für den Außenstehenden ist das Abrechnungssystem der Agenturen relativ kompliziert. Geht man von dem sogenannten

Streuetat, dem provisionsfähigen Werbeetat aus und nimmt man an, daß dieser
Etat beispielsweise DM 1 Mio. beträgt,
dann erhält die Agentur, vereinfacht gesagt, eine Mittlerprovision in einer durchschnittlichen Höhe von 15 Prozent, also
von DM 150000,–.

Das Service-Fee-System

Das sogenannte Service-Fee-System, das,
weil es seinen Ursprung in den Vereinigten
Staaten hat, auch amerikanisches System
genannt wird, ist allerdings etwas kompli-
zierter. Es zieht zunächst vom Bruttobe-
trag des Anzeigenpreises alle Mengenrabatte, Wiederholungsnachlässe und Boni
ab. Daraus ergibt sich das sogenannte
Kundennetto, auf das die Verlage normalerweise 15 Prozent Provision gewähren.
Reduziert man das Kundennetto um diese
15 Prozent, dann erhält man das sogenannte Netto-Netto. Darauf schlägt nun
die Agentur 17,65 Prozent Service-Fee auf.
Dieser Betrag entspricht den 15 Prozent
Provision vom Kundennetto. Als Faustre-
gel kommt dabei heraus, daß die Agentur
rund 15% des gesamten Etatvolumens als
Einnahmen verbuchen kann.

Zusätzliche Einnahmen

Hinsichtlich zusätzlicher Einnahmen sind
der Agentur normalerweise keine Grenzen
gesetzt, sofern sie sich mit dem Kunden
darüber zu einigen vermag. Man kann davon ausgehen, daß heute bereits viele
Agenturen rund 75 Prozent ihrer Einnahmen durch Provisionen der Werbeträger
bestreiten und 25 Prozent aus weiteren
Leistungen, die über Honorare und Einzel-
kalkulationen abgerechnet werden. Dieser
Anteil wird sich vermutlich in Zukunft noch
verschieben, und es ist eigentlich nur noch
eine Frage der Zeit, bis das durchlöcherte,
von der Markenartikel-Industrie teilweise
angefeindete, von den Werbeagenturen
aber verteidigte Provisionssystem fällt und
einer anderen Honorierung Platz macht.
Bei der derzeitigen Konkurrenzsituation
steht zu befürchten, daß die Agenturen dabei nicht sehr gut aussehen werden.

Welche Kosten hat eine Werbeagentur?

Da, wie bereits festgestellt wurde, eine
Werbeagentur ein personalintensiver
Dienstleistungsbetrieb ist, dominieren die
Personalkosten im Gesamtkostenbudget
einer Agentur.

Durch den hohen Personalkostenanteil
sind die Agenturen außerordentlich kri-
senanfällig bei Etatreduzierungen bzw.
Etatkündigungen. Es ist deshalb wie in
kaum einer anderen Branche üblich, bei
einem Geschäftsrückgang relativ rasch
eine größere Anzahl von Mitarbeitern zu
entlassen. Während sich dies in den vergangenen Jahren wegen der ständig steigenden Werbeintensität der Wirtschaft
kaum bemerkbar gemacht hat, ist 1970
zum erstenmal eine spürbare Wende eingetreten. Die Agenturen, die auf der Woge
des sich rapide entwickelnden Werbeaufwandes mitschwammen, hatten ganz vergessen, daß ein kaufmännisch geführtes
Unternehmen auch auf seine Kosten achten muß. Da wurden überdurchschnittlich
hohe Gehälter gezahlt und ohne Rücksicht
auf Verluste Ideen produziert. Ganze
Trupps von mehr oder weniger qualifizierten Agenturleuten waren ständig irgend-
wohin unterwegs, um in Südamerika eine
Kaffeebohne, in Afrika einen Schmetter-
ling und in Alaska einen Eisbären zu foto-
grafieren. Das Erwachen kam im Jahre
1970, als einige große Agenturen feststell-
ten, daß die Agenturprovision seit 20 Jahren gleichgeblieben war, während die Kosten laufend gestiegen waren. Unortho-
dox, wie man in Agenturen nun einmal ist,
wurden die überflüssig erscheinenden Mitarbeiter von heute auf morgen auf die Stra-
ße gesetzt. Die Branche hielt für einen
Augenblick den Atem an, zumal die Agentur-Mitarbeiter in ihrer jahrelangen Eupho-
rie das aufziehende Unwetter überhaupt
nicht kommen gesehen hatten und nun,
ohne Vorwarnung, mit der harten Realität
konfrontiert wurden. Plötzlich gab es wieder preiswerte Agentur-Mitarbeiter, die
von Agentur zu Agentur liefen, um ihre
Dienste anzubieten.
Mit dieser Maßnahme haben die Agenturen ihre Kostensituation zunächst in den

Griff bekommen. Es ist zu vermuten, daß im kommenden Jahrzehnt die Agentur-Bosse weiter darüber nachdenken, daß auch eine Agentur ein betriebswirtschaftlich geführtes Unternehmen ist, das Gewinn abzuwerfen hat.

Was macht eine Agentur mit ihrem Gewinn?

Wie bei jedem anderen Unternehmen auch, ergibt sich der Gewinn einer Agentur aus der Differenz zwischen Ertrag und Kosten. Obwohl die Einnahmen der Agenturen in den letzten Jahren gestiegen sind, weil das Etat-Volumen der Agenturen ständig zunahm, wurde die Gewinnsituation wegen der geschilderten Kostenentwicklung von Jahr zu Jahr schlechter. Vor nicht allzu langer Zeit kassierten die Agenturen im Durchschnitt einen Gewinn zwischen 3 bis 5 Prozent des gesamten Etat-Volumens, was einem Gewinn von bis zu 30 Prozent vom Ertrag entspricht. Diese Zeiten gehören inzwischen bei den meisten Agenturen der Vergangenheit an. Große und größte Agenturen bewegen sich z. Z. bei einer Gewinnspanne von unter 1 Prozent, was einer Existenzbedrohung schon ziemlich nahekommt. Während dieser Gewinnanteil bei einem Produktionsunternehmen immer noch ausreicht, um über die Runden zu kommen, geraten die Agenturen hier schon in echte Not. Dies hängt damit zusammen, daß die Agenturen praktisch kein Anlagevermögen haben und deshalb im Ernstfall ohne Vermögen dastehen. Damit ist den Banken auch wenig Spielraum gegeben, mit Krediten einzuspringen. Das einzige, was kreditwürdig erscheint, ist der Auftrag eines renommierten werbungtreibenden Unternehmens, der der Agentur für ein Jahr, je nach Etat-Volumen, ein gewisses Einkommen garantiert.

Aus diesem Grunde sind die Agenturen gezwungen, Rückstellungen vorzunehmen, um Investitionen in zusätzliches Personal und Akquisitionsvorhaben finanzieren zu können und um für Krisenzeiten einigermaßen gesichert zu sein. Eine Gewinnmarge von 1 Prozent und darunter macht

solche Vorbeugungsmaßnahmen jedoch illusorisch. Die meisten Werbungtreibenden, die in den vergangenen Jahren mit einem gewissen Neid auf die gut verdienenden Agenturen gesehen haben, revanchieren sich jetzt aufgrund der Wettbewerbssituation der Agenturen mit relativ harten Vertragsverhandlungen. Die Leidtragenden sind die Agentur-Inhaber, die sich daran gewöhnen müssen, daß in der Werbung nicht nur viel gearbeitet und viel verdient wird, sondern daß unter Umständen in den nächsten Jahren auch viel gearbeitet und weniger verdient wird. Der Umstellungsprozeß wird sicher schmerzlich sein. Auf die Frage, was die Agenturen bisher mit ihrem Gewinn gemacht haben, kann man nur antworten: In den meisten Fällen haben ihn die Inhaber dem Unternehmen entnommen, gut gelebt oder zu persönlichem Nutzen angelegt.

Wie finanziert sich eine Agentur?

Die meisten Agenturen finanzieren sich aus bestehenden Kundenaufträgen. Da im allgemeinen kein Investitionskapital wesentlichen Umfangs erforderlich ist, kann praktisch jeder, der über etwas Büroraum und ein paar alte Möbel verfügt, eine Agentur aufmachen. Wenn er einen Auftrag hat, dann kann er, da dieser Auftrag normalerweise ein Jahr läuft, aufgrund des vorausschaubaren Einkommens eine entsprechende Anzahl von Leuten beschäftigen und sich ausrechnen, was er am Ende eines Jahres verdient haben wird. Die Crux ist nur, daß eine Agentur normalerweise sechs bis zwölf Monate Vorbereitungszeit hat, bis das erste Geld verdient wird, da die Planung und Gestaltung der Werbung keine Einnahmen herbeiführen, während die Werbemittel-Streuung, die erst zu einem späteren Zeitpunkt erfolgt, das Agentureinkommen garantiert. Da die Banken im allgemeinen eine Agentur im vollen Umfange nicht vorfinanzieren, verlangen die Agenturen von ihren Kunden eine sogenannte Media-Vorauszahlung, d. h. die Kunden geben den Agenturen das Geld, damit diese ihr Geschäft betreiben können.

Selbstverständlich hat die Agentur auch Eigenkapital, das durch die Agenturinhaber eingebracht wird. Nur steht dieses in keinem Verhältnis zu den erforderlichen Finanzierungsaufgaben. Daraus erklärt sich auch die Praxis der Agentur, erst Aufträge hereinzuholen und sich dann nach den geeigneten Mitarbeitern umzusehen, weil das umgekehrte Verfahren, sich mit erheblichen Personalkosten zu belasten, ohne einen effektiven und überschaubaren Auftrag zu haben, wegen des personalintensiven Charakters der Agentur zu große Risiken beinhaltet. Das neue Geschäft wird deshalb auf dem Rücken der bereits vorhandenen Agenturmitarbeiter ausgetragen, die in der Akquisitionsphase den zusätzlichen Arbeitsaufwand verkraften müssen und bei Auftragserteilung so lange noch einspringen müssen, bis die Suche nach neuen Mitarbeitern erfolgreich verlaufen ist. Das dauert erfahrungsgemäß zwischen drei bis sechs Monaten. Die Agenturen versuchen sich in der Zeit mit freien Mitarbeitern zu helfen. Diese sind jedoch relativ teuer und belasten so wiederum das Kostenbudget der Agentur mit beträchtlichen Summen.

Welche Unternehmensform hat eine Agentur?

Wegen der personenbezogenen Bindung zwischen Kunde und Agenturinhaber haben die meisten Agenturen die Unternehmungsform der Einzel- oder Personengesellschaft. Wenn man einmal vom Einzelberater oder vom Einzelunternehmer, der es im Laufe der Jahre geschafft hat, sich eine Agentur aufzubauen, absieht, liegt es relativ nahe, daß sich zwei oder mehr Werbefachleute zusammenschließen, um eine Agentur zu gründen. In diesem Falle bietet sich zunächst die Rechtsform der OHG oder der KG an. Diese Konstruktionen haben jedoch den Nachteil, daß die vollhaftenden Gesellschafter ein zu großes Risiko eingehen, was bei der Krisenanfälligkeit einer Agentur für die Risikoträger nicht ganz ungefährlich ist. Aus diesem Grunde haben viele Agenturgründer die Rechtsform der GmbH & Co KG gewählt, weil sie

hier die Vorteile der Einkommensbesteuerung mit dem Vorteil der Risikobeschränkung verbinden können. Dies gilt insbesondere für die großen deutschen Werbeagenturen, während ausländische Agenturen, die in der Bundesrepublik – teilweise sehr große – Niederlassungen unterhalten, die Rechtsform der GmbH vorziehen.

Aktiengesellschaften sind bisher noch nicht zu beobachten gewesen. Dies schließt jedoch nicht aus, daß in den 70er Jahren die eine oder andere große Werbeagentur wegen der zuvor geschilderten Finanzierungsschwierigkeiten und wegen der Forderung leitender Agenturmitarbeiter, an der Agentur beteiligt zu sein, auf die Aktiengesellschaft ausweicht. Was die Agenturen hier noch zögern läßt, ist die Tatsache, daß die Aktiengesellschaft eine besonders teure Rechtsform ist.

Allen Unternehmens- bzw. Rechtsformen ist gemeinsam, daß sie mit der Qualifikation der Agenturinhaber bzw. Geschäftsführer stehen und fallen und daß das Agenturkapital im Verhältnis zum Agenturvolumen unterrepräsentiert ist.

Welchen Standort hat eine Agentur?

Von ihrer Aufgabenstellung her gesehen ist eine Agentur zunächst einmal unabhängig von bestimmten Standortbedingungen. Das einzige, was Einfluß auf die Wahl des Standorts nehmen könnte, wäre die Forderung nach einem relativ kurzen Kommunikationsweg zwischen Kunde und Agentur. Dieser »kurze« Weg ist eher zeitlich als geografisch zu verstehen. Eine Agentur wird deshalb ihren Standort so wählen, daß sie in der Lage ist, ihre effektiven und potentiellen Kunden innerhalb kurzer Zeit zu erreichen. Dies hängt damit zusammen, daß viele Kunden ein- oder sogar mehrmals die Woche mit der Agentur Kontakt aufnehmen wollen. Da in fast allen Agenturverträgen die Reisekosten der Agentur zum Kunden durch die 15-Prozent-Regelung abgegolten sind und nicht extra berechnet werden können, sind die Agenturen natürlich daran interessiert, die Entfernung zu ihren Kunden nicht uferlos auszudehnen. Es kommt daher nicht von ungefähr, daß die meisten Agenturen in Düsseldorf und Frankfurt sitzen, weil beide Städte mit einem Radius von ca. 400 Kilometern die wichtigsten Gebiete der Bundesrepublik abdecken. Hinzu kommt, daß beide Standorte Flughäfen besitzen, von denen aus die meisten Kunden innerhalb ein bis zwei Stunden erreichbar sind.

Dabei ist es nicht erforderlich, daß die Agenturen in der City liegen, weil der Kundenverkehr relativ gering ist. Kommen Besucher mit dem Flugzeug, dann ist die Citylage dafür nicht erforderlich, kommen sie mit dem Wagen, dann ist es eher von Vorteil, etwas außerhalb zu liegen, weil in der City keine Parkplätze zur Verfügung stehen. Hinsichtlich des Parkplatzbedarfs ist auch an die Mitarbeiter zu denken, die zum großen Teil motorisiert sind und einen entsprechenden Bedarf an Parkplätzen haben. Andererseits darf die Agentur wiederum nicht zu weit außerhalb liegen, weil sonst ein relativ kostspieliger Zubringerdienst für Mitarbeiter ohne eigene Fahrzeuge eingerichtet werden muß. Da gerade bei Werbeagenturen Überstunden und unregelmäßiger Arbeitsbeginn relativ häufig sind, ist dieses Argument von besonderer Bedeutung.

Einzelne Agenturen haben versucht, sich dadurch ein besonderes Image zu verschaffen, daß sie beispielsweise an besonders schön gelegenen Plätzen den Agenturstandort eingerichtet haben. Die Erfahrung zeigt jedoch, daß diese Entscheidung von fragwürdiger Bedeutung ist, da die großen und erfolgreichen Agenturen ausnahmslos in gut erreichbaren Großstadtlagen residieren, von wo aus sie jederzeit in relativ kurzer Zeit ihre Kunden erreichen können.

Ein weiteres wichtiges Merkmal für den Standort ist die geografische Konzentration der Agenturlieferanten wie Reproanstalten, Retuscheure, Setzereien usw. Hier sind besonders kurze Wege Voraussetzung für einen reibungslosen Agenturablauf. Die Großstadt ist demnach prädestiniert für einen Agenturstandort. Die Konzentration in Frankfurt und Düsseldorf beweist das.

Wie kommt eine Werbeagentur zu Kunden?

Die Agenturen haben gegenüber vielen anderen Dienstleistungen den Vorteil, daß ihre Leistung und deren Ergebnisse in der Öffentlichkeit sichtbar werden. Aus diesem Grunde sind sie zunächst einmal auf Eigenwerbung nicht in dem Umfang angewiesen wie andere Unternehmen.

Eine gut gemachte Werbekampagne wird über die Werbeträger nicht nur Konsumenten, sondern auch potentielle Agenturkunden erreichen. Ein Werbungtreibender, der um eine optimale Werbekonzeption bemüht ist, beobachtet im allgemeinen aufmerksam, welche Werbekampagnen von Konkurrenten und Nichtkonkurrenten veröffentlicht werden. Sollte ihn eine Kampagne besonders beeindrucken, dann wird er sich erkundigen, welche Agentur dafür verantwortlich zeichnet. Er wird sich diese Agentur merken und evtl. bei nächster Gelegenheit bei dieser Agentur anfragen, ob sie nicht bereit sei, seinen Etat zu betreuen.

Da die Agenturen sich im allgemeinen bewußt sind, daß ihre Arbeit in der Öffentlichkeit beobachtet wird, verzichten viele auf die unmittelbare Akquisition und Eigenwerbung. Nur kleine Agenturen versuchen immer wieder durch gezielte Direktwerbung zu neuen Kunden zu kommen. Die großen Agenturen warten im allgemeinen, bis ein potentieller Kunde zu einer Agenturpräsentation einlädt. Dabei ist zu unterscheiden zwischen einer Einzel-Präsentation und zwischen Präsentation verschiedener Agenturen. Im ersten Fall handelt es sich darum, daß die von dem Werbungtreibenden ausgesuchte Agentur ihre bisherigen Kampagnen präsentiert und den potentiellen Kunden aufgrund ihres Leistungsangebots zu überzeugen versucht. Wenn die Agentur Glück hat, dann beauftragt der Kunde die Agentur mit der Erarbeitung einer neuen Werbekonzeption, ohne vergleichbare Angebote einzuholen.

Die Wettbewerbspräsentation

Der weitaus häufigere Fall, der die Unsicherheit der Werbungtreibenden bei der Auswahl einer Werbeagentur widerspiegelt, führt zu einer sogenannten Wettbewerbspräsentation. Das bedeutet, daß der Werbungtreibende mehrere Agenturen auffordert, sich mit seinen Problemen zu befassen und entsprechende Vorschläge für eine Werbekonzeption einzureichen. Diese Vorschläge werden in Form einer Präsentation dem Kunden angeboten, wobei es üblich ist, daß zwei oder mehr Agenturen im Wettbewerb zueinander präsentieren. Im Einzelfall sind bis zu 10 Agenturen und mehr beobachtet worden, die sich um einen Etat bewerben, wobei für den Fachmann nicht mehr ganz ersichtlich ist, nach welchen Auswahlkriterien der Auftraggeber die beste Werbekampagne aus den dargebotenen Vorschlägen auswählt.

Wegen des Konkurrenzdruckes wetteifern die Agenturen im allgemeinen damit, den Kunden bei der Präsentation besonders zu beeindrucken. Leider wird in vielen Fällen mehr Gewicht auf den optischen Eindruck als auf den argumentativen gelegt. Die Auswirkungen sind in vielen Fällen katastrophal, weil die Agenturen sich in ruinöse Präsentationskosten stürzen, indem sie für eine entsprechende Anzahl von Anzeigenmotiven, die im Reinlayout vorgestellt werden, in Verbindung mit den dazugehörenden Verkaufsförderungsmitteln enorme Summen ausgeben, die durchaus zwischen 100 000 und 200 000 DM für eine Präsentation liegen können.

Da der Werbungtreibende natürlich nur eine Agentur beauftragen kann, haben alle anderen beteiligten Agenturen umsonst präsentiert. Es hat sich deshalb eingebürgert, daß Agenturen, die glauben, es sich leisten zu können, ein Wettbewerbshonorar vereinbaren, das dann fällig wird, wenn die Agentur die Wettbewerbspräsentation verliert. Allerdings stehen die dafür ausgehandelten Honorare meistens in keinem Verhältnis zu den effektiv anfallenden Kosten. Da die meisten Kunden jedoch inzwischen die Wettbewerbspräsentation bevorzugen, weil sie glauben, hier besonders viele Einfälle geboten zu bekommen, sind die Agenturen, die vorwärtskommen wollen, gezwungen, an solchen Präsentationen teilzunehmen.

Nur die ganz großen Werbeagenturen können es sich leisten, die Teilnahme an solchen Präsentationen abzulehnen bzw. ihre Forderungen so heraufzuschrauben, daß sie in jedem Fall auf ihre Kosten kommen.

Fest steht, daß der Werbungtreibende sich keinen guten Dienst leistet, wenn er auf einer Wettbewerbspräsentation besteht. Es wäre vernünftiger, wenn er sich eine aufgrund der bisherigen Leistungen geeignete Agentur aussuchen würde und mit dieser zusammen Schritt für Schritt und in gegenseitiger Diskussion die optimale Werbekonzeption erarbeiten würde. Das ist zwar nicht so spektakulär wie eine Wettbewerbspräsentation und macht auch nicht so viel Spaß – aber es ist in den meisten Fällen erfolgreicher.

Wie geht es weiter mit den Werbeagenturen?

Ähnlich wie bei den Konsumwellen kann man auch bei den Werbeagenturen von verschiedenen Wellen sprechen. Nachdem im Dritten Reich die Gründung einer Werbeagentur dadurch verhindert war, daß der damalige Werberat der deutschen Wirtschaft aufgrund eines im Jahre 1933 erfolgten Erlasses streng zwischen Werbeberatung und Werbemittlung unterschied, kam es nach Beendigung des 2. Weltkrieges zu ersten Werbeagenturgründungen, die in den 50er Jahren gekennzeichnet waren durch die Einzelpersönlichkeit des Agenturinhabers. Eine ganze Reihe von bedeutenden Namen haben der Werbung in dieser Zeit das Gepräge gegeben. In den 60er Jahren folgte dann die zweite Welle, die dadurch gekennzeichnet war, daß sie die Einzelpersönlichkeit des Agenturinhabers etwas zurückdrängte zugunsten des Teams, wobei es unerheblich war, ob es sich hier um ein Geschäftsleitungs-Team oder ein Inhaber-Team handelte. Während der Einzelinhaber der 50er Jahre noch von seiner persönlichen Ausstrahlungskraft und seiner Beratungspotenz profitiere, gingen die teamgeführten Agenturen der 60er Jahre dazu über, die geringere Persönlichkeitsausstrahlung durch einen umfangreichen und vielfältigen Service zu ersetzen.

Die 70er Jahre werden gekennzeichnet sein durch die Ablösung der inhabergeführten Agenturen, durch professionell handelnde, aber jederzeit ersetzbare Technokraten, durch kontrollierte Creativität zu Lasten der Creativ-Stars und durch eine konsequente Beachtung der Relation von Ertrag und Kosten, was tiefgreifende Änderungen auf die Struktur der Werbeagenturen haben wird. Die Gesprächspartner auf der Kundenseite werden immer besser. Marketingstrategie und konzeptioneller Denkansatz verlagern sich mehr und mehr zugunsten des Werbungtreibenden.

Konkret bedeutet dies: Ähnlich wie in anderen Wirtschaftsbereichen werden die Zusammenschlüsse zunehmen, die kleinen Agenturen werden – noch mehr – Existenzsorgen haben, die ganz großen Agenturen werden überproportional wachsen. Die Agenturen werden sich hinsichtlich des Vergütungssystems neue Alternativen einfallen lassen müssen, da Werbungtreibende mit großem Etat-Volumen nicht mehr bereit sein werden, ohne harte Verhandlung die 15-Prozent-Klausel zu akzeptieren, weil der Marketing-Etat sich mehr und mehr zugunsten des Verkaufsförderungsetats und zuungunsten des reinen Streuetats verschieben wird.

Außerdem werden die Agenturen sich neue Wege einfallen lassen müssen, wie sie die Reizüberflutung des Verbrauchers, an der sie selbst maßgeblich mitgewirkt haben, überwinden können. Man spricht heute bereits von einem »Informations-Overkill«, was frei übersetzt soviel bedeutet wie eine Überflutung des Verbrauchers mit Informationen, denen er in Zukunft weder gewachsen sein kann noch will. Neue Kommunikationswege und Systeme werden deshalb entwickelt werden müssen. Die Agenturen stehen Anfang der 70er Jahre am Scheideweg. Die 20 Jahre der klassischen Werbeagentur sind vorbei. Wenn es auch die meisten Mitarbeiter in den Werbeagenturen noch nicht begriffen haben, die verantwortlichen Leiter der großen Agenturen haben die Zeichen der Zeit bereits erkannt und denken schon über die Agentur der Zukunft nach. Sie wird sich wesentlich von dem derzeitigen Vorstellungsmodell unterscheiden.

Dipl.-Kfm. PETER J. TRAUTH
Geschäftsführer und Gesellschafter der Team-Werbeagentur GmbH & Co. KG, GWA, Düsseldorf

Werbeerfolgskontrolle

Eines der großen ungelösten Probleme der Werbung ist die Werbeerfolgskontrolle! Generationen von Werbemanagern und Forschern haben sich mit dieser Frage beschäftigt. Manche von ihnen sind der Ansicht, das Problem sei überhaupt nicht lösbar. Trotzdem ist das Thema nach wie vor von großem Interesse. Warum?

Nicht erst heute ist man in den USA und bei uns auf der Suche nach verbindlichen Kriterien und Methoden zur genauen Bestimmung der Werbewirkung und exakten Messung des Werbeerfolges.

Zwei Gründe sind es besonders, die diesem Thema gerade in den letzten Jahren zu einer zusätzlichen Aktualität verhalfen.

Zum einen die ständig steigenden Werbeaufwendungen. In Anbetracht der Milliarden-Beträge erscheint die Frage, welchen Erfolg diese Aufwendungen nun eigentlich gezeitigt haben, nicht unbillig. Der andere Grund für die Aktualisierung der wichtigen Diskussion um die Werbeerfolgskontrolle ist in der Abschwächung der positiven wirtschaftlichen Entwicklung zu suchen.

Sie zwingt z. B. dazu, aufgrund niedrigeren Ertragszuwachses als bisher bei steigenden Kosten den Nutzen und die Notwendigkeit von Ausgaben und Investitionen z. B. für die Werbung noch genauer als bisher zu bestimmen.

Ist es doch vielleicht möglich, mehr Leistung bei gleichem oder niedrigerem Werbeaufwand zu erhalten ...

Im ersten Falle gibt man viel Geld aus und möchte wissen, was man dafür erhält, und im zweiten Falle kann (oder möchte) man nicht mehr so viel aufwenden und fragt sich, was das für Folgen haben wird.

Nun besteht im »Babel der Werbeforschung« kein gemeinsames grundlegendes System. Demgemäß werden die Möglichkeiten der werblichen Beeinflussung des menschlichen Verhaltens über- oder unterschätzt.

Einmal – so wird behauptet – ist es die Werbung, die die Verkäufe *direkt* bewirke; andererseits werden wiederum die Grenzen der Werbung sehr deutlich herausgestellt.

Was hat es also mit der Werbeerfolgskontrolle und ihren Methoden auf sich?

Werbewirkung und Werbeerfolg

Betrachtet man die Definitionsversuche der Werbung, so kann man mit P. W. Meyer zwei Hauptgruppen unterscheiden:

a) Definitionen, welche Werbung als Beeinflussungsform, die auch im wirtschaftlichen Bereich zur Anwendung gelangt, auffassen;

b) Definitionen, welche die Wirtschaftswerbung als Teil des Absatzprozesses sehen und ihr ihren Ort innerhalb des »absatzwirtschaftlichen Instrumentariums« (Gutenberg) anweisen.

Demgemäß kann man bei der Werbeerfolgskontrolle zwischen »*psychischer Wirkung*« mit bestimmten Wirkungskriterien (wie z. B. Wahrnehmungs- und Beeinflussungseffekt, Vorurteils- und Einstellungswandel, Motivations- und Imageaufbau) und »*ökonomischem Erfolg*« (z. B. mit den Erfolgskriterien Umsatz- und Gewinnzunahme, der Relation von Werbeaufwand und Ertrag) unterscheiden.

Diese gravierende Unterscheidung zwischen »außenwirtschaftlicher« (Behrens) Werbe*wirkung* einerseits und Werbe*erfolg* im Sinne von Verkaufserfolg andererseits spielt auch eine wichtige Rolle bei dem später zu diskutierenden Problem der Methoden des *Post*testing! Aus der Praxis lassen sich – auch als Maßstab der Beurteilung von Werbewirkung und Werbeerfolg – folgende *sechs Hauptaufgaben* werblicher Bemühungen charakterisieren.

Aufgaben der Werbung

– Die Unterrichtung und Aufklärung des Verbrauchers mit dem Ziel, Marktübersicht, Markttransparenz auch für den einzelnen zu schaffen. Hierzu ist das Vermitteln von »thematischen« (sachlichen) und »unthematischen« (emotionalen) Informationen notwendig, die Markenkenntnis und Markenwissen im Rahmen des Kommunikationsprozesses (s. u.) schaffen.

– Die Gewinnung des öffentlichen und persönlichen Vertrauens für Waren, Firmen und Dienstleistungen mit dem Ziel, ein möglichst positives Vorstellungsbild (Image) von der betreffenden Marke und/oder Firma beim Konsumenten aufzubauen und zu stabilisieren. Falls es nötig sein sollte, müssen, um das zu erreichen, Motivationen gesetzt und Einstellungen geändert werden.

– Das Schlagen von Brücken zwischen Erzeugung und Verbrauch und damit die Vermittlung zwischen Hersteller und Verbraucher. Hier wird die Kluft, die Anonymität zwischen Erzeuger und Verbraucher durch Marken- und Firmenwerbung beseitigt.

– Die Sammlung, Vereinheitlichung und »Kanalisierung« von Bedürfnissen und damit der Nachfrage einerseits und das Wecken »neuer« Konsumbedürfnisse und die Schaffung neuer Konsumgewohnheiten andererseits.

– Das Abheben, Individualisieren verwandter, ähnlicher oder gar objektiv gleicher Produkte und damit das Schaffen von langlebigen »Produkt- bzw. Marken-Persönlichkeiten«. Gerade diese Personifizierung von Produkten, die *Imagebildung*, ist heute eine wichtige Aufgabe der Werbung!

– Die »Hinstimmung« zum Produkt und damit der *indirekte* Beitrag zur Verkaufsförderung und Nachfrageerzeugung, zur Forcierung des Massenabsatzes, der erst die Möglichkeit der Produktion preiswerter und doch qualitativ guter Massengüter schafft. (Stichwörter: *Vorverkaufen* und »Demokratisierung des Luxus«.) (Vgl. Abb. 1.)

Der Maßstab für die Bewertung der Konsumentenwerbung ist nun das Erreichen bzw. Nichterreichen der – einer bestimmten Konzeption gemäßen – Kommunikationsziele!

Abb. 1

DIE 6 AUFGABEN DER WERBUNG

1. Information des Verbrauchers

2. Gewinnung von Vertrauen

3. Vermittlung zwischen Hersteller und Verbraucher

4. Vereinheitlichung alter und Schaffung »neuer« Konsumbedürfnisse

5. Individualisierung – Imagebildung

6. Hinstimmung zum Produkt – »Vorverkaufen«

In Ergänzung dieses Bewertungsmaßstabes lassen sich gemäß den oben zitierten Hauptaufgabenbereichen der modernen Wirtschaftswerbung im Rahmen eines *Pre-* oder *Posttests* zur Ermittlung der Werbe- bzw. Kommunikationswirkung eines Werbemittels oder einer ganzen Werbekampagne unter anderem *acht* werbepsychologische *Fragenkomplexe* ermitteln.

Testfragen zur Werbewirkung

– Die im werblichen Kommunikationsprozeß übermittelten *Informationen* müssen klar, verständlich und glaubwürdig, der Werbekonzeption gemäß an den Verbraucher gebracht werden. Versteht der Verbraucher die Werbung? Interessieren ihn die Informationen und ist die Argumentation für ihn glaubwürdig? etc.)

– Ein allgemeiner positiver *Gefühlseindruck,* sowohl das Ganze wie die Details des Werbemittels betreffend, muß vermittelt werden. (Welche Anmutungsqualitäten werden ausgelöst? etc.)

– Das Werbemittel und seine Botschaft müssen *attraktiv* und *dynamisch* sein. Sie müssen Lebendigkeit ausstrahlen, Interesse und Aufmerksamkeit wecken, den Anreiz zu einer intensiven Auseinandersetzung beinhalten und ggf. in der Lage sein, für das beworbene Produkt im Sinne eines Motivations- und Einstellungswandels wirksam zu werden. (Wie groß ist der Aufforderungscharakter, das persönliche Involvement im Sinne der werblichen Aufgabenstellung mit dem Untersuchungsgegenstand? In welchem Grade ist die Werbung in der Lage, die Einstellungen gegenüber dem Produkt beim Verbraucher zu ändern und Motivationen zu setzen? etc.)

– Das Werbemittel muß *produktadäquat* sein, d. h. es muß eine Übereinstimmung zwischen der Werbung (Text, Bild etc.) und dem Produkt, für das geworben werden soll, bestehen. (Wie produktgerecht ist Aussage und Optik? etc.)

– Das Erlebnisumfeld und damit das psychologische Umfeld des dargestellten Produktes wie der Personen und Situationen müssen prägnant und positiv erlebbar sein. (Wie wirkt die optische und ggf. akustische Umgebung, in welcher das Produkt in der Werbung dargestellt wird, auf den Verbraucher? Wie steht es mit der *Identifikationsbereitschaft* und -möglichkeit? Welches sind die Wirkungsdominanten des Werbemittels? etc.)

– Das Werbemittel muß dem Konsumenten positive *Qualitätsvorstellungen* und Erwartungen im Hinblick auf das umworbene Produkt vermitteln. (Läßt das Werbemittel beim Verbraucher das beabsichtigte Produktprofil entstehen? etc.)

– Das Werbemittel sowie die gesamte Kampagne und die ihr zugrunde liegende Werbekonzeption muß *unverwechselbar, eigenständig* sein und sich weit genug von der Konkurrenz und deren werblichen Äußerungen abheben. (Wird die Trennung von den Mitbewerbern in gewünschtem Maße erreicht? In welchem Maße beinhaltet das werbliche Vorgehen die Kriterien von Eigenständigkeit und Originalität?)

– Die Werbekonzeption ist nicht nur adäquat zu übersetzen, sondern die Werbung muß dazu beitragen, daß der Konsument ein entsprechend positives *Image* von der Marke, dem Produkt, von der Firma, für die geworben wird, vermittelt bekommt. (Entspricht die Werbung dem bisherigen Werbestil der Marke? Welches Vorstellungsbild, Image wird aufgrund des gesamten werblichen Kommunikationsprozesses [s. u.] aufgebaut?) (Vgl. Abb. 2.)

8 Fragen, um eine Produkt- und Werbekonzeption zu überprüfen

1. Informationsgehalt – Verständnis – Glaubwürdigkeit
2. Allgemeiner Eindruck – Emotionalität
3. Aufmerksamkeit – Dynamik
4. Produktadäquatheit
5. Erlebnisumfeld – Identifikation
6. Qualitätsvorstellungen
7. Konkurrenzdistanz – Eigenständigkeit
8. Marken-, Firmenbild – Image

Abb. 2

Alle diese im Rahmen der Kommunikationsforschung durchgeführten Werbemitteltests dienen im wesentlichen der Klärung folgender Frage:

Inwieweit wird die durch das Werbemittel repräsentierte Werbekonzeption für das Produkt werbewirksam und schafft für die Marke beim Verbraucher ein angemessenes positives Image und stimmt ihn somit zur Verwendung des Produktes hin?

Fassen wir zusammen: Auf die entscheidende Frage, ob nun sowohl die mehr allgemeinen Anforderungen und Aufgaben (s. o.) als auch die für jede Werbekonzep-

tion speziellen Zielsetzungen durch die betreffende Werbung erreicht werden bzw. erreicht wurden, geben heute die abgesicherten Methoden der Werbeforschung und Werbepsychologie bereits relativ erschöpfend Auskunft. Und zwar sowohl im Sinne der Werbewirkungs*prognose* (Werbemittel*pretesting*) wie auch der Werbewirkungs*kontrolle*(Werbemittel*posttesting* – Imageanalyse; s. u.).

Stufenmodelle der Werbewirkung

Es gibt nun eine ganze Reihe von Denkmodellen, die der Veranschaulichung von Werbewirkung und Werbeerfolg dienen sollen.

Eines der ältesten Modelle stammt von Starch, der vor mehr als 40 Jahren sagte, daß z. B. eine Anzeige, die erfolgreich sein soll

– *gesehen werden*
– *gelesen werden*
– *erinnert werden*
– *befolgt werden*

muß.

Heute würden wir diese Definition allein schon deshalb als unbefriedigend ansehen, weil sie zu sehr auf den Erfolg der *einzelnen* Anzeige abgestellt ist und die erhöhende und vermindernde Wirkung der Kontaktwiederholung nicht berücksichtigt. Ein anderes Beispiel für ein solches Stufenmodell ist die altbekannte AIDA-Formel. Erfolgreiche Werbung durchläuft hier angeblich die Stufen:

– *Attention = Aufmerksamkeit erregen*
– *Interest = Weckendes Produktinteresses*
– *Desire = Haben = Wollen*
– *Action = Kaufvorgang auslösen.*

Ähnlich dieser AIDA-Regel würde die Werbewirkung des öfteren in verschiedene Wirkungsvorgänge, sozusagen Teilwirkungen, und getrennte Teilbereiche zerlegt. So z. B. nach Seyffert in:

– *Sinneswirkung*
– *Vorstellungswirkung*
– *Gefühlswirkung*
– *Gedächtniswirkung*
– *Willenswirkung.*

Lavidge und Steiner drücken das dann so aus:

Die Werbung soll die Menschen von der Bewußtheit (Awareness) zum Wissen (Knowledge)...zur Zuneigung (Liking)...zur Bevorzugung (Preference) ...zur Überzeugung (Conviction) ...zur Kaufhandlung (Purchase) führen.

Eine modernere, integriertere und heute gebräuchlichere Vorstellung gibt das DAGMAR-Modell (abgekürzt nach Colleys Buch: *Defining Advertising Goals for Measured Advertising Results*) wieder, dessen wichtigste These lautet:

Wenn man spezifische Werbeziele vorher formuliert, kann man sie nachher auch messen!

Gemäß der DAGMAR-Regel muß jede kommerzielle Kommunikation, die auf Kauf hinausläuft, in der *Vorstellung* des Umworbenen *vier* Ebenen des Verstehens durchlaufen:

- *Der Umworbene muß gewahr werden, daß es die Marke etc. gibt (Awareness).*
- *Er muß eine Vorstellung davon haben, was das Produkt ist und was er damit anfangen kann (Comprehension).*
- *Er muß eine Disposition zum Kauf haben oder erreichen (Conviction).*
- *Er muß schließlich tätig werden, d. h. kaufen (Action).*

Abschließend das Modell von Lucas und Britt. Es ist mehr als Katalog komplexer, miteinander verknüpfter Elemente aufzufassen. Sie schaffen – im Sinne werblicher Zielsetzungen – erst die Bedingungen, die dem Kaufprozeß förderlich sein sollen:

- erste, unwillkürliche Beachtung gewisser Einzelheiten (Vorgänge, Gegenstände) des Umweltbildes (initial attention)
- Wahrnehmung (perception)
- ununterbrochene, günstige Beachtung (continued favorable attention)
- Gefühl, Erregung, Empfindung (feeling, emotion)
- Motivation (motivation)
- Glaubwürdigkeit (belief)
- Absichten, Vorhaben, Zwecke (intentions)
- Entscheidung herbeiführen (decision making)
- Interesse (interest)
- Fassungs- und Erkenntnisvermögen (comprehension)
- bildhafte Vorstellung – Image (imagery)
- Assoziation, Verknüpfung von Vorstellungen (association)
- Erinnerungsvermögen (recall)
- Wiedererkennen (recognition).

Sieht man vielleicht von den beiden letzten Konzepten ab, so zeigt sich, daß in den Stufenmodellen Werbewirkung einmal als Reaktion des Umworbenen auf ein Werbemittel (z. B. Anzeige), zum anderen aber auch an der *(Kauf-)*Einstellung zum Produkt messen will. Das ist – laut Vierteljahresheften für Mediaplanung – eine pragmatische Erklärung der Werbung als eine »Erwachsenen-Schule«, bei der dem Umworbenen etwas beigebracht wird. Danach sollen sie sich – unter Voraussetzung der Akzeptierung des Gelernten – später in ihrem Verhalten richten. Dahinter steht die Auffassung, daß man Nichtkäufer mit Vernunftgründen (!) zu Käufern machen kann.

Ziehen wir das Fazit: So interessant diese Stufenmodelle werblicher Beeinflussung und Wirkung auch sein mögen, so sehr gehen sie doch alle mehr oder weniger von einem durch die Theorie und Empirie der *Ganzheitspsychologie* überholten Konzept aus. Der Mensch erlebt (und handelt) »ganzheitlich«. Er läßt sich nun einmal nicht gliedern in unterschiedliche Bereiche menschlichen »Vermögens«. Er läßt sich nicht »teilen« in mehr oder weniger getrennte Elemente wie Aufmerksamkeit, Erinnerung, Gefühl, Wille etc.

So sind denn auch alle methodischen Ansätze, die sich zu stark an den Modellen aus den Anfängen der Werbepsychologie orientieren, die stark von der heute überholten Elementen- und Vermögenspsychologie beeinflußt waren, mit einer gewissen Skepsis zu betrachten. Werden sie doch der Praxis, der Ganzheit von Wahrnehmen, Erleben und Verhalten ebenso gerecht wie den neuen Erkenntnissen der *Kommunikationsforschung* (siehe dort).

Die Schwierigkeiten der Kontrolle des ökonomischen Werbeerfolgs

Sicherlich haben Lucas und Britt recht, wenn sie nun sagen, daß einen Unternehmer weniger das Bild (Image) seiner Produkte oder Dienstleistungen in der Öffentlichkeit interessiert als vielmehr die Frage, ob eine Anzeige oder Werbekampagne ihm mehr, wieviel mehr oder evtl. sogar weniger Umsatz bringt.

Es gibt aber *keine* Methode der Werbeforschung, die garantieren könnte, daß die Umsätze steigen werden, wenn bestimmte Maßnahmen der Werbung durchgeführt werden! Natürlich kann man feststellen, ob gewisse Themen oder Layouts wegen ihres leicht zu verstehenden Inhalts wirksamer sind als andere.

Schließlich muß gesagt werden, daß viele werbliche Bemühungen nicht darauf gerichtet sind, Umsätze zu erzielen, sondern nur darauf, die Menschen geneigt zu machen, zu kaufen.

Und dazu noch ein Zitat aus dem Journal of Advertising Research:

»So many forces shape consumers' decisions that to isolate and measure the impact of a single force like advertising poses tremendous problems.«

Bei einer Analyse der Veröffentlichungen und Diskussionsbeiträge über die Werbeerfolgskontrolle stellt sich dreierlei heraus:

Erstens: Werbung ist nicht gleich Verkauf, Werbeerfolg ist demnach nicht gleich Verkaufserfolg.

Zweitens: Zur Feststellung der Werbewirkung (allerdings *nicht* i. S. von Verkaufserfolg) – z. B. ob die Werbeziele erreicht worden sind oder nicht – gibt es heute bereits genügend abgesicherte, vorwiegend psychologische Testverfahren (Pretests, Posttests, Motivations- und Einstellungsstudien, Imageanalysen etc.), aber auch Methoden der quantitativen Markt- und Werbeforschung in großer Zahl.

Drittens: Die Kontrolle des ökonomischen Werbeerfolges, also die *exakte* Bestimmung des Einflusses und Anteils der Werbung am Umsatz und Verkauf begegnet einer *Vielzahl* von zum Teil *unüberwindlichen Schwierigkeiten*.

Sie lauten:

– Die Zielpersonen der Werbung sind Menschen, die nicht nur ökonomisch reagieren, sondern zum großen Teil außerökonomisch bestimmt sind. Das führt auch zur Betonung qualitativer, also psychologischer und soziologischer Maßstäbe

und Methoden in Werbewissenschaft und Werbepraxis.

– Die Werbung hat demnach auch andere als *reine* und alleinige Verkaufsaufgaben (s. o.). Und ihre Wirkung, ihr Erfolg ist deshalb auch nicht *allein* am ökonomischen Erfolg abzulesen (selbst wenn das möglich wäre…)

– Im Hinblick auf das konkrete Verkaufsziel verkauft die Werbung *vor,* motiviert *mit* zum Kauf, stimmt zu ihm hin, unterstützt Kaufneigungen und setzt Anreize, verkauft aber schließlich nicht selber! Hier sind eine Vielzahl anderer Faktoren (s. u.) noch sehr wesentlich mit beteiligt, die außerhalb ihres Einflußbereiches liegen.

– Die Werbung hat mehr eine *kommunikative* Aufgabe (s. u.), indem sie ganz spezifische *Werbeziele* durch den werblichen Kommunikationsprozeß zu erreichen und durchzusetzen sucht. An der Messung des Erreichens bzw. Nichterreichens dieser Werbeziele ist der Erfolg bzw. Mißerfolg, die Wirkung der Werbung abzulesen.

– Werbung ist *ein* Teil des Marketing Mix (s. u.), des vielgliedrigen absatzpolitischen Instrumentariums und deshalb nicht hinsichtlich ihres Anteils am Verkaufserfolg zu *isolieren*.

– Darüber hinaus ist der Werbeerfolg schwer gegenüber den vielen auch außerhalb des Marketing Mix liegenden Einflußfaktoren, so z. B. Maßnahmen der Konkurrenz, konjunkturellen Schwankungen, politischen Ereignissen, Kaufkraftveränderungen etc. abzugrenzen. Ein »Riesenwerbeerfolg« stellt sich bei genauer Betrachtung oft genug als das unvorhergesehene Zusammentreffen einer Reihe den Absatz begünstigenden außerwerblichen Faktoren heraus.

– Schließlich ist auch die Bestimmung der genauen zeitlichen Abgrenzung des Werbeerfolges (besonders i. S. v. Verkaufserfolg) sehr problematisch, weil sich nämlich manchmal die Wirkungen, der Erfolg von zurückliegenden Werbeaktionen, erst nach einer unbestimmten Zeit, also mit einem »time-lag«, bemerkbar macht etc. etc.

Insbesondere die Einführung des *Marketingkonzepts* und des *Kommunikationsmodells* mit der Forderung nach genauen vorherbestimmten Kommunikations- und Werbezielen hat dazu beigetragen, die rein ökonomische Betrachtung des Werbeerfolges als ein *Scheinproblem* zu entlarven. Das wird von manchen Autoren immer noch bedauert, und es wird immer wieder vergeblich versucht, methodische, experimentelle oder statistische Verfahren zur Bestimmung des ökonomischen Werbeerfolgs, also der »Differenz aus den werbebezogenen Umsatzänderungen (Werbeertrag) und den Kosten des werbebedingten Mehrabsatzes« zu entwickeln.

Der Einfluß des Marketingkonzepts und Kommunikationsmodells auf die Werbeerfolgskontrolle

Im folgenden soll der entscheidende Einfluß dieser zwei neuen Modelle auf die Werbeerfolgskontrolle näher erläutert werden.

Das Marketingkonzept

Die Einführung des Marketing, dieser neuen Konzeption der betrieblichen Führung, hat dazu beigetragen, sich bei den Absatzbemühungen nicht nur an Produktion und Kapazität, sondern mehr am Verbraucher und seinen Vorstellungen, Bedürfnissen, Wünschen, Motivationen und Möglichkeiten zu orientieren. Man denkt heute »vom Kunden her« und man stellt ihn – auch in der Werbung – in den Mittelpunkt der Betrachtung und Planung. Marketing heißt aber auch »Ganzheitsschau«, heißt auch Koordination *aller* Absatzbemühungen und Instrumente – einschließlich der Werbung – im Marketing Mix.

Diese Sektoren (Instrumente) lassen sich bekanntlich in vier Hauptbereiche gliedern:

– *Produktion*
– *Distribution*
– *Forschung*
– *Kommunikation*

Unter *Kommunikation* sind zu verstehen:

– *Konsumentenwerbung*
  (vgl. die folgenden Beispiele für Kommunikationsziele)

– *Verkaufsförderung*
  (händler- und verbraucherorientiert)
– *Kundendienst*
  (z. B. Reparaturleistungen)
– *Publicity*
  (Public Relations etc.)

Die Schlußfolgerungen für den Gegenstand unserer Betrachtungen liegen auf der Hand: *Alle* zum Marketing Mix gehörenden Instrumente (s. o.) und Sektoren tragen in ihrer Gesamtheit, in ihrer wechselseitigen Abhängigkeit und Integration zur Erreichung des gemeinsamen Endziels, zum Absatz (bzw. im negativen Falle: Nicht-Verkauf) eines Produktes bei!

Das bedeutet also,

... daß eine Werbekampagne nur im Rahmen *aller* absatzwirtschaftlichen Bemühungen mithilft, ein Produkt z. B. durch Vermittlung von Markenkenntnis, Markenwissen und positivem Imageaufbau *vor* zuverkaufen, zu ihm »hinzustimmen«;

... daß Werbemitteltest u. v. a. wie z. B. Einstellungs- und Imagewandel lediglich Kaufbereitschaften und Dispositionen diagnostizieren können, die von einem Werbemittel beim Verbraucher verstärkt bzw. aktualisiert werden;

... daß dem Verkauf, dem Absatz eines Produktes die Summe *aller* koordinierten und integrierten Marketingmaßnahmen dient und die Werbung zwar ein wichtiger – aber eben doch nur *ein* – Faktor in diesem Gesamtrahmen ist, der wiederum spezielle Kommunikationsaufgaben zu erfüllen hat.

Das Experiment des (in der Praxis ja nie wirklich völlig realisierbaren) Konstanthaltens aller anderen Marketing-Instrumente und Sektoren außer der Konsumentenwerbung zur Abschätzung ihres *alleinigen* Anteils am konkreten Verkaufserfolg – z. B. in einem *Testmarkt* – hat sich nicht nur als weitgehend »künstlich«, sondern sehr oft auch als Theorie und akademische Fiktion erwiesen. Menschen, Märkte und auch Konkurrenten wandeln sich ständig, sind nur dynamisch zu begreifen und »halten nicht still«, bis ein solches langfristiges und übrigens auch aufwendiges Experiment durchgeführt worden ist.

Hinzu kommt u. a. die Schwierigkeit, angemessen große, echt vergleichbare Gebiete zu finden. Weiter auch die Tatsache, daß

Testmärkte zumindest in der BRD *nicht* besonders geeignet sind, die Werbewirkung im obigen Sinne zu überprüfen, lassen sie doch nur den sehr beschränkten Einsatz der Werbung zu. Die großen und wichtigen überregionalen Medien fallen zumeist ganz aus.

Nur soviel zu den oft überschätzten Möglichkeiten des Testmarktes, der in sehr wenigen Fällen wirklich berechtigt, nötig und dem Problem angemessen ist. Noch seltener läßt er echte, d. h. von anderen Faktoren (s. o.) isolierbare Aussagen über den Werbeerfolg i. S. v. Verkaufserfolg zu.

Darüber sollte uns das – übrigens neuerdings auch in den USA wieder umstrittene – MESPRA-Modell (*Me*asuring the *Sa*les- and *Pr*ofit *R*esults of *A*dvertising) von Campbell nicht hinwegtäuschen. Das Verfahren, das Campbell in einer ANA-Schrift ausführlich darstellt, ist das sogenannte »single-market/multi-zone experiment«.

Es besteht im wesentlichen darin, einen Staat, eine Stadt oder andere Markteinheiten in klar definierte Submärkte oder Zonen einzuteilen. Zum Beispiel nach Zeitungs-Distributionsbereichen, Postleitzahlbereichen usw. Diese Zonen werden nach dem Durchschnittseinkommen ihrer Bewohner zu homogenen Blöcken zusammengefaßt.

Mit Hilfe der Splitrun-Möglichkeiten werden dann z. B. in den einzelnen Zonen jedes Blocks unterschiedliche Werbekampagnen durchgeführt. Wenn man die Ergebnisunterschiede innerhalb und zwischen den Blöcken mißt, läßt sich bei Konstanthalten aller anderen Bedingungen eventuell eine kausale Beziehung zwischen den verschiedenen Werbekampagnen und ihren Wirkungen herstellen.

Solche Möglichkeiten bestehen in der BRD – zumindest z. Z. – (leider) nicht.

Das Kommunikationsmodell

Bedeutet die moderne Auffassung der Werbung als ein Instrument im Marketing Mix, daß es nun überhaupt keine Kontrolle des Erfolges werblicher Maßnahmen gibt? Nein! Nur eben nicht im Sinne einer Verkaufs-, sondern einer *Kommunikations*-Erfolgskontrolle. Der Werbung, was der Werbung gebührt ... So ist es nicht Zweck

einer Anzeige oder eines Fernsehspots, *direkt* zum Kauf zu veranlassen. Der Kauf und seine Motive sind psychologisch viel zu komplex, um sie auf ein einmal wahrgenommenes Werbemittel zu reduzieren!

Aufgabe eines Spots (einer Anzeige) ist es vielmehr, dem Konsumenten *bestimmte* in einer Konzeption festgelegte Informationen zu übermitteln. Diese Informationen sollen zu einem festen Bestandteil seines Wissens und Erfahrungsschatzes werden. Es gilt also, die Werbe- bzw. Kommunikationsziele genau vorher zu definieren, um die Werbewirkung (den Werbeerfolg) nachher bestimmen zu können.

Sind nämlich die Werbeziele vorher klar und präzise definiert, so stellt das Messen heute kaum noch ein ernstes Problem dar. Mit den qualitativen und quantitativen Methoden der Marktforschung, der Werbe- und Marktpsychologie kann nach Ablauf der Kampagne festgestellt werden, ob die – im Rahmen des vorgegebenen Werbebudgets erreichbaren! – nur der Werbung gesetzten Kommunikationsziele erfüllt oder nur graduell bzw. nicht erfüllt worden sind.

Werbung ist ein Mittel der Marketing-Kommunikation!

Die Vermittlung der für eine Firma, Marke oder Dienstleistung wichtigen – nach Brückner – thematischen (»reinen«, mehr rationalen) wie unthematischen (mehr emotionalen, motivierenden) Informationen, Botschaften erfolgt durch den sog. *Kommunikationsprozeß*.

DER KOMMUNIKATIONSPROZESS *Abb. 3*

1. **Kommunikator**
   (Sender; Werbungtreibender)

2. **Kommuniqué**
   (Botschaft; Anzeige; TV-Spot)

3. **Kommunikationsmedium**
   (Film – Funk – Fernsehen – Zeitschriften etc.)

4. **Kommunikant**
   (Empfänger; Zielperson)

Rückkoppelung

Dieser Prozeß läßt sich gliedern in (vgl. auch Abb. 3):
- Der *Kommunikator*
  (Sender, Quelle; z. B. Mitarbeiter aus Unternehmen und Werbeagentur);
- das *Kommuniqué*
  (Sendung, Message, Information, Botschaft, Konzeption; in Form einer bestimmten Anzeige, eines Fernseh-Spots usw.)
- das *Kommunikationsmedium*
  (Medium; Film, Funk, Fernsehen, Illustrierte usw.)
- der *Kommunikant*
  (Empfänger; z. B. der Umworbene, die Zielperson bzw. Zielpersonengruppe der Werbebotschaft).

Dabei erfolgt eine »Rückkoppelung«, so daß die Art und Weise, wie die Botschaft beim Umworbenen »ankommt«, auf den Kommunikator und evtl. auch auf weitere Kommuniqués zurückwirkt.

Das Modell entspricht der schlichten Formel:
- *Wer* – (Werbeagentur/Hersteller)
- sagt *was* – (Werbebotschaft)
- *wie* – (Werbekonzeption/Gestaltung)
- *wann* – (Werbezeitraum)
- mit *welchen Mitteln* – (Werbebudget)
- zu *wem* – (Zielgruppe)
- zu *welchem Zweck* – (Werbe- bzw. Kommunikationsziele)
- mit *welcher Wirkung* – (Werbe- bzw. Kommunikationserfolg).

Im Rahmen der Kommunikationsforschung, die heute Markt-, Motivations-, Media-, Verbrauchs-, Image- und *Werbeforschung* umschließt, werden die Möglichkeiten und Bedingungen der einzelnen Phasen des Kommunikationsprozesses – sowohl allgemein wie am konkreten Fall – wissenschaftlich analysiert.

Haseloff beschreibt Werbung geradezu als öffentliche, gezielte und geplante Kommunikation mit dem Ziel der Information, Motivation und Manipulation eines definierten Kreises von Umworbenen zugunsten der Marktchancen eines Produktes oder des Images eines Unternehmens.

Werbung ist also eine *Sozialtechnik*, die menschliches Verhalten (Konsumverhalten) unter Ausschluß von Drohungen und Zwang mit den Hilfsmitteln, die ihr die Forschung heute zur Verfügung stellt, zu beeinflussen sucht. Dies mit dem Ziel, Informationen zu geben, Motivationen zu setzen, Einstellungen zu ändern, Images aufzubauen und damit insgeamt – indirekt – Handlungen auszulösen.

Werbung als Mittel der Kommunikation ist demnach aufzufassen als das *systematische* Erforschen, Gestalten und Vermitteln geprüfter »Botschaften« und damit als zur Kommunikation gebrachte »kontrollierte Kreativität«.

Hier liegt auch der Schlüssel zu einer sinnvollen Werbeerfolgskontrolle.

Ein Unternehmen muß sich also darüber im klaren sein, welche spezifischen Ergebnisse es vorwiegend durch die Werbung erreichen will.

Die Erhöhung der Verkäufe und des Marktanteils um einen bestimmten Prozentsatz in einer bestimmten Zeit ist *kein* Kommunikations-, wohl aber ein Marketingziel!

Die Kommunikationsziele

Die Kommunikations*ziele,* die erreicht werden sollen, können beispielsweise heißen:
- Erreichung (Erhöhung) des »Bekanntheitsgrades« (der Markenkenntnis) von ... bei ... um ...;
- Vermittlung bestimmter Informationen (Markenwissen) bei ... um ...;
- Erreichen einer intensiveren Auseinandersetzung definierter Art (z. B. mit bestimmten neuen Produktvorzügen) bei einer definierten Zielgruppe;
- Soundsoviel Personen einer bestimmten Zielgruppe sollen nach soundsoviel Monaten die Botschaft X kennen und verstehen;
- Bestätigung einer fest umrissenen Konsumentengruppe im Intensiv-Konsum (z. B. durch definierte Sondermaßnahmen);
- Abbau der Vorurteile über ... bei ... um ... zugunsten von ganz bestimmten, klar beschriebenen (Produkt-)Vorstellungen (Einstellungswandel);
- Aufbau (bzw. Ausbau) eines bestimmten positiven »Soll-Images« (damit »Hinstimmung« zum ...) bei ... in ... usw. (vgl. Abb. 4).

Abb. 4

Werbe-/Kommunikations-Ziele

a) Bekanntheitsgrad —
   Markenkenntnis
b) Informationen — Markenwissen
c) Intensive Auseinandersetzung —
   Zielgruppe
d) Konsumbestätigung
e) Abbau von Vorurteilen
f) Imageaufbau
g) Hinstimmung zum Produkt

Zu den Methoden der Werbeerfolgskontrolle

Grundsätzlich ist auch von den Methoden der Werbeerfolgskontrolle zu fordern, daß sie
– *objektiv*
– *zuverlässig* (reliabel)
– *gültig* (valide)
– *ökonomisch* (angemessene Relation zwischen Kosten und Ertrag) sind.

Des weiteren muß stets rechtzeitig geklärt sein, was im Rahmen der betreffenden Methoden unter »Werbeerfolg« zu verstehen ist *(Kriteriumsproblem).*

Nun ist es weder möglich noch wünschenswert, in diesem Rahmen auch nur annähernd die Vielzahl der Methoden der Werbeerfolgs- und Wirkungskontrolle kritisch zu referieren. Wir verweisen deshalb auf die umfangreiche Literatur zu diesem Thema (siehe besonders: Johannsen, U.: Die Werbeerfolgskontrolle – Probleme, Modelle, *Methoden,* Hamburg 1969 und Koeppler, K.: Werbewirkungen definiert und gemessen, Velbert 1974).

Aus der Sicht der Psychologie des *Umworbenen* wollen wir – in Anlehnung an die Gliederung von Lavidge und Steiner – auf *einige* Methoden *exemplarisch kurz* verweisen. Es handelt sich dabei – gemäß unserem Thema – stets um Methoden, die *nach* erfolgter Werbung im Sinne einer *Kontrolle* Verwendung finden.

– Zum *ersten* Methoden, die auf das *Kognitive,* also vorwiegend auf die *Wahrnehmungsseite* zielen. Hierher gehören:
   □ *Die Messung des Bekanntheitsgrades*

(vor und besonders nach der Kampagne).

   □ *Die Recognition-Tests,* die – wie die Starch-Untersuchung oder der Infratest-Anzeigen-Kompaß – die Aufmerksamkeitswirkung und damit die Wiedererkennung und Beachtung der (Anzeigen-)Werbung messen wollen.

   □ *Das Recall-Verfahren,* bei dem es – siehe EMNID-Impact-Test – um Erinnerung und freie Beschreibung von (Anzeigen-)Werbung geht.

– Zum *zweiten* Methoden, die trotz aller Einwände auf das *Conative,* also die *Kaufhandlungsseite* gerichtet sind.

   Hier geht es also um das *direkte* Verhältnis von *Werbeaufwand* zu *Verkaufserfolg.* Besonders sei in diesem Zusammenhang die Netapps-Untersuchung von Starch aus den USA erwähnt, die »Nur-durch-Werbemittel-bewirkte-Käufe« zu erfassen sucht, um den so eingebrachten Ertrag mit den Werbekosten vergleichen zu können.

– Zum *dritten* Methoden, die mehr auf das *Affektive,* also die *gefühlsmäßige-motivationale* Seite abheben.

   Diese, z. T. komplexen Untersuchungsansätze sind weniger an *Teilbereichen* der *Stufenmodelle* (s. o.) orientiert, sondern versuchen vielmehr, der »*ganzheitlichen*« *Wirkungsweise* der Werbung gemäß ihren wirklichen Zielsetzungen (Stichworte: Information und Motivation, Einstellung und Image) gerecht zu werden.

   □ Besonders die *Imageanalyse.*

Das für das Individuum im sozialen Feld so wichtige, unser Konsumverhalten psychologisch begründende *Image* (siehe dort) ist gerade heute sehr oft wichtigstes Mittel und Ziel werblicher Kommunikation. Imageaufbau, Imagepflege und Imagewandel sind *wesentliche* Aufgaben der modernen Wirtschaftswerbung.

Bossle weist sehr pointiert darauf hin, daß erst mit der neuen Konzeption vom Image als wichtigstes Ergebnis werblicher, marktpsychologischer und absatzwirtschaftlicher Bemühungen der Durchbruch des Marketing begann.

So verwundert es nicht, wenn das Image immer mehr zu dem entscheidenden Kriterium für die Bestimmung des *Erfolgs der*

Werbung geworden ist.

Daran, inwieweit die gesamten werblichen Maßnahmen das angestrebte Image-Ziel erreicht haben, läßt sich noch am eindeutigsten der Werbeerfolg einer Konzeption und Kampagne ablesen! (Vgl. im einzelnen: Johannsen, U.: Das Marken- und Firmen-Image – Theorie, Methodik, Praxyis, Berlin 1971). Hier bietet sich methodisch der Vergleich des Marken- bzw. Firmen-Images vor und nach der Kampagne aufgrund von sorgfältigen psychologischen Analysen an.

Darüber hinaus werden auf diese Weise auch Gefährdungen, Belastungen und Zukunftsaspekte einer Marke und deren Werbung ebenso deutlich, wie Verbrauchereinstellungen, Motivationen und Konsumententypologien. Die Image-Analyse hat sich zu *dem* gebräuchlichsten, differenziertesten, aussagekräftigsten Instrument auch der Werbeerfolgs- bzw. Werbewirkungskontrolle entwickelt.

Ziehen wir aus den bisherigen Ausführungen das Fazit und stellen wir die wichtigsten Thesen zur Werbeerfolgskontrolle zusammen.

Fazit: 10 Thesen zur Werbeerfolgskontrolle

1. Die Marketingerfolgskontrolle, d. h. die Kontrolle *aller* Instrumente und Sektoren des Marketing Mix (s. o.) hinsichtlich der Erfüllung ihrer jeweiligen ganz speziellen – im Rahmen der gegebenen Möglichkeiten erreichbaren – vorher für einen bestimmten Zeitraum als gültig definierten Ziele rückt mehr und mehr in den Vordergrund der Betrachtung.

2. Der Verkaufserfolg (Mißerfolg) ist kein Indiz für den Erfolg (Mißerfolg) lediglich eines Instrumentes des Marketing Mix. Er ist als Kriterium für den Erfolg der integrierten Gesamtheit, also das optimale Zusammenspiel aller Instrumente (Sektoren) des Marketing Mix anzusehen.

3. Von diesem Verkaufserfolg (Mißerfolg) kann u. U. rückwirkend (soz. »deduktiv«, aber keinesfalls unkritisch und

»kausal«) eventuell auch auf den »Verkaufserfolg« einzelner Maßnahmen in speziellen Sektoren im Sinne einer Erklärungshypothese(!) für ganz bestimmte Vorkommnisse geschlossen werden.

4. Der Erfolg (Mißerfolg) der Maßnahmen eines speziellen Sektors (wie z. B. dem der wichtigen Konsumenten*werbung)* wird an dem Erreichten (Nichterreichten) der vorher diesem speziellen Instrument adäquaten, klar, präzise und verbindlich für einen bestimmten Zeitraum definierten (Kommunikations-) Ziele gemessen.

5. Für den Sektor der Konsumentenwerbung sind die wissenschaftlich-methodischen Möglichkeiten und Voraussetzungen hierfür heute bereits weitgehend vorhanden. So z. B. zur Werbeerfolgs*prognose:* Grundlagenstudien und Werbemittel-*Pre*-Tests; zur Werbeerfolgs-, besser Werbewirkungskontrolle Werbemittel-*Post*-Tests, Studien zum Motivations- und Einstellungswandel und vor allem *Imageanalysen* etc.

6. Gewisse Schwierigkeiten bereitet allerdings manchmal immer noch die genaue Festlegung der Ziele und Zielpersonen der Werbung für ein bestimmtes Produkt, sowie die exakte Vorherbestimmung der Höhe des zum Erreichen der Ziele notwendigen Werbeaufwandes.

7. Die Werbeerfolgskontrolle im Sinne von »Werbe-Verkaufserfolgs-Kontrolle« (Advertising effectiveness in the sense of sales) hat sich als ein – allerdings noch recht verbreitetes – Scheinproblem erwiesen.

8. Das Konzept, die Konsumentenwerbung als *Marketing-Kommunikation* (Advertising in the sense of communication) aufzufassen und ihren Erfolg bzw. Mißerfolg an dem Erreichen bzw. Nichterreichen der speziellen und spezifischen Kommunikationsziele zu »messen«, beweist seine Richtigkeit und setzt sich immer mehr durch.

9. Im Kommunikationsprozeß (s. o.) werden »thematische« (mehr rationale, »reine«) und »unthematische« (mehr emotionale, motivierende) »Informationen«, Botschaften zur Kommunikation gebracht. Sie dienen z. B. der Vermitt-

lung von Markenkenntnis und Markenwissen, dem Motivations- und Imageaufbau, dem Einstellungswandel wie der Weckung und Aktualisierung von (Kauf-) Wünschen und Bereitschaften.

10. Die *Marketing-Erfolgskontrolle* einerseits im Sinne einer kontinuierlichen Überprüfung des Gesamtabsatzerfolges *aller* integrierten Marketingbemühungen und andererseits des spezifischen (Kommunikations-)Erfolges der *einzelnen* Instrumente und Sektoren des Marketing Mix wird als eine neue Funktion (und auch Verpflichtung) des Marketing der Gegenwart und damit intensiven künftigen Bemühens sein. Gerade im Rahmen der Marketing-Erfolgskontrolle hat die *Imageanalyse* einen hervorragenden Platz.

Zusammenfassung

Nicht am Verkaufserfolg (Mißerfolg), wohl aber am Erreichen (bzw. Nicht-Erreichen) der dem Marketing-Instrument »Werbung« angemessenen, spezifischen, klar und verbindlich für einen bestimmten Zeitraum *vorher* definierten Kommunikationsziele (Werbeziele s. o.) ist der Werbeerfolg (Mißerfolg) abzulesen.

Die wissenschaftlich-methodischen Möglichkeiten und Voraussetzungen der Diagnose des *so* definierten Werbeerfolges sind heute bereits weitgehend vorhanden. Werbemittelposttests, emotionale Engagement-Skalen und -Profile, Studien zum Motivations- und Einstellungswandel und besonders (vergleichende!) *Image-Analysen* bieten sich hier beispielsweise an.

Soweit in diesem Zusammenhang aus ganz bestimmten Gründen Bekanntheitsgrade, Recognition- und Recall-Werte von Interesse sind, müssen die Grenzen und verhältnismäßig engen Gültigkeitsbereiche dieser Ansätze hinreichend berücksichtigt werden.

Gültige und wirklich verläßliche Verfahren zur Bestimmung des *direkten* Verhältnisses von Werbung (Werbeaufwand) und Verkaufs-(Umsatz-)Erfolg gibt es nicht und kann es – wie nachgewiesen – auch gar nicht geben. Seien Sie besonders mißtrauisch, wenn man Ihnen so etwas verspricht!

Dipl.-Psych. Dr. UWE JOHANNSEN, geschäftsführender Gesellschafter, J & M Marketing & Research Consultants, München

Werbekosten

Eine einheitliche Definition des Begriffs »Werbekosten« gibt es nicht. Bei der bisherigen Betrachtung ging man grundsätzlich davon aus, daß alle Kosten dazu zählen, die der Unternehmung dadurch entstehen, daß Abnehmer oder Verbraucher durch spezifische Maßnahmen auf das Angebot oder das Unternehmen selbst hingewiesen werden. Somit wurden am Beispiel auch die Kosten für Verkaufsförderung und Öffentlichkeitsarbeit den Werbekosten zugerechnet.

Heute faßt man den Begriff der Werbekosten schon sehr viel enger und zählt dazu nur noch die werblichen Bemühungen

eines Unternehmens im Rahmen der *Wirtschaftswerbung*. Dabei spielt es keine Rolle, ob sich die Werbung an Weiterverarbeiter, Händler oder unmittelbar an den Endverbraucher wendet, oder ob sie auf indirektem Wege (z. B. durch Weitergabe über den Händler) zu dem Umworbenen gelangt.

Die Aufwendungen für Verkaufsförderung und Öffentlichkeitsarbeit sieht man direkt als Bestandteil der Marketingkosten an.

Volkswirtschaftliche Bedeutung

Die außerordentliche Bedeutung der Werbung für eine Volkswirtschaft ist unstreitig, läßt sich aber rechnerisch nicht nachweisen. Sie ist in der ausgleichenden Funktion zu suchen, die die Absatzbemühungen zeitlich und mengenmäßig gleichmäßiger und vorhersehbarer und somit planbarer macht, damit der den menschlichen Einflußfaktoren weit mehr unterworfene Absatz den Anschluß an die moderne, sachli-chen Faktoren unterliegende Produktion findet. Außerdem ist die Beschleunigungsfunktion zu nennen, die die Werbung durch das Ankurbeln des Absatzes auf die volkswirtschaftlichen und branchenmäßigen Geldumläufe ausübt.

Was jedoch einigermaßen genau nachgewiesen werden kann, sind die Werbeaufwendungen in den einzelnen Volkswirtschaften. In der folgenden Grafik sind die Werbeaufwendungen in den wichtigsten Ländern dargestellt.

Werbeaufwendungen in der ganzen Welt 116,74 Mrd. DM

USA	74,52 Mrd. DM	Skandinavien	2,27 Mrd. DM
Europa	28,55 Mrd. DM	Holland	1,42 Mrd. DM
davon:		Schweiz	1,13 Mrd. DM
Bundesrepublik	8,60 Mrd. DM	Belgien/Luxemburg	0,99 Mrd. DM
England	7,09 Mrd. DM	übrige europäische Länder	1,66 Mrd. DM
Frankreich	3,12 Mrd. DM	Japan	5,92 Mrd. DM
Italien	2,27 Mrd. DM	übrige Welt	7,75 Mrd. DM

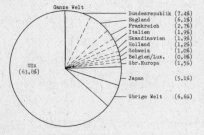

Ganze Welt

- Bundesrepublik (7,4%)
- England (6,1%)
- Frankreich (2,7%)
- Italien (1,9%)
- Skandinavien (1,9%)
- Holland (1,2%)
- Schweiz (1,0%)
- Belgien/Lux. (0,6%)
- übr.Europa (1,5%)
- Japan (5,1%)
- Übrige Welt (6,6%)

USA (63,8%)

Bemessungsgrundlagen der Werbekosten

Bedingt durch die Vielzahl von Kriterien, die bei der Festlegung der Werbeetats zu beachten sind, wird in der werbungtreibenden Wirtschaft eine Vielfalt von Verfahren zur Bemessung der Werbekosten angewandt. Die gebräuchlichsten Verfahren sind:

Historisch gewachsene bzw. gewohnheitsmäßige Bemessungsgrundlagen
Bei diesem Verfahren wird der Werbeetat nach dem Motto »Das haben wir schon immer so gemacht« festgesetzt. Da man hierbei weder nach der Notwendigkeit, noch nach der Angemessenheit fragt, ist dieses zweifelsohne das sinnärmste Verfahren. Es wird in der Praxis deshalb auch nur von einigen kleineren Betrieben angewandt.

Vorhandene Mittel
Bei diesem recht einfachen Verfahren wird der Werbeetat als Restposten aus den beim Betriebsergebnis verbleibenden Mitteln gebildet. Hierbei kann es dazu kommen, daß man in Zeiten dringend erforderlicher Werbung keine Mittel zur Verfügung hat, wogegen in guten Jah-

Betriebswirtschaftliche Bedeutung

Der Anteil der Werbekosten an den Gesamtkosten schwankt von Branche zu Branche erheblich. Als Regelerscheinung kann man sagen, daß die Werbekosten an den Gesamtkosten eines Produktes einen um so größeren Anteil haben, je ähnlicher und gattungstypischer und je weniger erklär- und je mehr austauschbar die Produkte sind.

In der Grundstoffindustrie liegen die Werbekosten teilweise unter 1‰ des Umsatzes. Bei Markenartikeln gibt es eine Bandbreite von 1–5% und in Ausnahmefällen, z. B. bei Produkten der Kosmetikbranche, können die Werbekosten bis zu 30% des Umsatzes ausmachen.

ren — weil genügend Mittel vorhanden — unter Umständen zuviel geworben wird. Obwohl dieses Verfahren betriebswirtschaftlich ebenfalls nicht sehr sinnvoll ist, wird es in der Praxis häufig — auch wider besseres Wissen — aus sich kurzfristig ergebenden Notwendigkeiten heraus angewandt.

Relations- bzw. wertabhängige Bemessungsgrundlagen
Die relationsabhängigen Grundlagen lassen sich auf den Umsatz oder das Betriebsergebnis beziehen. Hierbei wird entweder der Umsatz oder das Betriebsergebnis der vergangenen Periode zur Prozentgrundlage für die Ausgaben der zukünftigen Periode gemacht, oder es werden relationsbedingte Zielsetzungen der zukünftigen Periode in ihrer Hochrechnung zur Prozentgrundlage für die Ausgaben der zukünftigen Periode gemacht.

Prozentsatz vom Umsatz der vergangenen Periode
Bei diesem Verfahren, das in der Anwendung ebenfalls recht einfach ist, besteht unter anderem der große Nachteil, daß der zukünftige Werbeetat aus dem Ergebnis der Vergangenheit gebildet wird und somit der Entwicklung der Umsätze Rechnung trägt.

Prozentsatz vom voraussichtlichen Umsatz der nächsten Periode
Dieses Verfahren wird in der Praxis noch sehr häufig angewandt. Die Werbeetats lassen sich leicht durch Hochrechnung ermitteln, die Fehler nach dem oben genannten Verfahren werden dabei vermieden.
Da die umsatzbezogenen Verfahren nicht zwangsläufig ein optimales Betriebsergebnis sicherstellen, gehen in den letzten Jahren die bedeutenden Werbungtreibenden immer mehr über zum Verfahren

Betriebsergebnis als Bemessungsgrundlage
Hierbei macht man den Versuch, alle Faktoren, die den Absatz der Erzeugnisse beeinflussen wie z. B. das Produkt

selbst, den Preis, die Marktchancen, das Vertriebssystem und auch den Werbekostenanteil so aufeinander abzustimmen, daß eine Maximierung des Gewinns erreicht wird. Ergebnis ist u. a. der optimale Werbeetat. Voraussetzung für die Anwendung dieses recht umständlichen Verfahrens sind gründliche Marktanalysen, die zusammen mit den eigenen Möglichkeiten nur durch komplizierte Rechenoperationen zu den gewünschten Ergebnissen führen können. Dank der fortgeschrittenen Computertechnik ist man heute in der Lage, alle für den Marketing-Mix relevanten Faktoren zu optimieren. Nur größere Unternehmen sind in der Lage, dieses aufwendige Verfahren in vollem Umfang anzuwenden.
Ergänzend hierzu beziehen insbesondere die führenden Markenartikelhersteller in die Betrachtungsweise ein die

zielabhängigen und zwangsabhängigen Bemessungsgrundlagen
Die zielabhängigen Bemessungsgrundlagen beziehen sich vornehmlich auf die Marktposition, sprich Marktanteil, und die Machtposition, sprich Grad der Handlungsfreiheit im Markt. Dazu erstellt man häufig Projektionen über drei, fünf und zehn Jahreszeiträume und erhält so eine langfristige und zusammenhängende, gleitende Planung der Ausgabenentwicklung, die von kurzfristigen Konjunktur- bzw. Saisonschwankungen unabhängig ist. Zur zielabhängigen Bemessungsgrundlage gehört auch die antizyklische Bemessung der Werbekosten, nämlich antizyklisch in bezug auf entweder den Konjunkturverlauf oder den Saisonverlauf innerhalb einer Absatzperiode. In der Praxis konnte man antizyklisches Verhalten der Werbungtreibenden bisher nur selten feststellen.
Zwangsabhängige Bemessungsgrundlagen, die in der Werbewirtschaft eine wesentliche Bedeutung haben, sind insbesondere bedingt durch Konkurrenzverhalten und den dadurch entstehenden Wettbewerbsdruck.

Einsatz der Werbemittel

Ziel beim Einsatz der Werbemittel ist es, möglichst viele potentielle Abnehmer möglichst oft oder mit einer bestimmten Häufigkeit bei möglichst niedrigen Kosten zu erreichen.

Je kleiner und spezialisierter eine Zielgruppe ist, desto leichter fällt meistens die Auswahl adäquater und spezifischer Werbeträger, z. B. bei Investitionsgütern durch Fachzeitschriften und/oder »direct mail«. Viele Konsumgüter haben jedoch wenig homogene und sehr umfangreiche Verbraucherpotentiale, so daß hier die sogenannten Massenmedien eingesetzt werden müssen. Für Massenmedien ist kennzeichnend, daß sie von inhomogenen Bevölkerungsgruppen genutzt werden, die häufig ähnlich wie die Gesamtbevölkerung zusammengesetzt sind. Bei der Auswahl der Werbeträger helfen in solchen Fällen Mediaanalysen, die die Zusammensetzung der Nutzerschaften von Kommunikationsträgern ermitteln. So erkennt man die Werbeträger, die im Verhältnis zu den Kosten möglichst viele zielgruppenbezogene Personen erreichen. Leseranalysen werden von unterschiedlichen Institutionen in großem Umfang regelmäßig durchgeführt.

Bei der Mediaauswahl gewinnen sogenannte Computer-Selektionsprogramme, die bei vorgegebenem Werbeetat maximale Zielgruppenreichweiten und Kontakthäufigkeiten errechnen, zunehmend an Bedeutung. Das gilt jedoch vorwiegend für die Auswahl von Publikumszeitschriften, da die Werbeträger Fernsehen und Funk in der Bundesrepublik u. a. durch Beschränkung der Sendezeiten nur begrenzt eingesetzt werden können.

Die Werbeaufwendungen in der Bundesrepublik verteilen sich auf die einzelnen Medien entsprechend Grafik.

Der Anteil Fernsehen ist im Ausland wesentlich höher, z. B. in Großbritannien mit 24 %.

Erfassung der Werbekosten

Bei der großen Bedeutung, die die Werbung als absatzpolitisches Instrument und

als Kostenfaktor heute hat, ist die exakte Erfassung der Werbekosten eine wesentliche Voraussetzung für eine genaue Erfolgsrechnung und Überprüfung des betrieblichen Leistungsprozesses und damit für die gewinnorientierte Absatzpolitik eines Unternehmens. Aus diesem Grunde hat im Jahre 1966 der Zentralausschuß der Werbewirtschaft e. V., zusammen mit dem Rationalisierungskuratorium der Deutschen Wirtschaft, ein Gliederungsschema zur Erfassung der Werbekosten erarbeitet. Das Schema soll zwei wichtige Aufgaben übernehmen:

– Für die Werbeleitung bzw. Vertriebs- oder Marketingleitung der Unternehmen soll es eine Richtlinie für die Werbeplanung, insbesondere für die Aufstellung des Werbeetats sein, und es soll gleichzeitig dem Rechnungswesen bzw. der Buchhaltung als Unterlage für Erfassung, Verrechnung und Auswertung der Werbekosten dienen.

– Es soll die Grundlage für Branchen- und Betriebsvergleiche auf dem Gebiet der Werbekosten schaffen.

In dem folgenden Gliederungsschema werden die werblichen Maßnahmen nach Werbemittelgruppen gegliedert:

0 Anzeigenwerbung
1 Fernsehwerbung
2 Rundfunkwerbung
3 Film- und Diapositivwerbung

4 Außenwerbung
5 Druckschriftenwerbung
6 Werbung durch Messen und Ausstellungen
7 Werbung am Ort des Wiederverkaufs
8 Werbesonderveranstaltungen und sonstige Werbemittel
9 Allgemeine Werbekosten

Innerhalb der einzelnen Werbemittelgruppen werden die Kosten nach den Merkmalen Gestaltung, Herstellung und Streuung (bzw. Durchführung, Einsatz) gegliedert, z. B.

00 Anzeigenwerbung Gestaltung (Entwürfe, Reinzeichnungen usw.)
01 Anzeigenwerbung Herstellung (Druckunterlagen)
02 Anzeigenwerbung Streuung (Insertion)

Selbstverständlich müssen im Anschluß an die Sammlung der Werbekosten für die einzelnen Werbemittel noch weitere Gliederungs-, Verrechnungs- und Zuordnungsarbeiten durchgeführt werden, was jedoch bei diesem Gliederungsschema ohne Schwierigkeiten möglich ist. So kann es u. U. erforderlich sein, die Werbekosten auf Produkte oder Produktgruppen, evtl. Absatzgebiete, Abnehmergruppen zu verteilen und eine Trennung der Kosten nach dem Grad ihrer Beeinflußbarkeit vorzunehmen.

Werbeagenturen

Die bedeutenden Werbungtreibenden bedienen sich bei der Planung, Gestaltung und Durchführung der Werbung fast ausschließlich der Werbeagenturen. Es liegt daher nahe, sich bei der Betrachtung der Werbekosten auch einmal mit den durch die Beauftragung von Agenturen entstehenden Kosten zu beschäftigen. Hier stößt man auf ein merkwürdiges System: Die Haupteinnahmen der Werbeagenturen sind nicht etwa leistungsadäquate Honorare der Werbungtreibenden, sondern Mittlerprovisionen, die von den Medien für Einschaltungen gezahlt werden. Dieses Vergütungssystem hat seinen Ursprung in den Anzeigenmittlern und Annoncenexpeditionen der Vergangenheit gehabt und ist trotz wesentlich erweiterter Aufgabenstellung der heutigen Full-Service-Agenturen beibehalten worden. Man hat häufig dieses Verfahren in Frage gestellt, da der Leistungsaufwand der Agenturen nicht immer mit den erhaltenen Mittlerprovisionen von im allgemeinen 15% des Mediaumsatzes in Einklang zu bringen ist. Andere Verfahren, z. B. über Kosten-Plus (Kosten der Agentur zuzüglich Gewinn) und/oder über Pauschalhonorare mit den Agenturen abzurechnen, haben bisher nicht die erwartete Verbreitung gefunden. Trotzdem kann man davon ausgehen, daß der Anteil der Werbungtreibenden, die nicht über Mittlerprovisionen mit den Agenturen abrechnen, langfristig zunehmen wird.

GERD DÜBBERS, Steuerbevollmächtigter, Heiligenhaus

Werbemittelforschung

Werbung ist Kommunikation. Unterscheidet man innerhalb des Kommunikationsprozesses (1) Sender, (2) Empfänger, (3) Botschaft, (4) Medium, (5) Situation und (6) Effekt, so konkretisiert sich die Botschaft im Werbemittel – etwa als Anzeige, Broschüre, Flugblatt, Katalog, Kundenzeitschrift, Plakat, Prospekt, Schaufenster, Tonbildschau, Warenprobe und -muster, Werbebrief, Werbefernsehsendung, Werbefilm und -dia, Werbefunkdurchsage, Werbegeschenk, Werbeprämie, Werbepreisausschreiben. In einigen der hier genannten Fälle sind allerdings Botschaft und

Medium zu einer untrennbaren Einheit ver-
schmolzen.

Bedenkt man die hohen Ausgaben vieler
Unternehmungen für die Werbung, so
drängt sich für sie die Frage geradezu auf,
ob die Ausgaben sinnvoll investiert wurden. Die Ermittlung des Effektes der Werbung mit Hilfe der Werbewirkungsfor-
schung wird erforderlich. Der Erfolg werblicher Kommunikation kann vom Sender,
vom Empfänger, von der Botschaft, vom
Medium und von der Situation abhängen.
Untersucht man diesen Effekt in Abhängigkeit vom Werbemittel, so hat man es mit
der Werbemittelforschung zu tun, die der
Gegenstand dieses Aufsatzes ist.

Ziele der Werbemittelforschung

Die Erforschung der Werbemittel kann einmal das Ziel haben, die voraussichtliche
Wirkung dieser Werbemittel vor der
Streuung zu prognostizieren – wir hätten
es dann mit der *Werbemittelerfolgsprogno-
se* zu tun – oder ihren Anteil am Erfolg oder
Mißerfolg einer Werbung nach der
Streuung zu analysieren, wie es innerhalb
der *Werbemittelerfolgskontrolle* der Fall ist.
Die Ergebnisse dieser Kontrolle werden allerdings meist entscheidenden Einfluß auf
die Gestaltung künftiger Werbemittel haben, so daß ihnen unter diesem Aspekt
durchaus auch Prognosecharakter zukommt. Hier besteht eine Parallele zu den
sogenannten *Kontrollverfahren mit Prognosecharakter,* zu denen insbesondere
die *Versuchswerbung* zu zählen ist. Versuchswerbung ist insbesondere im Rahmen eines *Markttests* möglich; d. h. die zu
untersuchenden Werbemittel werden unter
kontrollierten Bedingungen in einem begrenzten Markt gestreut und die Wirkungen gemessen; sie ist auch als *split-run-
Verfahren* möglich, das im Einsatz verschiedener Varianten eines zu testenden
Werbemittels in verschiedenen getrennten
Gebieten und nachfolgendem Vergleich
der Wirkungen besteht.

Wenn zuvor darauf verwiesen wurde, daß
Werbemittelforschung den Effekt bestimmter Werbemittel zu prognostizieren
oder zu kontrollieren sucht, so darf dieser

Effekt nicht mit dem ökonomischen Werbeerfolg gleichgesetzt werden. Ziel der
Werbemittelforschung kann die Prognose
oder Kontrolle des durch den Einsatz bestimmter Werbemittel bedingten *ökonomischen* Werbeerfolgs sein, sie kann den Effekt aber auch an *außerökonomischen* Kriterien zu bestimmen suchen, etwa am Prozentsatz derer, die das Werbemittel gesehen haben, die sich nach einem bestimmten Zeitraum noch daran erinnern, bei denen durch das Werbemittel das Bedürfnis
nach dem Produkt aktiviert wurde, die
durch das Werbemittel zu bestimmten Aktionen – etwa zum Anfordern von Prospekten – gebracht wurden oder bei denen sich
das Image des Produkts unter dem Einfluß
des Werbemittels in bestimmter Richtung
gewandelt hat. Selbst wenn man zuge-
steht, daß das Ziel der werblichen Bemühungen einer Unternehmung letztlich ein
ökonomisches sei, wird man zugeben, daß
häufig zunächst Zwischenziele mit Hilfe
der Werbung angestrebt werden, wie etwa
Bekanntmachung eines Markennamens
oder Wandel des Images eines Produkts
bei einer bestimmten Zielgruppe. Den Anteil, den die Werbemittel beim Erreichen
dieser Zwischenziele gehabt haben oder
haben werden, sucht die Werbemittelforschung zu ergründen. Doch selbst dann,
wenn die werblichen Bemühungen direkt
auf ökonomische Ziele gerichtet sind, wird
die Messung des Effekts bestimmter Werbemittel an außerökonomischen Kriterien
ratsam sein. Für die Werbemittelerfolgs-
prognose ist das ganz selbstverständlich.
Vor Streuung der Werbung kann der ökonomische Erfolg – da er ja als Folge der
Werbung logischerweise noch nicht eingetreten sein kann – nicht gemessen werden; es können lediglich Kriterien erhoben
werden, von denen man begründet annehm-
men darf, daß sie mit dem ökonomischen
Erfolg korrelieren werden. Aber auch für
die Werbemittelerfolgskontrolle ist die Untersuchung des nichtökonomischen Erfolgs der Werbemittel meist ratsam. Der
ökonomische Werbeerfolg – wie immer er
auch definiert sein mag – ist ein wenig
differenziertes globales Maß. Es dürfte methodisch nur sehr schwer möglich sein,
den Anteil eines Werbemittels an diesem
Erfolg zu analysieren. Ausbleibender Erfolg

einer Werbung muß nicht an einer falschen Konzeption des Werbemittels liegen, sondern kann seine Ursache beispielsweise auch im Medium – Wahl des falschen Werbeträgers – oder in der Situation – Wahl des falschen Zeitpunkts für die Werbestreuung – haben. Selbst dann, wenn man innerhalb der gesamten werblichen Kommunikation keine Mißerfolgsursachen entdeckt, ist der ökonomische Erfolg fraglich. Er kann durch andere absatzpolitische Maßnahmen – Gestaltung des Produkts, des Preises oder der Absatzwege –, durch absatzpolitische Maßnahmen der Konkurrenz oder durch wirtschaftliche oder modische Entwicklungen gefährdet sein. Grundsätzlich könnte eine Klärung hier mit Hilfe moderner statistischer Verfahren, etwa mehrfaktorieller Varianzanalysen, erzielt werden, doch dürfte das praktisch meist am Fehlen adäquater Daten scheitern.

Wenn es also das Ziel der Werbemittelforschung ist, den Anteil der Gestaltung des Werbemittels am Werbeerfolg zu erfassen, so gelingt dies um so leichter, je enger umschrieben der zu messende Erfolg ist. Je globaler das gewählte Erfolgskriterium, desto schwieriger wird die Interpretation und desto größer die Fehlerwahrscheinlichkeit. Auf der anderen Seite besteht die Gefahr, daß man als eng umschriebenes leicht zu messendes Kriterium für die Wirkung des Werbemittels ein Maß wählt, das für den ökonomischen Erfolg der Werbung gänzlich irrelevant ist – beispielsweise die ästhetische Bewertung des Werbemittels durch die Zielgruppe.

Die Messung des psychologischen Erfolgs des Werbemittels

Der außerökonomische Erfolg eines Werbemittels zeigt sich im Regelfall in psychologischen Reaktionen der mit der Werbung Konfrontierten, weshalb er hier als *psychologischer Erfolg* bezeichnet sein soll. Die Verfahren, die zu seiner Messung entwickelt wurden, sind äußerst vielfältig. Einen guten Überblick geben die Darstellungen von Jaspert (1963) und Spiegel (1970). Hier soll eine Beschränkung auf die wichtigsten

Verfahrensweisen erfolgen.

Bei der Suche nach Gliederungen der Verfahren stößt man häufig auf Trennung sogenannter *subjektiver* von *objektiven* Verfahren. Subjektive Verfahren sind dabei dadurch gekennzeichnet, daß Konsumenten oder Experten die Wirkung des Werbemittels direkt beurteilen sollen, während bei den objektiven Verfahren aus den Reaktionen der Versuchspersonen auf die Wirkung des Werbemittels geschlossen werden soll. Die Unterscheidung zwischen subjektiven und objektiven Verfahren erscheint wichtig; es kann jedoch nicht übersehen werden, daß sie nur Schwerpunkte setzt und keine klaren Grenzen zieht. So ist durchaus denkbar, daß eine Versuchsperson im Rahmen eines objektiven Verfahrens, das sie in seiner Zielsetzung durchschaut, untypisch handelt, also bewußt oder unbewußt verfälschte Reaktionen zeigt, um die zuvor vorgenommene subjektive Wertung des Werbemittels zu bestätigen.

Da – trotz repräsentativer Versuchspersonenauswahl – aufgrund einer veränderten Bewußtseinslage die Reaktionen der Versuchspersonen nicht repräsentativ sind, hat Spiegel vorgeschlagen, die Verfahren nach dem Grade zu differenzieren, in dem Aspekte des Versuchs den Versuchspersonen bekannt und bewußt sind, und zwar: Vorlage, Ziel, Aufgabe, Versuchssituation. Der Grund der jeweils unterschiedlichen Unrepräsentativität der zu erwartenden Reaktionen wird dadurch bewußter. Die nachfolgende Tabelle zeigt die Klassifikation; veranschaulicht an einem Beispiel, in dem die Fernlesbarkeit des Textes eines Plakats geprüft werden soll.

Es ist naheliegend, daß man die für das alltägliche Verhalten repräsentativste Reaktion in der *vollbiotischen Situation* erhält, also dann, wenn der Versuchsperson weder das konkret zu testende Werbemittel, noch das Ziel des Versuchs, noch die konkret von ihr zu leistende Aufgabe, noch überhaupt der Umstand, daß sie in einer Versuchssituation steht, bekannt ist; es ist andererseits meist nicht zu vermeiden, wenn man auf repräsentative Personenauswahl, auf den Einsatz von Fragebogen, Apparaten etc. Wert legt, daß den zu untersuchenden Personen einige dieser Punkte

Kenntnis (+) der Versuchsperson von				Benennung des Versuchs	(Beispiel)
Vorlage	Ziel	Aufgabe	Versuchssituation		
+	+	+	+	Selbstversuch	Graphiker tritt von selbstgezeichnetem Plakatentwurf so weit zurück, bis er den Text nicht mehr lesen kann
−	+	+	+	Verfahren mit offener Situation	Graphiker bittet Versuchsperson so nah an den ihr zuvor nicht bekannten Plakatentwurf heran, bis sie ihn lesen kann
−	−	+	+	Verfahren mit undurchschaubarer Situation	Graphiker bittet Versuchsperson, die bildliche Gestaltung des Plakats aus bestimmter Entfernung zu beurteilen und fragt anschließend, was der Text aussagte
−	−	−	+	Verfahren in der quasibiotischen Situation	Graphiker bittet Versuchsperson zum Versuch, bewirtet sie »vorher« in dem Raum, in dem das Plakat hängt, mit Kaffee und fragt nach Verlassen des Raumes nach dem Text des Plakats
−	−	−	−	Verfahren in der vollbiotischen Situation	Graphiker fragt eine Person, die »zufällig« anwesend war, nach Verlassen des Raumes nach dem Text des Plakats

notwendigerweise bekannt werden.

Bei der Klassifikation von Verfahren innerhalb der Werbemittelforschung wird weiterhin häufig so vorgegangen, daß *Ganz-* und *Teilprüfungen* voneinander abgehoben werden. Bei der Ganzprüfung wird das Werbemittel als Ganzes untersucht, bei der Teilprüfung seine Bestandteile getrennt – etwa Schrift, Format, farbliche Gestaltung, Bildelemente etc. Die Erkenntnis der Gestaltpsychologie, daß »das Ganze mehr ist als die Summe seiner Teile« läßt der Ganzprüfung den Vorzug geben. So kann beispielsweise eine Schriftart, die sich im Rahmen einer Teilprüfung als gut leserlich und sympathisch herausstellte, im Kontext des gesamten Werbemittels schwer leserlich und verfehlt erscheinen. Insbesondere aus ökonomischen Gründen wird man auf spezifizierte Teilprüfungen dennoch häufig nicht verzichten können. Es muß weiterhin gesehen werden, daß bei erweitertem Betrachtungsaspekt selbst die Ganzprüfung zur Teilprüfung wird: Hat man beispielsweise eine Schwarz-Weiß-Anzeige als Ganzes untersucht, so wird ihre Wirkung anders sein, wenn sie später neben anderen Schwarz-Weiß-Anzeigen, als wenn sie ausschließlich neben mehrfarbigen Anzeigen gestreut wird.

Im nachfolgenden sollen die Verfahren zur Messung des psychologischen Erfolgs des Werbemittels nach den psychologischen Wirkungen des Werbemittels differenziert werden: der *Wahrnehmungswirkung,* der *Gedächtniswirkung,* der *Anreizwirkung,* der *Imagewirkung* und der *Handlungswirkung.*

Methoden zur Prüfung der Wahrnehmungswirkung

Werbung ist aus der Umwelt kommende Information, die den einzelnen beeinflussen soll. Das Werbemittel muß also vom einzelnen mit Hilfe seiner Sinne – dem Auge kommt dabei im Regelfall die höchste Bedeutsamkeit zu – wahrgenommen werden. Die Wahrnehmung eines Werbemittels ist also eine notwendige, wenn auch keine zureichende Bedingung seiner Wirkung. Die Gestaltpsychologie konnte zeigen, daß prägnante Reizgegebenheiten mit hoher *äußerer Gestaltfestigkeit* diesen

Anforderungen gerecht werden, sich als Figur durchsetzen und die sie umgebenden Reize in den Hintergrund zurückdrängen. Für optische Werbemittel haben sich zur Prüfung der Prägnanz vor allem das Zöllner-Verfahren, das stereoskopische Verfahren und das Nachbildverfahren durchgesetzt. Beim *Zöllner-Verfahren* wird die Vorlage mit unterschiedlicher Geschwindigkeit hinter einem Spalt bewegt, wobei sie verzerrt erscheint. Prägnante Vorlagen erweisen sich diesem Verzerrungseffekt gegenüber resistenter. Beim *stereoskopischen Verfahren* werden auf den Netzhäuten der beiden Augen nicht korrespondierende Abbilder der Vorlage erzeugt. Bei prägnanter Gestaltung kommt es erlebnismäßig später zu einem Doppelbild. Beim *Nachbildverfahren* wird bei der Versuchsperson ein optisches Nachbild der Vorlage erzeugt, das in Richtung auf höhere Prägnanz vom Original abzuweichen tendiert; diese Abweichung ist von der Versuchsperson zu schildern. Zur Prägnanzprüfung akustischer Werbemittel − Slogan, Markennamen etc. − wird gelegentlich das *Verfahren der akustischen Sättigung* eingesetzt. Der akustische Reiz wird dabei auf einer Tonbandschleife gespeichert und den Versuchspersonen »endlos« vorgespielt, bis es zu den subjektiven Erlebnissen der Verfremdung, Sinnentleerung oder des Gesaltzerfalls kommt. Je später es dazu kommt, desto besser ist die akustische Gestalt.

Die Prägnanz optischer Werbemittel läßt sich weiterhin mit den sogenannten *aktualgenetischen Verfahren* prüfen. Diese untersuchen die zeitlich im Regelfall sehr kurze Entwicklung des Wahrnehmungsbildes von der Konfrontation der Person mit der Reizgegebenheit an, und zwar dadurch, daß sie die Reizbindung lockern, die Wahrnehmungsbedingungen also ungünstiger gestalten. Dies erfolgt mittels *zeitlicher Verkürzung* (mit Hilfe des *Tachistoskops*), durch *Verseitlichung* (mit Hilfe des *Perimeters*), durch *Verkleinerung*, durch *Verdunklung (nyktoskopisches Verfahren)* oder durch *Verunschärfung* (mit Hilfe des *Brennpunktwechslers*). Werbemittel, die unter derart bedingter gelockerter Reizbindung rasch in ihrer Struktur erkannt werden, gelten als prägnant.

Die aktualgenetischen Verfahren sind jedoch auch zur Beantwortung einer weiteren Fragestellung geeignet. Ein Wahrnehmungsbild ist nicht nach einem Alles-oder-nichts-Prinzip plötzlich ausstrukturiert bewußt. Es bilden sich zunächst stark affektiv getönte *unstrukturierte Vorgestalten*. Sie sind beim normalen Wahrnehmungsprozeß kaum je erfragbar, werden aber mit Hilfe der aktualgenetischen Verfahren erfaßbar. Auf diese Weise läßt sich die *innere Gestaltfestigkeit* eines Werbemittels prüfen: Die Versuchsperson gibt zunächst − bei noch sehr ungünstigen Wahrnehmungsbedingungen − ihren Eindruck sprachlich wieder; sie schildert erste Anmutungen; bei schon verbesserten Wahrnehmungsbedingungen, was sie nun sieht − bis hin zur Beschreibung der ausstrukturiert wahrgenommenen Vorlage. Weichen die ersten Anmutungen in ihrer Grundrichtung (z. B. »giftig«) stark von der Wahrnehmung und Bewertung der vollstrukturiert wahrgenommenen Vorlage ab (z. B. »sonnige grüne Wiese mit Kühen«), so gilt die innere Gestaltfestigkeit als gering. Die Vorlage sollte modifiziert werden, um eine höhere innere Gestaltfestigkeit aufzuweisen.

Daneben gibt es Verfahren, die ebenfalls dem Wahrnehmungsbereich zuzurechnen sind, jedoch für differenziertere Fragen als denen nach der Prägnanz oder der Anmutung des gesamten Werbemittels geeignet sind. Als Beispiel sei das *Verfahren der Blickrichtungsregistrierung* genannt; hier wird mit Hilfe photographischer Mittel festgestellt, in welcher Abfolge der Blick einer Person über ein größeres Werbemittel − etwa ein Plakat − zog, ob er nur bei der bildhaften Darstellung hängen blieb oder auch Text oder gezeigtes Markenzeichen erfaßte. Zu erwähnen wären auch Vorgehensweisen, die unter normalen oder erschwerten Bedingungen prüfen, ob und wie rasch das Verständnis für Bild, Text, Farbe, Symbole etc. und ihr Zusammenspiel sich einstellte. Entsprechend gibt es im akustischen Bereich Verfahren, die geeignet sind, Verständnis und Bewertung hier einzuordnender Werbemittel oder von Bestandteilen derselben − z. B. Erkennungsmelodie, Slogan, Stimme eines Sprechers − zu testen.

Methoden zur Prüfung der Gedächtniswirkung

Wahrnehmung des Werbemittels und Kaufakt liegen in der Regel nicht im gleichen Zeitpunkt. Damit das Werbemittel im späteren Zeitpunkt des Kaufs wirken kann, muß die durch seine Wahrnehmung übermittelte Information – oder doch ein Teil derselben – im Gedächtnis des Betrachters haftengeblieben sein. Es gilt also zu prüfen, ob ein Werbemittel den hieraus abzuleitenden Forderungen genügt. Grundsätzlich lassen sich innerhalb dieses Feldes zwei Hauptmethoden unterscheiden: *Erinnerungsverfahren (»recall-tests«)* und *Wiedererkennungsverfahren (»recognition-tests«)*.

Die Erinnerungsverfahren fragen im Regelfall nach *aktiven* Inhalten des Gedächtnisses; d. h. die Versuchsperson soll die werbliche Mitteilung aus dem Gedächtnis reproduzieren. Erinnerungsverfahren, die ohne alle Erinnerungshilfen für die Versuchsperson *(»unaided recall«)* durchgeführt werden, haben zwar den Vorteil, daß die Versuchsperson weder bewußt noch unbewußt Erinnerung vortäuschen kann, sie sind jedoch insofern realitätsfern, als normalerweise ein Konsument keine bewußte aktive Erinnerung an die ihm zuvor begegnete Werbung hat, sondern durch Begegnung mit dem Produkt oder ähnliche Anstöße bestenfalls wieder daran erinnert wird. Dem versuchen die Erinnerungsverfahren mit Vorgabe von Erinnerungshilfen *(»aided recall«)* gerecht zu werden. Beispielsweise werden Teile des Werbemittels vorgegeben, die die Versuchsperson ergänzen oder dem richtigen Slogan zuordnen soll, was ihr jeweils nur möglich ist, wenn sie Erinnerungsreste an das Werbemittel hatte. In ähnliche Richtung gehen Ansätze, die Versuchsperson das Werbemittel aus seinen Bestandteilen – einem Puzzlespiel ähnlich – zusammensetzen zu lassen, oder es ihr bei extrem kurzer Darbietungszeit im Tachistoskop mit der Aufgabe, es zu erkennen, vorzugeben. Die bei der Lösung dieser Aufgabe gezeigten Leistungen gelten als Kriterien für die Stärke von Erinnerungsresten. Werden in den zuletzt genannten Verfahren aktive und passive Gedächtnisinhalte zugleich erfragt, so geht es bei den Wiedererkennungsverfahren ausschließlich um *passive* Gedächtnisinhalte. In der experimentellen Situation werden hierbei die Vorlagen über bestimmte Medien kontrolliert den Versuchspersonen in einem ersten Versuchsdurchgang dargeboten und die Versuchspersonen nach einer zweiten Darbietung des gleichen Materials gefragt, welche dieser Vorlagen sie wiedererkennen. Um Täuschungstendenzen der Versuchspersonen zu ermitteln, werden im Zweitdurchgang gelegentlich Vorlagen geboten, die im Erstdurchgang nicht enthalten waren. Der Prozentsatz der erstmals gezeigten Vorlagen, die »wiedererkannt« werden, ergibt ein Täuschungsmaß.

Eine der Alltagssituation nähere Wiedererkennungsprüfung ist der *Starch-Test*. Hier legen Interviewer nach dem Quotenverfahren ausgewählten Lesern einer Zeitschrift die jeweils letzte Ausgabe dieser Zeitschrift vor, blättern sie mit diesen gemeinsam durch und registrieren, welche Anzeigen, Anzeigenteile, Produktnamen oder Produktarten der Leser wiedererkennt.

Methoden zur Prüfung der Anreizwirkung

Die *Motive* sind die Beweggründe menschlichen Handelns. Sie werden im Regelfall durch *Anreize* aktiviert, worauf der Versuch des Individuums erfolgt, sie zu befriedigen. Werbemittel stellen sehr häufig in diesem Sinne Anreize dar, die bewirken, daß Kaufmotive aktiviert werden. Zur Prüfung der Frage, ob ein Werbemittel diese aktivierende Funktion erfüllt, steht eine Vielzahl von Verfahrensweisen zur Verfügung, von denen wiederum nur einige beispielhaft genannt werden können.

Motivaktivierung ist beim einzelnen nicht nur an seinen bewußten Erlebnisabläufen ablesbar, sondern sie zeigt sich auch in *physiologischen Reaktionen*. Geräte zur Aufzeichnung physiologischer Reaktionen beim Wahrnehmen bestimmter Reizgegebenheiten (»Lügendetektor«) spielen deshalb auch in der Werbemittelforschung eine gewisse Rolle, wobei insbesondere der *Registrierung der Pupillengröße* und der Messung des elektrischen Hautwiderstandes mit Hilfe des *psychogalvanometrischen Verfahrens* eine größere Bedeutung zukommt. Die physiologischen Verfahren haben den Vorteil, daß die Meßwerte von der Versuchsperson kaum bewußt manipuliert werden können; sie haben den Nachteil, daß sie inhaltlich schwer interpretierbar sind. Häufig ist nur globale Aktivierung erkennbar, ohne daß man ablesen kann, ob sie auf gesteigerter Ablehnung oder Zustimmung beruht.

Die Anreizwirkung eines Werbemittels ist weiterhin aus mimischen Reaktionen der Versuchsperson ablesbar, die sie bei der Betrachtung des Werbemittels zeigt. Diese mimischen Reaktionen können einfach durch *Expertenbeobachtung* erfaßt oder über eine *Kamera* gespeichert und anschließend von Experten analysiert werden.

Die Anreizwirkung von Packungen wird recht häufig durch ein *Schnellgreifverfahren* getestet. Ein Verschluß öffnet sich dabei relativ kurzfristig für die Versuchsperson und gibt den Blick auf mehrere Packungsalternativen frei, von denen die Versuchsperson rasch und ohne Überlegung eine entnehmen soll. Die Häufung der Wahlen auf einen bestimmten Entwurf spricht für seine stärkere Anreizwirkung. Lebensechter kann die Fragestellung im Rahmen eines *Scheinangebots* beantwortet werden. Dabei wird das Produkt in den verschiedenen Packungsentwürfen scheinbar zum Kauf in Einzelhandelsgeschäften angeboten; die Wahlentscheidungen der nachfragenden Konsumenten werden registriert.

Werbemittel für Waren, nach denen das Bedürfnis in der Zeit rasch aktiviert wird (z. B. Zigaretten, Getränke), lassen sich durch das *Verfahren der Bedürfnissteigerung* auf ihre Anreizwirkung hin testen. Den Versuchspersonen wird unter einem Vorwand das Genußmittel für einige Zeit entzogen; sie werden alsdann wiederum unter einem Vorwand scheinbar unbeobachtet mit verschiedenen Alternativvorlagen des Werbemittels konfrontiert. Ihre Reaktionen auf die verschiedenen Entwürfe werden mittels einer *Kamera* oder eines *Einwegspiegels* (Spiegel, der für den hinter ihm stehenden Beobachter durchsichtig

ist) registriert. Jener Vorlage, der sich die Versuchspersonen am intensivsten zuwenden, wird die höchste Anreizwirkung zugeschrieben. Selbstverständlich sucht man häufig die motivaktivierende Wirkung eines Werbemittels auch durch *Interviews*, *Fragebogenverfahren* oder *Skalierungsverfahren* zu erfassen.

Methoden zur Prüfung der Imagewirkung

Ein Produkt wird nicht dadurch für den Konsumenten attraktiver, daß es sich objektiv gewandelt hat, sondern dadurch, daß es vom Konsumenten anders wahrgenommen und vorgestellt wird, daß es also sein Image wandelte. Der Wandel des Images kann durch objektive Produktänderungen, er kann aber auch durch eine Vielzahl anderer Bedingungen, u. a. durch Werbemittel herbeigefügt werden. Die Wandlung des Images eines Produkts in Abhängigkeit vom gewählten Werbemittel ist innerhalb bestimmter Grenzen prüfbar. Diese Prüfung erfolgt im Regelfall dadurch, daß man die Daten einer Imageuntersuchung an Personen, die dem Werbemittel oder seiner Modifikation ausgesetzt waren, mit denen jener vergleicht, die dieser Bedingungsvariation nicht ausgesetzt waren. Konkret sind hier *Vorher-Nachher-Vergleiche* oder *Vergleiche zwischen parallelisierten Stichproben* möglich.

An routinemäßigen Meßmethoden bei der *Imageanalyse* spielt heute das *Polaritätenprofil* die größte Rolle. Es besteht aus einer Reihe von graphisch untereinander angeordneten bipolaren Skalen, deren Extrempunkte durch gegensätzliche Begriffe, wie z. B. hell – dunkel gekennzeichnet sind. Die Versuchsperson soll den Meinungsgegenstand (z. B. das Produkt) innerhalb dieser Skalen einstufen.

An weiteren Methoden wären *Zuordnungsverfahren* zu nennen. Mit solchen Verfahren können in Abhängigkeit vom Werbemittel soziale Klassen, Qualitätsbenennungen, Konsumententypen, Preisvorstellungen, bildhafte Darstellungen mit vorgetesteten Aussagewerten etc. dem Produkt zugeordnet werden.

Gebräuchlich sind weiterhin Abwandlungen *projektiver Testverfahren* der Psycho-diagnostik (z. B. PFT, TAT), *Assoziations-verfahren, Prüfung bestimmter Produkt-qualitäten* (z. B. des Geschmacks, des Aussehens oder der Praktikabilität) in Abhängigkeit vom Werbemittel oder wiederum verschiedene *Interview-* und *Fragebogentechniken.*

Methoden zur Prüfung der Handlungswirkung

Durch bestimmte Werbemittel sollen nicht unmittelbar Kaufakte, sondern Handlungen in Richtung auf den Kauf ausgelöst werden – etwa Anforderung von Prospekten, Katalogen, Besuch des Geschäfts, Betrachtung des Schaufensters etc. Die Wirkung des Werbemittels ist hier durch gekennzeichnete *Coupons* oder Rückantwortkarten im Vergleich zu den Reaktionen auf ein alternatives Werbemittel festzustellen oder auch durch stichprobenmäßige Befragung derer, die im Sinne des Werbeappells handelten.
Weitere Prüfungsmöglichkeiten ergeben sich in der undurchschaubaren, in der quasibiotischen oder der vollbiotischen Situation. Durch *verheimlichte Beobachtung* kann hier registriert werden, wie beobachtete Personen auf bestimmte neue Werbemittel oder Modifikationen herkömmlicher Werbemittel handlungsmäßig reagieren.

Die Messung des ökonomischen Erfolgs des Werbemittels

Sucht man den ökonomischen Erfolg eines Werbemittels zu ermitteln, so wären hier grundsätzlich all jene Verfahren zu nennen, die im Rahmen der *ökonomischen Werbeerfolgskontrolle* gebräuchlich sind. Sie können an dieser Stelle nicht genannt werden. Zur ökonomischen Werbemittelerfolgskontrolle müßten die Verfahren jedoch so abgewandelt werden, daß die Veränderungen des ökonomischen Kriteriums ausschließlich durch *Variationen des Werbemittels* erklärbar erscheinen. Andere Bedingungen der allgemeinen Situation – et-

wa Verhalten der Konkurrenz, Modetendenzen – der anderen absatzpolitischen Maßnahmen – Preis, Produktgestaltung, Absatzwege – und der sonstigen Bestandteile der Werbung – etwa Medium, Zielgruppe, Situation – müßten konstant gehalten, zumindest aber kontrolliert werden. Dies wird praktisch kaum je gelingen. Man wird sich im Regelfall damit begnügen müssen, den Anteil des Werbemittels am Erfolg im Rahmen der Werbeerfolgskontrolle mit aller Vorsicht interpretativ zu erschließen.

Durchführung der Werbemittelforschung

Eine Unternehmung hat durchaus die Möglichkeit, wenn sie eine eigene Marktforschungsabteilung mit geschulten Fachleuten hat, bestimmte Methoden der Werbemittelforschung einzusetzen, um den Erfolg geplanter Werbemittel zu prognostizieren. Im Regelfall dürfte jedoch eine angemessene Analyse der Werbemittel durch ein Institut, das auch auf psychologische Verfahren spezialisiert ist, empfehlenswerter sein, da sie durch dieses kompetenter und letzlich auch kostengünstiger durchgeführt werden dürfte. Selbstverständlich lohnt es nicht, eine für eine einmalige Veröffentlichung in einer Regionalzeitung entworfene Kleinanzeige zu testen. Umfassende Werbeplanungen sollten jedoch die Werbemittelforschung miteinbeziehen. Ihre Kosten belaufen sich dabei nur auf einen geringen Bruchteil der Gesamtaufwendungen, ihr Beitrag zum Gesamterfolg der Werbung kann dagegen erheblich sein.

LITERATUR
Anastasi, A., Fields of Applied Psychology, New York 1964
Behrens, K. C., Absatzwerbung, Wiesbaden 1963
Bergler, R. (Hrsg.), Psychologische Marktanalyse, Bern/Stuttgart 1965
Hoffmann, H. J., Werbepsychologie, Berlin/New York 1972
Jaspert, F., Methoden zur Erforschung der Werbewirkung, Stuttgart 1963

Johannsen, U., Die Werbeerfolgskontrolle – Probleme, Modelle, Methoden –, Nürnberg 1961

Meyer, P. W., Die Werbeerfolgskontrolle, Düsseldorf/Wien 1963

Nieschlag, R., Dichtl, E., Hörschgen, H., Marketing, Berlin 1971

Rosenstiel, L. v., Psychologie der Werbung, Rosenheim 1973

Spiegel, B., Werbepsychologische Untersuchungsmethoden, Berlin 1970

Prof. Dr. phil. LUTZ VON ROSENSTIEL, Dipl.-Psych. Wiss. Rat am Fachbereich für Wirtschafts- und Sozialwissenschaften an der Universität Augsburg

Werbemittel und Werbeträger

Im Kommunikationsprozeß der Werbung bedient sich der Werbungstreibende technischer Hilfsmittel, um seine Werbeaussage an die Verbraucher heranzutragen. Diese technischen Hilfsmittel bestehen aus dem Träger der Werbebotschaft, dem Werbeträger (»advertising vehicle«, »medium«, Medium) und dem Werbemittel als Werbeaussage.

Bei den Werbeträgern unterscheidet man die klassischen Werbeträger – breitstreuende Medien, die den Werbeagenturen für ihre Tätigkeit eine Provision (15%) zahlen – und die »nicht-klassischen«.

Die klassischen Werbeträger sind:
– Tageszeitungen
– Zeitschriften
– Fernsehen
– Rundfunk
– Außenwerbung (Plakatsäule, -tafel, Verkehrsmittel)
– Kino.

Zu den nicht-klassischen Werbeträgern gehören
– Direktwerbung
– Ladenmaterial
– Muster
– Prospekte
– Verpackung.

Unter Werbemittel fallen
– Anzeigen
– Werbedurchsage im Rundfunk (spots)
– Werbefilm im Fernsehen (spots)
– Werbefilm im Kino
– Plakat.

Die Werbeträger werden mit Hilfe der Marktforschung transparent gemacht und die Wirkung der Werbeaussage im Werbemittel auf den Verbraucher untersucht.

Transparenz der Werbeträger

Ziel der Werbeträgerforschung ist es, zu ermitteln, welcher Personenkreis mit dem Werbeträger in »Berührung« kommt. Der Personenkreis wird nach soziodemographischen Merkmalen wie Geschlecht, Alter, Einkommen, Wohnortgröße, Haushaltsgröße, Bildung, Beruf usw. beschrieben. Aber auch konsumrelevante psychologische Merkmale der »Erreichten« werden erhoben – nicht zuletzt auch das Konsumverhalten.

Weiterhin wird im Rahmen der Werbeträgerforschung durch Umfragen erfaßt, wieviel Personen bei einmaligem und mehrmaligem Einsatz der Träger erreicht werden und wie dieser Personenkreis sich nach den oben aufgezeigten demographischen Merkmalen zusammensetzt.

Mit Hilfe dieser Daten ist es möglich, den Werbeträgereinsatz nach ökonomischen Gesichtspunkten zu steuern, d. h. jene Träger für eine Werbekampagne auszuwählen, die mit einem Minimum an Fehlstreuung zu günstigsten Kosten die potentiellen Verbraucher eines Produktes erreichen.

Neben der quantitativen steht die qualitative Werbeträgerforschung. Ziel der qualitativen Forschung ist es, Wirkungen zu erfassen, die aus dem Werbeträger auf das

Werbemittel überstrahlen (rub off)? Daß die Werbewirkung der einzelnen Trägergattungen (z. B. Zeitschriften und Fernsehen) unterschiedlich ist, ist bei allen Media-Experten unbestritten. Jedoch sind die Meinungen der Fachleute im Hinblick auf den rub-off-Effekt bei verschiedenen Trägern innerhalb einer Gattung (z. B. Zeitschrift Brigitte im Vergleich zu Wochenend) geteilt.

Während einige Experten der Auffassung sind, daß z. B. das Image und das redaktionelle Umfeld einer Zeitschrift sehr wohl einen Einfluß auf die Werbemittel haben, sehen andere hingegen den Träger nur als ein Neutrum an; für sie geht die Werbewirkung lediglich vom Werbemittel aus – ein Standpunkt, der in den USA lange Zeit vertreten wurde. Die moderne Media-Forschung weist jedoch einen rub-off-Effekt nach. Eine endgültige Lösung dieses komplexen Problems mit quantifizierbaren Daten wird es jedoch erst nach weiterer Forschungsarbeiten geben.

Funktionen, Struktur und Reichweite der Werbeträger

Geht man davon aus, daß die Medien sich in Teilbereichen der werblichen Funktionen ergänzen, in anderen Bereichen aber miteinander konkurrieren, dann kann keine Mediagattung durch eine andere Gattung ersetzt werden:

die primär werblichen Funktionen der Media-Gattungen

Werbeträgergattung	eine Marke bekannt machen	eine Werbebotschaft glaubhaft übermitteln	das Image einer Marke positiv beeinflussen	emotional kaufstimulierend wirken	direkt verkaufsunterstützend
Zeitungen	xxx	xx			xxx
Zeitschriften		xx	xxx	xxx	
Fernsehen	xxx				xx
Rundfunk	x				x
Plakat	xx				x
Kino	xx				xx

xxx = besonders geeignet   xx = sehr gut geeignet   x = gut geeignet

Die Frage der Mediaauswahl ist aber, wie oben dargelegt, nicht nur zu entscheiden aufgrund ihrer primären werblichen Funktion, sondern wird in gleichem Maße auch bestimmt durch ihre quantitative Bedeutung.

Funk und Fernsehen (Anstalten des öffentlichen Rechts) können in Deutschland nur begrenzt mit Werbung belegt werden. Im Fernsehen wird generell bis zu 20 Minuten täglich Werbung ausgestrahlt, während der Umfang der Werbesendungen im Rundfunk von Sender zu Sender variiert. (Dabei muß beachtet werden, daß der Westdeutsche und der Norddeutsche Rundfunk überhaupt keine Werbung aufnehmen.) So ist das Auftragsvolumen in der Regel größer als das Angebot an Werbezeit. Lediglich die Tageszeitungen und die Zeitschriften können flexibel geplant werden.

Wirkung des Werbemittels auf den Verbraucher

Die verschiedenen Meinungen über die Frage, ob das Werbemittel unabhängig vom Werbeträger auf den Verbraucher einwirkt oder nicht, basieren auf unterschiedlichen Auffassungen darüber, wie die Werbewirksamkeit zu definieren ist. Jene, die der Meinung sind, daß den Werbeträgern nur die Aufgabe zukommt, das Werbemittel an den Verbraucher heranzutragen, messen die Wirkung der Werbung an dem Aufmerksamkeitsgrad, den das Mittel erzielt. Die Forschung hat aber gezeigt, daß ein hoher Aufmerksamkeitseffekt, der zu einer weitverbreiteten Bekanntheit der Marken und der Werbebotschaft führt, nicht in allen Fällen mit stärkerer Kaufneigung der Verbraucher oder sogar effektiven Käufen korreliert. Wirkungsdimensionen wie »Glaubwürdigkeit der Werbebotschaft«, »Image« oder »Kaufneigung« beeinflussen den Kauf unmittelbarer. In diesen Wirkungsbereichen ist aber der Einfluß des Werbeträgers deutlich spürbar, insbesondere, wenn es das Ziel der Werbung ist, die kognitive Dissonanz abzubauen.

Gestaltung des Werbemittels

Die Gestaltung der Werbebotschaft im Werbemittel ist von entscheidender Bedeutung für die Werbewirkung. Häufig wird hier noch nach subjektivem Ermessen gearbeitet, aber die Werbemittelforschung hat bereits eine Reihe von allgemeingültigen Erkenntnissen bezüglich Schlagzeilentechnik, Aufbau des Layouts usw. gewonnen. Die Schwierigkeit in der Praxis liegt jedoch darin, die allgemeingültigen Erkenntnisse in ein wirksames »wie« im speziellen Fall umzusetzen.

Die wichtigsten Faktoren (vgl. Daniel Starch: Measuring Advertising Readership and Results, New York 1966 deutsche Übersetzung »Anzeigenwirkung richtig planen und messen«, München 1969), Leser einer Zeitschrift zum Lesen einer speziellen Anzeige zu bewegen und sie möglicherweise von der Werbebotschaft zu überzeugen, sind:

– Faktoren, um Anzeigen-Leser zu gewinnen.
  1. Die Anzeige muß ein starkes optisches Zentrum aufweisen.
  2. Die Aussage muß dynamisch (Bewegung) sein.
  3. Das Bild oder die Schlagzeile muß Neugier erwecken.
– Faktoren, die den Leser von der Werbebotschaft überzeugen und ihn zum Handeln aktivieren.
  4. Klare Herausstellung der Verbraucherwünsche und des Nutzens, den das Produkt dem Verbraucher bietet.
  5. Die Aussage muß spezifisch und konkret sein sowie interessante und wichtige Tatsachen beinhalten.
  6. Die Aussage muß glaubwürdig und eindrucksvoll sein.

In Anzeigentests wurden diese Faktoren und ihre Bedeutung überprüft:
60 Anzeigen wurden geteilt in 30 Anzeigen mit hohen und 30 mit niedrigen Lesewerten, dabei wurde die Copy der Anzeigen nach den oben skizzierten Faktoren analysiert.

Copy-Eigenschaften	Anzeigen mit hohen Lesewerten	Anzeigen mit niedrigen Lesewerten
starkes optisches Zentrum	93 %	33 %
dynamisch in der Aussage (Bewegung)	70 %	23 %
Neugier weckendes Bild oder Schlagzeile	67 %	33 %

93% aller Anzeigen mit hohen Lesewerten wiesen eine starke optische Mitte auf. Von ebenfalls großer Wichtigkeit sind die anderen Faktoren. Die Anzeigen erzielten nur hohe Lesewerte, wenn mehrere Faktoren gleichzeitig in der Anzeige gegeben waren. Jene mit geringen Lesewerten wiesen zwar die eine oder andere Copy-Eigenschaft auf, aber das Fehlen der anderen führte zu insgesamt niedrigen Lesewerten. Mit anderen Worten: eine Anzeige mit einem starken optischen Zentrum, aber einer langweiligen, nichts-sagenden Schlagzeile erzielt noch keine hohen Lesewerte.

Um zu erkennen, welche Faktoren die Leser bewegen, den gesamten Text der Anzeigen zu lesen, wurden 30 Anzeigen mit hohen Werten für »Anzeige bemerkt« und hohen Textlesewerten mit 30 Anzeigen, die zwar ebenfalls im starken Maße bemerkt wurden, aber sehr niedrige Textlesewerte aufwiesen, verglichen (s. Tab.).

Copy-Eigenschaften	Anzeigen mit hohen Werten für „bemerkt" und „Text gelesen"	Anzeigen mit hohen Werten für „bemerkt" aber niedrigen Text-Lesewerten
starkes optisches Zentrum	93 %	73 %
dynamisch in der Aussage (Bewegung)	70 %	7 %
Neugier weckendes Bild oder Schlagzeile	67 %	3 %

Diese Ergebnisse zeigen deutlich, daß nur dynamische Aussagen und für den Verbraucher interessante Bilder bzw. Schlagzeilen dazu führen, daß auch der Text der Werbebotschaft gelesen wird.

Bedeutung der Farbe

Die Farbe wird in immer stärkerem Maße im Werbemittel eingesetzt.
Die Farbe in der Anzeige erfüllt eine Reihe von wichtigen Funktionen der Werbung. Einmal ermöglicht sie eine naturgetreue Darstellung des Produktes und der Packung. Diese Maßnahme ist heute, da ein großer Teil der Produkte in Selbstbedienungsläden gekauft wird, überaus wichtig. Zum andern erhöht die Farbe die Aufmerksamkeitswirkung der Anzeige. Tests zeigen, daß der Aufmerksamkeitseffekt der Anzeige durch den Farbeinsatz um ca. 50% steigt. Ferner wird insbesondere durch ein farbiges Bild die kaufstimulierende Wirkung (Prestige, appetite appeal etc.) der Anzeige im emotionalen Bereich verstärkt.

Bedeutung des Formats

Dem Format des Werbemittels wird in der Werbung eine nicht zu unterschätzende Bedeutung beigemessen.
Abgesehen von den Werbemitteln in den audio-visuellen Medien erhöht ein großes Format die Aufmerksamkeitswirkung einer Anzeige oder eines Plakates. Bei Anzeigen für Produkte mit *geringem* Produktinteresse steigt die Aufmerksamkeitswirkung fast proportional mit der Formatvergrößerung. Bei Werbemitteln für Marken mit *starkem* Produktionsinteresse ist der Anstieg des Aufmerksamkeitseffektes bei vergrößertem Format jedoch sehr gering.

Bedeutung der Placierung

Der Placierung eines Werbemittels im Werbeträger wird von den Praktikern eine überaus große Bedeutung beigemessen. Die Auffassungen sind jedoch kontrovers und die Forschungsergebnisse nicht eindeutig.
Unbestritten ist hingegen, daß Anzeigen auf der zweiten, dritten und vierten Umschlagseite bis zu 30% höhere Lesewerte erzielen. Der Autor vertritt die Auffassung, daß für die Placierungsfrage im Innenteil einer Zeitschrift oder Zeitung die Tatsache wichtig ist, daß die Doppelseite, auf der eine Anzeige steht, vom Leser auch aufgeschlagen und gelesen wird. Ob jedoch ein redaktioneller Beitrag die Beachtung des Lesers findet, ist eine Frage der Themen, die auf den jeweiligen Seiten abgehandelt werden (Themeninteresse).

Dipl.-Volksw. H. DOHSE
MMP Media-Marketing, Institut für MEDIA-Marketing, Forschung, Planung Hamburg

---

Wertanalyse

Als man nach dem 2. Weltkrieg in Amerika die Wertanalyse aus der Taufe hob, reihte man sie als eine neue Methode in die vorhandenen Rationalisierungstechniken ein. Die Wertanalyse wurde aber bewußt aus der Erkenntnis geboren, daß man beim Erzeugnis und nicht beim Fertigungsverfahren allein ansetzen müsse, wenn der Erfolg gewährleistet sein soll. Sicherlich sind die Produkt-Durchlaufzeiten und die Gestaltung der Abläufe weiter von Bedeutung.
Bei der Wertanalyse geht es um eine optimale Wertschöpfung nach dem Einsatz von Kapital, Material und menschlicher Arbeitskraft. Das vom Markt gewünschte und in die Unternehmenszielvorstellung hinein-

passende Produktkonzept soll nach Funktion, Qualität und Leistungserwartung alle Bedingungen erfüllen bei gleichzeitig geringstmöglichem Aufwand und einer Wertsteigerung für Hersteller und Verbraucher. Die dadurch gegebene Koordinierung mit den modernen Marketing- und Produktplanungskonzeptionen hat sich in der Praxis allenthalben bewährt. Ob sie bei vorhandenen Produkten, Dienstleistungen oder Arbeitsabläufen zur Kostensenkung angesetzt wird oder bei der Konzipierung neuer Erzeugnisse zusammen mit Vertretern des Marketing, der Produktplanung, der Entwicklung, der Konstruktion, des Einkaufs, der Fertigungsvorbereitung, des Betriebs, der Kalkulation und des Vertriebes einen optimalen Weg aufzeigen und begehen hilft und damit nicht notwendige Funktionen und Kosten von vornherein nicht erst entstehen läßt, immer ist sie Mittler und Motor zur Ergebnisverbesserung.

Es geht bei der effektvollen Methode, die in den letzten Jahren auch in vielen deutschen Betrieben Freunde gewonnen hat, um nicht viel Neues an Techniken, Regeln oder Durchführungspraktiken. Dennoch spricht man von ihr als der »Methode zur Optimierung des Erfolges«, als der »idealen Methode zur integrierten Rationalisierung«. Nach 30 Jahren kann man feststellen, daß das Schlagwort und die meist sehr positive Werbung sehr viele Unternehmer zur »WA« ermutigt hat.

Das wirklich Neue an der Wertanalyse wird in der Motivation von Kaufleuten, Betriebswirten und Ingenieuren, von schöpferisch und praktisch ausführend tätigen Menschen gesehen, die ihre Arbeit nicht nur als Leistungsbeitrag für die Erreichung eines Abteilungszieles sehen möchten. Sie wollen einen entscheidenden Beitrag dazu leisten, daß das ressortmäßig notwendige und gesamtbetrieblich koordinierte Wissen mit den gewonnenen Erkenntnissen zur rechtzeitigen Kostenbeeinflussung verfügbar gemacht und durch geeignete Vertreter der Fachbereiche im »Team« wertmäßig analysiert und synthetisiert wird.

Auf der Grundlage umfassender Informationen aus Markt, Unternehmen, Verbänden und Wissenschaft werden mit Hilfe der Wertanalyse die notwendigen Entscheidungen der Unternehmensführung schneller, sicherer und marktgerechter vorbereitet. Das wirtschaftlich richtige Verhalten aller Mitarbeiter wird damit ständig in der Praxis geübt, und über das Team hinaus wird in allen kostenverantwortlichen Stellen überprüft, wieweit die momentanen Leistungen mit den Sollvorstellungen korrespondieren.

Jedem zielstrebigen und mitdenkenden Mitarbeiter ist das Engagement im Sinne des Unternehmenszieles selbstverständlich. Er weiß um die Erhaltung und Ausweitung der Konkurrenzfähigkeit, um die Markt- und Preislage der erzeugten Produkte, die in Leistung und Qualität dem Angebot des Wettbewerbs nicht nur standhalten, sondern sich von ihm auch vorteilhaft unterscheiden müssen. Verbreitung und Festigung des Firmennamens sind ihm ein Anliegen, die er in direktem Zusammenwirken mit der Sicherheit seines Arbeitsplatzes sieht. Die Kosteninformation macht den Mitarbeiter der kostenbeeinflussenden Abteilungen gleichzeitig zum Partner bei der Bewältigung des Kostenproblems.

Die neue Geisteshaltung des wertanalytischen Mitdenkens und Mitverantwortens löst ein Ertragsdenken aus. Der Gewinnzwang läßt alle notwendigen Maßnahmen zum Sparen, Kostensenken und Kostenverhindern richtig erkennen. Auf dieses Ziel motiviert, trifft man auf Verständnis und Mithilfe zugleich.

Die durch das wirtschaftlich richtige Verhalten über alle Unternehmensebenen mobilisierten und durch die Erfolge der Wertanalyse für das Unternehmen frei gemachten geldlichen Reserven geben allen Beteiligten eine Bestätigung für ihre Geisteshaltung:

So gut wie nötig – so kostengünstig wie möglich.

Wertanalyse erzieht zum kritischen Denken und selbstkritischen Handeln. Jeder Materialaufwand, alle Produktkonzepte und nicht zuletzt alle Arbeitsabläufe und Gemeinkostenaufwendungen in Betrieb, Vertrieb, Einkauf und Verwaltung müssen ständig angezweifelt werden. Der durchzuführende Werttest lautet:

– Was haben wir alles?

– Was kostet uns das?
– Brauchen wir das alles?
– Gibt es eine kostengünstigere Alternative?
– Was kostet uns diese?

Verschiedene Prägearten der Wertanalyse

Die Wertanalyse ist eine Methode, die zur Steigerung des Unternehmenserfolges beitragen will, indem sie mithilft
– die Produktivität zu steigern,
– die Produktkosten zu senken bzw. nicht notwendige Kosten zu verhindern,
– den Nutzen (für Erzeuger und Abnehmer) zu vergrößern,
– die Qualität zu verbessern,
– die Durchlaufzeiten (Termine) zu verkleinern,
– die Innovationszeit zu verkürzen,
– durch Wertsteigerung des Erzeugnisses den Marktpreis zu erhöhen bzw. zu festigen.

Die Society of American Value Engineers (S. A. V. E.) hat den Begriff Wertanalyse wie folgt definiert:
Wertanalyse ist die systematische Anwendung bewährter Techniken zur Ermittlung der Funktionen eines Erzeugnisses oder einer Arbeit, zur Bewertung der Funktionen und zum Auffinden von Wegen, um die notwendigen Funktionen mit den geringsten Gesamtkosten verläßlich zu erfüllen.

Wertanalyse

Im Rahmen von Wertanalyse-Untersuchungen wird der Wert als Zusammenspiel von Funktionen und Kosten behandelt. Es gilt, für den Verkauf von Leistungen, Eigenschaften, Qualitäten etc., die für den Kunden den »Nutzwert« bedeuten, den Abstand zwischen Erlösen und Kosten systematisch so groß wie möglich zu gestalten. Ein Unternehmer wird grundsätzlich den Wert seines Leistungsangebotes nach der Höhe des mit ihm erzielbaren Ertrages beurteilen. Für ihn besitzen solche Produkte und Leistungen einen hohen Wert, deren Erlös auf dem Markt nach Deckung der direkt mit der Erzeugung angefallenen Kosten einen erheblichen Beitrag zur Fixkostenabdeckung leistet und zu einer Maximierung oder zumindest Stabilisierung des betrieblichen Gesamtgewinnes beiträgt. (Siehe Abb. 1.)

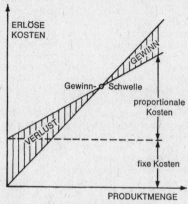

Abb. 1: Gewinnschwellen-Diagramm

Die unternehmerische Wertvorstellung über ein Erzeugnis, die sich aus der Summe der bei der Produkt- oder Leistungserstellung angefallenen Kosten und eines kalkulierten Gewinnes ergibt, muß nun nicht mit der subjektiv-psychologischen Wertschätzung eines Käufers identisch sein, mit der dieser ein angebotenes Gut betrachtet. Dessen Vorstellung orientiert sich neben einer preislichen und mengenmäßigen Berücksichtigung des gesamten Marktangebotes nach dem Gebrauchswert des Gutes, dessen Affektions- oder Liebhaberwert, also der subjektiven Einschätzung der Erzeugnisfunktionen und -eigenschaften.
– Der Käuferwert läßt sich als der gerade noch für einen Käufer akzeptable Marktpreis quantifizieren. Mit diesem Preis honoriert der Käufer gewisse Funktionen und Eigenschaften eines Erzeugnisses, von denen er sich einen persönlichen Nutzeffekt verspricht.

Die wertanalytische Untersuchung eines betrieblichen Leistungsträgers zielt darauf ab, die Wertvorstellungen von Produzent

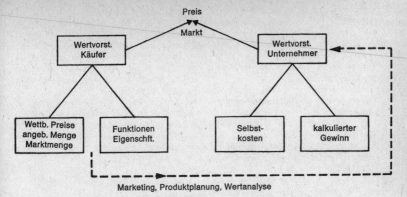

Abb. 2: Wertvorstellungen Erzeuger/Verbraucher

und Käufer in Einklang zu bringen. Der Marktpreis ergibt sich aus dem Wechselspiel dieser Vorstellungen, die Konsument und Unternehmer an das produzierte Objekt legen.
– Mit der Wertgestaltung eines Produktes oder einer Dienstleistung wird versucht, den divergierenden Wertinteressen von Käufer und Unternehmer gerecht zu werden. Wertanalyse heißt, Erzeugnisse mit Funktionen und Eigenschaften auszustatten, die einerseits für den Käufer vorziehenswürdig und »preiswert«, andererseits für den Unternehmer gewinnbringend sind.

Die Produkt-Wertanalyse (Value Analysis)

Sie wird bei Produkten der laufenden Fertigung angewendet mit dem Ziel einer Kostensenkung. Produktwertanalysen stehen fast immer am Anfang eines durchzuführenden Wertanalyse-Programmes. Der Grund hierfür liegt einmal darin, daß die Wertanalyse meist erst dann eingeschaltet wird, wenn der Wettbewerb auf dem Markt für ein angebotenes Erzeugnis einen niedrigeren Preis diktiert, der nur durch eine Reduzierung der Selbstkosten aufgefangen werden kann. Ein weiterer Grund ist die Notwendigkeit, daß jede Wertanalyse,

besonders in ihrer Einführungsphase, zur innerbetrieblichen Propaganda ihrer Daseinsberechtigung einen gewissen Erfolg ausweisen muß, der sich natürlicherweise durch einen realen Soll-Ist-Vergleich der Kosten wesentlich leichter dokumentieren läßt als durch eine fiktive Kostenreduzierung an einem neu konzipierten Objekt. Diese Beweisführung muß oftmals nicht nur vor der Geschäftsleitung, sondern auch vor den traditionellen betrieblichen Rationalisierungsabteilungen erbracht werden. Eine ressortmäßige Erfolgsbilanzierung steht jedoch in krassem Gegensatz zu einer wertanalytischen Vorstellung, die ja durch die teammäßige Zusammenarbeit nichts anderes als eine Integration aller Rationalisierungsbemühungen eines Unternehmens beabsichtigt.
Auch die Amerikaner haben durch L. D. Miles 1947 bei der General Electric mit dieser Art Wertanalyse begonnen. In dem Special Report No. 475 vom 13. 7. 1959 der Zeitschrift »American Machinist« wird unter dem Titel »The Impact of Value Analysis« über diese Anfänge berichtet. 12 Jahre wurde gearbeitet und erprobt, bis Miles sein Konzept veröffentlichte: den 10 Fragen umfassenden »Test for Value« mit dem Untertitel »Our Challenge – Our Obligation, Every material, every part, every operation must pass these tests«:
1. Leistet das Produkt (Teil) einen Beitrag zum Wert?

2. Stehen die Kosten in einem vernünftigen Verhältnis zur erwarteten Nützlichkeit?
3. Benötigt man alle hineingegebenen Eigenschaften?
4. Gibt es etwas Besseres zur Erfüllung des beabsichtigten Zweckes?
5. Kann ein brauchbares Teil durch eine kostengünstigere Methode hergestellt werden?
6. Kann ein brauchbares Standardprodukt gefunden werden?
7. Ist das Produkt (Teil) werkzeugmäßig entsprechend der benötigten Gesamtstückzahl ausgelegt?
8. Stehen die Kosten für Material, Lohn und Gemeinkostenzuschläge in einem angemessenen Verhältnis zum Gewinn?
9. Kann das Teil von einem anderen zuverlässigen Lieferanten günstiger bezogen werden?
10. Bezieht irgend jemand das Produkt (Teil) schon kostengünstiger?

Angeblich soll die Idee nach einer Aufgabenstellung durch das DOD (Department of Defense) an die GE (General Electric) entstanden sein:

a) Sind die geforderten Angebotspreise angemessen kalkuliert?
b) Ist der im angebotenen Produkt betriebene technische Aufwand als angemessen zu betrachten im Verhältnis zur verlangten Funktion?

Bei der Beantwortung der ersten Frage tat sich der Einkäufer Miles nicht schwer. Die Preise wurden durch die intern und dem Pentagon bekannten und auch benutzten Kalkulationsrichtlinien berechnet. Diese Frage zielte eindeutig auf einen Preisnachlaß und war nach durchgeführter Überprüfung der Kalkulation Geschäftsführungssache.

Die Frage nach dem Verhältnis des getätigten Aufwandes zur verlangten Funktion war weitaus schwieriger zu beantworten. Sie überstieg das Beurteilungsvermögen von Miles wie das einer jeden anderen Einzelperson. Hier mußte koordiniert und recherchiert, hier mußte mit den für alle Produktdaten verantwortlichen Stellen ausführlich diskutiert werden. Man konnte keine einmalige Aktion starten, weil die Fragen des Pentagon bestimmt auch nicht einmalig sein würden.

Es mußte eine neue Arbeitsmethode entwickelt werden: einmal, um die anfallenden Einzelkosten und ihre richtige Darstellung zu erforschen; zum anderen, um die Rüstungsprodukte in (verlangte) Funktionen und (betriebenen) technischen Aufwand zu zergliedern.

Wertanalyse über länger laufende Produkte sollte man im Rhythmus von ca. 2 Jahren wiederholen oder dann, wenn sich vom Markt, vom Produkt, von der Technik oder der Material-, Lohn- oder Kostenseite eine Veranlassung ergibt.

Die Konzept-Wertanalyse (Value Engineering)

Obwohl die Amerikaner deutlich zwischen Value Analysis und Value Engineering unterscheiden, hängen die Begriffe irgendwie zusammen. Unser deutsches Wort Wertanalyse meint zwar der wörtlichen Übersetzung nach nur die Value Analysis. In Wirklichkeit ist Wertanalyse ein Synonym für Value Analysis und Value Engineering. Einsparungen kommen über Änderungen. Diese wiederum verlangen neue Gedanken, Konzepte, Durchführungswege und Alternativvergleiche. Das bedeutet neues Engineering und neue Wertbetrachtung, also ein Value Engineering.

Die Konzept-Wertanalyse bedeutet die Wertanalyse über ein neues vertrieblich/technisches Objekt, die Wertgestaltung oder Wertverbesserung eines Produktes nach Vorstellungen des Marktes und des Vertriebes (Kundenseite) sowie nach Konzeption der Entwicklung/Konstruktion unter Mitwirkung der Beschaffung und des Betriebes (Erzeugerseite). Bei der Konzept-Wertanalyse ist das Team vor allem Partner der Produktplanung und des Marketing. Werden aber nicht absolut neue Gedanken des Vertriebs und Ideen der Forschung und Entwicklung oder konstruktiv neue Wege zu beachten sein, so kommt auch die Konzept-Wertanalyse nicht ohne Produkt-Wertanalyse aus. Sie liefert die Daten des bestehenden und weiterlebenden Umfanges, wodurch für das neue Konzept der Rest sicherer abge-

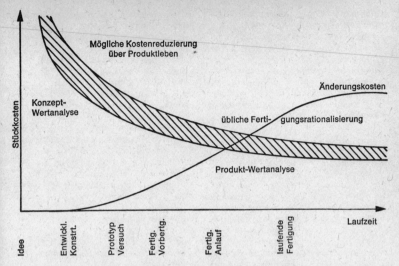

Abb. 3: Konventionelle Rationalisierung und Wertanalyse über ein Produktleben

schätzt bzw. kalkuliert werden kann.

Die Konzept-Wertanalyse versucht, durch eine funktionsgerechte Gestaltung eines betrieblichen Leistungsträgers bereits im Planungs- und Entwicklungsstadium die kostengünstigste Lösung zu erarbeiten und unnötige Kosten vor ihrer Entstehung zu vermeiden. Ihr kommt tatsächlich eine weit größere Bedeutung als der Wertanalyse an vorhandenen Objekten zu, deren Einwirkungsmöglichkeiten auf die Kostenstruktur eines Erzeugnisses oder einer Organisation nur beschränkt sind. Änderungen in einer laufenden Fertigung verursachen infolge der bereits installierten Einrichtungen oder Maschinen logischerweise erheblich höhere Kosten als die Einführung einer Variante im Konzept- oder Versuchsstadium.

Arbeitsablauf-Wertanalyse (Value Administration)

Die 70er Jahre sind für die deutsche Wirtschaft ein Hochseilakt bei zwar gespanntem, aber recht grobmaschigem Netz: Preissteigerungen und Lohnforderungen trieben Blüten bei gleichzeitiger Belastung der Industrie durch geringe Erlöse im Export (Aufwertung). Die Kostenexplosion ist perfekt. In vielen Bilanzbesprechungen vor der Presse wurde der Ruf nach stärkerem Kostendenken und kostengünstigeren Betriebs- und Verwaltungsabläufen laut.

Hier ist eine Reihe von Kostensenkungsmaßnahmen möglich, die zur Wertsteigerung führen. Der Wert eines Arbeitsablaufes, einer Organisation oder einer Dienstleistung wird weitgehend durch die Minderkosten der möglichen Alternativlösung bestimmt, die die geforderte Funktion ebensogut erfüllt. Höhere Werte lassen sich durch eine Reihe von Maßnahmen erzielen, die über die bei einer Produkt- oder Produktkonzept-Wertanalyse noch hinausgehen; z. B. werden höhere Werte erzielt durch

– niedrigere Büro- und Verwaltungskosten;
– Verbesserung des innerbetrieblichen Transport- und Lagerwesens;
– Verbesserung der Bestandsüberwachung;
– Ausgabenreduzierung bei geringwertigen Wirtschaftsgütern (GWG), Hilfs- und Betriebsstoffen;

- Straffung der Organisation des innerbetrieblichen Dienstleistungswesens;
- Vermeidung von Doppelarbeit, Überschneidungen, falscher Aufgabenzuordnung;
- Einsetzen von temporär wirkenden Kommissionen zur Auffindung von Kostensenkungsmöglichkeiten bei Abläufen und Organisationen (aus Vertretern aller tangierenden Bereiche).

Bestandsaufnahme, Zeit- und Kostenanalyse

Die Wertanalyse eines Arbeitsablaufes, einer Dienstleistung oder einer Organisation beginnt wie die Produktwertanalyse mit der Feststellung eines Ist-Zustandes. Die Fragen »Was ist es?«, »Was tut es?«, »Was kostet es?« müssen sinngemäß gestellt und beantwortet werden. Die Ist-Aufnahme ist auch hier unentbehrliche Grundlage für die Entwicklung des Konzeptes der organisatorischen Neuordnung, der Arbeitsablaufverbesserung, der Rationalisierungsmaßnahme schlechthin.

Untersucht man einen Arbeitsablauf, so erfordert die Beantwortung der ersten Frage – »Was ist es?« – bereits eine genaue Kenntnis der Operationen des bestehenden Zustandes. Durch Studium der Aufgaben und des Arbeitsanfalles sowie durch Interviews, Begehungen u. a. muß der erforderliche Überblick erlangt werden. Es folgt die Frage nach den Funktionen. Die Grundfunktion eines Lagers im Gesamtproduktionsablauf kann beispielsweise – entsprechend der Maxime des Funktionsdenkens, es so allgemein wie möglich zu fassen – lauten: »Produktionsablaufplan gewährleisten.« Wie erzielt man diese Grundfunktion? Dadurch, daß das richtige Material, die richtigen Teile am rechten Ort, zum erforderlichen Zeitpunkt, in der richtigen Menge vorhanden sind. Waren lagern, Aufträge erledigen, Einlagern ermöglichen, Auslagern ermöglichen, Auffindbarkeit gewährleisten, Bestand führen u. a. sind somit Hilfsfunktionen, die erfüllt sein müssen, um die oben genannte Grundfunktion des Lagerwesens zu gewährleisten.

Ein Problem bei der Untersuchung von Ab-läufen ist oft der Umstand, daß die Vorgänge recht komplex sind. Die Wirtschaftlichkeit eines Ablaufes zu bestimmen wird durch Imponderabilien – rechenmäßig nicht erfaßbare Größen (Kosten) – erschwert. Um so wichtiger ist hier die funktionelle Betrachtungsweise. Um leichter zur Formulierung der Funktionen einzelner Elemente zu gelangen, empfiehlt es sich, den Betriebsablauf nicht vertikal in solche Stufen einzuteilen, die das werdende Erzeugnis vom Waren- und Teileeinkauf über die Lager und Werkstätten zum Versand durchläuft, sondern statt dessen eine Einteilung in Funktionen vorzunehmen, die alle Fertigungsstufen durchlaufen. So entsteht eine horizontale Einteilung des Betriebsprozesses in zwei Gruppen:

- Beschaffen, Lagern, Transportieren, Bereitstellen

und

- Urformen, Umformen, Zusammenfügen, Verkaufen.

Höchstes Ziel jeglichen organisatorischen Schaffens ist ein Optimierungssystem, das reibungslose Abläufe innerhalb des Bereiches und deren störungsfreie Integrierung in das Gesamtgeschehen im Unternehmen ermöglicht.

Andererseits ist man gezwungen, bis in die Einzelheiten eines Ablaufes vorzudringen, will man die Frage »Was tut es?«, hier besser »Was wird getan?«, vollständig beantworten. Es ist zweckmäßig, bei jeder einzelnen Folgeoperation eingehend nach dem »warum«, »wann«, »wer«, »wo« und »wie« zu fragen.

Die konsequente Auflistung der Antworten ermöglicht eine Sortierung der Einzeloperationen nach ihrer Bedeutung für den Gesamtablauf, eine Unterteilung nach Kosten, die für die einzelnen Operationen oft hinreichend genau bekannt oder feststellbar sind, und das Auffinden von unnötigen Operationen und Kosten.

Im Zeitalter der Umstellung vieler Abläufe in den Unternehmungen auf Elektronische Datenverarbeitung (EDV) muß die Wertanalyse eng mit der Systemplanung und Datenverarbeitungs-Organisation zusammenarbeiten. Der Netzplan einer stufenweisen Umstellung betrieblicher Abläufe von manueller Erledigung auf maschinelle

Verarbeitung ist das Pendant zum Produktplan der Konzept-Wertanalyse. Wird eine wertanalytische Ablaufuntersuchung durchgeführt, so wirkt sie sich auf den Gesamterfolg um so günstiger aus, je früher sie im Verlaufe einer Umstellung auf EDV einsetzt.

Damit sei zugleich angedeutet, wie sehr die Wertanalyse auch bei der Untersuchung von Arbeitsabläufen und Organisationen in den Kreis der Management-Service-Aufgaben gehört.

Hauptmerkmale der Wertanalyse

Die VDI (Verein Deutscher Ingenieure) Richtlinie 2801 vom August 1970: »Wertanalyse – Begriffsbestimmungen und Beschreibung der Methode« bringt einen gerafften Überblick über das Wertanalyse-Grundwissen und erläutert kurz die Begriffe, Funktionen, Kostenziel und Wert.

So bescheiden wie die oben erwähnte Richtlinie sind auch die meisten Veröffentlichungen in Zeitungen, Zeitschriften, Buchbeiträgen oder als eigene Buchtitel. Die Wertanalyse will und muß von ihrer Existenz sowie ihrem Sinn und Zweck laufend berichten. Sie will aber nichts Besonderes, nichts Neues, vor allem kein Heilmittel sein für kranke Produkte.

Folgende Hauptmerkmale werden vorgestellt:
– die auf Funktionen gerichtete Betrachtungsweise,
– die Orientierung des Vorgehens an einem Kostenziel,
– das schrittweise Vorgehen nach einem Arbeitsplan,
– die organisierte Zusammenarbeit zwischen Mitarbeitern derjenigen Verantwortungsbereiche, die Einfluß auf die Kosten des zu untersuchenden Erzeugnisses haben, und
– die systematische Anwendung von bestimmten Regeln für gemeinsames, schöpferisches Arbeiten.

Ablauf einer praktischen Wertanalyse-Untersuchung

Vorbereitende Maßnahmen

Bevor eine Wertanalyse überhaupt begonnen werden kann, müssen vier Punkte unbedingt Berücksichtigung gefunden haben, und zwar die
– Auswahl des Untersuchungsobjektes
– Festlegung des Kostenziels
– Zusammenstellung des Teams
– Festsetzung der Termine.

Auswahl des Untersuchungsobjektes

Wesentliche Kriterien für die Auswahl eines wertanalytisch zu behandelnden Erzeugnisses sind
– Umsatz der letzten Jahre
– Ertragslage und -tendenz
– Wie lange wird das Produkt noch laufen (lohnen sich Änderungen?)
– Nachfrage und Wettbewerbs-Situation
– Technischer/Entwicklungsstand
– Fertigungskapazitäten und Stand der Rationalisierung
– Lagerhaltung
– Situation auf dem Beschaffungsmarkt (Machen oder Kaufen?)
Für eine Arbeitsablauf-Wertanalyse sind von Bedeutung
– Durchlaufzeiten
– Durchlaufstationen
– Papieraufwand und Gemeinkosten-Material
– Kosten und Engpässe.

Festlegung des Kostenziels

Das Kostenziel, das durch eine wertanalytische Untersuchung erreicht werden soll, wird im Normalfall durch die Konkurrenz bestimmt. Der Marktpreis von Wettbewerbserzeugnissen wird meist die Richtschnur für die Kostenstruktur der eigenen Produkte darstellen. Jedoch können auch Kostenanalysen ähnlicher Erzeugnisse aus dem eigenen Programm oder allgemeine Werte über Kosten aus Fachunterlagen für die Bestimmung eines anzusteuernden Kostenzieles dienlich sein.

Zusammenstellung des Teams (oder mehrerer Arbeitsgruppen)

In eine Wertanalyse sollen die Mitarbeiter aller Verantwortungsbereiche eingeschaltet werden, die maßgeblich an der Kostenverursachung und -beobachtung eines Untersuchungsobjektes beteiligt sind. So wird je ein Spezialist aus den Bereichen Entwicklung, Konstruktion, Fertigung, Einkauf, Vertrieb, Kalkulation, Qualitätskontrolle und anderen das Objekt tangierenden Abteilungen den periodisch stattfindenden Teamsitzungen zur Verfügung stehen, um in der gemeinschaftlichen Diskussion die be- und vertrieblichen Forderungen mit dem Ziel einer Kostenminimierung gegeneinander abzuwägen.

Wesentliche Voraussetzungen der Teammitglieder sind
– fachliche Qualifikation,
– menschliche Eignung.

Die Gruppenmitglieder sollten bezüglich Dienststellung und Ausbildungshöhe möglichst auf einer Ebene stehen.

Nicht für Teamarbeit geeignet sind
– Karrieredenker,
– Sympathie-Antipathie-abhängige Personen,
– Personen mit zu potenter Suggestivkraft,
– Personen mit einem zu starken Sicherungsbedürfnis (Mitmarschierer),
– Menschen, die alles selbst machen wollen (Tüftler),
– destruktive und inaktive Personen, die nicht zu einer positiven Kritik in der Lage sind.

Die Teamsprecher müssen verbindliche Persönlichkeiten mit ausgeprägtem Teamgeist sein und die Fähigkeit besitzen, eine kreative Arbeitsatmosphäre zu schaffen. Sie müssen oft bereit sein, ihren persönlichen Ehrgeiz hinter den Dienst an der Sache zu stellen und das Fachwissen der Spezialisten geschickt zu integrieren. Dazu gehören Unvoreingenommenheit, Einfallsreichtum, eine ruhige, jedoch sachlich straffe Art zu verhandeln und die Fähigkeit, planvoll einzuteilen und systematisch vorzugehen.

Festsetzung der Termine

Für jede Wertanalyse sollte von vornherein ein Terminplan festgelegt werden, der der Geschäftsleitung einen klaren Überblick über den zeitlichen Ablauf der Untersuchung und den einzelnen Ressorts über die zur Verfügung zu stellenden Kapazitäten gewährleistet.

Innerhalb dieses temporären Rahmenplanes werden die Termine von Sitzung zu Sitzung neu festgelegt. Gleich von Anfang an einen festen Turnus zu vereinbaren, erscheint als unzweckmäßig, da ein Team nur dann zusammenkommen sollte, wenn Zwischenergebnisse der Untersuchungen vorliegen, die eine effiziente Weiterarbeit gestatten.

Der Arbeitsplan der Wertanalyse

Die Systematik bei einer Wertanalyse-Untersuchung im Team ist durch einen Arbeitsplan gewährleistet (s. Tab. S. 3407).

Ermittlung des Ist-Zustandes

Die Einleitung dieser Informationsphase beginnt mit der Zusammenstellung aller technischen, vertrieblichen und kostenerfassenden Unterlagen. Die Arbeitsgruppe informiert sich über das Untersuchungsobjekt, über dessen technischen Aufbau, Kosten, Preise und Absatzmöglichkeiten.

Bei Wertanalysen an neuen Produktgruppen im Konzeptstadium wird ein Produktplan zur Verfügung stehen, der Auskunft über geplante Stückzahlen, Laufzeit, Kosten und Gewinn erteilt und der in seinem technischen Teil Typen, Programme und Ausbaustufen der Produktgruppe aufzeigt.

Bei Produkten der laufenden Fertigung wird der Vertrieb über die Stückzahlentwicklung der letzten Zeit berichten, erzielte Preise und den Preis des Produktes im Verhältnis zu Konkurrenzangeboten erläutern und ungefähre Angaben über die zukünftige Stückzahl- und Marktpreisentwicklung machen.

Die *Kostenangaben* kommen von der Kalkulationsabteilung. Die Analyse der Kosten

WA-Arbeitsplan nach DIN 69910

Grundschritt 1 Vorbereitende Maßnahmen	Teilschritt 1 Auswählen des WA-Objekts und Stellen der Aufgabe
	Teilschritt 2 Festlegen des quantifizierten Zieles
	Teilschritt 3 Bilden der Arbeitsgruppe
	Teilschritt 4 Planen des Ablaufes
Grundschritt 2 Ermitteln des IST-Zustandes	Teilschritt 1 Informationen beschaffen und Beschreiben des WA-Objekts
	Teilschritt 2 Beschreiben der Funktionen
	Teilschritt 3 Ermitteln der Funktionskosten
Grundschritt 3 Prüfen des IST-Zustandes	Teilschritt 1 Prüfen der Funktions- erfüllung
	Teilschritt 2 Prüfen der Kosten
Grundschritt 4 Ermitteln von Lösungen	Suche nach allen denkbaren Lösungen
Grundschritt 5 Prüfen der Lösungen	Teilschritt 1 Prüfen der sachlichen Durchführbarkeit
	Teilschritt 2 Prüfen der Wirtschaftlichkeit
Grundschritt 6 Vorschlag und Verwirklichen einer Lösung	Teilschritt 1 Auswählen der Lösung(en)
	Teilschritt 2 Empfehlen einer Lösung
	Teilschritt 3 Verwirklichen der Lösung

soll bezwecken, günstige Ansatzpunkte zur Kostensenkung zu finden. In den erstellten Unterlagen einer ABC-Analyse und der Kostenaufschlüsselung in Material-, Lohn- und Gemeinkosten für Erzeugnisse, Baugruppen und Einzelteile wird man Kostenschwerpunkte suchen.

Eine Funktionsbeschreibung zeichnet die Aufgaben und Eigenschaften auf, die das Objekt und dessen Teile erfüllen; eine Funktionsanalyse zeigt die funktionellen Abhängigkeiten. Die Feststellung der Funktionen und Eigenschaften geschieht meist in Gruppenarbeit. Sie werden zuerst für das Gesamterzeugnis und dann für diejenigen Baugruppen und Einzelteile des Untersuchungsobjektes, deren Untersuchung auf Grund einer ABC-Analyse lohnenswert erscheint, ermittelt. Oft ist auch eine Ermittlung der Funktionskosten nützlich, da dadurch die Frage nach dem Aufwand, der für bestimmte Kundenwünsche getrieben werden muß, eine Antwort findet.

Zur Ermittlung des Ist-Zustandes gehören auch Informationen aus dem Einkauf und der Fertigung. Hinweise auf besondere Preisentwicklungen am Rohstoffmarkt sind ebenso wichtig wie die Informationen über neue technologische Möglichkeiten und eventuell bestehende Fertigungsschwierigkeiten.

Prüfung des Ist-Zustandes

Die Ist-Funktionen und die funktionsbedingten Eigenschaften des Untersuchungsobjektes werden im 2. Grundschritt den Soll-Funktionen gegenübergestellt. Es wird also überprüft, welche Aufgaben von dem Erzeugnis aus konstruktiver oder marktmäßiger Sicht gefordert werden, und wie diese Aufgabenstellung bisher erfüllt wurde.

Die Überprüfung des technischen Konzeptes erfolgt also mit dem Ziel, das Produkt an neue Bedingungen des Marktes und der Produktionstechnik anzupassen. Jede technisch-wirtschaftliche Problemlösung kann bekanntlich nur eine gewisse Zeitlang als optimal angesehen werden. Neue Erfahrungen über Marktforderungen, Beschaffungslage und Fertigungstechnik führen dazu, daß ein Soll-Zustand von höherem Unternehmerwert erarbeitet werden kann.

Funktionen und Eigenschaften eines Soll-Zustandes ergeben sich dadurch, daß die Existenzberechtigung aller Funktionen und Eigenschaften des Ist-Zustandes angezweifelt wird. Ein Verzicht auf Funktionen, die der Markt nicht mehr honoriert, ergibt ebenso eine Kostensenkung wie die Vereinigung von Hauptfunktionen auf eine kleinere Anzahl von Funktionsträgern oder der Fortfall von Nebenfunktionen, die im Ist-Zustand noch aus technologischen Gründen unumgänglich waren.

Ermittlung von Lösungen

Im Grundschritt 3 des Wertanalyse-Arbeitsplanes wird die informative und kritische Phase durch eine schöferische Phase abgelöst.

In einem kritiklosen »Brainstorming« der Gruppe wird ohne Rücksicht auf eine mögliche Realisierbarkeit nach allen denkbaren Lösungen gesucht, die in der Lage sein könnten, die geforderten Funktionen des Untersuchungsobjektes oder dessen Bestandteile zu gewährleisten.

»Brainstorming« heißt »Ideensturm«; alle Teammitglieder sind also in dieser kreativen Phase der Wertanalyse-Untersuchung aufgefordert, spontan ihre Alternativvorschläge vorzubringen, auch wenn diese in den Bereich des Absurden fallen sollten. Denn oftmals kann gerade eine völlig abwegige Idee Anregung für die beste Lösung sein. Ein Staublappen als Ersatz für ein Keramikfilter ist nicht unbedingt ein verkaufsfähiges technisches Produkt, doch kann seine Erwähnung auf ein durchaus von technischer wie marktmäßiger Seite akzeptables Asbestfilter führen.

Das »Brainstorming« in der Wertanalyse umfaßt 7 Regeln:

1. Von Funktionen ausgehen!
2. Höchstens zwanzig Minuten auf ein Thema verwenden!
3. Alle Ideen frei entwickeln!
4. Keinerlei Kritik äußern! (Killerphrasen vermeiden)
5. Verschiedene Ideen verknüpfen!
6. Alle Ideen fortlaufend notieren!
7. Kein Urheberrecht festlegen!

Prüfung der Lösungen

Der 4. Grundschritt stellt die Bewertungs- und Untersuchungsphase des wertanalytischen Untersuchungsablaufes dar.

Die entwickelten Lösungen werden einer technischen Überprüfung hinsichtlich der Funktionstüchtigkeit und einer wirtschaftlichen Prüfung hinsichtlich ihrer Rentabilität unterzogen.

In einer groben Vorauswahl werden unrealisierbare oder bereits auf den ersten Blick als wesentlich kostenintensiver erkennbare Alternativen eliminiert. Ebenso sind Alternativen auszuscheiden, die nicht alle Soll-Funktionen erfüllen. Für die Entscheidung, welche der nach der Grobauswahl verbliebenen Alternativen eingeführt werden soll, sind drei Kriterien zu berücksichtigen

– die effektive Einsparung,
– die Dauer der Einführung,
– die Güte der Funktionserfüllung.

Vorschlag und Einführung

Die Lösung, die sich unter dem betrieblichen Gesichtspunkt der kostengünstigsten Funktionserfüllung oder unter der marktpolitischen Perspektive einer vorteilhaften Preisgestaltung am besten in den Rahmen der gesamtunternehmerischen Zielsetzungen einfügt, wird der Geschäftsleitung für eine Einführung empfohlen. Als entscheidungsvorbereitende Institution hat das Wertanalyse-Arbeitsteam hierbei den Charakter einer temporären Stabsabteilung.

Für die Einführung von Änderungen gelten die üblichen Abläufe, von denen auch dann nicht abgewichen werden muß, wenn die Änderungsvorschläge in wertanalytischer Teamarbeit entstanden sind. So bleiben auch die Verantwortlichkeiten bestehen: Für die Zuverlässigkeit und Funktionsfähigkeit zeichnen Entwicklung und Labor verantwortlich, für Konstruktionsänderungen der Konstrukteur, für fertigungstechnische Einzelheiten die Fertigungsplanung und für die Arbeitsplatzgestaltung, Arbeitsbewertung und Zeitvorgabe die Arbeitsplanung oder Zeitstudienabteilung, und für die Kostenangaben die Kalkulation.

Empfehlenswert ist es nach einer Wertanalyse, wenn im Abschlußbericht ein Verantwortlicher für die Verfolgung der Einführung bis zur Fertigungsaufnahme festgelegt wird. Dadurch wird sichergestellt, daß geplante Kostensenkungen auch frühzeitig zum Tragen kommen.

Wertanalyse-Schulung

Die Wertanalyse-Schulung ist in ihrer Bedeutung so hoch einzuschätzen wie ihre

Durchführung und ihre Erfolge. So ging auch die systematische Schulung parallel mit der Wertanalyse-Bewegung. Die Hauptfunktionen einer Schulung sind: Informationen erteilen und Erfahrung gewinnen. Vom Menschen her ist die Erfahrung erforderlich, wie man im Team arbeitet und welche Wege man zur erfolgreichen Arbeit ansteuern muß. Dies ist nur durch praktische Übungen möglich. Wissen und theoretische Grundlagen können sowohl von Hoch- und Fachschulen als auch durch interne Seminare mit entsprechenden Übungen vermittelt werden. Eine Werksschulung sollte immer mit einer etwa einstündigen Information der Führungsebene eingeleitet werden, um das Verständnis und die Bereitschaft zum Mitmachen in diese Ebene zu tragen. Die fachliche Schulung wird in der Praxis in ein- bis dreitägigen Kursen durchgeführt.

Der VDI-Gemeinschaftsausschuß Wertanalyse

Die Verbreitung der Wertanalyse in Deutschland geschah zu Anfang der 60er Jahre in zahlreichen deutschen und europäischen Firmen, so z. B. bei den meisten Automobilfabriken sowie bei bedeutenden Maschinenbau- und Elektrofirmen. Das gleiche ist auch aus dem benachbarten Ausland zu berichten.

Besonders die skandinavischen Länder haben sich neben England des Themas sehr stark angenommen, ebenso Österreich, die Schweiz und Frankreich.

1967 wurde unter der Federführung des VDI und seiner Betriebsgruppen ADB (Arbeitsgemeinschaft Deutscher Betriebsingenieure) und ADKI (Arbeitsgemeinschaft Deutscher Konstruktionsingenieure) der *Gemeinschaftsausschuß Wertanalyse* gebildet, in dem Vertreter namhafter Unternehmen, Behörden und Verbände mitarbeiten, wie

– Arbeitsgemeinschaften für wirtschaftliche Fertigung e. V. (AWF)
– Deutsches Maschinenbau-Institut (DMI)
– Rationalisierungskuratorium der Deutschen Wirtschaft (RKW)
– Verband für Arbeitsstudien e. V. (REFA)
– VDI-Gesellschaft Konstruktion und Entwicklung (VDI-GKE)
– VDI-Gesellschaft Produktionstechnik (ADB)
– VDI-Bildungswerk (BW)
– Zentralverband der Elektrotechnischen Industrie e. V. (ZVEI)
– Bundeskammer für gewerbliche Wirtschaft, Wien.

Die Aufgabenstellung ist die Erarbeitung von Richtlinien für die einheitliche Lehre, Anwendung und Verbreitung des Wertanalyse-Gedankengutes. Der Gemeinschaftsausschuß hat die Ergebnisse seiner Arbeit in einem Taschenbuch und in einem Handbuch niedergelegt.

KARL HANS DEMMER, Oberingenieur, Prokurist, Zentralbereich Betriebswirtschaft, Siemens AG München
Stellv. Obmann VDI-Gemeinschaftsausschuß Wertanalyse

Wertminderungen

Wertminderungen im Unternehmen hängen wie der betriebswirtschaftliche *Wertbegriff* von den Zielvorstellungen des Unternehmens ab und werden darüber hinaus vom jeweiligen Bewertungszweck bestimmt. In der Regel zielt die unternehmerische Tätigkeit darauf ab, im Rahmen des betrieblichen Leistungsprozesses langfristig einen Mehrwert gegenüber dem Wert der eingesetzten Produktionsfaktoren (menschliche Arbeit, sachliche Betriebsmittel und Fertigungsstoffe) zu schaffen. Zur Ermittlung des unternehmerischen Erfolges ist daher das Ausmaß eingetretener

Wertminderungen und deren Ausgleich von entscheidender Bedeutung. Für die unternehmerische Planung interessieren Ursachen, Umfang und Auswirkungen möglicher Wertminderungen, damit durch entsprechende Maßnahmen für den angestrebten Wertausgleich gesorgt werden kann oder durch andere Vorkehrungen Wertminderungen überhaupt vermieden werden. Von der Entwertungsursache wird es abhängen, wieweit Wertminderungen vorhersehbar sind oder nicht.

In Anlehnung an den für das Management üblichen Sprachgebrauch wird der Begriff Wertminderungen in Geldeinheiten ausgedrückt und auf die dem Unternehmen gewidmeten Vermögensgegenstände bezogen, die sich aus körperlichen Sachgütern wie Maschinen, Vorräten und aus Rechten (z. B. Forderungen) zusammensetzen. Darüber hinaus erscheint es zweckmäßig, als Wertminderungen auch Erhöhungen der Verbindlichkeiten in die Betrachtung einzubeziehen, so daß auch Wertminderungen des »Reinvermögens« des Unternehmens, d. h. Vermögen abzüglich Schulden, zu berücksichtigen sind.

Das Ausmaß der zu einem bestimmten Stichtag eingetretenen Wertminderungen eines Vermögensgegenstandes oder des betrieblichen Reinvermögens ergibt sich als Differenz zwischen dem Wert zu diesem Stichtag und dem höheren Wert zu einem früheren Zeitpunkt. Allgemein kann man sagen, daß der Gesamtumfang der in einem Unternehmen erfolgten Wertminderungen durch den Unterschied von Einstandswert (Anschaffungs- oder Herstellungskosten) und dem unter Berücksichtigung der Preisentwicklung, des technischen Fortschritts und der Leistungs- oder Verwertungsfähigkeit der Vermögensgegenstände für das konkrete Unternehmen ermittelten Wert zum Bewertungsstichtag bestimmt wird. Die Auswirkungen der Entwertung sind von der Art des Vermögensgegenstandes sowie von dessen bisheriger Wertentwicklung und ihrer – z. T. gesetzlich geregelten – Berücksichtigung in den verschiedenen Arten der Unternehmensrechnung abhängig.

Wertminderung bedeutet eine fehlende Werterhaltung. In Ansehung des betrieblichen Vermögens kann man an Stelle von Werterhaltung auch von *Vermögenserhaltung* sprechen. Ziel der absoluten oder reproduktiven Vermögenserhaltung ist die Wiedergewinnung der verbrauchten Güter in unveränderter Form. Die relative Vermögenserhaltung geht u. U. darüber hinaus. Sie will die Wiederbeschaffung des Vermögens sicherstellen, das mengen- und qualitätsmäßig die gleiche Produktionsleistung wie das verbrauchte Vermögen gewährleistet. Einen Schritt weiter geht die leistungsäquivalente Vermögenshaltung, die eine dem technischen Fortschritt und etwaigen Bedarfsverlagerungen entsprechende Vermögenserhaltung zum Gegenstand hat und dem Unternehmen seine Marktstellung sichern will. Entsprechend den verschiedenen Stufen der Vermögenserhaltung gibt es unterschiedliche Wertminderungen.

Ursachen von Wertminderungen

Wertminderungen des betrieblichen Vermögens können technisch, wirtschaftlich und rechtlich bedingt sein. Im einzelnen lassen sich die Entwertungsursachen, die häufig gleichzeitig und nebeneinander auftreten, wie folgt gliedern:
– Verschleiß
  Ruheverschleiß
  Abnutzung und Substanzverringerung
  Katastrophenfälle
– Fristablauf
  Rechtsablauf
  Zweckerfüllung
– Überholung
  Technischer Fortschritt
  Nachfrageveränderungen
– Markt- und Konjunktureinflüsse
– sonstige Wertvernichtungen.
Neben der Eigenart des Unternehmens bestimmt vor allem die Art des einzelnen Vermögensgegenstandes, welche der genannten Entwertungsursachen im konkreten Fall auftreten kann.

Wertminderung durch Verschleiß

Die Sachgüter des betrieblichen Vermögens unterliegen dem *Ruheverschleiß*, ohne daß die Gegenstände in Gebrauch genommen oder in irgendeiner Form be- oder verarbeitet werden. Es handelt sich um die natürliche Abnutzung infolge physikalisch-chemischer Reaktionen, die auf Witterungs- und klimatische Einflüsse oder andere Naturvorgänge zurückgehen und die eine Zerstörung, Verringerung oder Veränderung der Substanz und damit in der Regel auch eine Wertminderung hervorrufen. Sachanlagen und Vorräte sind grundsätzlich diesen Einflüssen (Verwitterung, Rost, Fäulnis, Verdunstung u. ä.) ausgesetzt. Allerdings hat es das Unternehmen oft weitgehend in der Hand, die Vermögensgegenstände durch geeignete Maßnahmen, wie laufende Instandhaltung oder zweckmäßige Lagerung, vor Wertminderungen zu schützen. Der Ruheverschleiß geht bei den Sachanlagen gewöhnlich mit der Abnutzung durch Gebrauch Hand in Hand; er vollzieht sich aber auch bei vorübergehender oder dauernder Stillegung des Betriebes oder Unterbrechung des betrieblichen Leistungsprozesses.

Sachanlagen unterliegen bei ihrem Gebrauch einer technisch bedingten *Abnutzung,* die sich in einer Abnahme ihrer Leistungsfähigkeit (Produktionsgeschwindigkeit, Präzision) und höherer Reparaturanfälligkeit äußert. Die Abnutzung führt letztlich zur Unbrauchbarkeit des Gegenstandes. Das Tempo dieser Wertminderung hängt ab von dem Grad der Inanspruchnahme (z. B. Ein- und Mehrschichtenbetrieb) und den betrieblichen Anforderungen an die Leistungsfähigkeit des Anlagegegenstandes (z. B. Anforderungen an die Präzision von Maschinen). Die Einsatzfähigkeit eines Anlagegegenstandes im Betrieb ist für das Ausmaß der Wertminderung entscheidend. Wenn eine Maschine wegen der eingetretenen Abnutzung für den ursprünglichen Zweck unbrauchbar geworden ist, kann sie u. U. für andere betriebliche Zwecke noch Verwendung finden. Die eingetretene Wertminderung ist in diesem Fall geringer, als wenn keine weitere Verwendungsmöglichkeit besteht. Im übrigen kann die Geschwindigkeit der

technischen Abnutzung durch geeignete Pflege und Instandhaltungsmaßnahmen verzögert werden.

Einen Sonderfall bildet die substanzbedingte Wertminderung, bie bei Bergwerken, Ziegeleien, Steinbrüchen und anderen Betrieben der Rohstoffgewinnung durch den mengenmäßigen Abbau der Rohstoffvorkommen bedingt ist. Die Verringerung der Ausbeutungssubstanz wirkt sich wertmindernd auch auf die zugehörigen Rechte (Gerechtsame u. ä.) und unter Umständen auch auf die Sachanlagen wie Förderanlagen aus, die mit Erschöpfung der Ausbeutungssubstanz nicht mehr genutzt werden können.

Der *Katastrophenverschleiß* läßt sich im Gegensatz zu den vorstehend angeführten Entwertungsursachen nicht genau überblicken. Es handelt sich um Wertvernichtung durch Unglücks- und Katastrophenfälle wie Brand, Explosion und Hochwasser. Gegen solche Wertminderungen kann in gewissem Umfang durch geeignete Schutzmaßnahmen oder auch durch Versicherungen Vorsorge getroffen werden.

Wertminderung durch Fristablauf

Während Wertminderungen durch Verschleiß nur bei körperlichen Vermögensgegenständen vorkommen, unterliegen der Entwertung durch Fristablauf die immateriellen Wirtschaftsgüter. Sie tritt dadurch ein, daß die Möglichkeit der betrieblichen Nutzung eines Gegenstandes nur bis zu einem bestimmten Zeitpunkt gegeben ist, weil entweder das Recht zur Nutzung zeitlich begrenzt, der Zweck der Nutzung erfüllt oder die Möglichkeit zur Nutzung zeitlich begrenzt ist. Als Beispiel lassen sich auf Konzessionsdauer nutzbare Wasserkraftwerke (Heimfallverpflichtung), eine vorübergehend errichtete Behelfsbrücke oder wegen Ablauf eines Pachtverhältnisses nicht mehr nutzbare Anlagen nennen. Der Fristablauf eines Rechts ist in der Regel vertraglich oder durch hoheitlichen Akt festgelegt; der Fristablauf durch Zweckerfüllung muß dagegen meist geschätzt werden.

Wertminderung durch den technischen Fortschritt

Der technisch-wirtschaftliche Fortschritt führt dazu, daß der Beitrag eines Vermögensgegenstandes im betrieblichen Leistungsprozeß auf andere Weise vorteilhafter, d. h. vor allem rationeller und rentabler geleistet, oder daß ein Vermögensgegenstand überhaupt nicht mehr bei der Leistungserstellung eingesetzt werden kann. Neue Fertigungsverfahren, die Weiterentwicklung von Maschinen oder die Einführung neuer Werkstoffe kennzeichnen eine solche Entwicklung.

Wertminderung durch Entwicklung von Markt- und Bedürfnisstruktur

Neben dem technisch-wirtschaftlichen Fortschritt können Nachfrageveränderungen, die durch veränderte Bedürfnisse der Abnehmer, Absatzverlagerungen, Mode- und Geschmackswandel verursacht sind, zu Wertminderungen führen. Die durch Nachfrageverschiebungen bedingte Umstellung der Produktion kann zur Folge haben, daß vorhandene Anlagegüter nicht mehr oder nur noch teilweise betrieblich genutzt werden können. Mangelhafte Kapazitätsauslastung von Anlagen bewirkt für sich noch keine Wertminderung dieser Anlagen; sie kann jedoch neben stärkerem Ruheverschleiß eine Verkürzung der betrieblichen Nutzungsdauer zur Folge haben. Ebenso kann ein Absatzrückgang zu Wertminderungen infolge steigender Lagerhaltungskosten, begrenzter Lagerfähigkeit der Produkte u. ä. führen.

Der Wert des betrieblichen Vermögens wird ferner von Preis- und Konjunkturentwicklungen beeinflußt. Sinkende Marktpreise bedeuten geringere Wiederbeschaffungs- oder Reproduktionskosten und/oder niedrigere Verkaufserlöse und führen zu einer Wertminderung früher angeschaffter oder hergestellter Gegenstände. Je nach Art der Vermögensgegenstände wird für ihre Bewertung der Beschaffungs- oder der Absatzmarkt maßgebend sein, wobei davon auszugehen ist, daß das Unternehmen unverändert fortgeführt wird. Wenn nicht damit gerechnet werden kann, sind für alle Vermögensposten wie im übrigen für die nicht betriebsnotwendigen Vermögensteile (einschließlich Überbestände an Roh-, Hilfs- und Betriebsstoffen) allein die Wertverhältnisse am Absatzmarkt entscheidend.

Sonstige Wertminderungen

Sonstige Wertminderungen können durch *Fehldispositionen* (z. B. infolge Fehleinschätzung der wirtschaftlichen Entwicklung können Anlagen nicht oder nur teilweise genutzt werden), durch *behördliche Auflagen* (z. B. Festlegung von Bebauungsgrenzen für ein Grundstück) oder durch *politische Entwicklungen* (z. B. Enteignung von oder Verfügungsbeschränkungen für Auslandsvermögen) verursacht sein. Sie beeinträchtigen vor allem die Verwertbarkeit der einzelnen Vermögensgegenstände. Als sonstige Wertvernichtungen sind auch *Ausfälle bei Forderungen* oder Wertverlust durch Diebstahl zu nennen. In Anbetracht des »Reinvermögens« des Unternehmens sind ferner besondere Belastungen durch behördliche Auflagen (z. B. Verpflichtung zur Abwässerbeseitigung), Garantieleistungen u. ä. anzuführen. Nachhaltig fehlende oder unzureichende Rentabilität des Unternehmens kann einzelne Vermögensgegenstände dadurch im Wert mindern, daß sie nicht mehr im betriebsüblichen Umfang mengen- oder zeitmäßig genutzt, verbraucht oder abgesetzt werden können.

Im Gegensatz zu Verschleiß und Fristablauf sind die übrigen Entwertungsursachen grundsätzlich nicht genau vorhersehbar. Für den Unternehmer ist es allerdings wichtig, möglichst frühzeitig die Entwicklung zu erkennen, um sich rechtzeitig durch geeignete Maßnahmen anpassen zu können.

Wertminderungen in der Kostenrechnung

Kosten sind als wertmäßiger Güter- und Leistungsverzehr zur Erstellung der betrieblichen Leistung, deren Absatz und zur

Aufrechterhaltung der hierfür notwendigen Betriebsbereitschaft definiert. Dementsprechend werden die leistungsbedingten Wertminderungen als Kostenbestandteile in der Kostenrechnung berücksichtigt. Wertminderungen des Anlagevermögens werden dabei als kalkulatorische Abschreibungen, der betriebsübliche Verbrauch an Roh-, Hilfs- und Betriebsstoffen als Materialkosten und die übrigen Wertminderungen des Umlaufvermögens in der Regel als Wagniskosten verrechnet.

Wertminderungen des Anlagevermögens

Für die dem Betriebszweck dienenden Anlagen (einschließlich betriebsnotwendiger Reserveanlagen) werden – unabhängig von der Bewertung in Handels- und Steuerbilanz – verbrauchsbedingte Abschreibungen als Kosten verrechnet. Dabei umfassen die kalkulatorischen Abschreibungen nicht nur die Abnutzung, sondern auch die sonstigen betriebsüblichen Wertminderungen. Sie sollen auf der Basis von Wiederbeschaffungspreisen von Anlagen gleicher wirtschaftlicher Leistungsfähigkeit auf der voraussichtlichen betrieblichen Nutzungsdauer in der Regel in gleichbleibenden Beträgen je Zeiteinheit (z. B. Kalenderjahr) oder je Leistungseinheit (z. B. Maschinenstunde, Tonne) verrechnet werden. Die kalkulatorischen Abschreibungen sollen zur Reinvestition angesammelt werden und die Substanzerhaltung des Betriebes ermöglichen. Da die Feststellung zutreffender Wiederbeschaffungspreise oft praktische Schwierigkeiten bereitet, werden bei unerheblichen Abweichungen die tatsächlichen Anschaffungs- oder Herstellungskosten, im übrigen meist zur Vereinfachung pauschal ermittelte Wiederbeschaffungskosten zugrunde gelegt.

Andere Wertminderungen

Der *Materialverbrauch* wird im allgemeinen zu Tagespreisen oder daraus abgeleiteten Verrechnungspreisen erfaßt. Dabei wird beim Mengenansatz im üblichen Rahmen anfallender Verarbeitungsabfall und Ausschuß mit eingeschlossen.

Die übrigen Wertminderungen werden in der Regel als sogenannte *Wagniskosten* in der Kostenrechnung berücksichtigt. Bei diesen Wagnissen ist zwischen dem allgemeinen Unternehmerwagnis und den Einzelwagnissen zu unterscheiden. Als allgemeines Unternehmerwagnis werden diejenigen Wagnisse bezeichnet, die das Unternehmen als Ganzes gefährden und die in der besonderen Eigenart des Unternehmens, in dem besonderen Verhältnis des Wirtschaftszweiges oder in der wirtschaftlichen Tätigkeit schlechthin begründet sind. Einzelwagnisse sind demgegenüber die mit der Leistungserstellung in den einzelnen Tätigkeitsgebieten des Betriebes verbundenen Verlustgefahren. Hierzu gehören u. a. Wertminderungen der Vorräte durch Schwund, Veralten, Güteminderung, Preissenkungen u. ä. (Beständewagnis), Mehrkosten infolge von Arbeits- und Konstruktionsfehlern (Fertigungswagnis), Nacharbeiten an fertigen Erzeugnissen, kostenlose Ersatzlieferungen sowie Gutschriften auf Grund von Gewährleistungsverpflichtungen (Gewährleistungswagnis), Schäden an Anlagegütern, soweit sie einmaliger außergewöhnlicher Art sind (Anlagewagnis), Aufwendungen für fehlgeschlagene Entwicklungsarbeiten (Entwicklungswagnis), Ausfälle und Währungsverluste aus Forderungen (Vertriebswagnis).

Wertminderungen und Preiskalkulation

Im Interesse der vom Unternehmer anzustrebenden Werterhaltung oder Wertmehrung soll der kostenrechnerisch erfaßte Wertverzehr in den Erzeugnissen und sonstigen Leistungen des Unternehmens seinen Gegenwert finden. Eine echte Wertminderung tritt allerdings dann ein, wenn der Wert der Produkte unter dem Gesamtwert der bei der Leistungserstellung verbrauchten Güter und Leistungen liegt, die Produkte also nicht zu kostendeckenden Erlösen abgesetzt werden können. Daher sind in der Kalkulation grundsätzlich alle zu erwartenden Wertminderungen anzusetzen.

In diesem Zusammenhang verdienen die *Leitsätze für die Preisermittlung* auf Grund von Selbstkosten bei öffentlichen Aufträgen (LSP) Erwähnung. Im Interesse der Vermögenserhaltung ist in Nr. 8 für die Bewertung der Güter und Dienste zur Leistungserstellung das Tagespreisprinzip verankert, das nach Maßgabe von Nr. 8 Abs. 2 und des Abschnitts III modifiziert anzuwenden ist.

Wertminderungen an betriebsnotwendigen Anlagegütern sind durch kalkulatorische Abschreibungen zu berücksichtigen (Nr. 37). Der Abschreibungsbetrag ergibt sich durch Teilung der Anschaffungs- oder Herstellungskosten durch die Gesamtnutzung. Nach näherer Maßgabe von Nr. 38 Abs. 2 können ausnahmsweise bei der Berechnung der Abschreibungen im Interesse der Substanzerhaltung auch Wiederbeschaffungskosten zugrunde gelegt werden. Zum Ausgleich einer ursprünglich nicht voraussehbaren technischen Entwicklung oder Bedarfsverschiebung können gemäß Nr. 41 höhere Sonderabschreibungen dann vorgenommen werden, wenn sie mit dem Auftraggeber ausdrücklich vereinbart worden sind.

Wertminderungen des Umlaufvermögens können im Rahmen der LSP nach Maßgabe der Nr. 48 ff. als Wagniskosten verrechnet werden, soweit sie nicht, wie z. B. Ausschuß beim Materialeinsatz (Nr. 16 Abs. 1), als Einzel- oder Gemeinkosten berücksichtigt werden. Betriebsfremde Wagnisse bleiben allerdings außer Betracht.

Wertminderungen im Jahresabschluß

Die Bewertung im Jahresabschluß ist von folgenden Grundsätzen beherrscht, die zum Teil unmittelbar in gesetzlichen Vorschriften ihren Niederschlag gefunden haben:

Eine höhere Bewertung als diejenige zu den Anschaffungs- oder Herstellungskosten ist nicht zulässig *(Anschaffungswertprinzip).* Nach dem Realisationsprinzip darf ein Gewinn erst dann vereinnahmt werden, wenn das Unternehmen seine Leistung vollständig bewirkt und damit den Anspruch auf Gegenleistung erworben hat.

Für die Behandlung von Wertminderungen sind insbesondere das Imparitätsprinzip, das Vorsichtsprinzip und der Grundsatz der Einzelbewertung von Bedeutung.

Nach dem *Imparitätsprinzip* sind am Bilanzstichtag eingetretene, aber noch nicht realisierte Wertminderungen zu bilanzieren. Dabei sind erst nach dem Bilanzstichtag bekannt gewordene, aber am Bilanzstichtag bereits vorhandene Wertminderungen zu berücksichtigen. Bei der Schätzung des Ausmaßes der Wertminderungen ist nach dem Grundsatz *vorsichtiger Bewertung* im Zweifel allein denjenigen Faktoren größeres Gewicht beizulegen, die den Wertansatz von Vermögensposten ermäßigen bzw. von Verbindlichkeiten erhöhen. Gemäß dem Grundsatz der *Einzelbewertung* dürfen Wertminderungen im Jahresabschluß nicht deswegen unberücksichtigt bleiben, weil anderen Vermögensgegenständen ein höherer Wert beizumessen ist.

Als Wertminderung gilt für die Aktivposten der Bilanz der Unterschied zwischen dem Buchwert eines Vermögensgegenstandes und seinem niedrigeren Stichtagswert.

Wertminderungen des Anlagevermögens

Wertminderungen der Anlagegegenstände werden im Jahresabschluß durch Abschreibungen berücksichtigt. Ausgehend von den Anschaffungs- oder Herstellungskosten kürzen die Abschreibungen entsprechend der Wertminderung die Wertansätze der Anlagen und dienen insoweit der richtigen Darstellung der Vermögenslage des Unternehmens. Darüber hinaus werden damit die Anschaffungs- oder Herstellungskosten der Anlagen unter dem Gesichtspunkt einer periodengerechten Aufwandserfassung auf die Jahre der Nutzung der Anlagen verteilt werden.

Anlagegegenstände, deren Nutzung zeitlich begrenzt ist, sind gemäß § 154 AktG (diese Vorschrift entspricht mit gewissen Einschränkungen hinsichtlich des Grundsatzes der Planmäßigkeit allgemeinen Abschreibungsgrundsätzen) *planmäßig ab-*

zuschreiben. Der Abschreibungsplan muß die Anschaffungs- oder Herstellungskosten nach einer den Grundsätzen ordnungsmäßiger Buchführung entsprechenden Abschreibungsmethode auf die voraussichtliche Nutzungsdauer verteilen. Durch ihn sind die voraussichtliche Nutzungsdauer und die Abschreibungsmethode festzulegen, so daß die zukünftigen Abschreibungen eindeutig bestimmt sind.

Die voraussichtliche *Nutzungsdauer der Anlagen* muß in der Regel geschätzt werden. Dabei sind sämtliche der oben genannten Möglichkeiten von Wertminderungen zu berücksichtigen. Der Grundsatz der Vorsicht zwingt dazu, daß die Unsicherheits- und Risikofaktoren, die die Gefahr von Wertminderungen beinhalten, stärker gewichtet werden. Die Schätzung der Nutzungsdauer ist auch im Zusammenhang mit der gewählten Abschreibungsmethode zu sehen. So ist bei der degressiven Abschreibung die Gefahr einer zu langen Nutzungsdauerschätzung in ihrer Auswirkung geringer als bei der linearen Abschreibung.

Der Grundsatz der Verteilung der Anschaffungs- und Herstellungskosten auf die Nutzungsdauer ist dann nicht mehr maßgeblich, wenn dadurch die Gegenstände des Anlagevermögens nachhaltig mit einem wesentlich zu hohen Wert angesetzt würden. Bei der Festlegung des ursprünglichen Abschreibungsplanes nicht berücksichtigte Wertminderungen führen daher zu einer Änderung des Abschreibungsplanes (z. B. Verkürzung der Nutzungsdauer) und möglicherweise auch zu außerplanmäßigen Abschreibungen.

Außerplanmäßige Abschreibungen können sowohl bei Anlagen, deren Nutzung zeitlich begrenzt ist, als auch bei nicht abnutzbaren Anlagegütern vorgenommen werden, wenn den Gegenständen ein niedrigerer Wert am Abschlußstichtag beizulegen ist oder wenn ein niedrigerer Wert für Zwecke der Steuern vom Einkommen und Ertrag für zulässig gehalten wird (§ 154 Abs. 2 AktG).

Die Vornahme außerplanmäßiger Abschreibungen ist lediglich bei voraussichtlich dauernden Wertminderungen zwingend vorgeschrieben. Aus Gründen der Vorsicht wird im Zweifel von einer nachhaltigen Wertminderung auszugehen sein. Bei Anlagen, die planmäßig abgeschrieben werden, ist eine außerplanmäßige Abschreibung wegen einer dauernden Wertminderung dann erforderlich, wenn die Stichtagswerte während eines erheblichen Teils der Nutzungsdauer unter den planmäßigen Restbuchwerten liegt.

Für die Abschreibungen in der *Steuerbilanz* gelten im großen und ganzen dieselben Grundsätze.

Wertminderungen des Umlaufvermögens

Für die Bewertung des Umlaufvermögens ist die ausführliche Regelung im Aktiengesetz (§ 155) ebenfalls als zutreffende Auslegung der Grundsätze ordnungsmäßiger Bilanzierung anzusehen. Sie ist – trotz abweichender Terminologie – in ihren Grundzügen auch in der Steuerbilanz anzuwenden. Danach gilt das strenge *Niederstwertprinzip*, welches besagt, daß grundsätzlich auch vorübergehende Wertminderungen zwingend im Jahresabschluß zu berücksichtigen sind. Darüber hinaus können in Abweichung vom strengen *Stichtagsprinzip* gem. § 155 Abs. 3 AktG Wertminderungen berücksichtigt werden, wenn damit verhindert wird, daß der Wertansatz in der nächsten Zukunft auf Grund von Wertschwankungen geändert werden muß.

Das Ausmaß der Wertminderungen ergibt sich aus der Differenz zwischen dem Buchwert und dem niedrigeren Stichtagswert der Vermögensgegenstände. Dieser niedrigere Stichtagswert ist – soweit möglich – aus dem Markt- oder Börsenpreis des Bilanzstichtages, im übrigen aus den Wiederbeschaffungs- und Reproduktionskosten oder aus dem vorsichtig geschätzten Verkaufswert abzuleiten. Dem Markt- oder Börsenpreis sind bei Maßgeblichkeit des Beschaffungsmarktes (s. oben) die Anschaffungsnebenkosten zuzurechnen bzw. in Ansehung des Absatzmarktes die Verkaufsspesen abzurechnen. Von den geschätzten Verkaufserlösen sind die noch anfallenden Aufwendungen zu kürzen. Für Veralterung, Unbrauchbarkeit usw. sind entsprechende Abschläge vorzunehmen; u. U. ist der Schrottpreis anzusetzen.

Forderungen sind grundsätzlich mit ihrem Nennbetrag zu bewerten. Wertminderungen können sich durch Zahlungsverzug und Ausfall von Forderungen ergeben. Zweifelhafte Forderungen sind daher auf ihren wahrscheinlichen Wert, uneinbringliche Forderungen ganz abzuschreiben. Unverzinsliche oder niedrig verzinsliche längerfristige Forderungen sind mit dem unter Zugrundelegung einer normalen Verzinsung ermittelten Barwert zum Bilanzstichtag zu bilanzieren.

Sonstige Wertminderungen

Verbindlichkeiten mindern den Wert des Reinvermögens des Unternehmens und sind mit ihrem Rückzahlungsbetrag zu passivieren. Für ungewisse Verbindlichkeiten und drohende Verluste aus schwebenden Geschäften und damit für ernstlich zu erwartende Wertminderungen sind im Jahresabschluß Rückstellungen zu bilden. Eine Ausnahme gilt nur für Pensionsverpflichtungen, für die der Gesetzgeber ein Passivierungswahlrecht eingeräumt hat. Darüber hinaus sind Rückstellungen für unterlassene Instandhaltungen oder Abraumbeseitigung sowie für Gewährleistungen ohne rechtliche Verpflichtung zulässig (§ 152 Abs. 7 AktG). Für die Passivierung ist entscheidend, daß am Abschlußstichtag zumindest wirtschaftlich eine Wertminderung eingetreten ist.

Dipl.-Kfm. Dr. HANS EBERHARD SCHEFFLER,
Mitglied des Vorstandes der Firma Carl Zeiss, Oberkochen

Wertsicherungsklauseln

Wertsicherungsklauseln sind Vereinbarungen zwischen Vertragspartnern, wonach eine zu erbringende Geldleistung ihrer Höhe nach in bestimmter Weise von einer zukünftigen wirtschaftlichen Entwicklung abhängig gemacht wird. Derartige Wertsicherungsklauseln kommen in den verschiedensten Formen vor.

Entstehung der Wertsicherungsklauseln

Die Entstehung der Wertsicherungsklauseln fällt in die Zeit der ersten Inflation nach dem 1. Weltkrieg. Die Erfahrungen mit dem rapiden Geldwertschwund führten dazu, daß in großem Ausmaß in Verträgen Wertsicherungsklauseln vereinbart wurden. Zu Beginn der 2. Inflation nach dem 2. Weltkrieg hat die Militärregierung in Deutschland Wertsicherungsklauseln nicht nur für die Zukunft praktisch verboten, sondern alle damals bestehenden Klauseln wurden nachträglich ihrer Wirksamkeit beraubt, indem das 2. Änderungsgesetz zum Militärregierungsgesetz 51 (Mark = Mark-Gesetz) anordnete, daß jede – in welcher Form auch gesicherte – auf Mark lautende Verbindlichkeit durch Reichsmark zum Nennwert getilgt werden konnte. Die Gefahr einer solchen gesetzlichen Außerkraftsetzung aller in der Vergangenheit getroffenen Wertsicherungsvereinbarungen ist im Krisenfall der wunde Punkt aller derartigen Vereinbarungen.

Geltende Rechtslage nach § 3 des Währungsgesetzes vom 20. 6. 1948

Die nach dem BGB an sich geltende Vertragsfreiheit, wonach alle Wertsicherungsvereinbarungen zulässig sind, ist durch die

Regelung im Währungsgesetz eingeschränkt worden.

Genehmigungsbedürftigkeit von Devisenschulden

Nach § 3 Satz 1 Währungsgesetz dürfen Geldschulden nur mit Genehmigung der Deutschen Bundesbank in einer anderen Währung als in DM eingegangen werden. Nach dieser umfassenden Regelung würde an sich der gesamte Geschäftsverkehr mit dem Ausland betroffen. Durch § 49 Abs. 1 des Außenwirtschaftsgesetzes ist jedoch bestimmt worden, daß die Anwendbarkeit der Regelung des Währungsgesetzes auf die Fälle beschränkt wird, in denen beide Vertragsparteien Inländer sind. Deshalb bestehen nach deutschem Recht keine Beschränkungen in der Eingehung von Verbindlichkeiten in einer ausländischen Währung, wenn auch nur einer der Vertragspartner Ausländer ist.

Die Bedeutung der Genehmigungsbedürftigkeit der Eingehung von Verbindlichkeiten in Auslandswährungen hat seit der Einführung der freien Konvertierbarkeit der DM an Bedeutung verloren. Als Instrument der Wertsicherung kommt der Vereinbarung von Devisenschulden kaum noch eine praktische Bedeutung zu. Das liegt einmal daran, daß die DM in der Vergangenheit zu einer der härtesten Währungen wurde, zum anderen daran, daß bei der heutigen internationalen Wirtschaftsverflechtung die Krise einer Währung sich leicht auf andere auswirkt. Die Entgeltsvereinbarung in einer bestimmten Währung hat heute aber noch für sich kurzfristig realisierende Risiken (aufwertungs- oder abwertungsverdächtige Währungen) Bedeutung.

Genehmigungsbedürftigkeit von Wertsicherungsklauseln

Nach § 3 Satz 2 Währungsgesetz bedarf die Eingehung von Geldschulden, deren Betrag in DM, durch den Kurs einer anderen Währung oder durch den Preis oder eine Menge von Feingold oder anderen Gütern oder Leistungen bestimmt werden

soll, der Genehmigung. Der rechtspolitische Grund dieser Genehmigungsbedürftigkeit liegt darin, daß inflationistische Gefahren, die sich aus dem allgemeinen Vereinbaren von Wertsicherungsklauseln ergeben können, abgewehrt werden sollen. Die Genehmigungsbedürftigkeit von Wertsicherungsklauseln für Geldschulden betrifft nur solche Verbindlichkeiten, die von einem Inländer eingegangen werden, nicht dagegen Verbindlichkeiten in DM, die von einem Ausländer eingegangen werden.

Für die Frage der Genehmigungsbedürftigkeit von getroffenen Wertsicherungsvereinbarungen ist die Unterscheidung zwischen Wertsicherungsklauseln im eigentliche Sinn und bloßen Leistungsvorbehalten von entscheidender Bedeutung. Sowohl nach der Ansicht der Bundesbank als auch nach der Rechtsprechung des Bundesgerichtshofs bedürfen nur die ersteren Klauseln der Genehmigung der Bundesbank, während ein bloßer Leistungsvorbehalt ohne diese Genehmigung wirksam vereinbart werden kann. Eine genehmigungsbedürftige Wertsicherungsklausel ist gegeben, wenn eine Geldschuld in DM eingegangen wird, deren Nennwert *unmittelbar und zwangsläufig* vom künftigen Kurs einer anderen Währung oder vom künftigen Preis oder Wert bestimmter Güter oder Leistungen abhängig ist. Damit fallen aus dem Bereich der genehmigungsbedürftigen Klauseln alle Klauseln heraus, bei denen keine »Automatik« der Anpassung der Geldschuld an die spätere wirtschaftliche Entwicklung besteht, bei denen vielmehr bei einer Änderung der Bezugsgröße, des Wertmessers, nur eine mittelbare Auswirkung auf die Geldschuld eintreten soll. Das entscheidende Unterscheidungskriterium zwischen der genehmigungsbedürftigen Wertsicherungsklausel und dem genehmigungsfreien Leistungsvorbehalt ist danach das Vorhandensein oder Fehlen einer starren automatischen Anpassung der Geldforderung an den Wertmesser. Eine solche starre Automatik fehlt, wenn die Neufestsetzung der Geldschuld erst in einem weiteren Rechtsakt erfolgen soll und wenn hierbei ein gewisser, wenn auch nur kleiner Ermessensspielraum für die Verhandlungen zwischen den Vertragsparteien oder für den zur

Durchführung der Anpassung berufenen Dritten vorhanden ist, wenn die Leistungsvorbehaltsklausel bei der Anpassung der Geldschuld nicht nur eine einzige mögliche Entscheidung zuläßt. Diese wichtige Unterscheidung zwischen genehmigungsbedürftiger Wertsicherungsklausel und genehmigungsfreiem Leistungsvorbehalt sei an zwei Beispielen verdeutlicht:

»Der vereinbarte Mietzins ändert sich im gleichen Verhältnis, wie der amtliche Index für die Lebenshaltungspreise von heute an gerechnet sich verändern wird«: genehmigungspflichtige Wersicherungsklausel.

»Ändert sich der amtliche Index für die Lebenshaltungspreise von heute an gerechnet um mehr als 5%, so soll der Mietzins durch ein Schiedsgutachten dieser Veränderung entsprechend angemessen neu festgesetzt werden«: Leistungsvorbehalt.

Die Abgrenzung ist theoretisch eindeutig. Die Unterscheidung der beiden Arten von Klauseln ist von eminenter Wichtigkeit. Wird eine genehmigungsfreie Wertsicherungsklausel vereinbart, so müssen die Parteien sicher sein, daß ihre Vereinbarung auch einer späteren Nachprüfung in einem Prozeß standhält, daß also die Rechtsprechung nicht die Ansicht vertritt, es handele sich in Wahrheit um eine genehmigungsbedürftige Wertsicherungsklausel.

Genehmigungsfreie Wertsicherungsklauseln

Spannungsklauseln

Unter Spannungsklauseln versteht man insbesondere bei Gehalts- und Pensionsvereinbarungen vorkommende Klauseln, durch die eine Verbindlichkeit zu dem Preis oder Wert von Gütern oder Leistungen, die mit der vom Gläubiger zu erbringenden Leistung gleichartig sind, verknüpft wird. Typische Fälle sind, daß in Vereinbarungen über Gehälter und Pensionen bestimmt wird, daß die jeweiligen Bezüge des Berechtigten in einem bestimmten Verhältnis zu den Bezügen eines anderen Gehalts- oder Pensionsempfängers stehen sollen. Das Wesen einer solchen Spannungsklausel wird darin gesehen, daß zwischen den durch die Klausel miteinander verbundenen Gütern oder Leistungen eine bestimmte Relation bestehen soll und auch in Zukunft bestehenbleiben soll. Ein typisches Beispiel ist, daß einem Arbeitnehmer eine Pensionszusage in einem bestimmten Prozentsatz von seinem letzten Gehalt gegeben wird und daß weiter vereinbart wird, daß die Pension sich im selben Verhältnis ändern soll wie die Tarifgehälter der Tarifgruppe, der er zuletzt angehörte.

Wichtig ist bei der Vereinbarung derartiger genehmigungsfreier Spannungsklauseln, daß auf die *Gleichartigkeit* der verknüpften Leistungen geachtet wird, denn nur bei Gleichartigkeit der Leistungen bedarf es keiner Genehmigung. Diese Gleichartigkeit der Leistungen ist bei der Koppelung der Pensionen von Tarifangestellten an die Tarifgehälter gegeben. Sie liegt auch vor, wenn ein vereinbarter Mietzins sich jeweils nach der vergleichbaren Miete für Wohnungen gleicher Art und Lage richten soll. Dagegen vertritt die Bundesbank die Ansicht, daß es bei einer Verknüpfung der Pensionen von Vorstandsmitgliedern, Geschäftsführern und ähnlichen Personen an irgendwelche Tarifgehälter an der Gleichartigkeit der Leistungen fehle, weil die Leistung eines Vorstandsmitglieds mit der eines Tarifangestellten nicht vergleichbar sei.

Sachwertabhängige Leistungsverpflichtungen

Bei diesen Leistungsverpflichtungen handelt es sich um solche, bei denen die Höhe der vereinbarten Gegenleistung in Geld durch die Bezugnahme auf den Wert oder Preis einer Sache variabel bestimmt wird. Hierher gehören insbesondere die Unterhaltsleistungen, die immer so bemessen sein müssen, daß der Unterhalt daraus bestritten werden kann.

Bei den Unterhaltsleistungen ergibt sich die Anpassung der Höhe der Unterhaltsleistungen an die jeweilige Entwicklung der Lebenshaltungskosten aus den das gesamte Recht beherrschenden Grundsätzen von Treu und Glauben. Eine entsprechende ausdrückliche Regelung enthält das Prozeßrecht in § 323 ZPO. Nach diesen Vorschriften könnte der Unterhaltsberechtigte, auch wenn keine entsprechende Vereinbarung getroffen ist, eine Anpassung der Unterhaltsbeträge an die geänderten Lebenshaltungskosten verlangen. Wenn aber das Gesetz selbst die Anpassung vorsieht, bestehen keine Bedenken, daß die Parteien ihrerseits eine Vereinbarung treffen, nach der diese Anpassung vorgenommen werden soll.

Beispiel:
Der Mann hat seiner geschiedenen Frau DM x an Unterhalt zu zahlen. Erhöhen sich die Lebenshaltungskosten für eine bestimmte Verbrauchergruppe jeweils um mehr als 5%, so kann die Frau jeweils einen entsprechend höheren Unterhalt verlangen.

Für vertraglich übernommene Unterhaltsverpflichtungen gilt Entsprechendes. Wichtig ist hier jedoch, daß es sich wirklich um die Übernahme einer Unterhaltsverpflichtung, die den notwendigen Lebensbedarf des Berechtigten decken soll, nicht aber um die Zahlung eines Kaufpreises für ein Wirtschaftsgut handelt.

Beispiel:
Jemand veräußert seinen Betrieb. Wird der Kaufpreis verrentet und ist eine lebenslängliche Rente zu zahlen, liegen keine Unterhaltsleistungen vor.

Eine weitere Fallgruppe wird durch solche Fälle gebildet, in denen die Geldleistung von dem Wert oder Preis von Gütern abhängen soll, die ihrerseits Gegenstand der Gegenleistung des Gläubigers sind. Hiernach wäre z. B. die Koppelung des Mietzinses an den Mietwert der Wohnung, die Koppelung des Pachtzinses bei einem Kiesausbeutungsvertrag an den jeweiligen Wert des Kieses zulässig. Nach diesen Grundsätzen unzulässig., weil es an der Gleichartigkeit der Leistungen fehlt, ist jedoch die Koppelung des Mietzinses an den Baukostenindex oder die Koppelung des Erbbauzinses an die künftige Entwicklung des Verkehrswertes des belasteten Grundstücks.

Kostenelements- und Preisgleitklauseln

Kostenelementsklauseln sind solche, durch die vereinbart wird, daß der in einem Liefer- oder Leistungsvertrag vereinbarte Preis sich im gleichen Maße ändern soll wie die Preise des oder der wichtigsten Kostenelemente des Lieferers oder Leistenden.

Beispiel:
Ein Unternehmer schließt mit Juweliergeschäften langfristige Verträge über die Installierung und Überwachung von Alarmanlagen zur Einbruchssicherung und vereinbart, daß das jährliche Entgelt, soweit in ihm Arbeitslöhne enthalten sind, sich im selben Verhältnis erhöhen soll wie die Tariflöhne. Macht der Lohnanteil in diesem Beispiel 90% des vereinbarten Gesamtpreises aus, so erhöht der Gesamtpreis sich, wenn die Tariflöhne sich in einem Jahr um 10% erhöhen, nicht gleichfalls um 10%, sondern nur um 10% von 90, also um 9%.

Preisgleitklauseln sind Klauseln, durch die vereinbart wird, daß der in einem Vertrag vereinbarte Preis für eine Lieferung oder Leistung sich insgesamt in gleichem Maße ändern soll wie ein oder mehrere bedeutsame Kostenelemente, die in die Lieferung oder Leistung eingehen. Im Gegensatz zu der Kostenelementsklausel schlägt die Veränderung der Gestehungskosten für das fragliche Kostenelement beim Liefernden oder Leistenden voll auf den vereinbarten Preis für die Lieferung oder Leistung durch.

Derartige Kostenelements- und Preisgleitklauseln werden vor allem in langfristigen Lieferverträgen oder Leistungsverträgen vereinbart. Es werden solche Klauseln aber auch in verhältnismäßig kurzfristig abzuwickelnden Verträgen vereinbart, insbesondere auf dem Bausektor. Hier ist es durchaus üblich, daß Kostenelementsklauseln vereinbart werden, wonach das vereinbarte Werklohnentgelt sich bei Erhöhung der Tariflöhne entsprechend erhöhen soll. Entsprechende Klauseln gibt es auch für den Fall der Erhöhung von Materialkosten.

Nach der Rechtsprechung des Bundesgerichtshofes sind derartige Kostenelementsklauseln und Preisgleitklauseln insoweit nicht genehmigungspflichtig, als durch diese Klauseln nur die Höhe der Gegenleistung unter dem Vorbehalt vereinbart wird, daß sich die Selbstkosten des Unternehmers gegenüber den der Kalkulation zugrunde liegenden Ansätzen nicht verändern.

Die Literatur folgt überwiegend dieser vom Bundesgerichtshof vertretenen Ansicht. Demgegenüber vertritt die Deutsche Bundesbank die Ansicht, daß auch Klauseln der beschriebenen Art der Genehmigung nach § 3 des Währungsgesetzes bedürften, vorausgesetzt freilich, daß im oben beschriebenen Sinn eine »Automatik« der Anpassung des Preises an die jeweiligen vereinbarten Kostenelemente erfolgt. Die Bundesbank ist jedoch bereit, für derartige Klauseln die Genehmigung zu erteilen.

Geldwertschulden

Eine Geldwertschuld liegt bei einer ihrem Betrag nach noch nicht genau bezifferten Schuld vor, bei der die genaue Höhe sich erst durch den künftigen Wert einer Sache oder Leistung ermitteln läßt. Das typische Beispiel ist das einer Schadenersatzforderung. Wird sie in Geld abgegolten, so ergibt sich die genaue Höhe erst, wenn die Reparatur ausgeführt ist und die Kosten feststehen. Ist das der Fall, hat sich die Geldwertschuld also auf einen bestimmten Geldbetrag konkretisiert, so wandelt sie sich damit in eine Geldsummenschuld um.

Weitere Beispiele für Geldwertschulden nach der Rechtsprechung des Bundesgerichtshofes:

Bei der Vereinbarung einer Rente sollte die Rente einen bestimmten Geldbetrag bzw. das $2\frac{1}{2}$fache eines bestimmten Fürsorgerichtsatzes betragen. Der Beginn der Rentenzahlung war von einer vom Rentenberechtigten abzugebenden Erklärung abhängig.

Oder: In einem langfristigen Vertrag ist vereinbart, daß als von einer Brauerei zu zahlendes jährliches Entgelt 6,6% des jeweiligen Tagespreises für den jährlichen Gesamtbedarf der Brauerei an Gerste zu zahlen sind, mindestens aber ein bestimmter Betrag.

Nach der Rechtsprechung des Bundesgerichtshofs bedarf die Vereinbarung derartiger Geldwertschulden nicht der Genehmigung der Bundesbank nach § 3 Abs. 2 Währungsgesetz. Die Bundesbank vertritt eine andere Ansicht. Ihrer Meinung nach sind derartige Geldwertschulden genehmigungsbedürftig.

Leistungsvorbehalte

Fehlt es an einer Notwendigkeit der Veränderung der Geldforderung bei Änderung des Wertmessers, so liegt, auch wenn der Spielraum für die Anpassung sehr gering ist, ein genehmigungsfreier Leistungsvorbehalt vor. Diese Grundsätze wenden Rechtsprechung und Bundesbank auch auf solche Leistungsvorbehalte an, die nur in der Absicht der Wertsicherung vereinbart worden sind.

Beispiel:
In einem langfristigen Mietvertrag wird vereinbart, daß nach einer bestimmten Veränderung des Wertmessers (Erhöhung eines Preisindex um x %) der Vermieter ein Kündigungsrecht hat.

Statt des Kündigungsrechts wird vereinbart, in Verhandlungen über eine Neufestsetzung des Mietzinses einzutreten. In diesem Fall entscheidet letztlich, wenn man sich über die Höhe des neuen Mietzinses nicht einigen kann, das Gericht über die Angemessenheit des neuen Mietzinses.

Statt der Neubestimmung des Mietzinses durch neue Verhandlungen unter den Parteien wird bestimmt, daß ein Schiedsgutachter die neue Höhe des Mietzinses unter Berücksichtigung der Wertveränderung des Wertmessers neu festsetzen soll. (Der Schiedsgutachter hat nach § 317 BGB seine Entscheidung nach billigem Ermessen zu treffen.)

Die mögliche inhaltliche Ausgestaltung derartiger Klauseln läßt sich nicht abschließend aufzählen. Es besteht hier ein weites Feld für freie Vereinbarungen. Wichtig ist nur, daß darauf geachtet wird, daß eine »starre Automatik« vermieden wird. Im Einzelfall kann dies zweifelhaft sein. So kann beispielsweise, wenn ein Schiedsgutachter die Leistungen neu festsetzen soll und dabei an bestimmte Preisentwicklungen gebunden wird, tatsächlich ein Spielraum für ein von dem Schiedsgutachter auszuübendes Ermessen entfallen.

Wenn das der Fall ist, ist die Klausel genehmigungsbedürftig. Aus diesem Grunde empfiehlt es sich, in Fällen, wo die Frage der Genehmigungsbedürftigkeit nicht zweifelsfrei zu entscheiden ist, der Bundesbank die Klausel zur Einholung eines Negativattestes vorzulegen. Die Bundesbank erteilt solche Atteste, indem sie die Bestätigung ausspricht, daß die fragliche Klausel nicht der Genehmigung nach dem Währungsgesetz bedarf.

Wahlschulden und Sachschulden

Nach § 262 BGB sind Wahlschulden Schulden, bei denen mehrere Leistungen in der Weise geschuldet werden, daß nur die eine oder die andere zu bewirken ist. Welche Leistung endgültig geschuldet wird, ergibt sich aus der Wahl des Gläubigers. Bei dieser Konstruktion hat der Gläubiger, wenn er seine Gegenleistung haben will, die Möglichkeit, sich für die Sachschuld zu entscheiden, wenn der Geldwert inzwischen gesunken sein sollte. In diesem Fall gilt als von Anfang an allein die Sachschuld geschuldet. Das hat für den Gläubiger allerdings den Nachteil, daß er in diesem Fall eine Sachleistung erhält und keine Geldleistung. Voraussetzung für die Anerkennung eines solchen Wahlschuldverhältnisses ist, daß beide Leistungen wirklich wahlweise geschuldet werden, daß also, wenn der Gläubiger sich für die Sachleistung entscheidet, er auch diese erhält und diese nicht nur für die Bemessung einer in Wirklichkeit doch gewollten Geldschuld vereinbart anzusehen ist.

Beispiel:
»Der Gläubiger kann als Gegenleistung nach seiner Wahl DM x oder soundsoviel Tonnen Stahl verlangen. Die Wahl ist in folgender Weise zu treffen...«

Sachschulden sind Schulden, bei denen eine Gegenleistung in Sachwerten vereinbart wird. Bei Lieferverträgen handelt es sich um Tauschverträge. Derartige Sachschulden kommen aber auch in Leistungsverträgen vor, so bei Darlehensverträgen, wenn ein Sachdarlehen gewährt wird, z. B. eine bestimmte Menge vertretbarer Sachen (Stahl) mit der Absprache, daß diese Menge nach Ablauf der Darlehenszeit zu-

züglich einer als Zins zu vereinbarenden Menge in Natur zurückzugewähren ist. Sachleistungen können als Gegenleistung auch bei Pachtverhältnissen vereinbart werden. Voraussetzung für das Vorliegen eines wirksamen Vertrages über eine Sachschuld ist auch hier, daß die Lieferung oder Gewährung von Sachleistungen wirklich gewollt ist. Der Gläubiger hat bei Fälligkeit ausschließlich einen Anspruch auf die Sachleistung und nicht wahlweise auf einen entsprechenden Geldbetrag. Er muß die Sachleistung dann bei Fälligkeit verwerten, wenn ihm an dem Geld gelegen ist. Derartige Klauseln fallen nicht unter § 3 Währungsgesetz, weil die Vereinbarung von Sachschulden hierdurch überhaupt nicht getroffen wird.

Da die Wahlschulden sich von den Sachschulden nur dadurch unterscheiden, daß der Gläubiger das Recht hat, zu bestimmen, ob er von den beiden alternativ geschuldeten Leistungen die Geldleistung oder die Sachleistung haben will, liegt bei diesen Wahlschulden, wenn der Gläubiger sich für die Sachleistung entscheidet, im Ergebnis auch eine Sachschuld vor. Infolgedessen fällt auch die Vereinbarung einer Wahlschuld nicht unter § 3 Währungsgesetz.

Umsatzprovision

Nicht unter § 3 Währungsgesetz fällt die Vereinbarung einer Umsatzprovision. In diesen Fällen wird die Gegenleistung durch die Menge der umgesetzten Güter und deren Preis bestimmt.

Beispiele:
Der Handelsvertreter erhält seine Provision nach der Menge der von ihm verkauften Güter und deren Preis.
In einem Mietvertrag wird vereinbart, daß die Miete einen bestimmten Prozentsatz des Umsatzes des in dem vermieteten Gebäude betriebenen Gewerbebetriebs ausmachen soll.
Beim Verkauf eines Geschäftes wird vereinbart, daß der Käufer für die Dauer von fünf Jahren als Kaufpreis einen bestimmten Prozentsatz des in den fünf Jahren erzielten Jahresumsatzes zu entrichten hat.

Beteiligungsverhältnisse

Die Vereinbarung von Beteiligungsverhältnissen fällt nicht unter § 3 Währungsgesetz. Als Beteiligungsverhältnis kommt die schlichte Rechtsgemeinschaft nach dem BGB oder die Vereinbarung eines Gesellschaftsverhältnisses in Betracht.

Mindest- und Höchstbetragsklauseln

Es kommen in der Praxis häufig Vereinbarungen vor, daß die vom Schuldner zu erbringende Gegenleistung nicht betragsmäßig fixiert ist, sondern sich nach irgendwelchen erst zu ermittelnden Größen richtet, daß jedoch eine Klausel hinzugefügt wird, daß die Gegenleistung einen Mindestbetrag nicht unterschreiten, einen Höchstbetrag nicht überschreiten dürfe.

Beispiel:
Die Pacht beträgt jährlich 3% des Gewinns, mindestens DM 1000,–.

Die Vereinbarung derartiger Mindestbetragsklauseln ist dann genehmigungsfrei möglich, wenn die vereinbarte Leistung, zu der die Mindestklausel zusätzlich hinzugefügt wird, genehmigungsfrei vereinbart werden kann. Anders ist es dagegen, wenn die an sich vereinbarte Gegenleistungsklausel als solche schon genehmigungsbedürftig ist.

Genehmigungsbedürftige Wertsicherungsklauseln

Nach den obigen Ausführungen läßt sich der Bereich der genehmigungsbedürftigen Wertsicherungsklauseln wie folgt umreißen:
Sämtliche Klauseln, die den Tatbestand des § 3 Satz 2 Währungsgesetz erfüllen, sind, soweit sie nicht genehmigungsfrei sind (vgl. oben), genehmigungsbedürftig. Die Grundsätze, nach denen diese Genehmigungen erteilt werden, sind in den Genehmigungsrichtlinien der Deutschen Bundesbank, Fassung 1969 (BAZ Nr. 169 v. 12. 9. 1969) veröffentlicht. Danach gilt folgendes:

Genehmigungsverbote

Geld- und Kapitalverkehr
Nicht genehmigt werden Wertsicherungsklauseln für Zahlungsverpflichtungen, die in DM zu entrichten sind, aus Darlehen, Schuldverschreibungen, Bankguthaben oder anderen Vereinbarungen, die die Rückzahlung eines Geldbetrages zum Gegenstand haben.

Kurzfristige Miet- und Pachtverträge
Wertsicherungsklauseln für Geldschulden aus kurzfristigen Miet- und Pachtverträgen über Gebäude oder Räume werden nicht genehmigt. Genehmigt werden derartige Klauseln über unbebaute Grundstücke und Betriebsvorrichtungen, über bewegliche Sachen. Bei Miet- und Pachtverträgen über Gebäude wird eine Genehmigung erteilt, wenn der Vertrag über die Lebensdauer einer Vertragspartei abgeschlossen ist oder auf die Dauer von mindestens 10 Jahren.

Einseitige Wertsicherungsklauseln
Nicht genehmigt werden Vereinbarungen, nach denen eine Veränderung des Wertmessers nur nach einer Richtung hin, also z. B. bei einer Erhöhung, zu einer Änderung der Geldschuld führt. Die Klauseln müssen zweiseitig sein. Es muß eine Änderung der Geldschuld sowohl bei einer Erhöhung des Wertmessers (z. B. Steigen der Preise) als auch bei einer Verminderung des Wertmessers (Sinken der Preise) vereinbart werden.

Goldklauseln
Nicht genehmigt werden Klauseln, bei denen der geschuldete Geldbetrag an den künftigen Goldpreis gebunden wird.

Kaufkraftklauseln
Eine Genehmigung wird weiter nicht erteilt, wenn der geschuldete Geldbetrag allgemein von der künftigen Kaufkraft der DM oder einem anderen Maßstab abhängig sein soll, der nicht erkennen läßt, welche Preise oder Werte dafür bestimmend sein sollen.

Lebenshaltungskosten
Wertsicherungsklauseln, nach denen die

Höhe der vereinbarten Geldleistung von der künftigen Entwicklung der Lebenshaltungskosten abhängig sein soll, werden nur dann genehmigt, wenn es sich um wiederkehrende Zahlungen handelt, die zu entrichten sind
– auf Lebenszeit des Empfängers,
– bis zur Erreichung der Erwerbsfähigkeit des Empfängers,
– bis zur Erreichung eines bestimmten Ausbildungsziels des Empfängers,
– in allen übrigen Fällen auf die Dauer von mindestens 10 Jahren.

Löhne und Gehälter
Klauseln, nach denen die vereinbarte Geldsumme der künftigen Entwicklung von Löhnen, Gehältern, Ruhegehältern oder Renten angepaßt werden soll, werden nur dann genehmigt, wenn
– es sich um eine regelmäßig wiederkehrende Zahlung handelt, die zu entrichten ist für die Lebensdauer des Empfängers, bis zur Erreichung der Erwerbsfähigkeit des Empfängers, bis zur Erreichung eines bestimmten Ausbildungsziels des Empfängers
– der jeweils noch geschuldete Betrag von der Entwicklung von solchen Löhnen und Gehältern abhängig gemacht wird, durch die die Selbstkosten des Gläubigers wesentlich beeinflußt werden.

Einzelpreise bestimmter Wirtschaftsgüter
Wertsicherungsklauseln, nach denen eine Geldschuld vom künftigen Preis oder Wert anderer Güter oder Leistungen abhängig sein soll, werden nur genehmigt, wenn der jeweils noch geschuldete Betrag von der Entwicklung der Preise oder Werte für Güter oder Leistungen (z. B. vom Baukostenindex) abhängig gemacht wird, die durch den Schuldner in seinem Betrieb erzeugt, veräußert oder erbracht werden oder wenn die Entwicklung der Preise oder Werte der Güter bzw. Leistungen wesentlich die Selbstkosten des Gläubigers beeinflussen.

Beispiele:
Verkauf einer Ziegelei, bei der der Kaufpreis in Raten zu entrichten ist mit folgender Klausel: »Erhöht oder vermindert sich von heute an gerechnet der Preis von 1000 Klinkern I. Wahl um mehr als 10%, so erhöht oder vermindert sich die jeweilige Kaufpreisrestschuld vom gleichen Zeitpunkt an entsprechend.«

Kurse anderer Währungen
Verbindlichkeiten in DM, bei denen eine Wertsicherung dadurch getroffen ist, daß auf den künftigen Kurs einer anderen Währung Bezug genommen wird, werden nur genehmig, wenn es sich um Einfuhranschlußverträge zwischen Importeuren und Erstabnehmern, um Ausfuhrzulieferungsverträge zwischen Exporteuren und ihren unmittelbaren Zulieferern, um Kaufverträge des gebrochenen Transithandels, um Seepassage- oder Seefrachtverträge handelt, in Fällen also, in denen eine unmittelbare Auslandsbeziehung des Geschäfts vorliegt.

Grundstückspreise
Wertsicherungsklauseln, bei denen die Geldschuld von der künftigen Einzel- oder Durchschnittsentwicklung des Preises oder Wertes von Grundstücken abhängig sein soll, werden nur noch genehmigt, wenn es sich um Schuldverhältnisse handelt, die sich auf die land- oder forstwirtschaftliche Nutzung eines Grundstücks beschränken.
Eine weitere Fallgruppe wird durch solche Fälle gebildet, in denen die Geldleistung von dem Wert oder Preis von Gütern abhängen soll, die ihrerseits Gegenstand der Gegenleistung des Gläubigers sind. Hiernach wäre die Koppelung des Mietzinses an den Mietwert der Wohnung, die Koppelung des Pachtzinses bei einem Kiesausbeutungsvertrag an den jeweiligen Wert des Kieses zulässig. Unzulässig, weil es an der Gleichartigkeit der Leistungen fehlt, ist jedoch die Koppelung des Mietzinses an den Baukostenindex oder die Koppelung des Erbbauzinses an die künftige Entwicklung des Verkehrswertes des belasteten Grundstücks.

Dr. Dr. DEDO HUNDERTMARK, Rechtsanwalt, Wirtschaftsprüfer u. Steuerberater
Arthur Andersen & Co. GmbH,
Wirtschaftsprüfungsgesellschaft,
Steuerberatungsgesellschaft,
Hamburg
Dr. HERBART KLÖNE,
Maschen b. Hamburg

Wettbewerbsbeschränkungen, Gesetz gegen

Das Gesetz gegen Wettbewerbsbeschränkungen (GWB, Kartellgesetz) vom 27. Juli 1957 in der Neufassung vom 4. April 1974 (BGBl. I S. 869) soll die Marktwirtschaft in der Bundesrepublik Deutschland vor Beschränkungen des Wettbewerbs schützen. Die Bestimmungen des Gesetzes richten sich an jeden, der am geschäftlichen Verkehr teilnimmt (Unternehmen im Sinne des Gesetzes).

Das Gesetz sieht bestimmte Verbote (z. B. Kartellverbot, Diskriminierungsverbot) sowie bestimmte Eingriffsbefugnisse der Kartellbehörde vor (z. B. Mißbrauchsaufsicht über marktbeherrschende Unternehmen). Durch die Zweite Kartellgesetznovelle von 1973 ist auch eine Fusionskontrolle eingeführt worden.

Verstöße gegen das Gesetz werden als Ordnungswidrigkeit mit einer entsprechenden Geldbuße geahndet.

Kartellbehörde ist das Bundeskartellamt in Berlin. In Fällen von nur regionaler Bedeutung sind die Landeskartellbehörden (Wirtschaftsministerien) in den einzelnen Ländern zuständig.

Gegen Verfügungen der Kartellbehörde ist die Beschwerde an das Oberlandesgericht zu richten, gegen dessen Entscheidungen die Rechtsbeschwerde an den Bundesgerichtshof möglich ist.

Wirtschaftspolitischer Hintergrund

Marktwirtschaft bedeutet, daß die einzelnen wirtschaftlichen Vorgänge (z. B. Investitionen, Produktion, Verteilung, Konsum) grundsätzlich durch den Markt, d. h. durch ein System frei beweglicher Preise mit Wettbewerb der Anbieter und Nachfrager gesteuert werden.

Die Rolle des Staates beschränkt sich in der Marktwirtschaft darauf, die Voraussetzungen für einen freien Wettbewerb zu schaffen (z. B. Gewerbefreiheit, liberale Außenhandelspolitik, Freiheit der Preisbildung, Konsumfreiheit), für die Ausübung des Wettbewerbs die erforderlichen rechtlichen Gestaltungsmöglichkeiten zur Verfügung zu stellen (z. B. Vertragsrecht, Handels- und Gesellschaftsrecht) und schließlich den Schutz des Wettbewerbs vor Beeinträchtigungen durch die Wirtschaftsteilnehmer selbst zu garantieren (z. B. Gesetz gegen Wettbewerbsbeschränkungen).

Die zweite große Aufgabe der staatlichen Wirtschaftspolitik besteht darin, durch die Globalsteuerung (Konjunkturpolitik) für eine ausgeglichene wirtschaftliche Gesamtentwicklung zu sorgen. In einzelne wirtschaftliche Vorgänge soll der Staat in der Marktwirtschaft nur ausnahmsweise gestaltend eingreifen (z. B. Investitionshilfen im Rahmen der regionalen oder sektoralen Strukturpolitik).

Die Marktwirtschaft paßt in unsere Gesellschaftsordnung westlicher Prägung, die auf persönlicher Freiheit, Privateigentum und weitestmögliche Beschränkung der Staatsgewalt beruht, zweifellos besser hinein als die Zentralverwaltungswirtschaft (Planwirtschaft). Auch die Effizienz der Marktwirtschaft ist größer, weil sie dem einzelnen mehr Raum zur Selbstverwirklichung gibt und weil die dezentralisierte Steuerung der Wirtschaftsabläufe durch den Marktmechanismus bis heute durch keine staatliche Planungstechnik übertroffen wird.

Motor des Wettbewerbs ist der wirtschaftliche Egoismus jedes einzelnen Marktteilnehmers. Einerseits ergibt sich daraus die Wirksamkeit des marktwirtschaftlichen Systems (rationeller Einsatz von Kapital und Arbeit, Anpassungsflexibilität, Förderung des technischen Fortschritts und des Wachstums der Wirtschaft, Verteilung der Einkommen nach der Marktleistung). Andererseits kann schrankenloser Wettbewerb aber auch dazu führen, daß durch übermäßige Machtballungen und durch rücksichtslose Ausnutzung solcher Macht allmählich die Grundlagen der Marktwirtschaft selbst zerstört werden. Dieses Schicksal hat bekanntlich Karl Marx dem Kapitalismus vorausgesagt.

Der Laisser-faire-Liberalismus des 18. und 19. Jahrhunderts hatte diese Gefahr noch nicht erkannt. Die neoliberalen Theoretiker dieses Jahrhunderts (»Freiburger Schule«, begründet von Walter Eucken) wiesen jedoch auf die mangelnde Integrationskraft der Konkurrenz hin, die zur Selbstaufhebung des Wettbewerbs, zur machtmäßigen Erstarrung der Wirtschaft und zur Entsittlichung der Freiheit geführt habe (Franz Böhm). Die Neoliberalen forderten einen starken Staat als Schiedsrichter auf dem Spielfeld der konkurrierenden Interessen. Als »Veranstalter« des Wettbewerbs habe der Staat über die Marktwirtschaft zu wachen und den Unternehmen zu verbieten, freiwillig auf ihr Recht zum Wettbewerb zu verzichten; notfalls habe der Staat die Funktion des Wettbewerbs selbst zu übernehmen und die Marktbedingungen so festzusetzen, wie sie sich bei wirksamem Wettbewerb eingestellt haben würden.

Auf dieser geistigen Grundlage entstand das Gesetz gegen Wettbewerbsbeschränkungen. Den Anstoß zu dem Gesetz gaben allerdings auch die Forderungen der Siegermächte nach einer kartell- und monopolfreien deutschen Wirtschaft (Potsdamer Abkommen von 1945; Ablösung der alliierten Dekartellierungsgesetze von 1947 durch ein eigenes deutsches Gesetz). Schließlich fanden die weltweiten Liberalisierungstendenzen nach dem Zweiten Weltkrieg (Havanna-Charta von 1948) bei der neuen deutschen Wirtschaftspolitik besonders starken Anklang. Das Bewußtsein der gerade überstandenen Zeit der Unfreiheit und der Reglementierung drängte nach entgegengesetzten, freiheitlichen Lösungen.

Neuere wettbewerbspolitische Entwicklungen

Leitbild der neoliberalen Wettbewerbstheorie war die »vollständige Konkurrenz« mit möglichst vielen gleichstarken (oder besser gesagt: gleichschwachen) Anbie-

tern und Nachfragern. Nach dieser Vorstellung soll keiner der Marktbeteiligten Einfluß auf die Marktdaten, insbesondere den Preis haben. Der Marktpreis bildet sich je nach Gesamtangebot und Gesamtnachfrage, ist für gleiche Güter stets gleich und entspricht auf seiten der Anbieter den Grenzkosten, auf seiten der Nachfrager dem Grenznutzen.

Die Grundnorm des Gesetzes gegen Wettbewerbsbeschränkungen, das Kartellverbot, wurde dementsprechend konstruiert. Es richtet sich nicht nur gegen *Beeinträchtigungen* des Wettbewerbs, also gegen die Verschlechterung der Wettbewerbsbedingungen durch Marktabsprachen, sondern gegen die *Beeinflussung* der Erzeugung oder der Marktverhältnisse schlechthin. Jegliche Solidarität zwischen Unternehmen, auch zwischen kleinen und mittleren gegenüber großen, wurde auf diese Weise grundsätzlich mit einem Unwerturteil belegt.

So lupenrein dieses Kartellverbot dem Leitbild der »vollständigen Konkurrenz« entsprach, so sehr ließ es die auch in jeder Wettbewerbswirtschaft nun einmal vorhandenen ökonomischen Machtpositionen außer acht. Zwar sah bereits das Gesetz in seiner ursprünglichen Fassung neben dem Kartellverbot eine Mißbrauchsaufsicht über marktbeherrschende Unternehmen vor. In der Realität erwies sich diese Aufsicht aber als wenig wirksam. Das Ungleichgewicht des Gesetzes wurde ferner dadurch verstärkt, daß der Bundestag die von der Regierung schon in den fünfziger Jahren vorgeschlagene Konzentrationskontrolle zunächst nicht verabschiedete.

Das Gesetz wirkte sich daher vornehmlich im Bereich der mittelständischen Wirtschaft aus, die zur Regelung des Wettbewerbs auf Kartelle angewiesen war und der das Instrument der Unternehmenskonzentration faktisch nicht zur Verfügung stand. Demgegenüber nahm in der Großwirtschaft die Konzentrationsbewegung immer mehr zu, ohne daß das Gesetz hiergegen oder gegen den Mißbrauch übermäßiger wirtschaftlicher Macht wirksame Mittel bereitstellte. Ab Anfang der sechziger Jahre führte dies zu folgenden Neuorientierungen der staatlichen Wettbewerbspolitik:

1963

Das Bundeswirtschaftsministerium gibt die sog. Kooperationsfibel heraus, in der den kleinen und mittleren Unternehmen – teilweise unter restriktiver Interpretation des Kartellverbots – Kooperationsmöglichkeiten aufgezeigt werden.

1965

Die Erste Novelle zum Gesetz gegen Wettbewerbsbeschränkungen bringt Zulassungserleichterungen für Normen-, Typen- und Spezialisierungsabsprachen sowie Verschärfungen im Bereich der marktbeherrschenden Unternehmen (Verbesserung des Mißbrauchsbegriffs und der Anzeigevoraussetzungen für Großzusammenschlüsse).

1968

Das wettbewerbspolitische Leitbild wird vom Bundeswirtschaftsministerium neu formuliert. Die staatliche Wettbewerbspolitik akzeptiert die Realität der nicht vollständigen (unvollkommenen) Konkurrenz. Folgerungen für die Vorbereitung der Zweiten Kartellgesetznovelle: Einerseits noch mehr Kooperationserleichterungen für kleine und mittlere Unternehmen (auch als »Konzentrationsbremse«), andererseits weitere Verschärfungen des Gesetzes gegenüber marktbeherrschenden Unternehmen und Unternehmenszusammenschlüssen.

August 1973

Inkrafttreten der Zweiten Novelle zum Gesetz gegen Wettbewerbsbeschränkungen mit folgenden Schwerpunkten:

– Einführung einer vorbeugenden Kontrolle von Unternehmenszusammenschlüssen mit einem Umsatzvolumen von 500 Millionen DM oder mehr (neue §§ 23 bis 24 b):

– Verschärfung der Mißbrauchsaufsicht über marktbeherrschende Unternehmen durch Erweiterung des Begriffs der Marktbeherrschung (Ergänzung des § 22).

– Zulassungserleichterung für alle Arten von Kooperationsabsprachen (neuer § 5 b); Freistellung von Wettbewerbsregeln zum Schutz des leistungsgerechten Wettbewerbs (Ergänzung des § 28); Er-

weiterung der sog. Mittelstandsempfehlung (§ 38 Abs. 2 Nr. 1).

Darüber hinaus wurde durch die Zweite Kartellgesetznovelle die Markenwarenpreisbindung abgeschafft. Markenwarenhersteller dürfen Verbraucherpreise nur noch (unverbindlich) empfehlen.

Gesetz gegen Wettbewerbsbeschränkungen und europäisches Kartellrecht

Inländische Unternehmen müssen nicht nur das Gesetz gegen Wettbewerbsbeschränkungen beachten, sondern unterliegen unter bestimmten Voraussetzungen auch dem Kartellrecht der Europäischen Gemeinschaften.

Ein einheitliches Kartellrecht für alle Mitgliedstaaten in dem Sinne, daß besondere nationale Regelungen überhaupt nicht mehr bestehen, gibt es nur auf dem Gebiet von Kohle und Stahl (Artikel 65 und 66 des Vertrags über die Gründung der Europäischen Gemeinschaft für Kohle und Stahl [EGKS-Vertrag] vom 18. April 1951). Der EGKS-Vertrag sieht neben einem Kartellverbot (Artikel 65) und einer Mißbrauchsaufsicht über marktbeherrschende Unternehmen (Artikel 66 § 7) auch eine Zusammenschlußkontrolle vor (Art. 66 §§ 1–6).

Von praktisch größerer Bedeutung sind die Kartellbestimmungen des EWG-Vertrages, weil sie für alle übrigen Wirtschaftsbereiche in den Mitgliedstaaten gelten (Artikel 85 und 86 des Vertrages zur Gründung der Europäischen Wirtschaftsgemeinschaft vom 25. März 1957). Ein wichtiger Unterschied gegenüber dem Kartellrecht des EGKS-Vertrages besteht darin, daß Artikel 85 EWG-Vertrag nur Kartelle verbietet, die »den Handel zwischen Mitgliedstaaten zu beeinträchtigen geeignet sind«. Das ist in der Regel der Fall, wenn das Kartell den grenzüberschreitenden Wirtschaftsverkehr mit Waren oder Dienstleistungen regelt oder sich spürbar auf ihn auswirkt. Der EWG-Vertrag erfaßt damit lediglich Wettbewerbsbeschränkungen, die dem Ziel des Vertrages, die Mitgliedstaaten wirtschaftlich zu integrieren, zuwiderlaufen. Im übrigen, d. h. soweit Wettbewerbsbeschränkungen sich nur innerhalb eines einzelnen Mitgliedstaates auswirken, ist Raum für nationale Kartellgesetze, die es in allen Mitgliedstaaten außer Italien auch gibt (vgl. dazu z. B. Klaue, Die europäischen Gesetze gegen Wettbewerbsbeschränkungen, Ergänzbare Textsammlung mit Verweisung, Berlin 1969). Wettbewerbsbeschränkungen, die sich sowohl innerstaatlich auswirken als auch den grenzüberschreitenden Wirtschaftsverkehr zwischen Mitgliedstaaten berühren, unterliegen somit der entsprechenden nationalen und der europäischen Kartellrechtsregelung (sog. Zweischrankentheorie). Allerdings hat der Europäische Gerichtshof entschieden, daß die Anwendung des nationalen Rechts die uneingeschränkte und einheitliche Anwendung des Gemeinschaftsrechts und die Wirksamkeit der zu seinem Vollzug ergangenen Maßnahmen nicht beeinträchtigen darf (Urteil vom 13. Februar 1969 [Teerfarben-Fall]).

Die Artikel 85 und 86 des EWG-Vertrages ähneln den Regelungen im deutschen Gesetz gegen Wettbewerbsbeschränkungen (grundsätzliches Kartellverbot mit Genehmigungsvorbehalt, Mißbrauchsaufsicht über marktbeherrschende Unternehmen). Eine Zusammenschlußkontrolle enthält der EWG-Vertrag nicht.

Die Einführung einer Zusammenschlußkontrolle im EWG-Bereich ist im Augenblick nicht aktuell. In den anderen Mitgliedstaaten, insbesondere Frankreich, spielen marktwirtschaftliche Erwägungen keine so große Rolle wie bei uns; es überwiegt die Sorge, auf dem Gebiet der Unternehmenskonzentration gegenüber den USA und auch gegenüber dem deutschen Partner »unterentwickelt« zu sein. Immerhin gibt es in Großbritannien eine (sehr hoch angesetzte) Zusammenschlußkontrolle.

Übersicht über die einzelnen Bestimmungen des Gesetzes gegen Wettbewerbsbeschränkungen

Erster Teil:
Wettbewerbsbeschränkungen

Erster Abschnitt: Kartellverträge und Kartellbeschlüsse

§§ 1–14

§ 1 erklärt Kartellverträge und Kartellbeschlüsse für unwirksam. Solche Vereinbarungen haben also zivilrechtlich keine Gültigkeit; ihre Praktizierung ist nach § 38 Abs. 1 Nr. 1 mit Geldbuße bedroht. Wer dieses Verbot verletzt, kann auch auf Schadenersatz in Anspruch genommen werden (§ 35).

Ein Kartellvertrag im Sinne des Gesetzes ist jeder Vertrag, den Unternehmen zu einem gemeinsamen Zweck schließen und der geeignet ist, die Erzeugung oder die Marktverhältnisse für den Verkehr mit Waren oder gewerblichen Leistungen durch Beschränkung des Wettbewerbs zu beeinflussen (§ 1 Abs. 1 Satz 1). Verwaltungspraxis und Rechtsprechung haben dazu folgende Grundsätze entwickelt:

Der Begriff »Vertrag« ist mit dem des bürgerlichen Rechts identisch. Es genügt auch die sog. gesellschaftliche Bindung (gentlemen's agreement). Die bloße Abstimmung (ohne Bindung der Beteiligten) ist kein Vertrag. Die Umgehung des Kartellverbots durch »aufeinander abgestimmtes Verhalten« ist indessen durch die Zweite Kartellgesetznovelle verboten worden (neuer § 25 Abs. 1).

»Unternehmen« ist jede Teilnahme am geschäftlichen Verkehr. Unternehmer sind auch die Angehörigen der freien Berufe, aber nicht die Letztverbraucher.

Ein Vertrag »zu einem gemeinsamen Zweck« liegt vor, wenn es sich um einen Gesellschaftsvertrag oder um eine gesellschaftsähnliche Bindung handelt. Nicht unter den Kartellbegriff fallen Austauschverträge (z. B. Kauf, Miete). Für die »Eignung zur Marktbeeinflussung« kommt es auf den Inhalt des Vertrages an. Es reicht nicht aus, daß die Eignung zur Marktbeeinflussung sich lediglich als (ungewollte) Folge der Durchführung des Vertrages ergibt. Ebensowenig genügt eine bloß theoretisch vorstellbare Eignung zur Marktbeeinflussung. Nur eine nach allgemeiner wirtschaftlicher Erfahrung spürbare Einwirkung auf das Verhalten der Marktbeteiligten ist geeignet, die Marktverhältnisse zu beeinflussen.

»Beschränkung des Wettbewerbs« ist jede Einschränkung der geschäftlichen Handlungsfreiheit. Auf die Qualität der Beschränkung (gesamtwirtschaftliche Bewertung) kommt es nicht an.

Die §§ 2–8 enthalten einen abschließenden Katalog von Kartellvereinbarungen, die als Ausnahmen von § 1 zulässig sind (Konditionen-, Rabatt-, Strukturkrisen-, Rationalisierungs-, Export-, Import- und sogenannte Konjunkturkrisenkartelle). Je nach den Voraussetzungen, unter denen solche Vereinbarungen wirksam werden, unterscheidet man Anmeldekartelle (Normen- und Typenkartelle, Exportkartelle ohne Inlandsbindung, § 5 Abs. 1 und § 6 Abs. 1), Widerspruchskartelle (Konditionen-, Rabatt-, Spezialisierungs- und Kooperationskartelle, §§ 2, 3 und 5 a und b) und Erlaubniskartelle. Kartelle nach den §§ 2–8 werden, nachdem sie wirksam geworden sind, in ein öffentliches Kartellregister eingetragen (§ 9) und unterliegen einer Mißbrauchsaufsicht der Kartellbehörde (§§ 11 und 12). Anmeldungen und Anträge auf Erlaubnis von Kartellen sind im Bundesanzeiger bekanntzumachen (§ 10).

Zweiter Abschnitt: Sonstige Verträge

§§ 15–21

Dieser Abschnitt befaßt sich mit den sogenannten Vertikalverträgen.

Nach § 15 sind vertikale Preisbindungen nichtig; ihre Praktizierung ist mit Geldbuße bedroht (§ 38 Abs. 1 Nr. 1). § 16 sah bis zur Zweiten Kartellgesetznovelle eine praktisch sehr wichtige Ausnahme für vertikale Preisbindungen bei Markenwaren und Verlagserzeugnissen vor (Preisbindung der zweiten Hand). Dieses Preisbindungsprivileg ist für Markenwaren entfallen (wegen der Markenwarenpreisempfehlung vgl. § 38).

Vertikale Ausschließlichkeitsverträge (z. B. Vertriebsbindungen) sind nach § 18 ohne weiteres zulässig, können aber bei Mißbrauch für unzulässig erklärt werden. Durch die Zweite Kartellgesetznovelle ist diese Mißbrauchsaufsicht verschärft worden.

Die §§ 20 und 21 regeln Verträge über Patente, Gebrauchsmuster, Sortenschutzrechte, Betriebsgeheimnisse und Pflanzenzüchtungen. Solche Verträge sind unwirksam, soweit Beschränkungen des Erwerbers oder Lizenznehmers über den Inhalt des Schutzrechts hinausgehen.

Dritter Abschnitt: Marktbeherrschende Unternehmen

§§ 22–24

§ 22 unterstellt marktbeherrschende Unternehmen einer Mißbrauchsaufsicht der Kartellbehörde.

Ein Unternehmen ist marktbeherrschend, soweit es ohne Wettbewerber ist oder keinem wesentlichen Wettbewerb ausgesetzt ist oder soweit es gegenüber seinen Wettbewerbern eine »überragende Marktstellung« hat. Als marktbeherrschend gilt auch eine Gruppe von Unternehmen, wenn zwischen den Unternehmen aus tatsächlichen Gründen (z. B. wegen einer bestehenden oligopolistischen Reaktionsverbundenheit) ein wesentlicher Wettbewerb nicht besteht und wenn die Gruppe in ihrer Gesamtheit die genannten Voraussetzungen der Marktbeherrschung erfüllt. Darüber hinaus sind durch die Zweite Kartellgesetznovelle Marktbeherrschungsvermutungen eingeführt worden (z. B. für den einzelnen Marktbeherrscher bei einem Marktanteil von einem Drittel) (§ 22 Abs. 3). Die Befugnisse der Kartellbehörde gegenüber marktbeherrschenden Unternehmen beschränken sich darauf, ein festgestelltes mißbräuchliches Verhalten zu untersagen und Verträge für unwirksam zu erklären (§ 22 Abs. 5). Ein positives Tun, insbesondere das Fordern bestimmter Preise, darf die Kartellbehörde den betroffenen Unternehmen nicht vorschreiben.

Mißbrauchsverfügungen nach § 22 waren bis zum Inkrafttreten der Zweiten Kartellgesetznovelle nur in wenigen Fällen ergangen. Dies lag daran, daß die ursprüngliche gesetzliche Definition der Marktbeherrschung (»keinem wesentlichen Wettbewerb ausgesetzt«) sich als kaum praktikabel erwiesen hat. Nunmehr ist die Zahl der Mißbrauchsverfahren stark angestiegen. Allerdings haben sich bei der Preismißbrauchsaufsicht neue Schwierigkeiten gezeigt (Ermittlung des »richtigen« Preises).

Kernstücke der Zweiten Kartellgesetznovelle ist die Einführung einer vorbeugenden Fusionskontrolle. Die Kontrolle beschränkt sich auf Zusammenschlüsse, an denen Unternehmen beteiligt sind, die insgesamt mindestens 500 Mio. DM Jahresumsatz haben. Hiervon ausgenommen sind Fälle, in denen Unternehmen bis zu 50 Mio. DM Jahresumsatz sich einem Großunternehmen anschließen wollen. Das Bundeskartellamt untersagt einen Zusammenschluß, wenn zu erwarten ist, daß durch ihn 1. eine marktbeherrschende Stellung entsteht oder verstärkt wird *und* 2. die beteiligten Unternehmen nicht nachweisen, daß durch den Zusammenschluß überwiegende Verbesserungen der Wettbewerbsbedingungen eintreten. Auch wenn das Bundeskartellamt einen Zusammenschluß untersagt hat, kann der Bundeswirtschaftsminister unter gesamtwirtschaftlichen Aspekten (z. B. Sicherung des technischen Fortschritts; Exportsicherung) eine Ausnahmeerlaubnis erteilen.

Vierter Abschnitt: Wettbewerbsbeschränkendes und diskriminierendes Verhalten

§§ 25–27

In diesem Abschnitt des Gesetzes ist eine Reihe von Vorschriften zusammengefaßt, die sich gegen ein tatsächliches wettbewerbsbeschränkendes Verhalten richten. § 25 verbietet neuerdings ein aufeinander abgestimmtes Verhalten (Kartellersatz) sowie die Anwendung von *Lock- und Druckmitteln* sowie von *Zwang*, um andere Unternehmen zu einem verbotenen oder auch erlaubten wettbewerbsbeschränkenden Verhalten zu veranlassen. § 26 Abs. 1 verbietet den Boykott. § 26 Abs. 2 enthält ein *Diskriminierungsverbot*, das durch die Zweite Kartellgesetznovelle erweitert wurde (neuer § 26 Abs. 2 Satz 2). Ein allgemeines Diskriminierungsverbot sieht das Gesetz bewußt nicht vor, da dies

zu einer Erstarrung der Märkte führen würde (z. B. das generelle Verbot, Abnehmer zu unterschiedlichen Preisen zu beliefern).

§ 27 gibt der Kartellbehörde die Befugnis, auf Antrag die Aufnahme eines bestimmten Unternehmens in die entsprechende Wirtschafts- und Berufsvereinigung anzuordnen, wenn die Verweigerung der Aufnahme durch die Vereinigung sich als diskriminierend darstellt.

Fünfter Abschnitt: Wettbewerbsregeln

§§ 28–33

Hierbei handelt es sich um spezielle Vorschriften zum Schutz des Leistungswettbewerbs, die praktisch die Bedeutung einer zusätzlichen Ausnahme vom Kartellverbot haben. Nach § 28 können Wirtschafts- und Berufsvereinigungen Wettbewerbsregeln aufstellen. Die Kartellbehörde kann solche Wettbewerbsregeln eintragen (§ 28 Abs. 3). Ist dies geschehen, fallen Vereinbarungen zwischen den Angehörigen dieses Wirtschaftszweiges über die Einhaltung der eingetragenen Regeln nicht unter das Kartellverbot (§ 29).

Bis zur Zweiten Kartellgesetznovelle durften mit Hilfe von Wettbewerbsregeln nur die Generalklauseln des Gesetzes gegen den unlauteren Wettbewerb (UWG) konkretisiert werden. Der für die Wirtschaft entscheidende Schritt, die Zulassung von Preisregelungen in der Form von Wettbewerbsregeln (z. B. Verbot von Unterkostenverkäufen), war nach altem Recht jedoch nicht möglich. Das Instrument der Wettbewerbsregeln hatte daher für die Wirtschaft nur begrenzte Bedeutung erlangt.

Die Zweite Kartellgesetznovelle will hier in gewissem Rahmen Abhilfe schaffen, indem sie auch Wettbewerbsregeln zum Schutz des »leistungsgerechten« Wettbewerbs zuläßt.

Sechster Abschnitt: Gemeinsame Bestimmungen

§§ 34–37

Dieser Abschnitt enthält allgemeine Regelungen zivilrechtlicher und prozessualer Natur folgenden Inhalts:

§ 34 schreibt für wettbewerbsbeschränkende Verträge und Beschlüsse die *Schriftform* vor.

§ 35 sieht *Schadenersatzansprüche* bei Verstößen gegen solche Vorschriften des Gesetzes oder Verfügungen der Kartellbehörde vor, die den Schutz eines anderen bezwecken.

§ 36 regelt die *Bestellung von Vertretern* für nicht rechtsfähige Vereinigungen im Kartellverwaltungsverfahren.

§ 37 begründet eine *gesamtschuldnerische Haftung für die Mitglieder nicht rechtsfähiger Kartelle.*

Durch die Zweite Kartellgesetznovelle ist ein neuer § 37a angefügt worden, der einen neuen kartellrechtlichen Verfahrenstyp, ein sog. »Untersagungsverfahren«, vorsieht.

Dadurch ist es der Kartellbehörde möglich, wirtschaftliche Tatbestände auch außerhalb eines Bußgeldverfahrens auf ihre Vereinbarkeit mit dem Gesetz hin zu prüfen.

Zweiter Teil: Ordnungswidrigkeiten

§§ 38, 38a und 39

Dieser Zweite Teil des Gesetzes zählt erschöpfend die Zuwiderhandlungen auf, die von der Kartellbehörde im Bußgeldverfahren verfolgt werden können (§ 38 Abs. 1 und Abs. 2 Satz 1 und 2, § 39 Abs. 1). Daneben enthält § 38 auch materiellrechtliche Bestimmungen (Zulässigkeitsvoraussetzungen für die sogenannte Mittelstandsempfehlung, für die Normen- und Typenempfehlung sowie für Konditionenempfehlungen von Verbänden). § 38a regelt die Zulässigkeitsvoraussetzungen sowie die Mißbrauchsaufsicht für die neue unverbindliche Preisempfehlung bei Markenwaren. Danach sind insbesondere sog. Mondpreisempfehlungen ausgeschlossen.

Dritter Teil: Behörden

Erster Abschnitt: Kartellbehörden

§§ 44–50

§ 44 regelt die Zuständigkeit für die Durchführung des Gesetzes im Verhältnis zwischen Bundeskartellamt und den Landes-

kartellbehörden. Das Bundeskartellamt ist zuständig gegenüber Strukturkrisen-, Export- und Importkartellen, bei vertikalen Preisempfehlungen, gegenüber Zusammenschlüssen von Unternehmen sowie gegenüber allen übrigen Wettbewerbsbeschränkungen, deren Wirkung über das Gebiet eines Landes hinausreicht. In zwei Fällen (Konjunkturkrisenkartell, § 8; »Mistererlaubnis« bei Fusionen, § 24 Abs. 3) ist der Bundeswirtschaftsminister Kartellbehörde. § 45 verpflichtet die Kartellbehörden zur gegenseitigen Unterrichtung.

§ 46 Abs. 1 bis 7 sieht ein Auskunfts-, Prüfungs- und Durchsuchungsrecht der Kartellbehörde vor. § 46 Abs. 8 und 9 sowie § 47 regeln die Schweige- und Geheimhaltungspflicht der Kartellbehörde.

Zweiter Abschnitt: Bundeskartellamt

§ 48 befaßt sich mit dem Aufbau des Bundeskartellamts, § 49 schreibt bei allgemeinen Weisungen des Bundeswirtschaftsministers an das Bundeskartellamt eine Pflicht zur Veröffentlichung vor, § 50 gibt dem Bundeskartellamt auf, alljährlich einen Bericht über seine Tätigkeit sowie über Lage und Entwicklung auf seinem Aufgabengebiet zu erstatten.

Vierter Teil: Verfahren

Erster Abschnitt: Verwaltungssachen

Zweiter Abschnitt: Bußgeldverfahren

Dritter Abschnitt: Bürgerliche Rechtsstreitigkeiten

Vierter Abschnitt: Gemeinsame Bestimmungen

§§ 51–96

Der vierte Teil des Gesetzes behandelt das Verfahrensrecht. Das Gesetz unterscheidet zwischen *Verwaltungssachen* (§§ 51 ff.), *Bußgeldverfahren* (§§ 81 ff.) und *Bürgerlichen Rechtsstreitigkeiten* (§§ 87 ff.).

Fünfter Teil: Anwendungsbereich des Gesetzes

§§ 98–105

§ 98 Abs. 1 unterstellt dem Gesetz auch Unternehmen, die ganz oder teilweise im Eigentum der öffentlichen Hand stehen. Nicht unter das Gesetz fällt indessen hoheitliches Handeln des Staates. Das Beschaffungswesen der öffentlichen Hand hat in der Regel nicht hoheitlichen Charakter.

Nach § 98 Abs. 2 erfaßt das Gesetz alle Wettbewerbsbeschränkungen, die sich im Inland auswirken, auch wenn sie im Ausland veranlaßt wurden. Das Gesetz gilt also auch für ausländische Unternehmen, soweit sie sich im Inland betätigen. Problematisch ist die Anwendung des Gesetzes auf ausländische Unternehmen dann, wenn sie zwar im Inland tätig sind, hier aber nicht rechtlich vertreten sind, so daß ihnen kartellbehördliche Verfügungen nicht zugestellt werden können. Die Zweite Kartellgesetznovelle sieht für Verfahren nach den §§ 22 bis 24a (Mißbrauchsaufsicht über marktbeherrschende Unternehmen, Fusionskontrolle) die Möglichkeit einer Ersatzzustellung im Inland vor (§ 57).

Die §§ 99–103 sehen für Verkehrsunternehmen, für die Land- und Forstwirtschaft, für die Kredit- und Versicherungswirtschaft sowie für die Energieversorgungsunternehmen weitreichende Ausnahmen von den kartellgesetzlichen Bestimmungen vor. In diesen Fällen besteht jedoch eine Mißbrauchsaufsicht der Kartellbehörden (§ 104).

Ministerialdirigent WOLFGANG KARTTE, Bundesministerium für Wirtschaft Bonn

Wettbewerbsformen

Wettbewerb (Konkurrenz) – in seiner grundsätzlichen Bedeutung Ausdrucksform des Rivalitätsstrebens zwischen Individuum oder Gruppen von Individuen zur Erreichung eines gemeinsamen Zieles durch den Einsatz bestimmter Mittel – ist nicht nur eine Erscheinung des Wirtschaftslebens, sondern aller menschlichen Lebensgebiete überhaupt. Selbst bei einer Beschränkung auf den ökonomischen Bereich läßt sich der Begriff »Wettbewerb« nicht eindeutig definieren, sondern stellt einen umfassenden Begriffskomplex dar, dessen Einzelformen, Merkmale und Tatbestände unterschiedliche Ursachen, Voraussetzungen und Bezugsgrundlagen haben, in einem interdependenten Relationssystem zueinander stehen und aufgrund der Vielgestaltigkeit des Wirtschaftslebens ständigen Änderungen unterworfen sind. Deshalb sind die einzelnen Wettbewerbsarten nur anhand übergeordneter Merkmalsgruppen zu charakterisieren.

Wirtschafts- und Gesellschaftsordnung

Marktwirtschaftlicher Wettbewerb

In liberal-demokratischen Wirtschafts- und Gesellschaftssystemen nimmt der Wettbewerb eine zentrale Stellung ein. Er koordiniert die Pläne der Einzelwirtschaften am Markt (Ordnungs-, Lenkungsfunktion) und kontrolliert über Gewinne und Verluste die Leistung der einzelnen Wirtschaftssubjekte (Leistungsfunktion). Kann er beide Funktionen friktionslos erfüllen, gewährleistet er die Sicherung der Handlungsfreiheit der Marktpartner, eine leistungsgerechte Einkommens- und Vermögensverteilung, den rationellen Einsatz von Arbeit und Kapital, eine hohe Anpassungsflexibilität und die rasche Durchsetzung des technologischen und wirtschaftlichen Fortschritts. Durch die Sicherung der wirtschaftlichen Freiheit bildet Wettbewerb gleichzeitig die Voraussetzungen zur politischen Freiheit und damit zur demokratischen Gesellschaftsordnung. Marktwirtschaftlicher Wettbewerrb ist deshalb sowohl als ökonomische als auch als gesellschaftspolitische Kategorie anzusehen.

Sozialistischer Wettbewerb

Im Gegensatz zu marktwirtschaftlichen Ordnungen erfolgt in sozialistischen Gesellschaftssystemen die Lenkung und Koordinierung der einzelwirtschaftlichen Entscheidungen nicht durch den Wettbewerb, sondern staatliche Planträger. Seine Grundvoraussetzungen – Privateigentum, Planautonomie und Eigenverantwortlichkeit der Wirtschaftssubjekte, Tauschfreiheit und freie Preisbildung – sind durch das Gemeineigentum an Produktionsmitteln und zentralistische Planungsautokratie beseitigt (Ausnahme: Jugoslawien). Dennoch wird auch in Ostblockstaaten seine Funktion als Leistungsstimulans erkannt und bewußt zur Planverwirklichung eingesetzt. Aufgabe des sozialistischen Wettbewerbs ist es nicht nur, die Arbeitsproduktivität des einzelnen im Interesse der quantitativen und qualitativen Planerfüllung und -übererfüllung zu erhöhen, sondern gleichzeitig zu einer sozialistischen Einstellung gegenüber den gesellschaftlichen Erfordernissen zu erziehen, d. h. seine Persönlichkeit dem Kollektiv unterzuordnen. Trotz seiner vielfältigen Formen und der oft zwangsweisen Verpflichtung zur Teilnahme am sozialistischen Wettbewerb darf nicht übersehen werden, daß seine Ziele staatlich fixiert sind und er lediglich Hilfsmittel zur Lösung des Leistungsproblems ist. Ob er diese Funktion erfüllen kann, ohne gleichzeitig Lenkungs- und Ordnungsinstrument zu sein, erscheint fraglich.

Die nachfolgenden Ausführungen werden sich deshalb auf marktwirtschaftliche Wettbewerbsformen beschränken, was jedoch nicht ausschließt, daß sie im Einzelfall auch in sozialistischen Systemen Anwendung finden können.

Marktsituation

Von wesentlicher Bedeutung für die Wettbewerbsbeziehungen zwischen den Marktteilnehmern ist die im Einzelfall gegebene Marktsituation, die entscheidend von der Marktstruktur, d. h. der Anzahl und Größe der Marktteilnehmer, deren Verhaltensweisen in bezug auf Wettbewerbshandlungen der Konkurrenten sowie vielfältigen internen und externen Einflußfaktoren bestimmt wird.

Polypolistischer Wettbewerb

Ein Polypol liegt vor, wenn auf einem Markt eine Vielzahl von Anbietern gleiche oder ähnliche Güter und Dienstleistungen anbietet und jeder von ihnen nur einen geringen Marktanteil besitzt. Aufgrund seines geringen Einflusses rechnet jeder Anbieter damit, daß seine Wettbewerbshandlungen keine Reaktionen bei den anderen Anbietern hervorrufen werden.

Eine Wettbewerbsaktivität bzw. ein Rivalitätsbewußtsein besteht deshalb bei dieser Marktkonstellation nicht.

Oligopolistischer Wettbewerb

Im Gegensatz zur polypolistischen Konkurrenz ist die oligopolistische Konkurrenz durch das Rivalitätsbewußtsein der Wettbewerber gekennzeichnet. Zwischen den relativ wenigen Anbietern, von denen jeder einen beachtlichen Anteil am Gesamtmarkt besitzt (Oligopolstruktur), besteht eine gegenseitige Reaktionsverbundenheit in dem Sinne, daß jeder einzelne beim Einsatz seiner Wettbewerbsparameter (Preis, Menge, Qualität, Werbung, Konditionen, Rabatte, Investitionen etc.) stets Gegen- oder Anpassungsmaßnahmen seiner Konkurrenten erwarten und bei seinen marktpolitischen Dispositionen berücksichtigen muß. Der Oligopolist ist damit nicht nur vom Verhalten der Marktgegenseite, sondern auch vom Verhalten der übrigen Wettbewerber abhängig.

Das Bewußtsein der gegenseitigen Reaktionsverbundenheit findet seinen Niederschlag in unterschiedlichen Verhaltensweisen der Oligopolisten, die für die konkrete Wettbewerbsform von entscheidender Bedeutung sind: Sie können versuchen, durch gezielte Preisunterbietungen, -diskriminierungen, Boykotte etc. ihre Konkurrenten vom Markt zu verdrängen, um eine Monopolstellung zu erlangen (Kampfstrategie; Vernichtungswettbewerb) oder das Wettbewerbsrisiko durch gegenseitige Vereinbarungen zu mindern (Verhandlungsstrategie). Beide Verhaltensweisen bilden jedoch einen Ausnahmefall, da bei ersterer der Ausgang des Oligopolkampfes völlig ungewiß ist, für alle Beteiligten eine destruktive Wettbewerbsentwicklung (ruinöser Wettbewerb) zur Folge haben kann und der Verhandlungsstrategie – ebenso wie bestimmten Monopolisierungspraktiken – wettbewerbsrechtliche Bestimmungen entgegenstehen. Vorherrschend ist deshalb die friedliche Verhaltensweise, der auch eine bewußte Parallelpolitik oder die insbesondere in Teiloligopolen anzutreffende dominierende oder barometrische Preisführerschaft zuzurechnen ist, bei der entweder ein- oder wechselseitig mehrere Unternehmen bei Anpassung der übrigen die Führungsrolle übernehmen. Die friedliche Verhaltensweise ist gekennzeichnet durch ein diszipliniertes Konkurrenzverhalten, das nicht kurzfristige Gewinnmaximierung, sondern langfristige Gewinnsicherung zum Ziel hat. Erst durch die Vermeidung des *kurzfristigen* (→ Preis-, Mengen-, Konditionen-, Rabatt-)*Wettbewerbs* wird der zur Realisierung des ökonomischen und technischen Fortschritts, zur Wohlstandsmaximierung und zur Gewährleistung eines kontinuierlichen Wirtschaftswachstums notwendige *langfristige Wettbewerb* ermöglicht, der seinen Ausdruck in der Entwicklung neuer Produktionsverfahren, neuer, qualitativ besserer und preiswerterer Erzeugnisse, der Erschließung neuer Rohstoffquellen und Absatzmärkte etc. findet. Nur die relative Preisstabilität gewährleistet ein ausreichendes Gewinniveau zur Finanzierung der dafür erforderlichen Investitionen. Allerdings bietet die friedliche Verhaltensweise keineswegs eine Sicherheit gegen den permanent vorhandenen *latenten Wettbewerb* zwischen den Oligopolisten, der jederzeit zum offenen Preiskampf füh-

ren kann. Diese Latenz ergibt sich aus unterschiedlichen unternehmenspolitischen Zielsetzungen und Auffassungen über den Einsatz der Wettbewerbsparameter, verbesserten, kostengünstigeren Produktionsmethoden, günstigeren Finanzierungs- und Beschaffungsmöglichkeiten, neuen Absatztechniken, veränderten Nachfragebedingungen und Marktverhältnissen. Gleiches gilt für den *potentiellen Wettbewerb* durch Außenseiter, Newcomers (z. B. Zigaretten-, Treibstoffmarkt), Substitutionsgüter gleicher oder ähnlicher Qualität (→ Substitutionswettbewerb), Umstellungen oder Erweiterungen bereits vorhandener Kapazitäten und erhöhte Importe (→ Importwettbewerb). Weiterhin wird verschiedentlich versucht, einen *offenen Wettbewerb* durch Maßnahmen des *Geheimwettbewerbs* zu vermeiden, indem in Abweichung von bestehenden Preislisten verdeckte Skonti, Rabatte, Preisnachlässe und Sondervergünstigungen gewährt werden, die – soweit sie auf bewußter Täuschung, Fälschung und Irreführung beruhen – vielfach den Grundsätzen des Leistungswettbewerbs widersprechen (→ Nichtleistungswettbewerb).

Oligopolistische Marktstrukturen, die aus produktionstechnischen und absatzwirtschaftlichen Gründen zunehmend das moderne Wirtschaftsleben bestimmen, weisen somit eine hohe Wettbewerbsdynamik unterschiedlichster Formen und Intensitätsgrade auf.

Monopolistischer Wettbewerb

Eine Monopolsituation, bei der ein einziger Anbieter das Gesamtmarktangebot auf sich vereinigt und bei seinen Dispositionen somit lediglich die Reaktionen der Abnehmer, nicht aber die von Konkurrenten berücksichtigen muß, bildet in einer evolutorischen Wirtschaft einen Ausnahmefall, sofern nicht durch natürliche Gegebenheiten (begrenzte Rohstoffvorkommen) eine Monopolstellung besteht oder durch staatliche Hoheitsakte geschaffen wird (Post, Bahn, Tabak-, Branntweinmonopol). Aber selbst dann ist der Monopolist den Einflüssen des Substitutions- und Importwettbewerbs, der latenten und potentiellen Konkurrenz ausgesetzt, so daß er nicht willkürlich Preiserhöhungen und/oder Angebotsverknappungen vornehmen kann. Häufiger dagegen sind teilmonopolistische (ein sehr großer, viele kleine Anbieter) oder räumlich, zeitlich oder sachlich begrenzte Monopolstellungen, die ein Unternehmen durch Verfahrens- oder Produktinnovationen, Patent- und Gebrauchsmusterschutz, hochgradige Spezialisierung, Marktnischenproduktion, Preis- oder Produktdifferenzierung, Marktspaltung oder Standortgegebenheiten erringt. Sie wird so lange aufrechterhalten sein, bis andere Unternehmen durch adäquate Anpassungsmaßnahmen den erreichten Wettbewerbsvorsprung aufgeholt oder darüber hinausgehende Innovationen überholt haben. Diese Wettbewerbsbeziehung läßt sich als *innovatorischer* (bahnbrechender, schöpferischer, aggressiver, vorstoßender) *Wettbewerb* einerseits und *imitatorischer* (nachfolgender, nachahmender, defensiver) *Wettbewerb* andererseits bezeichnen. Ihre Bedeutung liegt darin, daß das betreffende Unternehmen im Interesse der Aufrechterhaltung seines Vorsprunges zur ständigen Leistungssteigerung und -verbesserung gezwungen, die Innovation durch die Adaptionsmaßnahmen der Konkurrenten jedoch gleichzeitig zum Allgemeingut wird.

Funktionsfähiger Wettbewerb

Angesichts der Vielfalt von Marktbedingungen, unter denen ein wettbewerbliches Verhalten möglich ist, stellt sich die insbesondere wettbewerbspolitisch bedeutsame Frage, welche Voraussetzungen gegeben sein müssen, um ein Wettbewerbsoptimum zu erreichen, das sowohl ökonomische Effizienz als auch wirtschaftliche Handlungsfreiheit der Marktpartner gewährleistet. Diese Bedingungen werden offensichtlich weder durch atomistische noch monopolistische Marktstrukturen erfüllt, sondern setzen sowohl eine beschränkte Zahl von Konkurrenten, die in gegenseitiger Reaktionsverbundenheit stehen, als auch Heterogenität der Erzeugnisse voraus, m. a. W. weite Oligopole mit begrenzter Produkthomogenität, die für

eine moderne Industriewirtschaft kennzeichnend sind. Nur unter diesen strukturellen Voraussetzungen kann sich ein funktionsfähiger (wirksamer, dynamischer, effektiver) Wettbewerb entwickeln, der
– eine hohe Produktivität,
– die Weitergabe von Produktivitätsfortschritten durch billigere und qualitativ bessere Erzeugnisse,
– die Durchsetzung des ökonomischen, technischen und organisatorischen Fortschritts,
– die Erschließung neuer Märkte und Versorgungsquellen sowie
– die freie Konsumwahl und Freiheit der wirtschaftlichen Betätigung
sichert.

Marktgebiet

Neben der Marktstruktur und dem Marktverhalten ist für die Wettbewerbsstellung eines Unternehmens von Bedeutung, ob es als Anbieter oder Nachfrager auftritt und innerhalb welcher räumlicher Grenzen es mit Konkurrenten rechnen muß.

Angebots- und Nachfragewettbewerb

Von wesentlichem Einfluß für die Wettbewerbsstellung eines Unternehmens ist es, ob es als Anbieter oder Nachfrager auftritt, d. h. in Angebots- oder Nachfragewettbewerb steht. Auf der Angebotsseite stehen ihm andere Partner als auf der Nachfrageseite gegenüber, andererseits ist auch die Zahl der Marktpartner auf beiden Märkten unterschiedlich. Während es beim Absatz seiner Erzeugnisse in wesentlichem Wettbewerb mit anderen Anbietern steht, kann es beim Einkauf von Rohstoffen, Vor- oder Zwischenprodukten eine monopolistische oder oligopolistische Stellung innehaben. Beispiel: Die Mitglieder einer Einkaufsgenossenschaft sind beim Verkauf ihrer Waren an den Letztverbraucher zwar intensivem Wettbewerb mit anderen Betriebsformen des Einzelhandels ausgesetzt (Handelsketten, Warenhäusern, Verbraucher- und Supermärkten), gegenüber ihren einzelnen Lieferanten besitzen sie jedoch durch Einkaufskonzentration eine – quantitative oder qualitative – monopolistische oder teilmonopolistische Nachfrageposition mit der Möglichkeit, höchstmögliche Zugeständnisse bei Preisen, Rabatten und Konditionen zu erzielen. Diese Situation, die sich selbst bei ausgeglichener Marktlage ergibt, wird verschärft, wenn das Angebot die Nachfrage übersteigt (Käufermarkt), die Anbieter in scharfem Wettbewerb um den Abnehmer stehen und aus faktischen oder gesetzlichen Gründen (GWB) keine Möglichkeit haben, adäquate Gegengewichte zu bilden. Besteht andererseits ein Nachfrageüberhang (Verkäufermarkt), ist der Markteinfluß des Nachfragers relativ gering, d. h. er steht in intensivem Nachfragewettbewerb um das knappe Angebot.

Internationaler Wettbewerb

Während der Nachfragewettbewerb insbesondere im Konsumgüterbereich heute einen Ausnahmefall darstellt (nicht dagegen im Dienstleistungssektor), ist der Angebotswettbewerb durch eine ständige Verschärfung gekennzeichnet. Das gilt sowohl für den *lokalen* und *regionalen Wettbewerb,* in dem vor allem Handels-, Handwerks- und kleinere Industriebetriebe mit räumlich eng begrenztem Absatzgebiet stehen, als auch den *nationalen, europäischen* und *internationalen Wettbewerb.* Die Erweiterung der in- und ausländischen Märkte, die Liberalisierung und Intensivierung des zwischenstaatlichen Handels (EG, GATT, Kennedy-Runde), das Auftreten neuer Konkurrenten (Japan, Entwicklungsländer, Ostblockstaaten) auf dem Weltmarkt, der Aufbau einer heimischen Industrie in den bisherigen Exportländern, die Verbilligung der Transportkosten, die Entdeckung neuer Rohstoffvorkommen, die Entwicklung neuer Produkte und damit Erhöhung des Güterangebotes sowie die Verbesserung des Nachrichtenwesens sind nur einige der wesentlichsten Faktoren, die eine Schwerpunktverlagerung vom nationalen zum internationalen Wettbewerb zur Folge haben. Sie bedingen gleichzeitig, daß sich die *Importkonkurrenz* durch das erhöhte Angebot ausländischer Erzeugnisse auf dem Inlandsmarkt verschärft und die inländischen Anbieter nicht nur gezwungen werden, zur Erhaltung ihrer Marktanteile im nationalen Bereich ihre Wettbewerbsanstrengungen zu verstärken, sondern darüber hinaus versuchen müssen, durch erhöhten *Exportwettbewerb* ausländische Märkte zu erschließen und nachhaltig zu sichern, um einem Rückgang oder einer Stagnation ihrer Inlandsmarktanteile vorzubeugen.

Wettbewerbsmittel

Zur Erreichung seines Strebens, einen möglichst großen Teil der kaufkräftigen Nachfrage auf sich zu konzentrieren, kann sich das Unternehmen unterschiedlicher Methoden bedienen, die je nach Art der eingesetzten Mittel grundsätzlich in Maßnahmen des *Preis-* und *Nichtpreiswettbewerbs* eingeteilt werden können. Im Rahmen der Marketing-Konzeption eines Unternehmens werden in der Regel beide kombiniert auftreten, jedoch ist innerhalb der letzten Jahrzehnte eine deutliche Schwerpunktverlagerung zugunsten letzterer festzustellen.

Preiswettbewerb

Preiswettbewerb ist die unmittelbarste, aber auch risikoreichste Wettbewerbsform, da Preisänderungen direkt die Gewinn- und Verlustsituation eines Unternehmens beeinflussen. Es wird sich ihm deshalb in der Regel nur dann aussetzen, wenn sich das angebotene Erzeugnis nur über den Preis verkaufen läßt und es gegenüber seinen Konkurrenten einen derart großen Kostenvorteil besitzt, daß es einen Preiswettbewerb erfolgreich bestehen zu können glaubt. Inwieweit überhaupt aktive Preiskonkurrenz betrieben werden kann und welche Prinzipien im Einzelfall angewendet werden, hängt insbesondere von der unternehmerischen Zielsetzung (kurzfristige/langfristige Gewinnmaximierung, Durchschnittsgewinn, angemessener Gewinn in bezug auf die Kapital- oder Umsatzrentabilität, Erreichung eines bestimmten Marktanteils), den Kostendekkungsprinzipien (Voll-, Durchschnitts-, Grenzkostendeckung), dem Kostenverlauf, der Kostenstruktur (fixe/variable Kosten), der Kostenart (Beschaffungs-, Produktions- und Vertriebskosten), der Marktform, den Verhaltensweisen der Konkurrenten, der Produktart (homogen/heterogen) sowie den Elastizitätsverhältnissen (Nachfrageelastizität, Einkommenselastizität, Kreuzpreiselastizität) ab. Die preispolitische Interdependenz ist um so größer, je gleichartiger die angebotenen Erzeugnisse in Qualität, Form und Gebrauchswert sind (homogene Massengüter, wie z. B. Stahl, Bleche, Baumaterialien, Normteile, Waschpulver), da ihr einziges Differenzierungsmerkmal der Preis ist. Da bei ihnen auch die Gestehungskosten weitgehend einheitlich sind, kann eine Umsatzausdehnung oder Vergrößerung des Marktanteils *(Marktanteilswettbewerb)* nur durch Preissenkung erreicht werden, der zwangsläufig die übrigen Anbieter folgen müssen. Sie sind deshalb auf einen großen Mengenausstoß angewiesen, um über die höhere Stückzahl den geringeren Ertrag pro Einzelstück zu kompensieren. Entfällt der Mengeneffekt aus Kapazitäts- oder Kostengründen (z. B. hohe Lohnintensität), reduziert sich die Erlösspanne bis zur Unterschreitung der Selbst- oder sogar Grenzkosten (→ ruinöser Wettbewerb). Diese Gefahr ist insbesondere bei Käufermarktsituationen (Wettbewerb der Anbieter um die Nachfrager) mit starker Stellung der Abnehmer (Nachfragemacht) gegeben, die heute in vielen Industriezweigen vorherrschen. Der Anbieter wird deshalb versuchen, seine Erzeugnisse zu heterogenisieren, um die Voraussetzungen einer eigenständigen Preispolitik zu verbessern. Es ist allerdings zu berücksichtigen, daß selbst hochgradig heterogenisierte Produkte, z. B. Markenartikel, mit vergleichbaren oder Substitutionserzeugnissen anderer Hersteller in Wettbewerb stehen oder trotz physischer Unterschiedlichkeit vom Konsumenten als gleichartig angesehen werden können. Die Preispolitik selbst wird – je nach den Gegebenheiten des Einzelfalles – konstitutiver oder situationsbedingter, genereller oder partieller, langfristiger oder kurzfristiger Natur sein.

Rabattwettbewerb

Eine indirekte, vielfach aber weitaus wirksamere Form des Preiswettbewerbs ist der Rabattwettbewerb, bei dem nicht der Preis selbst reduziert, sondern ein prozentualer Nachlaß auf den (Brutto-, z.T. Netto-) Preis als Honorierung für bestimmte Abnehmerleistungen oder zur Erreichung sonstiger absatzpolitischer Zielsetzungen gewährt wird (anstelle dieses Barrabattes kann auch ein Naturalrabatt in Form zusätzlicher Warenmengen gewährt werden). Der Vorteil der Rabattpolitik liegt darin, daß sie wesentlich differenzierter und gezielter eingesetzt und veränderten Marktverhältnissen besser angepaßt werden kann als die Preispolitik. Außerdem ist sie für die Konkurrenz weniger transparent als preispolitische Maßnahmen. Wichtigste Rabattarten sind: Funktionsrabatte als Entgelt für die Übernahme bestimmter Vertriebsfunktionen durch die Handelsstufen (Marktforschung, Werbung, Sortimentierung, Lagerhaltung etc.); Mengenrabatte (Staffelrabatte) als Anreiz zur Erteilung zusätzlicher Aufträge bzw. Entgelt für Einsparungen von Produktions- und Vertriebskosten des Lieferanten durch Disposition größerer Mengen (umgekehrt soll ein Mindermengenzuschlag die Mehrkosten für die Abnahme geringer Mengen ausgleichen); Treuerabatte für den ausschließlichen oder längerfristigen Bezug von einem Lieferanten (eine Kombination zum Mengenrabatt sind Gesamtumsatzrabatte, Jahresboni, Umsatzvergütungen); Abschlußrabatte bei Disponierung eines längerfristigen Auftragsvolumens; Objektrabatte bei großen Einzelaufträgen; Sortimentsrabatte bei Abnahme des Gesamtprogrammes eines Herstellers und Barzahlungsrabatte (gesetzliche Begrenzung auf 3% bei Abgabe an den Letztverbraucher). Neben diesen primär funktions- und leistungsbedingten Rabatten (mit Ausnahme des Treu- und Barzahlungsrabattes) ist eine Vielzahl von Sonderrabatten denkbar, die darüber hinaus speziellen Wettbewerbszwecken dienen: Einführungsrabatte, Saisonrabatte, Muster- und Vorführrabatte, Abholrabatte, Anreizrabatte, Dekorationsrabatte usw. Solange diese Rabattarten ein kalkuliertes Leistungentgelt dar stellen, sind sie sicherlich ein legitimes Wettbewerbsmittel. Sie verlieren diese Funktion jedoch, wenn sie in Form offener oder versteckter Sondernachlässe, Extrazuwendungen etc. ausschließlich zu Kampfzwecken verwendet werden und zu einem allgemeinen »Rabattwirrwarr«, zu Ausspielungsversuchen oder Diskriminierungen marktschwächerer Abnehmer führen (→ Nichtleistungswettbewerb). Zur Vermeidung dieser einzel- und gesamtwirtschaftlich negativen Folgeerscheinungen eines nicht leistungsgerechten Rabattwettbewerbs ist die Aufstellung einer kollektiven Rabattordnung (Rabattkartell) zweckmäßig.

Konditionen- und Servicewettbewerb

Ebenso vielfältig wie die Möglichkeiten des Rabattwettbewerbs sind die des Konditionen- und Dienstleistungswettbewerbs, die einzeln oder kombiniert eingesetzt werden können, um sich vom Angebot der Konkurrenten durch die Gewährung günstigerer Geschäfts-, Lieferungs- und Zahlungsbedingungen oder besserer Serviceleistungen zu unterscheiden (vielfach auch als Nebenleistungswettbewerb bezeichnet). Hierzu gehören z. B.: Erweiterung der Zahlungsziele, zinslose Kreditgewährung, Finanzierungserleichterungen, Vor- und Zwischenfinanzierung, großzügige Skontogewährung, Valutierung, Inzahlungnahme von Alt- und Gebrauchtgeräten, langfristiges Umtauschrecht, Kaufpreisrückerstattung, Übernahme der Porto-, Verpackungs-, Lager- und Transportkosten, Lieferung frei Haus, kostenlose Installation, Verlängerung der Gewährleistungsfristen, zusätzliche Übernahme von Garantieleistungen, aber auch fachtechnische Beratung, der Käuferpsychologie angepaßte Verkaufsräumlichkeiten, Schaufensterauslagen, Prospekte, günstige Wahl des Standortes, Bereitstellung von Parkmöglichkeiten, Aus- und Weiterbildungskurse und die Übernahme von Fremdleistungen (z. B. Frisier- und Kosmetiksalons, Wäschereien, Imbißstuben etc.). Zum engeren Bereich des Servicewettbewerbs gehören die Überwachung, Pflege, Instandhaltung und Reparatur verkaufter Geräte

und Maschinen, die Einrichtung von Werksvertretungen, Beratungsstellen, Muster-, Auslieferungs- und Ersatzteillagern. Diese Serviceleistungen sind insbesondere bei hochwertigen, technisch komplizierten Konsumgütern (Rundfunk-, Fernseh-, Elektrogeräte, Büromaschinen, Autos) ein bedeutendes Wettbewerbselement. Allerdings besteht auch hier die Gefahr, daß ein übersteigerter Konditionenwettbewerb eine erhöhte Unübersichtlichkeit des Angebots für den Abnehmer oder – aufgrund seiner Kostenbelastung – Preiserhöhungen bzw. Qualitätsverschlechterungen zur Folge hat. In diesen Fällen sollte geprüft werden, inwieweit die Anwendung gemeinsamer Geschäfts-, Lieferungs- und Zahlungsbedingungen (Konditionenkartell) innerhalb der Branche möglich ist.

Werbungswettbewerb

In einer modernen Konsumgesellschaft mit einem Überangebot von konkurrierenden Waren und Dienstleistungen kann der Hersteller die Absatzentwicklung seiner Produkte nicht Marktzufälligkeiten überlassen, sondern muß versuchen, den Markt systematisch und aktiv zu gestalten und das Verbraucherverhalten gezielt zu beeinflussen. Die Werbung – eines der wichtigsten Mittel unternehmerischer Marktstrategie – wird damit zu einem bedeutenden Wettbewerbsfaktor (Werbungswettbewerb). Sie kann sich auf die Produkt-, Preis- und Sortimentsgestaltung, Qualität, Rabatte, Konditionen, die Distributions- und Verkaufsförderungspolitik sowie den Kundendienst eines oder mehrerer Erzeugnisse beziehen mit der ausschließlichen oder alternativen Zielsetzung, über das Angebot zu informieren, Kaufimpulse bei effektiven oder potentiellen Abnehmergruppen (Endverbraucher und Handel) auszulösen oder das Produktimage zu erhöhen und zu festigen. Gegenüber konkurrierenden Erzeugnissen anderer Hersteller sollen durch Werbung die eigenen Produkte am Markt eingeführt, durchgesetzt und die erreichte Marktposition gesichert und ausgeweitet werden. Gleiches gilt für die Erschließung neuer Käuferschichten und Absatzmärkte (Markterschließungswettbewerb). Während der Werbungswettbewerb sowohl um den Handel als auch Letztverbraucher geführt wird, dient seine spezielle Form, der *Verkaufsförderungswettbewerb* (sales promotion, merchandising), primär dazu, die in den Vertrieb eingeschalteten Handelsbetriebe zu unterstützen und neue Absatzmittler zu gewinnen. Seiner Zielsetzung, kurzfristige Verkaufsziele möglichst schnell zu realisieren und sich an Konkurrenzaktivitäten bereits am point of purchase anzupassen, entsprechen die eingesetzten Mittel: Schulung, Weiterbildung, technische, personelle, sortimentspolitische, kalkulatorische Information und Beratung des Handels, Display-Verbesserung, gemeinsame Durchführung von Sonderpreisverkäufen, Gutscheinaktionen, Preisausschreiben, Konferenzen und Veranstaltungen.

Qualitäts- und Innovationswettbewerb

Wesentliche Bedeutung hat die Werbung zur Unterstützung und Durchsetzung einer Wettbewerbsform, deren Mittel nicht die Gestaltung der Angebotsbedingungen für ein bestimmtes Produkt, sondern das Produkt selbst ist. Im Vordergrund steht nicht der Wettbewerb durch niedrigere Preise, günstigere Konditionen und Rabatte, sondern bessere, hochwertigere und neue Produkte, wobei beide Wettbewerbsformen selbstverständlich nicht in einem Ausschließlichkeits-, sondern Komplementärverhältnis stehen.

Eine verbesserte, nach Konsumentenpräferenzen orientierte Bedürfnisbefriedigung führt jedoch zwangsläufig vom Preiswettbewerb zum Qualitäts-, Heterogenisierungs- und Innovationswettbewerb mit der Folge, daß die wichtigste Voraussetzung für den Fortbestand und das künftige Wachstum eines Unternehmens seine Fähigkeit ist, durch marktorientierte Produktpolitik einen Konkurrenzvorsprung zu erreichen und erfolgreich zu sichern. Dieser Notwendigkeit kann es zunächst entsprechen, indem es für seine vorhandenen Erzeugnisse Nachfrageproduktion betreibt, d. h. Marktlücken oder neue Anwendungs- und Verwendungsmöglichkeiten sucht *(Marktschaffungs-, Markterschließungswettbewerb)*. Weitere Ansatzpunkte

sind die Produktvariation (Herstellung in mehreren Typen oder unterschiedlichen Qualitäten) und Produktdifferenzierung bzw. -heterogenisierung. Letztere kann technisch-qualitativ (Veränderung oder Verbesserung der Eigenschaften oder Beschaffenheit), informatorisch (Änderung der Nutzeneinschätzung beim Konsumenten durch Werbung) und distributiv (räumlich, organisatorisch unterschiedliche Gestaltung der Absatzwege und -methoden) erfolgen.

In allen Fällen, in denen der Qualitäts- und Heterogenisierungswettbewerb lediglich zu einer qualitativen Verbesserung, zu einer Erhöhung des funktionalen Gebrauchsnutzens, zu einer Vereinfachung der Pflege und Wartung, zu einer Verlängerung der Lebensdauer und Garantieleistung für *herkömmliche* Produkte führt, ist zu beachten, daß zwar Teilmärkte geschaffen werden, das betreffende Erzeugnis jedoch in Konkurrenz zu gleichen oder ähnlichen Produkten anderer Hersteller steht oder trotz technischer Heterogenisierung vom Konsumenten als homogen angesehen wird. Zur Erzielung eines nachhaltigen Wettbewerbsvorsprungs wird es deshalb notwendig sein, echte Produktvorteile bzw. gänzlich *neue* Produkte zu schaffen, die den Verbraucherbedürfnissen und -präferenzen entsprechen. Dieser Innovationswettbewerb wird regelmäßig eine Programmänderung (im Handel Sortimentsänderung), im Einzelfall eine Programmausweitung, -verringerung, -vertiefung oder -spezialisierung durch Aufnahme neuer und/oder Aufgabe alter Artikel zur Gewährleistung bedarfsgerechter Produktions- und Verkaufsprogramme *(Sortimentswettbewerb)* sowie eine Diversifikation zur Folge haben. Letztere besteht in der gezielten Erweiterung der Unternehmenstätigkeit auf leistungsbezogene (Waschmittel/Reinigungsmittel),leistungskomplementäre (Nahrungsmittel/Getränke) und leistungsfremde Bereiche (Elektrogeräte/Versicherungen). Selbstverständlich beschränkt sich der Innovations- (und Qualitäts-) Wettbewerb nicht nur auf neue und verbesserte Produkte, sondern ebenso auf Produktionsverfahren. Absatzmethoden und die Erschließung neuer Anwendungsgebiete und Märkte. Dementsprechend tritt er als *Produkt-, Verfahrens-, Distributions- oder Marktschaffungswettbewerb* auf.

Entscheidende Voraussetzung sowohl für die Schaffung neuer (Innovationswettbewerb) als auch verbesserter bestehender Produkte, Verfahren, Verwendungsmöglichkeiten etc. (Qualitätswettbewerb) ist eine nicht zufallsbedingte, sondern planvolle, systematische und institutionalisierte Forschung und Entwicklung. Der *Forschungs-* und *Entwicklungswettbewerb* steht somit in engem Zusammenhang mit dem Qualitäts- und Innovationswettbewerb. Das gleiche gilt für die Verpackungsgestaltung, die nicht nur einen funktionalen, sondern auch werblichen Zweck erfüllt. Sowohl die Form, Größe, Abmessung, Inhalt, Beschaffenheit (Material) der Verpackung als auch ihre Formgebung, graphische Gestaltung und Weiterverwendungsmöglichkeiten lösen Kaufimpulse aus und werden dadurch selbst zum Wettbewerbselement *(Verpackungswettbewerb).*

Substitutionswettbewerb

Obwohl durch erfolgreiche Produktheterogenisierung und -innovation echte und auch vom Abnehmer honorierte Präferenzen für die eigenen Erzeugnisse geschaffen werden können, wird es nur wenige Ausnahmefälle geben, in denen diese Produkte nicht in enger Substitutionsbeziehung zu Erzeugnissen gleicher oder ähnlicher Beschaffenheit bzw. Verwendungsmöglichkeit stehen (z. B. Naturfasern/ Kunstfasern, Papier/Pappe/Holz/Glas/ Blech/Kunststoff). Dieser Substitutionswettbewerb wird um so intensiver sein, je größer und vielfältiger das in- und ausländische Angebot ist und je mehr der technische Fortschritt zur Entwicklung neuer Rohstoffe, Produkte und Anwendungstechniken führt. Darüber hinaus ist zu berücksichtigen, daß nicht nur ähnliche, sondern auch völlig unterschiedliche Erzeugnisse und Dienstleistungen im Wettbewerb um die Kaufkraft des Verbrauchers stehen (z. B. Schmuck/Pelzmantel/Fernsehgerät/ Gesellschaftsreise) und dieser *totale Wettbewerb* mit steigenden Einkommen und damit wachsendem Anteil der frei verfügbaren Kaufkraft ständig verstärkt wird.

Gruppenwettbewerb

Während in der bisherigen Darstellung davon ausgegangen wurde, daß der Einsatz der Wettbewerbsmittel individuell erfolgt, d. h. von jedem einzelnen Unternehmen selbst und unabhängig von der Abstimmung mit anderen Unternehmen (Individualwettbewerb), erlangt in der modernen Wirtschaft der Gruppenwettbewerb eine zunehmende Bedeutung. Er ist dadurch gekennzeichnet, daß sich mehrere rechtlich und wirtschaftlich selbständig bleibende Unternehmen zu einer Kooperationsgruppe (vgl. den Beitrag: »Kooperation«, S. 1966 ff.) zusammenschließen mit dem Ziel, ihre Wettbewerbs- und Leistungsfähigkeit durch Gemeinschaftsarbeit auf einem bestimmten Gebiet in wirtschaftlicher, technischer und/oder organisatorischer Sicht zu erhöhen. Zwar wird durch den Zusammenschluß für die gemeinsam ausgeübte Teilfunktion der Individualwettbewerb zwischen den Beteiligten im Innenverhältnis weitestgehend ausgeschlossen, jedoch bleibt er in den übrigen Funktionen erhalten und bildet im Außenverhältnis überhaupt erst die Voraussetzung für eine erfolgreiche Beteiligung der Partnerunternehmen am Wettbewerb mit leistungs- oder größenmäßig überlegenen Konkurrenten. Gegenstand des Gruppenwettbewerbs durch Kooperation können alle betrieblichen und unternehmerischen Parameter und Funktionen sein (z. B. Einkaufs-, Produktions-, Verkaufs-, aber auch Konditionen-, Rabattgemeinschaften u. a.). Die Beteiligten können sowohl der gleichen Branche und Wirtschaftsstufe *(horizontaler Gruppenwettbewerb,* z. B. Spezialisierungsgemeinschaften der Maschinenbauindustrie, Reparaturgemeinschaften des Kfz-Handwerks) als auch verschiedenen Branchen vor- und nachgelagerter Wirtschaftsstufen *(vertikaler Gruppenwettbewerb,* z. B. Werbegemeinschaften von Textilindustrie und -einzelhandel) sowie branchenverwandten Produktions- und Dienstleistungsbereichen angehören *(komplementärer* bzw. *Bedarfsgruppenwettbewerb,* z. B. Angebotsgemeinschaften der Porzellan- und Besteckindustrie). Abgesehen von seiner eigenständigen Bedeutung ist der Gruppenwettbewerb eine der wesentlichsten Erscheinungsformen des *Strukturwettbewerbs* (Sölter) um die unter gegebenen und zukünftigen Konkurrenzbedingungen optimale Unternehmensstruktur oder Wettbewerbseinheit.

Nichtleistungswettbewerb

Solange der Einsatz der Wettbewerbsmittel auf eigener, sachlicher Leistung beruht, die im Vergleich zu derjenigen der Mitbewerber gleich oder höherwertig ist, liegt grundsätzlich Leistungswettbewerb vor. Seine Abgrenzung zum Nichtleistungswettbewerb läßt sich nicht allein anhand der sittlich-rechtlichen Normen der bestehenden Wettbewerbsgesetze (UWG, Rabattgesetz, Zugabeverordnung, Warenzeichenrecht) vollziehen, sondern erfordert darüber hinaus die Prüfung einer Vielzahl wettbewerblicher Verhaltensweisen, die je nach den Gegebenheiten des Einzelfalles den Grundsätzen des Leistungswettbewerbs entsprechen oder zuwiderlaufen können. Eindeutig im Gegensatz zum Leistungswettbewerb stehen Maßnahmen des *Behinderungs-, Verdrängungs-* und *Vernichtungswettbewerbs,* insbesondere durch gezielte Kampfpreisunterbietung, Irreführung und Täuschung, Anreißen, Ausübung eines psychologischen Kaufzwanges, Kundenfang, Bestechung, Boykott, Schmarotzen an Leistung, Ruf, Werbung eines Mitbewerbers, Geheimnisverrat, Ausbeutung eines eigenen oder fremden Vertrags- und Rechtsbruchs, vergleichende Werbung und anderen Erscheinungsformen des *unlauteren Wettbewerbs.* Neben diesen zweifelsfreien Unlauterkeitstatbeständen gehören zum Bereich des Nichtleistungswettbewerbs ferner eine Reihe von Wettbewerbshandlungen, die entweder noch keinen Niederschlag in der Judikatur gefunden haben oder aber sich einer generellen juristischen Erfassung entziehen: Ausspielungsversuche aufgrund bewußter Täuschung und Fälschung von Unterlagen, Nichteinhaltung bestehender Preislisten durch Gewährung geheimer Rabatte, Skonti, Nachlässe etc. Gerade auf Märkten homogener Massengüter bilden letztere die Hauptursache des nicht nur betriebs- und volkswirtschaftlich nachteiligen, sondern den Bestand der marktwirtschaftlichen Ordnung insgesamt gefährdenden *ruinösen (destruktiven)* Wettbewerbs. Da es für die Mitbewerber des Preisunterbieters im Interesse ihrer Kapazitätsauslastung vorteilhafter sein wird, ebenfalls unter den Selbstkosten als überhaupt nicht zu produzieren, ergibt sich ein kumulativer Preissenkungsprozeß mit dem Ergebnis, daß auch die Grenzkosten unterschritten werden und nicht nur leistungsschwache, sondern selbst leistungsfähige Betriebe (die wegen des hohen Kapitaldienstes über keine ausreichenden finanziellen Reserven verfügen) aus dem Produktionsprozeß ausscheiden müssen oder von kapitalkräftigen Unternehmen aufgekauft werden. Zur Vermeidung dieser und anderer Folgeerscheinungen des Nichtleistungswettbewerbs erweist sich die Aufstellung privatwirtschaftlicher Wettbewerbsregeln als zweckmäßig, in denen unter Berücksichtigung der Gegebenheiten des jeweiligen Wirtschaftszweiges diejenigen Voraussetzungen verbindlich festgelegt werden, die der Förderung eines fairen Leistungswettbewerbs dienen.

Dipl.-Volkswirt JÜRGEN POECHE, Bundesverband der Deutschen Industrie e. V., Köln

Wettbewerb, unlauterer

Generalklausel und Arten der Marktbeeinflussung

Die Generalklausel des §1 UWG (UWG = »Gesetz gegen den unlauteren Wettbewerb« vom 7. Juni 1909) lautet: »Wer im geschäftlichen Verkehr zu Zwecken des Wettbewerbes Handlungen vornimmt, die gegen die guten Sitten verstoßen, kann auf Unterlassung und Schadensersatz in Anspruch genommen werden.« Geschäftlicher Verkehr ist jegliche auf Erwerb gerichtete Tätigkeit, also auch die der Ärzte, Rechtsanwälte und Künstler oder der Verkehr zwischen Autoren und Verlegern etc.

Handeln »zu Zwecken des Wettbewerbs« bedeutet knapp und allgemein: Kampf um den Markt.

In dem Hinweis auf die guten Sitten liegt der weise Verzicht des Gesetzgebers auf eine Katalogisierung des unlauteren Wettbewerbs, die gefährlich wäre, weil das Maß für das, was unlauter, unfair ist, von den Marktgegebenheiten abhängt, die steten Änderungen unterworfen sind.

Der Kampf um den Markt vollzieht sich in zwei Sphären: der Sphäre der Anbieterkonkurrenz oder der Wettbewerber und der Sphäre des Verbrauchermarktes. Welche Gesetze hier wirksam werden, soll die Abbildung 1 verdeutlichen.

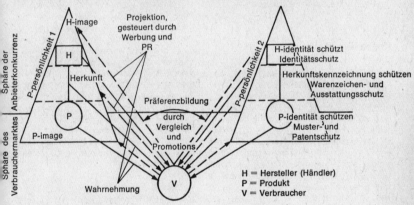

Abb. 1: Wirkungsgesetze des Wettbewerbs

Um überhaupt die Entwicklung einer »Produktpersönlichkeit« zu ermöglichen, wurden die gewerblichen Schutzrechte geschaffen: Warenzeichen- und Ausstattungsschutz schützen die Herkunftskennzeichnung, der Identitätsschutz die Hersteller-Identität, Musterschutz und Patentschutz die Produkt-Identität.

Völlig unabhängig von dem Bestehen oder Nichtbestehen der vorgenannten Schutzrechte werden alle Maßnahmen der Wettbewerber im Kampf um den Markt an dem Maßstab des § 1 UWG gemessen. Nur unzumutbare oder unverhältnismäßige Schädigungen der Konkurrenz und unzumutbare Belästigungen oder Einschränkung der Entscheidungsfreiheit der Verbraucher sind dabei als nicht wettbewerbskonform anzusehen. Die Produktpräferenz der Kunden – und darum geht es im Kern bei allen Wettbewerbshandlungen – kann entweder durch das Anbieten des größten oder zumindest am größten erscheinenden Nutzens erfolgen oder aber dadurch, daß man

der Konkurrenz »ein Bein stellt«. Alle unlauteren Wettbewerbshandlungen sind durch das Übermaß des einen oder die Hinterlist des anderen oder durch beides zugleich charakterisiert. Daraus ergibt sich eine Einteilung der Handlungen im Kampf um den Markt in
– Förderung des eigenen und
– Behinderung des fremden Wettbewerbs.
Innerhalb dieser beiden Hauptgruppen muß nach den Mitteln der Marktbeeinflussung unterschieden werden, damit der Maßstab der Unlauterkeit differenzierend angelegt werden kann. Nach der zunehmenden Intensität der möglichen Einwirkung in die Unternehmenssphäre der Konkurrenz werden die Wettbewerbsmaßnahmen im folgenden auf drei Stufen dargestellt:
– Unlautere Werbung
– unlautere Promotions
– direktes Einwirken in die Unternehmenssphäre der Konkurrenz.

Unlautere Werbung

Im Zeitalter des Käufermarktes, also des massenhaften Warenangebotes, wird eine psychologische Produkt-Differenzierung durch die Werbung immer wichtiger. Wettbewerb ohne Werbung ist heute kaum mehr denkbar.
Die an dem Leitbild des »Leistungswettbewerbs« orientierte Rechtsprechung überbetont die informative Aufgabe der Werbung und anerkennt nicht genügend ihre meistens viel wesentlichere Aufgabe der Motivation. Nur in seltensten Fällen läßt sich heute ein Produkt über reine Sachinformation, Factappeal und Herausstellen des Grundnutzens verkaufen. Gerade im Bereich der Konsumgüter-Industrie spielt die psychologische Produkt-Differenzierung eine bedeutende Rolle, die nur durch den suggestiven Appeal und das Herausstellen des Zusatznutzens zu erreichen ist. Dies bedingt aber, daß Produktvergleich und subjektive Alleinstellung in viel weiterem Rahmen zuzulassen sind.

Werbliche Direktangriffe auf die Konkurrenz

Es ist eine Selbstverständlichkeit, daß es unzulässig ist, in seiner Werbung auf Vorstrafen oder Verfehlungen, auf unlauteres Verhalten, Patentverletzungen usw. des Mitbewerbers hinzuweisen. Wenn ein öffentliches Interesse an der Ausschaltung eines unzuverlässigen Wettbewerbers besteht, so kann dies nur durch die zuständigen Stellen in Verfahren geschehen, die Objektivität und Rechtsstaatlichkeit gewährleisten. Weiterhin selbstverständlich ist es, daß jede Bezugnahme in der Werbung auf Ausländer-Eigenschaft, Rassenzugehörigkeit, Konfession, Parteizugehörigkeit oder persönliche Verhältnisse eines Konkurrenten unzulässig ist.

Vergleichende Werbung: Der Waren- und Leistungsvergleich macht das Wesen des Wettbewerbs aus. Je größer das Warenangebot, desto größer das Interesse der Verbraucher an Vergleich, an Markttransparenz. Die Werbetheorie geht davon aus, daß durch das werbliche Herausarbeiten und Herausstellen des hervorstechendsten Verkaufsargumentes am wirksamsten geworben werden kann. Das erfordert aber sehr oft den Vergleich oder bringt einen zumindest in die Nähe des Vergleichs, so daß eine engherzige Beschränkung der vergleichenden Werbung die Werber zwischen die Skylla der Wirkungslosigkeit und die Charybdis der Unlauterkeit ihrer Werbebotschaft bringt.

Auf der anderen Seite stehen die nicht zu übersehenden Gefahren einer vergleichenden Werbung für den in die Schußlinie geratenden Mitbewerber. Diesem kann unverhältnismäßig großer Image-Schaden entstehen.
Die richtige Grenzziehung für eine erlaubte vergleichende Werbung ist davon abhängig, wie man die Mündigkeit des konsumierenden Publikums einschätzt. Je weniger Kritikfähigkeit man ihm zutraut, desto mehr wird man die vergleichende Werbung einschränken und umgekehrt.

Waren- und Systemvergleich:
Die ältere höchstrichterliche Rechtspre-

chung in Deutschland unterschied zwischen dem grundsätzlich unzulässigen Warenvergleich und dem Systemvergleich. Danach lag *Warenvergleich* vor, wenn ein Wettbewerber seine eigene Ware als die bessere oder billigere der Ware eines Mitbewerbers gegenüberstellte, der ausdrücklich genannt wurde oder erkennbar gemeint war. Selbst wenn die Waren des vergleichenden Wettbewerbers tatsächlich besser waren als die Waren, mit denen sie verglichen wurden, stand die Rechtsprechung früher auf dem Standpunkt, daß ein derartiger Warenvergleich unzulässig sei. Demgegenüber war der sogenannte *Systemvergleich,* also die abstrakte Gegenüberstellung zweier Systeme (technischer oder organisatorischer) stets erlaubt, sofern das als unterlegen dargestellte System nicht erkennbar auf einen bestimmten Mitbewerber und seine Waren hinweist. Einschränkungen wurden für den sogenannten *uneigentlichen Systemvergleich* gemacht, der dann vorliegt, wenn bestimmte Waren – also die eigenen, angepriesenen Waren – werblich im positiven Gegensatz zu dem anderen, nur abstrakt angesprochenen System gezeigt werden. Hier wurden folgende Einschränkungen gemacht: Das fremde System darf nicht schlagwortartig abgewertet werden (BGH in GRUR 1963, 371 ff.: »Evidur«: »stärken ist besser«). Das gegenüber dem fremden System als besser herausgestellte Ergebnis des eigenen Systems darf nicht ohne sachliche Begründung schlagwortartig vorweggenommen werden (BGH in GRUR 1958, 485 ff.: »Odol : »Pastillen nehmen ist einfacher und wirksamer als Gurgeln«). Der umworbene Kunde darf nicht schlagwortartig aufgefordert werden, das andere System nicht zu benutzen (BGH in GRUR 1961, 246 ff.: »Zahnprothesen«: »Zahnprothesen nicht bürsten!«).

Abwehr- und Fortschrittsvergleich:
Als weitere Ausnahmen von dem grundsätzlichen Verbot des Warenvergleichs wurde durch die Rechtsprechung die sogenannte *Abwehrvergleich* zugelassen, wenn er zur Abwehr eines rechtswidrigen Angriffs eines Mitbewerbers erforderlich war, weiterhin der sogenannte *Fortschrittsvergleich,* der zur Verdeutlichung

eines Fortschritts auf technischem oder wirtschaftlichem Gebiet notwendig ist.
Neuerdings wird die *vergleichende Werbung* zugelassen, wenn sie wahr ist und ein hinreichender Anlaß besteht (BGH in GRUR 67, 33: »Rumverschnitt«). Ein solcher liegt z. B. in dem schutzwürdigen Bedürfnis der Allgemeinheit nach sachgemäßer Aufklärung über Preisverhältnisse. Die Werbebehauptung, die eigene Ware sei im Vergleich zu anderen besser, ist hinsichtlich ihres Wahrheitsgehaltes auf die Goldwaage zu legen. Die Beweislast für solche Behauptungen trifft dabei denjenigen, der sich einer solchen vergleichenden Werbung bedient.

Anlehnende vergleichende Werbung:
Einen unlauteren Direktangriff auf die Marktposition der Konkurrenz stellt es ebenfalls dar, wenn ein Wettbewerber das Image eines Mitbewerbers als Vorspann für seine eigene Leistung nimmt. Dies kann dadurch geschehen, daß der Wettbewerber mit dem Hinweis wirbt, seine Waren seien ebensogut wie die des Mitbewerbers (*anlehnende vergleichende Werbung*) oder daß er das durch fremde Werbung bei den Verbrauchern entstandene Erinnerungsbild in einer Weise für sich ausnützt, daß die umworbene Zielgruppe annimmt, auch bei der früheren, fremden Werbung habe es sich um diejenige des anlehnend werbenden Wettbewerbers gehandelt.

Verwirrung der Verbraucher

Alleinstellungswerbung:
Die sogenannte *Alleinstellungswerbung,* zumeist in der Form von *Superlativ-Werbung* betrieben, stellt gleichzeitig eine vergleichende Werbung dar. In Rechtsprechung und Literatur sind Meinungsverschiedenheiten darüber aufgetreten, ob die Werbung mit dem negativen Komparativ als »Spitzengruppenwerbung« (so Baumbach-Hafermehl in seinem Kommentar zum UWG) oder als Alleinstellungswerbung anzusehen ist. So hat das LG Hagen die Meinung vertreten, der Slogan für Steinhäger »Es gibt nichts Besseres« beinhalte eine unzulässige Alleinstellung,

weil dieser Spruch nicht nur besage, es gebe keine höherwertige Ware, sondern von vielen im Sinne von »unerreichbar« verstanden werde (GRUR 1956, 423). Im Fall der Alleinstellungswerbung muß unter Beweis gestellt werden, daß der Wettbewerber mit seinem Produkt vor der Konkurrenz einen Vorsprung hält, der nachhaltig und von allen voraussehbaren Schwankungen unabhängig ist (OLG Köln in WRP 55, 23). Für die Spitzengruppenwerbung muß dagegen nur bewiesen werden, daß das Produkt nach seinem technischen und qualitativen Standard zur Spitzengruppe zählt. Die neue Rechtsprechung des BGH läßt eine gewisse Tendenz erkennen, die Werbung mit dem negativen Komperativ als Spitzengruppenwerbung aufzufassen. So hat der BGH in der »Lavamat II«-Entscheidung (BGH Z 43, 41 ff.) den Werbespruch »Den und keinen anderen« nicht als unzulässige Alleinstellung angesehen.

Superlativ-Werbung:
Bei der Superlativ-Werbung können die strengen Wahrheitsmaßstäbe des § 3 UWG dann nicht angelegt werden, wenn die umworbenen Abnehmer die Werbebotschaft als subjektives Werturteil verstehen. Hierbei kommt es darauf an, ob ein nicht unerheblicher Teil des Verkehrs der Aussage einen objektiv nachprüfbaren Inhalt beimißt oder nicht. So hat der BGH z. B. entschieden, daß der Werbeslogan einer Kindernahrungsmittelfabrik »Mutti gibt mir immer nur das Beste« von den angesprochenen Hausfrauen und Müttern ohne weiteres als ein subjektives Werturteil erkannt werde, somit also keine unlautere Alleinstellung vorliege (GRUR 1965, 363 ff.).

Wahrheit in der Werbung:
In § 3 UWG hat der Gesetzgeber einen Katalog von Angaben zusammengestellt, die in besonderem Maße geeignet sind, die Verbraucher zu verwirren, wenn nicht genau der Wahrheit entsprochen wird:
– Angaben über geschäftliche Verhältnisse, insbesondere über die Beschaffenheit, den Ursprung, die Herstellungsart oder die Preisbemessung einzelner Waren oder gewerblicher Leistungen,
– Angaben über das gesamte Angebot,

über Preislisten, über die Art des Bezugs oder die Bezugsquelle von Waren,
– Angaben über den Besitz von Auszeichnungen, über den Anlaß oder den Zweck des Verkaufs oder über die Menge der Vorräte.
Die Bedeutung dieser Vorschrift ist sehr weitreichend und erfaßt unter anderem alle auf die angebotenen Waren oder Leistungen hinweisenden Bezeichnungen, wie Berufsbezeichnungen, Firmierungen und Geschäftsbezeichnungen, denen der Verkehr einen typischen Inhalt beimißt, Schutzrechtshinweise und Qualitätskennzeichnungen. Die Herkunftsbezeichnungen, die ebenfalls Schutz unter dem Wahrheitsgebot des § 3 UWG genießen, machen immer wieder Schlagzeilen in der Presse. Man denke nur an die zahlreichen »Bierkriege« um die Herkunftsangaben »Münchener Bier«, »Pilsener Bier«, »Dortmunder Bier«, »Kulmbacher Bier« und das »Kölsch«. Neben den Bierbezeichnungen wären hier beispielsweise noch aufzuzählen: »Camembert«, »Helgoländer Hummer«, »Bielefelder Leinen«, »Nürnberger Lebkuchen«, »Dürener Papierwaren«, »Burberry«, »Solingen« etc.
Werden solche Bezeichnungen vom Verkehr als Gattungsbezeichnung (Beschaffenheitsangabe) aufgefaßt, so steht ihre Herkunftsbezeichnung nach § 5 UWG nicht mehr unter dem strengen Wahrheitsgebot. Erwähnt sei noch, daß auch Symbole, wie berühmte Bauten (Kölner Dom, Frankfurter Römer, Lübecker Holstentor) sowie herkunftskennzeichnende besondere Gestaltungen (Boxbeutelflaschen für Frankenwein) zu den geschützten Herkunftsangaben gehören.

Werbung mit Hersteller- oder Großhändlereigenschaft:
Eine besondere Art der irreführenden Werbung ist der den Tatsachen nicht entsprechende Hinweis auf Herstellereigenschaft oder Großhändlereigenschaft im geschäftlichen Verkehr mit dem letzten Verbraucher. Um die nicht ganz durchsichtigen Tatbestände einer eindeutigen Regelung zuzuführen, wurde in Ergänzung des § 3 UWG durch das Änderungsgesetz vom 26. 6. 1969 der § 6a UWG eingefügt. Danach darf unter Hinweis auf seine Herstel-

lereigenschaft an den letzten Verbraucher nur noch Waren verkaufen, wer

– ausschließlich an den letzten Verbraucher verkauft oder
– an den letzten Verbraucher zu den seinen Wiederverkäufern oder gewerblichen Verbrauchern eingeräumten Preisen verkauft oder
– unmißverständlich darauf hinweist, daß die Preise beim Verkauf an den letzten Verbraucher höher liegen als beim Verkauf an Wiederverkäufer oder gewerbliche Verbraucher.

Als Großhändler darf sich nicht bezeichnen, wer überwiegend Wiederverkäufer oder gewerbliche Verbraucher beliefert und an Letztverbraucher entweder zu gleichen Preisen verkauft oder die Letztverbraucher darauf hinweist, daß er ihnen zu einem höheren Preis als den Wiederverkäufern oder gewerblichen Verbrauchern verkauft.

Gefühlsbetonte Werbung:
Der Verbraucher soll auch nicht dadurch verwirrt werden, daß die Werbung seine Gefühle im Übermaß anspricht oder sich eine der wirksamsten psychologischen Mangelsituationen, den Mangel an Gesundheit, zunutze macht.
Unlauter ist daher die *gefühlsbetonte Werbung,* die auf das Mitgleid, die Hilfsbereitschaft, Mildtätigkeit, Vaterlandsliebe oder Frömmigkeit des Umworbenen zielt.
Das Gesetz über den Vertrieb von Blindenwaren vom 9. 9. 1963 soll auf diesem Gebiet, auf dem viel Mißbrauch getrieben wurde, klare Verhältnisse schaffen. Was als Blindenware gekennzeichnet werden darf, ergibt sich aus dem Katalog der entsprechenden Durchführungsverordnung.
Werbung, die den Anschein erweckt, gesundheitliche Vorteile zu bringen und dabei überwiegende gesundheitliche Nachteile verschweigt (z. B. bei Werbung für alkoholische Getränke), ist als irreführende *Werbung mit der Gesundheit* unlauter.
Um die besonderen Gefahren, die auf diesem Gebiete von der Heilmittelwerbung ausgehen, einzudämmen, wurde das Heilmittelwerbe-Gesetz vom 11. 7. 1965 geschaffen.

Unlautere Promotions

Promotions (aus dem Amerikanischen, auch »Sales Promotion«) werden hier verstanden als alle dem Produkt auf dem Warenwege zukommenden Verkaufsförderungsmaßnahmen. Hierzu bildet die Werbung die notwendige Ergänzung, die sich zumeist der klassischen Medien wie Anzeigen, Fernsehen, Film, Plakate und Rundfunk bedient und bei dem potentiellen Kunden ein Suchbild und damit eine Disposition für das Produkt schaffen soll. Werbung und Verkaufsförderung treffen sich am »point of purchase«, wo sie zum Kaufentscheid führen sollen.

Unzumutbare Behinderung des Wettbewerbs der Konkurrenz

Eine sehr beliebte Verkaufsförderungsmaßnahme auf dem Konsumgütersektor, insbesondere bei Einführung von neuen Produkten, ist das *Verteilen von Proben.* Diese Maßnahme ist um so wirksamer, je besser sich das Produkt selbst, aufgrund seiner Produkteigenschaften und seiner unmittelbaren Anmutung zu verkaufen vermag. Das Verteilen von Warenproben ist grundsätzlich wettbewerbskonform, da die Kunden durch Produktvergleich Produktpräferenzen bilden sollen. Sind die Proben jedoch so groß und werden sie so massenhaft verteilt, daß der Verbraucherbedarf vorübergehend – und sei es auch nur regional – gedeckt ist und damit eine vorübergehende *Marktverstopfung* eintritt, so ist dies als unzumutbare Behinderung des Wettbewerbs der Konkurrenz unzulässig. Schulbeispiele hierfür sind die Entscheidungen »Suwa« (GRUR 57, 365) und »Sunil« (GRUR 57, 363), wo unentgeltlich massenhaft Waschmittelpakete gratis verteilt wurden und zudem durch die Nachahmung dieses Vorgehens durch die kapitalstarke Konkurrenz die Gefahr einer nachhaltefesten Marktverstopfung gegeben war.
Als unlautere Promotion wurde weiterhin der Ankauf von Konkurrenzwaren mit der Verpflichtung zur Abnahme eigener Waren angesehen (»Rasierklingen«, BGH 3, 339: Inzahlungnahme einer alten Klinge bei Abnahme von drei neuen Klingen).

Ein *Schaufenster-Wettbewerb*, den ein Hersteller unter den Einzelhändlern veranstaltet, behindert zwar auch den Absatz der Mitbewerber, da deren Produkte während der Dauer des Wettbewerbs entweder ganz oder teilweise aus den Auslagen gedrängt werden. Entschließen sich die Händler zur Teilnahme an diesem Wettbewerb aus betriebseigenen Erwägungen, so ist dies wettbewerbskonform. Übt jedoch der Hersteller einen Druck auf die Händler aus, gewährt er unangemessen hohe Vergünstigungen oder Preise und erstreckt sich die Schaufenster-Reservierung auf eine unangemessen lange Zeit, so ist dies unlauterer *Behinderungswettbewerb*. Mietet ein Hersteller zur Ausstellung seiner Waren beim Händler Schaufenster oder Regale etc., so kann hierin auch ein Verstoß gegen das strikte Wahrheitsgebot des § 3 UWG liegen, weil die Verbraucher irrtümlich annehmen können, der Händler wolle durch sein Display von sich aus die Waren empfehlen (vgl. »Italienische Note«, BGH GRUR 59, 138/142).

Unzumutbare Einflußnahme auf die Verbraucher

Psychologischer Kaufzwang:
Es ist unzulässig, den Verbraucher über Autoritätspersonen, wie Lehrer oder Arbeitgeber, anzusprechen. Weiterhin ist es nicht gestattet, Passanten anzusprechen, um sie zum Betreten des Ladens zu bewegen (»Straßenhandel«, GRUR 60, 431; GRUR 65, 315). Diese Art lästiger Promotion wird von der Fachliteratur auch als »Anreißen« bezeichnet. Unzulässig ist es, unbestellte Waren an Interessenten zu schicken, mit denen noch keine Geschäftsverbindung besteht. Von dem *Verbot unbestellter Warenzusendung* besteht lediglich für Gegenstände des täglichen Bedarfs dann eine Ausnahme, wenn der Kunde ausdrücklich darüber belehrt wird, daß für ihn keine Aufbewahrungs- oder Rücksendepflicht besteht (»Künstlerpostkarten«, GRUR 59, 277; »Verbandstoffe«, GRUR 60, 382). Auch durch übermäßige Werbegeschenke kann ein psychologischer Kaufzwang ausgeübt werden, wenn sich der Beschenkte dadurch moralisch

zum Kauf verpflichtet fühlt (»Feuerzeug«, GRUR 59, 31). Aus dem gleichen Grund ist die *kostenlose Beförderung* von Kaufinteressenten unstatthaft (OLG Düsseldorf in BB 68, 558). Ebenso die Verkopplung von *Glücksspiel und Warenvertrieb* (z. B. Hinweis darauf, daß einzelnen Waren Geldgutscheine beigepackt seien – RG in JW 28, 1210 –; Preisausschreiben und Preisrätsel, die mit dem Warenbezug gekoppelt sind – vgl. OLG Düsseldorf in GRUR 51, 461). Wird dagegen die Spielleidenschaft benutzt, um die Aufmerksamkeit der Verbraucher auf ein Unternehmen und seine Waren hinzulenken, so ist dies wettbewerbskonform (»Italienische Note«, GRUR 59, 138). Hängt ein Preisgewinn vom Zufall ab und muß der Teilnehmer einen Einsatz leisten, so liegt eine *öffentliche Ausspielung* vor, die ohne behördliche Genehmigung nach § 286 StGB strafbar ist.

Laienwerbung:
Die sogenannte *progressive Kundenwerbung* wird von Lehre und Rechtsprechung fast einhellig als per se unlauter bezeichnet. Hier gibt es im wesentlichen zwei Systeme: das *Schneeball-System* (auch Lawinen-, Hydra- oder Gella-System genannt) und das *Admira-System*. Beide Systeme basieren auf dem Gesetz der geometrischen Reihe, d. h., einem Kunden wird Ware verkauft unter der Bedingung, daß er mehreren anderen Kunden die gleiche Ware zu der gleichen Bedingung verkauft. Erfüllt er die Bedingung, erhält er den Kaufpreis ganz oder teilweise zurückerstattet, erfüllt er die Bedingung nicht, verliert er sein Geld, ohne die Ware zu erhalten (Schneeball-System). Das Admira-System unterscheidet sich dadurch, daß bei dem Käufer kein Verlust eintritt. Die Unlauterkeitsmerkmale werden darin gesehen, daß die Laienwerber im Hinblick auf die attraktiven Bedingungen regelmäßig der Versuchung erliegen werden, die von ihnen zu werbenden Kunden mit jedem Mittel zum Abschluß zu bringen. Zum anderen erliegen die Kunden meist der Täuschung, die geforderte Bedingung sei leicht zu erfüllen, wobei sie sich keine Gedanken über die *systembedingte Marktverengung* machen. Vielfach erfüllt die progressive Kundenwerbung auch die Tatbestandsmerkmale

des Einsatzes und des Zufalls, so daß eine *strafbare Ausspielung* gemäß § 286 Abs. 2 StGB in Frage kommt.

Auch die *einfache Kundenwerbung* kann unlauter sein. Hierbei werden die Bedingungen, unter denen die Laienwerber arbeiten, nicht an die von ihnen geworbenen Kunden weitergegeben. Schulbeispiel ist die Entscheidung »Bienenhonig« des BGH (GRUR 59, 285). Auch hier wurde das Unlauterkeitsmerkmal darin gesehen, daß angesichts der überhöhten Prämien eine große Gefahr bestehe, daß sich die Laienwerber des Mittels der »Bauernfängerei« bedienen. Bei allen Laienwerbungs-Aktionen liegt es auf der Hand, daß sich die Laienwerber zunächst in ihrem Verwandten- und Bekanntenkreis ihre Opfer suchen werden. Damit entfallen die erheblichen Hemnisse des ersten Kontakts normaler Akquisition, worin neben der unzumutbaren Einflußnahme auf die so angesprochenen Verbraucher auch eine Verzerrung des Leistungswettbewerbs, d. h. eine Verschiebung der Chancengleichheit, liegt.

Preisgestaltung:

Der »*Wahrheit in der Preisgestaltung*« dienen die Regeln für die Zulässigkeit von *Zugaben*, *Rabatten* und *Ausverkäufen*. § 1 Abs. 1 ZugabeVO (ZugabeVO = Zugabeverordnung 9. 3. 1932) verbietet die Zugaben grundsätzlich, Abs. 2 gestattet lediglich folgende Ausnahmen:
- geringwertige Reklame-Artikel und Kleinigkeite z. B. Luftballons, Fähnchen, Taschenkalender, Gummibällchen.
- Geldrabatte in bar oder durch Gutschrift (die bei Verkauf an Letztverbraucher 3% nicht überschreiten dürfen – § 2 Rabattgesetz –).
- Mengenrabatte in gleicher Ware (Letztverbraucher: Rabattgesetz!).
- Handelsübliches Zubehör oder handelsübliche Nennleistungen, z. B. Verkauf von Senf im Glas, von Keksen in einer Blechschachtel, ferner das Zusenden der Ware, die Einräumung von Parkmöglichkeit.
- Kundenzeitschriften, die als solche gekennzeichnet und geringwertig sind.
- Auskünfte oder Ratschläge, z. B. graphologische Auskünfte und Kochrezepte in einer Zeitung.

- Abonnentenversicherungen, jedoch nur, wenn sie bei beaufsichtigten Versicherungsunternehmen und -anstalten abgeschlossen werden.

Gem. § 1 Abs. 3 ZugabeVO muß die Werbebotschaft – gleich in welcher Form (das Gesetz nennt »Angebot« und »Ankündigung«) – alles vermeiden, was den Eindruck erwecken könnte, die Zugabe sei unentgeltlich gewährt (das Gesetz verbietet beispielhaft ausdrücklich die Worte »Gratis-Zugabe« und »Geschenk«). Auch am Point of purchase muß darauf geachtet werden, daß ein Unentgeltlichkeits-Eindruck vermieden wird. Ausweg: Man kann die Zugabe auch in seiner Werbung als Zugabe bezeichnen. Werbegeschenke sind keine Zugaben, da ihre Gewährung ja nicht davon abhängt, ob ein Kauf der Hauptware erfolgt oder nicht. Für den Promotion-Fachmann ist ferner wichtig zu wissen, daß die Gewährung der Zugabe in keiner Form von einem Zufall abhängig gemacht werden darf. Beispiele für unzulässige *Zufallszugaben:* »Jeder 12. Käufer einer Kamera erhält einen wichtigen Ratschlag«; »Jeder 100. Besteller erhält 20,– DM Gewinn«; »Jeder 5. Besucher erhält kostenlos ein Buch«.

Von der Zugabe zu unterscheiden sind die *Kopplungsangebote*. Hier werden verschiedene Waren zu einem Gesamtpreis abgegeben. Derartige Verkaufsmaßnahmen sind jedoch nur dann zugabeberechtlich und wettbewerbsrechtlich unbedenklich, wenn der Gesamtpreis wertgerecht kalkuliert ist und eine Beurteilung der Preiswürdigkeit der gekoppelten Waren durch einen Vergleich mit den Preisen der Mitbewerber möglich bleibt *(offene Kopplungsangebote)*. So hat es der BGH in der Entscheidung »Glockenpackung« (GRUR 62, 415/418) als gegen § 1 UWG verstoßend angesehen, wenn einer 50-g-Packung Tee eine »Japan-Teetasse« beigegeben ist und beides zusammen in einem Cellophanbeutel zu einem Gesamtpreis vertrieben wird.

Auch der Promotion durch Rabattgewährung sind durch den Gesetzgeber enge Grenzen gezogen. Waren und Leistungen des täglichen Bedarfs dürfen gegenüber dem letzten Verbraucher nach dem Rabattgesetz vom 25. 11. 1933 (RabattG) nur um

| WERBUNG, unlauter, unerlaubt | erlaubt | PROMOTIONS, unlauter, unerlaubt |

SPHÄRE DER ANBIETERKONKURRENZ

Werbliche Direktangriffe auf die Konkurrenz

vergleichende Werbung

anlehnende vergleichende Werbung

System-, Fortschritts-, Abwehrvergleich, wahrer Vergleich aus hinreichendem Anlaß

Unzumutbare Behinderung des Wettbewerbs der Konkurrenz

Marktverstopfung durch Proben

Schaufenster- und Regalmiete

unverdienter Wettbewerbsvorsprung

Vorspann-Angebote, die Händler zu unsachlicher Wahl verleiten

Verkaufswettbewerbe, die Händler zu unsachlicher Wahl verleiten

SPHÄRE DES VERBRAUCHERMARKTES

Verwirrung der Verbraucher

Alleinstellungswerbung

Superlativwerbung

strafbare, vorsätzlich falsche Werbung

Werbung mit Hersteller- oder Großhändlereigenschaft

gefühlsbetonte Werbung (Mitleid, Vaterland etc.)

Werbung mit der Gesundheit

erkennbar subjektives Werturteil

unter bestimmten Voraussetzungen

unter bestimmten Voraussetzungen

unzumutbare Einflußnahme auf die Verbraucher

Anreißen

Verbot unbestellter Warenzusendung

kostenlose Beförderung

progressive Kundenwerbung

einfache Kundenwerbung mit psychologischem Abschlußzwang

Zugaben

Rabatte

Ausverkäufe

Kopplungsangebote

Sondernachlässe

Lockvogelangebote

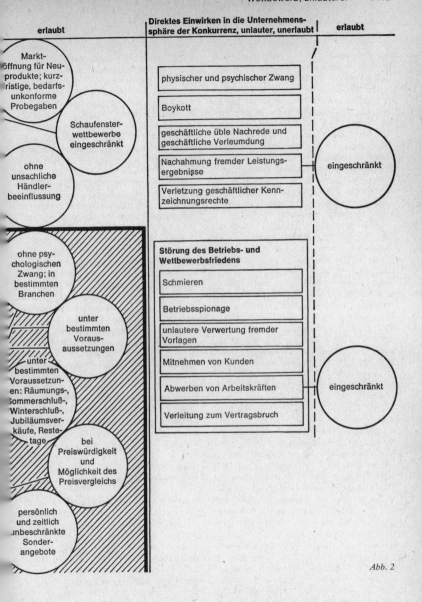

Abb. 2

3% in ihrem normalen Preis ermäßigt werden. Das Gesetz regelt im einzelnen, wie der Rabatt zu gewähren ist. Orts- und handelsübliche *Sondernachlässe* dürfen gegenüber solchen Personen gewährt werden, die diese Waren zur Berufsausübung verwerten, weiterhin gegenüber Großverbrauchern und schließlich gegenüber Arbeitern und Angestellten des eigenen Unternehmens (§ 9 RabattG). Darüber hinaus verbietet es das Rabattgesetz nicht, wenn ein Händler seine Preise herabsetzt und diese als »Sonderpreise« kennzeichnet. Rabattrechtlich unzulässig sind lediglich die *echten Sonderpreise*, d. h. solche, die wegen der Zugehörigkeit des Kunden zu bestimmten Verbraucherkreisen angekündigt oder gewährt werden.

Vorsätzliche und fahrlässige Zuwiderhandlungen gegen das Rabattgesetz oder die Zugabeverordnung machen strafbar und lösen Unterlassungs- und Schadensersatzansprüche aus.

Zu den unlauteren Promotions zählen schließlich die *Lockvogel-Angebote*. Sie liegen vor, wenn die günstig angebotenen Waren gar nicht oder nur in einer im Verhältnis zur Nachfrage völlig unzureichenden Menge vorhanden sind. Der Kunde soll nur angelockt werden und auf diese Weise zum Kauf einer teureren Ware verleitet werden. Solche Angebote verstoßen gegen § 1 UWG und gegen das Wahrheitsgebot des § 3 UWG.

Ausverkäufe:

Ausverkäufe sind ein wirksames Mittel der Sales-promotion, bieten aber auch reichlich Gelegenheit zu unlauterem Wettbewerb. Daher sind sie durch §§ 7–10 UWG einer strengen Regelung unterworfen, die im Interesse der Mitbewerber Schein-Ausverkäufe und im Interesse der Verbraucher Irreführungen verhindern soll. Ausverkäufe dürfen nur angekündigt und durchgeführt werden, wenn das Lager tatsächlich wegen völliger Aufgabe des Warenverkaufs geräumt werden soll. Damit eine Kontrolle durch die Mitbewerber und die Behörden möglich ist, muß der Grund des Total-Ausverkaufs oder Teil-Ausverkaufs (einer einzelnen Warengattung) angegeben werden und die Veranstaltung einer von der höheren Verwaltungsbehörde be-

stimmten Stelle gemeldet werden. Derjenige, der einen solchen Ausverkauf durchgeführt hat, wird zusammen mit seinem Ehegatten oder seinen nahen Angehörigen für ein Jahr gesperrt, d. h., er darf am gleichen Ort den Geschäftsbetrieb, dessen Aufgabe er angekündigt hat, in dieser Zeit nicht wieder aufnehmen. In gleicher Weise sind *Räumungsverkäufe*, die im Gegensatz zum Ausverkauf nur der in einem laufenden Geschäft manchmal aus besonderen Gründen notwendigen Räumung des Lagers, z. B. wegen Geschäftsverlegung oder Umbaus dienen, begründungs- und anzeigepflichtig. Die 1-Jahres-Sperre gilt für einen Räumungsverkauf allerdings nur dann, wenn dadurch eine unselbständige Verkaufsstelle aufgegeben wird. (Vgl. §§ 7–7 c UWG.)

Sogenannte *Abschnitts-Schlußverkäufe* sind der *Sommer-* und *Winter-Schlußverkauf*. Eine Verordnung des Bundeswirtschafts-Ministers aufgrund § 9 UWG legt für beide die Verkaufszeit auf 12 Werktage fest und bestimmt als Beginn für ersteren den letzten Montag im Juli und für letzteren den letzten Montag im Januar. Außer den genannten Ausverkäufen sind als Sonderveranstaltungen lediglich aufgrund einer noch als gültig angesehenen Anordnung des Reichswirtschafts-Ministers vom 4. 7. 1935 (RAnz Nr. 158 Seite 1) *Jubiläumskäufe* zur Feier des Bestehens eines Geschäfts nach Ablauf von jeweils 25 Jahren und drei *Restetage* an den letzten Tagen der Sommer- und Winter-Schlußverkäufe zulässig.

Unverdienter Wettbewerbsvorsprung

Promotions auf der Handelsstufe:

Bei technisch und in der Anwendung schwierigen Produkten werden Händler und Verkaufspersonal in Zukunft ohne Verkaufsschulung durch den Hersteller oder von ihm beauftragte Institute nicht mehr in der Lage sein, die vom Hersteller produzierte Dienstleistung »Beratung« in ausreichendem Maße und in der richtigen Form weiterzugeben. Solche Händler- und Verkaufspersonal-Schulungen sind grundsätzlich wettbewerbskonform.

Eine Möglichkeit, einen Händler für die Abnahme der Waren eines bestimmten Herstellers zu gewinnen, sind die sogenannten *Vorspann-Angebote,* bei denen der Hersteller neben der Hauptware für den eigenen Bedarf des Händlers Gebrauchsgegenstände des täglichen Lebens zu sehr günstigen Preisen anbietet.

Der BGH sieht dann eine Wettbewerbs-Widrigkeit, wenn der Händler durch die Attraktivität des Vorspann-Angebotes davon abgehalten wird, die Ware nach ihrer Qualität und Preiswürdigkeit gewissenhaft zu prüfen, was wiederum der Endverbraucher vom Zwischenhändler funktionsgemäß erwartet. Die gleichen Beurteilungsmaßstäbe müssen bei *Verkaufswettbewerben* für Einzelhändler angelegt werden.

Warentest: Ein Warentest kann zwar dem gut davongekommenen Hersteller einen kräftigen − möglicherweise auch unverdienten − Wettbewerbsvorsprung verschaffen. Warentests sind aber, wenn sie von neutraler Stelle ausgeführt werden, keine Wettbewerbshandlungen, so daß sie gar nicht auf Wettbewerbskonformität im Sinne des UWG überprüft werden können. Ist einem Hersteller durch ein objektiv fehlerhaftes Verfahren und ein daraus resultierendes negatives Abschneiden bei dem Warentest ein Schaden entstanden, so kann er das Warentest-Institut aus dem allgemeinen Deliktsrecht des BGB (§§ 823, 824, 1004) auf Schadenersatz in Anspruch nehmen.

Direktes Einwirken in die Unternehmenssphäre der Konkurrenz

Es versteht sich von selbst, daß der Einsatz von *physischem und psychischem Zwang* gegenüber einem Konkurrenten zur Erreichung eines Wettbewerbszieles stets gegen die guten Sitten verstößt.

Gleiches gilt für den *Boykott,* durch den ein Mitbewerber vom üblichen Verkauf oder Warenbezug abgeschnitten werden soll.

Zu den groben Maßnahmen gegen einen Wettbewerber, über deren Sittenwidrigkeit keine weiteren Worte zu verlieren sind, gehört weiterhin die *geschäftliche üble Nachrede* und die *geschäftliche Verleumdung,* die die §§ 14 und 15 UWG unter Strafe stellen.

Nachahmung fremder Leistungsergebnisse

Der sogenannte *wettbewerbliche Leistungsschutz* kann ergänzend zu den Sonderschutzrechten hinzutreten. Unter ihm können alle möglichen gewerblichen Erzeugnisse Schutz finden, wie Werbekonzeptionen, Modekreationen, Filmideen, Schaufensterauslagen, technische Konstruktionen, Pflanzenzüchtungen etc. Eine Nachahmung solcher Erzeugnisse ist als unlauter anzusehen unter folgenden Voraussetzungen: Das Produkt, welches den Schutz in Anspruch nehmen will, muß sich soweit von ähnlichen Produkten auf dem Markt abheben, daß es einen Wettbewerbsvorsprung erwarten läßt. Auch der erhebliche Aufwand an Mühen und Kosten wurde durch die höchstrichterliche Rechtsprechung als Schutzvoraussetzung genannt. Die Nachahmungshandlung ist dann unlauter, wenn die fremde Leistung sklavisch nachgeahmt oder durch ein billiges Vervielfältigungsverfahren unter Ersparung eigener Anstrengungen unmittelbar übernommen und dadurch ein unverdienter Wettbewerbsvorsprung erlangt wurde. Ein sehr wesentlicher Gesichtspunkt ist, daß man dem geschützten Unternehmer die Amortisation seiner Mühen und Kosten ermöglichen will, da sonst jeder Anreiz zu fortschrittlichen Leistungen entfallen würde. Auch die Täuschung des Publikums über Herkunft und Güte des Produkts wurde von der höchstrichterlichen Rechtsprechung als Unlauterkeitsmerkmal genannt.

Verletzung geschäftlicher Kennzeichnungsrechte

§ 16 UWG gibt dem Verletzten gegen denjenigen, der seinen Namen, seine Firma oder die besondere Bezeichnung seines Unternehmens in einer Weise benutzt, die geeignet ist, Verwechslungen hervorzurufen, einen Unterlassungs- und Schadenersatzanspruch. *Besondere Geschäftsbezeichnungen* (Etablissement-Bezeichnungen) sind frei gewählte Wort- oder Bildzeichen mit Namensfunktion. Voraussetzung für den Schutz ist die Priorität der Benutzung. In gleicher Weise stehen unter dem Schutz des § 16 auch Druckschriften-Titel, worunter auch Filmtitel und Titel von Kompositionen, Bühnenwerken und Sendungen fallen. Die bekannten Schutzanzeigen in den Fachzeitschriften dienen dazu, den Nachweis der Benutzungspriorität sicherzustellen.

Unter der Voraussetzung der zuerst erlangten Verkehrsgeltung gewährt § 16 Abs. 3 UWG den Geschäftsabzeichen und den sonstigen zur Unterscheidung des Geschäfts von anderen Geschäften bestimmten Einrichtungen Schutz. Hierunter fallen bestimmte Aufmachungen des Unternehmens, Farbgebungen, einheitliche Bekleidung des Personals, einheitliche Verpackung der Waren, Gestaltung von Drucksachen, ja sogar Fernsprech-Nummern und Telegramm-Adressen, schließlich Slogans, sofern sie innerhalb der beteiligten Verkehrskreise als Kennzeichen des Unternehmens gelten. Mit dem Ende der Verkehrsgeltung endet auch der Schutz. Der Schutz gilt grundsätzlich für das gesamte Bundesgebiet und West-Berlin, sofern die Bezeichnung überall als Hinweis auf ein bestimmtes Unternehmen verstanden wird, wobei allerdings auch die Möglichkeit räumlicher Ausdehnung der Geschäftätigkeit und damit der Kennzeichnungskraft zu berücksichtigen ist. Bei räumlich eingeschränkter Verkehrsgeltung ist auch der Schutz entsprechend räumlich beschränkt.

Störung des Betriebs- und Wettbewerbsfriedens

Die unmittelbare Unternehmenssphäre bildet einen wettbewerbsfreien Raum, in dem jegliche wettbewerbliche Kampfmaßnahmen untersagt sind. Das UWG regelt ausdrücklich die Fälle des »Schmierens«, d. h. der aktiven und passiven Angestellten-Bestechung (§ 12 UWG), die *Betriebs-Spionage* (§ 17 UWG) und die *unlautere Verwertung fremder Vorlagen* (§ 18 UWG). Schmieren wird mit Gefängnis bis zu einem Jahr und mit Geldstrafe bis zu 5000,– DM, Betriebs-Spionage mit Gefängnis bis zu 3 Jahren und/oder mit Geldstrafe und unlautere Verwertung fremder Vorlagen mit Gefängnis bis zu 2 Jahren und/oder mit Geldstrafe bestraft. Alle drei Vergehen sind Antrags-Delikte mit der Besonderheit beim Schmieren, daß hier nicht nur der unmittelbare Verletzte – also der Unternehmens-Inhaber –, sondern jeder Gewerbetreibende, der Waren oder Leistungen gleicher oder verwandter Art herstellt oder in den geschäftlichen Verkehr bringt, und Verbände zur Förderung gewerblicher Interessen zur Stellung des Antrags befugt sind. Die *Betriebs-Spionage* ist in der Form des Verrats von Betriebsgeheimnissen durch Angestellte, Arbeiter oder Lehrlinge verboten. Weiterhin trifft das Verbot denjenigen, der die so nach außen gedrungenen Betriebs-Geheimnisse verwertet oder der sich die Kenntnis von Betriebs-Geheimnissen durch eine gegen das Gesetz oder die guten Sitten verstoßende eigene Handlung verschafft hat. Durch das Verbot der Betriebs-Spionage wird die Persönlichkeit des am Geheimnis Berechtigten geschützt, im Fall des Verrats durch Arbeitnehmer allerdings nicht über die Geltungsdauer des Dienstverhältnisses hinaus. Aus dem gleichen Grund ist es verboten, Vorlagen oder Vorschriften technischer Art, insbesondere Zeichnungen, Modelle, Schablonen, Schnitte, Rezepte zu Zwecken des Wettbewerbs oder aus Eigennutz unbefugt zu verwerten oder jemandem mitzuteilen, wenn einem das genannte Know-how im geschäftlichen Verkehr mit dem Verletzten mitgeteilt wurde. Auch das erfolglose Verleiten und Erbieten zum Verrat ist unter Strafe gestellt (§ 20 UWG).

In den weiteren wettbewerblichen Friedensbereich gehört auch der Kundenstamm eines Unternehmens. Das *Mitnehmen von Kunden* durch einen ehemaligen Mitarbeiter ist daher per se unlauter. Das *Abwerben und Ausspannen von Kunden* gehört allerdings zum Wesen des Wettbewerbs und ist daher nur unter besonderen Umständen unlauter. Auch das *Abwerben von Arbeitskräften* ist eine typische Wettbewerbshandlung, die nicht per se unlauter ist. Da dem Kampf um den Arbeitsmarkt wachsende Bedeutung zukommt, ist hier besondere Vorsicht geboten. So ist das Ausspannen fremder Beschäftigter mittels *Verleitung zum Vertragsbruch* sittenwidrig.

Rechtsverfolgung

Der wettbewerbsrechtliche Unterlassungsanspruch stützt sich auf Vorschriften des Wettbewerbsrechts sowie ergänzend auf § 1004 BGB.

Verlangt werden kann bei objektiver Rechtswidrigkeit die Unterlassung künftiger Wettbewerbsverstöße und die Beseitigung fortwirkender Störungen. In den meisten Fällen unlauteren Wettbewerbs gewährt das Gesetz auch einen Schadenersatzanspruch. Hierfür ist – außer im Fall der üblen Nachrede – Verschulden Voraussetzung.

Zur Klageerhebung ist immer der verletzte Gewerbetreibende berechtigt. Darüber hinaus können alle Gewerbetreibenden, die Waren oder Leistungen gleicher oder verwandter Art herstellen oder in den Verkehr bringen, sowie die Verbände zur Förderung gewerblicher Interessen unter der Voraussetzung eines Rechtsschutzbedürfnisses auf ihrer Seite dann klagen, wenn gegen die §§ 1–12 UWG (die den überwiegenden Teil unlauterer Wettbewerbshandlungen erfassen) oder gegen Vorschriften der ZugabeVO oder des RabattG verstoßen wurde (§§ 13 Abs. 1 UWG, 2 Abs. 1 ZugVO, 12 Abs. 1 RabattG). Gemäß § 13 Abs. 1a UWG können zudem die Verbraucherverbände, soweit sie parteifähig sind, auf Unterlassung klagen, wenn die Belange der Verbraucher berührt werden. Die Klage richtet sich gegen den Störer oder Verletzer sowie gegen jeden Teilnehmer und mittelbaren Täter. Für Wettbewerbsverstöße von Angestellten oder Beauftragten haftet regelmäßig auch der Betriebsinhaber auf Unterlassung, ohne Entlastungsmöglichkeit (§§ 13 Abs. 3,

14 Abs. 3, 16 Abs. 4 UWG, 2 Abs. 1 Satz 2 ZugVO, 12 Abs. 2 RabattG). Für Werbeagenturen kommt eine Haftung aus positiver Vertragsverletzung in Betracht.

Ansprüche aus dem UWG, der ZugVO und dem RabattG verjähren grundsätzlich in der sehr kurzen Frist von 6 Monaten. Für die auf UWG gestützten Klagen ist das Gericht der gewerblichen Niederlassung bzw. des Wohnsitzes der Beklagten – bei Ausländern das Gericht des inländischen Aufenthaltsorts bzw. des Begehungsortes – ausschließlich zuständig (§ 24 UWG). Sehr oft können die Klagen jedoch gleichzeitig auf die Verletzung der §§ 823 Abs. 1 oder 2 und 826 BGB gestützt werden (unerlaubte Handlung, sittenwidrige Schädigung), womit die Gerichtsstände der ZPO, insbesondere auch der Gerichtsstand der unerlaubten Handlung ebenfalls maßgeblich werden. Um den großen Unternehmen nicht die Möglichkeit zu geben, die letzteren schon durch das meist sehr hohe Kostenrisiko in die Knie zu zwingen, kann gemäß § 23 a UWG der Streitwert der wirtschaftlichen Lage des Schwächeren angepaßt werden, wenn er glaubhaft macht, daß die Belastung mit den Prozeßkosten nach dem vollen Streitwert seine wirtschaftliche Lage erheblich gefährden würde.

Die gefürchtetste Waffe gegen unlauteren Wettbewerb ist das scharfe Schwert der *einstweiligen Verfügung,* für die die Voraussetzungen gegenüber der ZPO erleichtert sind (§§ 25 UWG, 935, 940 ZPO). Schon im Vorfeld gerichtlicher Auseinandersetzung wird man jedoch in den meisten Fällen das Terrain durch eine Abmahnung sondieren. Aber auch hier ist höchste Vorsicht geboten, da eine ungerechtfertigte Abmahnung schadenersatzpflichtig machen kann. Es ist daher in jedem Falle anzuraten, die Rechtsverfolgung auf dem Gebiet des Wettbewerbs schon in einem möglichst frühen Stadium in die Hände eines juristischen Fachmannes zu legen.

Dr. jur KARL ERHARD STRUNKMANN-MEISTER,
Rechtsanwalt, München

Wirtschaftlichkeit

Die Wirtschaftlichkeit gehört zu den Zentralbegriffen der Lehre von der Wirtschaft. Obwohl dieser Terminus in der Fachliteratur, Presse und Diskussion ständig verwendet wird, hat sich bis heute noch kein einheitlicher, fest umrissener Begriffsinhalt durchsetzen können. Mit der Wirtschaftlichkeit werden zumeist unterschiedliche, zum Teil weit divergierende Vorstellungen verbunden, und sie stellt daher einen der vieldeutigsten und umstrittensten Begriffe unserer Disziplin dar. Aus diesem Grunde ist es nicht zu vermeiden, daß die begriffliche Problematik in den folgenden Ausführungen einen relativ breiten Raum einnimmt.

Ähnlich wie bei der Rentabilität lassen sich auch die Erörterungen über die Wirtschaftlichkeit im wesentlichen drei Problemkreisen zuordnen, in denen jeweils eine ganz spezifische Betrachtungsweise zum Ausdruck kommt:

- die Wirtschaftlichkeit als Zielfunktion wirtschaftlichen Handelns;
- die Wirtschaftlichkeit als systembildendes Auswahlprinzip einer Lehre von der Betriebswirtschaft;
- die Wirtschaftlichkeit als gesamtwirtschaftliches Ordnungsprinzip.

Der zuerst genannte Problemkreis bildet die Grundlage und den Ausgangspunkt für die beiden anderen Untersuchungszusammenhänge. Im folgenden widmen wir uns ausschließlich dem ersten Problemkreis, und zwar vornehmlich den Fragen der Wirtschaftlichkeitsbestimmung und der Wirtschaftlichkeitsanalyse.

grenzt oder zumindest zahlreich vorhandener menschlicher Bedürfnisse oder – allgemein ausgedrückt – auf die Erreichung erstrebter Zwecke (Ziele) gerichtet sind. Die Notwendigkeit zu wirtschaften tritt immer auf, wenn die Mittel zur Befriedigung dieser Bedürfnisse knapp sind. Das besondere wirtschaftliche Problem der Mittelverwendung besteht nun darin, die knappen Mittel in einer noch näher zu kennzeichnenden Weise zur Bedürfnisbefriedigung resp. zur Erreichung der von ihnen abhängigen Zwecke zu verwenden. Denn der Einsatz knapper Mittel für bestimmte Zwecke bedingt immer den Verzicht auf ihre Verwendung für andere Zwecke. Man spricht daher in diesem Zusammenhang auch von relativer Knappheit. Kann hingegen ein Mittel nur in einer einzigen Weise für einen einzigen Zweck verwendet werden, entfällt das wirtschaftliche Problem der Mittelverwendung bzw. -zuordnung, und zwar auch dann, wenn das betreffende Mittel in bezug auf den einen bestimmten Zweck knapp ist.

Das Relative der Knappheit bedeutet mithin, daß gleichartige Mittel mehreren Zwecken dienen können und jeder dieser Zwecke durch den Einsatz unterschiedlicher Mittel zu erreichen ist. Aus dem Zusammenwirken verschiedener knapper Mittel und unterschiedlicher Verwendungszwecke ergibt sich nun ein komplexes Zuordnungsproblem, dessen Bewältigung sich nach dem im nächsten Abschnitt darzustellenden Prinzip zu vollziehen hat und als »wirtschaften« bezeichnet wird.

Begriffliche Grundlagen

Wirtschaften

Wirtschaften ist eine spezifische Art menschlichen Handelns und besteht in einem System von Handlungen, die letztlich auf die Befriedigung zumeist unbe-

Wirtschaftliches Prinzip

Wegen der Knappheit der Mittel muß sich das dem wirtschaftlichen Handeln immanente Zuordnen stets zweckrational in der Weise vollziehen, daß zwischen den knappen Mitteln und dem angestrebten Ergebnis ein optimales Verhältnis erreicht wird.

Man bezeichnet dieses formale Kriterium wirtschaftlichen Verhaltens als wirtschaftliches oder ökonomisches Prinzip. Es ist Ausdruck des ganz allgemeinen Rationalprinzips und keineswegs, wie das Adjektiv »wirtschaftlich« vermuten läßt, eine allein der Wirtschaft eigentümliche Verfahrensregel. Beim wirtschaftlichen Prinzip werden zwei verschiedene Fassungen unterschieden. Wirtschaftlich ist einmal jene Verfahrensweise, bei der ein bestimmtes Ergebnis mit geringstmöglichem Mitteleinsatz (Prinzip des kleinsten Mittels) erreicht wird, zum anderen mit gegebenen Mitteln ein größtmögliches Ergebnis (Prinzip des größten Nutzens) erzielt wird. Gegen die häufig anzutreffende Formulierung, mit geringstem Einsatz ein größtmögliches Ergebnis erwirtschaften, bestehen formal-logische Bedenken, weil wir dann eine nur aus Unbekannten aufgestellte Gleichung hätten.

Wir können nun den Begriff »wirtschaften« auch determinieren als eine spezifische Art menschlichen Handelns, deren Sachziel in der Bedarfsdeckung besteht, d. h. der Bereitstellung und Verwendung relativ knapper Mittel zur Bedürfnisbefriedigung, und deren Formalziel bei der Erfüllung des Sachziels die Realisierung des ökonomischen Prinzips bildet. Diese Definition wird später, wennsinige der im betriebswirtschaftlichen Schrifttum anzutreffenden Wirtschaftlichkeitsauffassungen kurz darzustellen sein werden, noch um den preislichen Aspekt der Mittelverwendung zu präzisieren sein.

Das Problem der Wirtschaftlichkeitsmessung

Ziel jeder Wirtschaftlichkeitsmessung ist die Ermittlung des Realisationsgrades des ökonomischen Prinzips. Folgt man ihm im strengen Sinne, so kann es nur zwei Relationen geben, die dem genannten Zweck entsprechen. Soll ermittelt werden, inwieweit es gelungen ist, eine Leistung mit dem geringstmöglichen Einsatz von Mitteln zu erbringen, so ist die folgende, als Sparsamkeitsgrad bezeichnete Maßgröße zu verwenden:

$$\text{Sparsamkeitsgrad} = \frac{\text{Solleinsatz}}{\text{Isteinsatz}}$$

Soll hingegen festgestellt werden, ob mit einem bestimmten Mitteleinsatz die höchstmögliche Leistung erbracht worden ist, so gibt hierüber die als Ergiebigkeitsgrad bezeichnete Beziehung Auskunft:

$$\text{Ergiebigkeitsgrad} = \frac{\text{Solleistung}}{\text{Istleistung}}$$

Sparsamkeitsgrad und Ergiebigkeitsgrad kennzeichnen nun das Maß, in dem das wirtschaftliche Prinzip oder – wie man auch kurz sagt – die Wirtschaftlichkeit verwirklicht worden ist. Während die erste Kennzahl einen Wert zwischen 0 und 1 annehmen kann, wobei der Extremwert 0 völlige Unwirtschaftlichkeit bedeutet und der Extremwert 1 vollkommene Wirtschaftlichkeit, liegen die Grenzwerte bei der zweiten Relation zwischen 1 und unendlich. Und zwar stellt der Wert 1 wie oben das Höchstmaß an Wirtschaftlichkeit dar, die totale Unwirtschaftlichkeit hingegen wird durch den Extremwert unendlich verkörpert. Zumeist werden die Wirtschaftlichkeitsgrade in der sehr anschaulichen Prozentform ausgedrückt.

Sehr störend erweist sich bei der obigen Darstellungsweise die fehlende Vergleichbarkeit der Wirtschaftlichkeitsgrade infolge ihrer unterschiedlichen Skalenbereiche. Deshalb wird im Schrifttum der Ergiebigkeitsgrad auch in der reziproken Form als Verhältnis der Istleistung zur Solleistung definiert. Die Extremwerte würden dann wie beim Sparsamkeitsgrad im Bereich zwischen 0 (Unwirtschaftlichkeit) und 1 (Wirtschaftlichkeit) liegen. Dieser Vorteil geht jedoch später wieder verloren, wenn wir die Wirtschaftlichkeitsgleichung umformen, während der Nachteil der ersten Darstellungsform des Ergiebigkeitsgrades dabei gerade beseitigt und mithin Kongruenz der Skalenbereiche hergestellt wird. Wir bleiben daher bei der Definition des Ergiebigkeitsgrades als Verhältnis der Solleistung zur Istleistung. Der bislang ausschließlich formalen Bestimmung der Wirtschaftlichkeit wird im nächsten Abschnitt im Zusammenhang mit anderen Wirtschaftlichkeitskonzeptionen eine inhaltliche Determination folgen.

Problematisch bei der vorstehenden, aus dem ökonomischen Prinzip abgeleiteten Form der Wirtschaftlichkeit ist die Bestimmung des Sollwertes, von der allein der Erkenntniswert dieser Kategorie abhängt. Da es aber in der Regel theoretisch und praktisch unmöglich ist, dieses Soll im Sinne des Bestzustandes und damit auch die »absolute« Wirtschaftlichkeit zu ermitteln, ist man gezwungen, stets von mehr oder weniger subjektiv festgesetzten Normen auszugehen. Entsprechend gering ist dann jedoch der Aussagewert der Wirtschaftlichkeitsrelation und wegen der fehlenden Operationalität auch ihre Bedeutung.

Auf einer anderen Ebene liegen indessen Soll-Ist-Vergleiche im Rahmen von Plankontrollen. Obwohl hier formal die gleichen Relationen wie oben gebildet werden, unterscheiden sie sich jedoch in ihrem Erkenntnisinhalt: Sie geben Auskunft über den Grad der Planerfüllung im Hinblick auf die Sparsamkeit oder Ergiebigkeit. Da das Plan-Soll nur sinnvoll nicht als absoluter Bestzustand, sondern als unter den gegebenen Umständen realitätsnahe Norm festgesetzt werden kann, weil sonst die Aufgabenträger wegen der Unerreichbarkeit des Solls resignieren mit der zumeist unausbleiblichen Folge eines Leistungsabfalls, ist bei günstigem Geschäftsverlauf – im Gegensatz zum Wirtschaftlichkeitsgrad – auch eine Planerfüllung von über 100% möglich. Schließlich kann die Sollgröße auch einen Istwert darstellen, wenn im Rahmen von zwischenbetrieblichen Vergleichen der eigene Leistungsstand mit dem anderer Unternehmen verglichen wird. Ähnlich ist es beim sog. Zeitvergleich, bei dem die Entwicklung eines Tatbestandes im Zeitablauf gemessen werden soll. Die zuletzt genannten Sachzusammenhänge sind mithin scharf von der formal identischen Wirtschaftlichkeitsrelation im Sinne des ökonomischen Prinzips zu trennen. Sie besitzen im Gegensatz zu letzterer durchaus praktische Relevanz.

Wegen der geringen praktischen Bedeutung der beiden unmittelbar aus dem ökonomischen Prinzip abgeleiteten Wirtschaftlichkeitsbeziehungen sind nun in Wissenschaft und Praxis Wirtschaftlichkeitskennzahlen in einem erweiterten Sinne entwickelt worden, um mit ihrer Hilfe die Effizienz des Wirtschaftens zu beurteilen. Und zwar sind sie zumeist dadurch gekennzeichnet, daß in ihnen der Formalzusammenhang des Wirtschaftlichkeitsprinzips nur noch in mehr oder weniger stark modifizierter Form zum Ausdruck kommt und seine Leitidee des Strebens nach dem absoluten Bestzustand relativiert wurde in die realitätsbezogenere Maxime des »Bessermachens«. Oft werden auch nicht mehr einzelne Soll- und Istgrößen aufeinander bezogen, sondern – wenn überhaupt – einander entsprechende Soll- und Istrelationen. Das ist beispielsweise der Fall, wenn wir die Wirtschaftlichkeitsgleichung (W) wie folgt umformen:

$$W = \frac{\dfrac{\text{Solleinsatz}}{\text{Isteinsatz}}}{} = \frac{\dfrac{\text{Sollleistung}}{\text{Istleistung}}}{}$$

$$= \frac{\text{Sollleistung}}{\text{Istleistung}} \cdot \frac{\text{Isteinsatz}}{\text{Solleinsatz}}$$

$$= \frac{\text{Isteinsatz}}{\text{Istleistung}} \cdot \frac{\text{Sollleistung}}{\text{Solleinsatz}}$$

$$= \frac{\dfrac{\text{Isteinsatz}}{\text{Istleistung}}}{\dfrac{\text{Solleinsatz}}{\text{Sollleistung}}}$$

Sowohl der Zähler- als auch der Nennerquotient der Gleichung stellen modifizierte Wirtschaftlichkeitsbeziehungen dar, die in dieser Form auch verwendet werden. Der Gleichungswert liegt in dem anschaulichen Bereich zwischen 0 und 1 und gibt an, in welchem Grade die Sollwirtschaftlichkeit insgesamt realisiert worden ist.

Wirtschaftlichkeitsauffassungen in der betriebswirtschaftlichen Literatur

Die im Schrifttum vertretenen Wirtschaftlichkeitskonzeptionen sind so zahlreich, daß wir uns auf wenige wesentliche Auffassungen beschränken müssen. Dabei sollen im Gegensatz zu den Ausführungen des letzten Abschnitts weniger die formallogischen als die sachlogischen Aspekte im Vordergrund stehen.

Mengenmäßige (technische) Wirtschaftlichkeitsauffassungen

Die Wirtschaftlichkeit wird hier als das Maß der mengenmäßigen Ergiebigkeit oder Sparsamkeit bei der Verwendung knapper Produktionsmittel betrachtet. Zumeist wird jedoch die mengenmäßige Effizienz in der Form der Einsatz-Ausbringungs-Relation gemessen, für die im Schrifttum verschiedene Bezeichnungen verwendet werden: mengenmäßige oder technische Wirtschaftlichkeit, technischer Wirkungsgrad, Technizität, Produktivität. Da es für Mengenrechnungen keine einheitliche Rechengröße gibt, durch die qualitativ unterschiedliche Einsatzgüter gleichnamig und damit addierbar gemacht werden können, wird durch den technischen Wirkungsgrad nie der gesamte Güterkombinationsprozeß erfaßt, sondern stets nur Teilaspekte: Leistungsmenge je Einsatzmenge eines Faktors (cbm Gas je t Koks; kWh je t Kohle; Stück je Maschinenstunde oder Arbeitsstunde).

Bei den sog. mengenmäßigen Wirtschaftlichkeitsauffassungen handelt es sich mithin um die Übertragung des allgemeinen Rationalprinzips auf den Bereich der Technik. Die für diesen Tatbestand von den oben aufgeführten Bezeichnungen am häufigsten verwendete ist diejenige der Produktivität. Der Terminus »Wirtschaftlichkeit« ist indessen hierfür abzulehnen, weil die technische Rationalität lediglich eine notwendige, keineswegs jedoch schon hinreichende Bedingung des Wirtschaftens – damit kommen wir zu der angekündigten Präzisierung dieses Begriffs – darstellt, das wir zuletzt determiniert hatten als unter den Maximen des ökonomischen Prinzips zu vollziehende Disposition über relativ knappe Mittel. Wenn nun ein Ziel durch den Einsatz unterschiedlicher Mittel resp. Mittelkombinationen erreicht werden kann, so bedarf es eines weiteren Kriteriums, nach dem aus den verschiedenen, jeweils technisch (mengenmäßig) rationellsten Alternativen die letztlich zu realisierende zu bestimmen ist. Dieses Kriterium bildet die Wirtschaftlichkeit als wertmäßige Rationalität. Die Wirtschaftlichkeit ist somit umfassender

als die Produktivität; letztere ist integrierter Bestandteil der ersten Kategorie.

Wertmäßige Wirtschaftlichkeitsauffassungen

Obwohl die herrschende Meinung den Begriff »Wirtschaftlichkeit« als wertmäßige Rationalität auffaßt, bestehen hinsichtlich ihrer Ausdrucksform sehr unterschiedliche Vorstellungen, von denen hier jedoch nur zwei behandelt werden können. Bevor wir aber hierauf näher eingehen, sind erst noch die in Betracht kommenden wertmäßigen Bezugsgrößen zu determinieren und abzugrenzen.

Bestimmung und
Abgrenzung der Bezugsgrößen
Voraussetzung für jede Inbeziehungsetzung von Einsatz- und Ergebnisgrößen ist das Bestehen eines funktionalen Zusammenhanges, d. h. letztere müssen aus ersteren hervorgegangen sein. Damit dieser Funktionszusammenhang hergestellt werden kann, sind am Zahlenmaterial der offiziellen Jahresabrechnung, also der Gewinn- und Verlustrechnung, mehrere formal- und sachlogische Abgrenzungen vorzunehmen. Beim Aufwand und Ertrag lassen sich in sachlicher und zeitlicher Hinsicht unterscheiden:
Betriebs- oder Leistungsaufwand und -ertrag:
Hierunter sind die mit der betrieblichen Leistungserstellung und Leistungsverwertung unmittelbar im Zusammenhang stehenden Größen zu verstehen.
– *Periodenzugehörig:* Die Komponenten sind der Abrechnungsperiode zuzurechnen.
– *Periodenfremd:* Sie betreffen nicht den Umsatz- und Leistungsprozeß des untersuchten Zeitraums.

Betriebsfremder Aufwand und *Ertrag:*
Diese Posten stehen in keiner Beziehung zum eigentlichen Betriebszweck, sondern sind aufgrund anderer, z. B. spekulativer Geschäfte erzielt worden.
– *Periodenzugehörig:* Sie sind in der untersuchten Rechnungsperiode entstanden.

– *Periodenfremd:* Diese Arten können der betreffenden Geschäftsperiode nicht zugerechnet werden.

Den gesamten betriebsfremden Aufwand und Ertrag sowie den periodenfremden Betriebsaufwand und -ertrag bezeichnet man als *neutral.* Damit nun eine eindeutige funktionale Beziehung hergestellt ist, sind sämtliche neutralen Posten bei Wirtschaftlichkeitsberechnungen zu eliminieren, d. h. die in der untersuchten Periode getätigten Aufwendungen dürfen nur den durch sie erzielten Erträgen gegenübergestellt werden.

In diesem Zusammenhang stellt sich die Frage, wie nicht verkaufte Erzeugnisse zu bewerten sind. Denn der Ertrag ist nur dann gleich dem Umsatz (Erlös), wenn alle betrieblichen Leistungen in der betrachteten Geschäftsperiode auch abgesetzt werden konnten und sich die Warenbestände gegenüber der Vorperiode nicht verändert haben. Andernfalls ist der Ertrag gleich dem Umsatz plus/abzüglich Bestandsveränderungen. Die auf Bestandsminderungen entfallenden Umsätze sind als nicht periodenzugehörige Erträge zu eliminieren. Analog ist mit den Bestandszuwächsen zu verfahren, die zum Kostenwert als nicht periodenzugehöriger Aufwand aus der Rechnung ausgesondert werden müssen, weil sonst wegen der fehlenden ertragsmäßigen Entsprechung der funktionale Zusammenhang der Wirtschaftlichkeitsbeziehung nicht mehr voll erfüllt ist. Die Bewertung der nicht abgesetzten Bestände zu Marktpreisen und ihre Einbeziehung in die Wirtschaftlichkeitsrechnung ist abzulehnen, weil wegen der Ungewißheit der Realisation dieser antizipierten Erträge der Aussagewert der Wirtschaftlichkeitsrelation beeinträchtigt würde.

Damit sind die notwendigen Abgrenzungen im Rahmen der pagatorischen Rechnung (Geschäfts- oder Finanzbuchhaltung) durchgeführt worden. Die auf der Basis dieser Zahlenwerte gebildeten wertmäßigen Einsatz-Ergebnis-Relationen heißen entsprechend »pagatorisch« und sind von den kalkulatorischen Wirtschaftlichkeiten zu unterscheiden, denen die Rechnungsgrößen der Betriebsbuchhaltung zugrunde liegen. Letztere werden als »Kosten« und »Leistungen« bezeichnet und

sind gegenüber den »Aufwendungen« und »Erträgen« der Gewinn- und Verlustrechnung materiell anders bestimmt. Wir wollen im folgenden von der pagatorischen Rechnung ausgehen und müßten daher konsequent das Begriffspaar »Aufwand/Ertrag« verwenden. Die Produktionstheorie operiert jedoch ausschließlich mit dem Terminus »Kosten«, und es würde nicht unbedingt der Klarheit dienen, wollten wir die bekannten kostentheoretischen Zusammenhänge eigens entsprechend umbenannt darstellen. Im übrigen ist es zweifelhaft, ob der Kostenbegriff der Produktionstheorie inhaltsgleich mit demjenigen der kalkulatorischen Betriebsabrechnung verwendet wird. Mithin werden im Schrifttum und in der Praxis die unterschiedlichen Termini der pagatorischen und der kalkulatorischen Rechnung nicht immer scharf auseinandergehalten. Wenn im folgenden dennoch, obwohl wir von der pagatorischen Rechnung ausgehen, statt von Aufwand stets von Kosten gesprochen wird, so tragen wir damit den vorgenannten Umständen Rechnung und glauben es in unserem Falle auch sachlich vertreten zu können, weil durch die Eliminierung des neutralen Aufwands der verbleibende periodenzugehörige Betriebsaufwand in vollem Umfang Kostencharakter trägt, d. h. die sog. Grundkosten darstellt.

Umstritten ist im Schrifttum auch die Frage, wie das im Nenner der Wirtschaftlichkeitsrelation – sofern wir von der Einsatz-Ergebnis-Konzeption ausgehen – stehende Ergebnis wertmäßig darzustellen ist, d. h. ob feste Verrechnungswerte oder die in der Regel schwankenden Marktpreise zugrunde zu legen sind. Durch die Einbeziehung von Marktvorgängen in den Wirtschaftlichkeitskalkül, so wird argumentiert, würde sich bei sinkenden Preisen auf dem Absatzmarkt die Wirtschaftlichkeit ebenfalls verringern, obwohl vielleicht gerade die technische Ergiebigkeit der Leistungserstellung infolge von Rationalisierungsmaßnahmen gestiegen ist. Entsprechendes gilt für den umgekehrten Fall, daß also eine geringere Ergiebigkeit bei der Leistungserstellung durch gestiegene Verkaufspreise überkompensiert werden konnte und sich somit insgesamt noch ein höherer Wirtschaftlichkeitsgrad errechnet.

In ähnlicher Weise können sich Preisveränderungen bei den Einsatzgütern auswirken. Würden jedoch die Markteinflüsse eliminiert, so hätten wir lediglich eine dem technisch-organisatorischen Bereich des betrieblichen Geschehens zuzuordnende Ergiebigkeitskategorie; der eigentlich wirtschaftliche Ergebnisbegriff muß hingegen als begriffsnotwendige Voraussetzung die Absetzbarkeit der Leistungen enthalten, denn die technisch hervorragendste Produktion ist unter wirtschaftlichem Aspekt keine Leistung, wenn sie nicht abgesetzt werden kann. Da sich jedoch die Absetzbarkeit nicht abstrakt, sondern nur in Abhängigkeit von den Marktpreisen beurteilen läßt, sind damit auch deren Schwankungen – zugegebenermaßen störender – Bestandteil des Wirtschaftlichkeitskalküls. Durch die sich laufend verändernden Marktwerte ist die wirtschaftliche Entscheidung niemals einmaliger Natur, sondern ein ständig zu vollziehender Prozeß des Wägens und Wertens, der sich gerade dadurch von der unter relativ konstanten Bedingungen ablaufenden technischen Handlung wesensbestimmend unterscheidet. Die aus der Wirtschaftlichkeitskennzahl wegen der variablen Bezugsgrößen nicht unmittelbar ersichtlichen Bestimmungsgründe lassen sich indessen durch eine anschließende Analyse ohne weiteres isoliert ermitteln, also auch der auf Preisveränderungen beruhende Einfluß. Damit sind die Grundlagen behandelt worden, um nun die wertmäßigen Wirtschaftlichkeitsauffassungen darstellen zu können.

Kostenmäßige Wirtschaftlichkeitsauffassungen

Im Gegensatz zu der als nächstes zu behandelnden Auffassung wird nach dieser Kategorie der Isteinsatz dem Solleinsatz – also nicht dem Ergebnis – gegenübergestellt. Das Verhältnis zwischen der günstigsten und der tatsächlich erreichten Kostensituation kennzeichnet hiernach das Maß an Wirtschaftlichkeit in der Form des Sparsamkeitsgrades. Ökonomische Rationalität bedeutet mithin wertmäßige Sparsamkeit. Das Minimum der Durchschnittskosten (Punkt M bei der Menge x_w) und damit die höchste Wirtschaftlichkeit

lassen sich bei einem ertragsgesetzlich determinierten Gesamtkostenverlauf wie folgt darstellen:

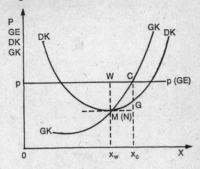

p = Preiskurve
GE = Grenzerlöskurve
DK = Stückkostenkurve
GK = Grenzkostenkurve
M = Stückkostenminimum
C = Gewinnmaximum
X = Ausbringungsmenge
x_w = wirtschaftlichste Menge
x_c = gewinnmaximale Menge
WM
WN = maximaler Stückgewinn
CG = Stückgewinn bei maximalem Gesamtgewinn (Menge x Preis)

Die auf verschiedenen Abbildungen zusammenfallenden Punkte und Kurven wurden in Klammern gesetzt.

Abb. 1

Daß in der Abbildung die maximale Wirtschaftlichkeit – also die geringsten Stückkosten – modelltheoretisch dargestellt werden konnte, bedeutet keinen Widerspruch zu unserer früheren Aussage, nach der die »absolute« Wirtschaftlichkeit nicht zu bestimmen ist. Abgesehen von dem in der Wissenschaft noch immer nicht entschiedenen Streit um den Verlauf der Kostenkurve variiert das Minimum der Stückkosten mit Preisveränderungen im Bereich des Mitteleinsatzes sowie mit Produktivitätsverbesserungen als Folge des technischen Fortschritts, so daß letztlich auch die unter konkreten betrieblichen Bedingungen angenommene maximale Wirtschaftlichkeit nur eine relative Größe bildet. Geht man hingegen von der Annahme eines linearen Gesamtkostenverlaufs aus,

wie es insbesondere für Dienstleistungsbetriebe angenommen wird, dann fällt die
Stückkostenkurve asymptotisch, so daß
ihr Minimum erst im Unendlichen erreicht
wird, d. h. in der konkreten betrieblichen
Situation an der Kapazitätsgrenze.

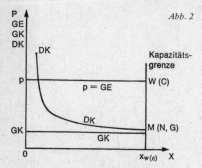

Abb. 2

Mit jeder Steigerung der Ausbringung wird
mithin in diesem Fall zugleich ein höherer
Wirtschaftlichkeitsgrad realisiert, und zwar
beruht die Degression der Durchschnittskosten auf der sich mit steigender Produktion verringernden Fixkostenbelastung je
Erzeugniseinheit. Die vorstehend dargestellten Zusammenhänge bilden zugleich
die Grundlage für die nunmehr folgende
zweite Variante der wertmäßigen Rationalität.

Die Wirtschaftlichkeit
als Kosten-Ertrags(Erlös)-Verhältnis
Bei dieser Kategorie wird nun auch die
Ergebnisseite des Wirtschaftens mit in die
Wertung einbezogen. Wirtschaftlichkeit
liegt dann vor, wenn die Wertrelation zwischen Kosten und Erträgen (Erlösen) – es
sei hier nochmals an die spezifische Abgrenzung und Bestimmung der Bezugsgrößen erinnert – ihr Optimum erreicht,
das je nach der Formulierung der Wirtschaftlichkeitsrelation entweder das Minimum oder das Maximum darstellen kann.
Wir entscheiden uns für die Einsatz-Er-
gebnis-Form, deren Optimum im Minimum
besteht, weil sie unseres Erachtens gegenüber der reziproken Beziehung erhebliche Vorteile besitzt: Sie bildet die Zähler-
relation unserer Wirtschaftlichkeitsgleichung, der Formalzusammenhang des
ökonomischen Prinzips bleibt daher erhal-

ten. Ihre Grenzwerte liegen im Skalenbe-
reich zwischen 0 und unendlich, wobei der
Extremwert 0 vollkommene Wirtschaftlichkeit, der Extremwert unendlich völlige Unwirtschaftlichkeit und der Wert 1 die Indif-
ferenzschwelle zwischen positiver und ne-
gativer Wirtschaftlichkeit darstellt. Da die
positive Wirtschaftlichkeit den Regelfall bildet, also der Einsatz zumeist geringer ist
als das Ergebnis, liegt der maßgebliche Bereich zwischen 0 und 1, für den die sehr
anschauliche und ausdrucksvolle Prozentform verwendet werden kann. Daß hierbei
die Wirtschaftlichkeit um so größer ist, je
geringer der Wert dieses Quotienten ausfällt, mag zunächst etwas ungewöhnlich erscheinen; dafür repräsentiert die Differenz
zwischen dem realisierten Wirtschaftlichkeitsgrad und dem Wert 100% ebenso anschaulich den erwirtschafteten Über-
schuß. Würden wir uns hingegen für die
reziproke Form entscheiden, so läge der
Bereich positiver Wirtschaftlichkeit zwischen 1 und unendlich, also genau umgekehrt. Die prozentuale Ausdrucksform
könnte dann nicht mehr sinnvoll verwendet
werden, so daß der Aussagewert eines
derartigen Quotienten vergleichsweise gering ausfällt. Schließlich lassen sich, wie wir
später sehen werden, mit der Einsatz-Er-
gebnis-Beziehung die Bestimmungsgründe der Wirtschaftlichkeit besser ermitteln.
Bei der graphischen Darstellung der Wirtschaftlichkeit als Aufwands-Ertrags-Ver-
hältnis lassen sich insgesamt 4 Fälle unterscheiden, die sich aus der Kombination
des ertragsgesetzlich determinierten
s-förmigen sowie des linearen Gesamtkostenverlaufs mit den beiden Absatzmarkt-
typen der atomistischen und monopolistischen Angebotsstruktur ergeben. In den
Abbildungen 1 und 2 ist die Situation des
atomistischen Wettbewerbs dargestellt, also der als vollkommene Konkurrenz bezeichneten Marktform, bei welcher der einzelne Betrieb wegen seiner geringen An-
gebotsmengen keinen Einfluß auf die Höhe
des Marktpreises besitzt. Würde er ihn
senken, so brauchten ihm seine Konkurrenten keineswegs zu folgen, weil er die
sich nunmehr auf ihn konzentrierende
Nachfrage nicht befriedigen kann. Mithin
besteht für einen Betrieb bei atomistischer

Marktstruktur keine Möglichkeit, Preispolitik zu betreiben. Da der erzielbare Preis für jede Produkteinheit konstant und demzufolge mit dem Grenzerlös identisch ist, ergeben sich für den Anbieter stets geradlinig zur Abszisse verlaufende, deckungsgleiche Preis- und Grenzerlöskurven. Um die höchste Wirtschaftlichkeit, also die maximale Differenz zwischen Kosten und Ertrag zu erreichen, muß er seine Ausbringung dieser gegebenen Preissituation anpassen (Mengenanpasser). Dabei ist bei ihm – im Gegensatz zu dem anschließend zu behandelnden Fall des Monopolisten – die wirtschaftlichste Ausbringung identisch mit derjenigen zu den geringsten Stückkosten: bei ertragsgesetzlichem Gesamtkostenverlauf (Abb. 1) mithin im Schnittpunkt der Durchschnittskosten- mit der Grenzkostenkurve und bei geradlinigem Gesamtkostenverlauf (Abb. 2) an der Kapazitätsgrenze. Bei atomistischer Marktstruktur wird somit die maximale Wirtschaftlichkeit sowohl nach der kostenmäßigen Auffassung als auch nach der Kosten-Erlös-Konzeption bei derselben Ausbringung erreicht.

Völlig anders gestaltet sich nun die Marktsituation des monopolistischen Anbieters, auf den sich ex definitione die gesamte Nachfrage konzentriert. Seine absetzbaren Mengen sind abhängig von der Höhe des geforderten Preises, und zwar steigen die Mengen mit sinkenden Preisen, so daß sich für ihn eine von links nach rechts fallende Nachfragekurve, die zugleich seine Preiskurve (sog. Preis-Absatz-Funktion) bildet, ergibt. Nach der hier zugrunde liegenden Wirtschaftlichkeitsauffassung ist die maximale Wirtschaftlichkeit, also die größte Differenz zwischen Kosten und Erlösen, dort erreicht, wo eine Parallele zur Preiskurve die Durchschnittskostenkurve tangiert und somit beide Kurven das gleiche Steigungsmaß aufweisen. Die Marktsituation des monopolistischen Anbieters kennzeichnen die Abbildungen 3 und 4; sie lassen erkennen, daß infolge der fallenden Preis-Absatz-Funktion der maximale Stückgewinn bei einer Ausbringung erzielt wird, die im Gegensatz zu den Fällen der Abb. 1 und 2 nicht auch zugleich derjenigen der minimalen Stückkosten entspricht. Bei einem ertragsgesetzlichen Ge-

samtkostenverlauf (Abb. 3) können hingegen im Extremfall Kostenminimum und

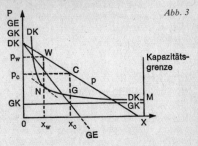

Abb. 3

größte Wirtschaftlichkeit bei derselben Ausbringung erreicht werden, während das bei geradlinigem Gesamtkostenverlauf (Abb. 4) völlig ausgeschlossen ist.

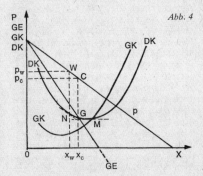

Abb. 4

p_w = Preis bei der wirtschaftlichsten Ausbringungsmenge
p_c = gewinnmaximaler Preis
Weitere Symbole siehe Erklärung zu Abb. 1

Insgesamt bestehen also zwischen den beiden (wertmäßigen) Wirtschaftlichkeitsauffassungen beträchtliche Unterschiede. Während die eine Sollkosten und Istkosten aneinander mißt, werden bei der anderen Istkosten und Isterträge (Erlöse) aufeinander bezogen. Weiterhin ist nach der kostenmäßigen Variante des wirtschaftlichen Auswahlkriteriums von den verschiedenen mengenmäßig minimierten technischen Möglichkeiten diejenige der niedrigsten Stückkosten zu realisieren. Bei der Kosten-Erlös-Konzeption ist hier zu differenzieren: die wirtschaftlichste Ausbringung des Mengenanpassers ist zugleich auch die kostengünstigste, beim Monopolisten hingegen fallen maximale Differenz zwischen Kosten und Erlösen einerseits und Stückkostenminimum andererseits auseinander.

Zum Problem der Wirtschaftlichkeitsanalyse

Wie bereits die bisherigen Ausführungen erkennen ließen, verstehen wir unter Wirtschaftlichkeit im engeren Sinne das Verhältnis der Istkosten zu den Isterlösen. Wird dieser Quotient am Verhältnis der Sollkosten zu den Sollerlösen – vgl. die Wirtschaftlichkeitsgleichung – gemessen, so erhalten wir die weitere Fassung der Wirtschaftlichkeitsbeziehung, die jedoch in Anbetracht der Schwierigkeiten, die Sollwerte als »absolute« Maßstäbe zu bestimmen, nur geringe praktische Bedeutung besitzt. Im folgenden wird die Wirtschaftlichkeit in der Form der Istrelation untersucht. Da in dieser Kennzahl sowohl der Mitteleinsatz (Kosten) als auch der erreichte Zweck (Ertrag) variable Größen darstellen, fehlt die feste Bezugsbasis. Deshalb lassen sich die Bestimmungsgründe nur im Wege einer detaillierten und unter verschiedenen Aspekten durchzuführenden Analyse erschließen, die wir jedoch hier in Anbetracht des begrenzt zur Verfügung stehenden Raums nur in den Grundzügen andeuten können. Die Ermittlung der Bestimmungsfaktoren der Wirtschaftlichkeit ist indessen nicht Selbstzweck, sondern soll Möglichkeiten zu ihrer Steigerung zu erkennen geben. Deshalb sind die partiellen Einflußgrößen an Maßstäben zu beurteilen, die aus inner- oder zwischenbetrieblichen Vergleichen gewonnen worden sind oder an entsprechenden realitätsnahen Plandaten.

Die Wirtschaftlichkeit stellt insgesamt einen höchst komplexen interdependenten Funktionszusammenhang dar. Durch die rechnerische Zerlegung dieser Kennzahl in vorgelagerte Bestimmungsgrößen werden nun Zäsuren durch den Beziehungskomplex gelegt. Die auf diesem Wege ermittelten Einflußfaktoren dürfen aber nicht – wie es im Schrifttum und in der Praxis oft geschieht – isoliert begutachtet werden, sondern die gegenseitigen Abhängigkeiten und Bedingtheiten sind mit in die wertende Beurteilung einzubeziehen. Mithin kann die Bedeutung eines im Verhältnis zu den Bezugsgrößen der Wirtschaftlichkeitsrelation untergeordneten Bestimmungsfaktors nicht isoliert aus dem gerade vorliegenden Beziehungszusammenhang ermessen werden, sondern nur aus dem Gesamtfunktionszusammenhang über eine ganzheitliche Betrachtung sämtlicher relevanten Einflußgrößen. Dabei lassen sich die Interdependenzen und Bedingtheiten in den meisten Fällen nur schwer quantifizieren, zumal sich ihr Einfluß teils gleichläufig und teils gegenläufig auswirkt und zudem häufig noch von anderen Einflüssen überlagert wird. Diese wenigen Hinweise mögen genügen, um die jeder Analyse der komplexen wirtschaftlichen Realität immanente Problematik und die mit ihrer Bewältigung verbundenen Schwierigkeiten anzudeuten.

Die Wirtschaftlichkeitsanalyse bildet das Zentralproblem von Betriebsanalysen und wird oft in die beiden Teilbereiche »Kostenanalyse« und »Ertragsanalyse« untergliedert. Eine derartige Differenzierung läßt sich formal durchaus rechtfertigen; sie kann indessen bei der praktischen Durchführung von Wirtschaftlichkeitsanalysen zumeist nicht aufrechterhalten werden. Denn das wirtschaftliche Problem besteht gerade in der Optimierung des Verhältnisses von Kosten und Erträgen, so daß beide Größen mehr oder weniger simultan zu begutachten sind.

Obwohl die Wirtschaftlichkeitskennzahl aus zwei Variablen besteht, wird deren Analyse überwiegend unter dem Blickwinkel der Kostensenkung bei mehr oder weniger konstant angenommenem Ertrag durchgeführt. Die umgekehrte Zielrichtung, das Wirtschaftlichkeitsverhältnis bei gegebener Kostenhöhe durch eine Steigerung der Umsätze (Erträge) zu verbessern, ist weitaus seltener anzutreffen, obwohl unter dem Zeichen des Marketing allenthalben offensive Marktstrategien entwickelt und praktiziert werden. Wahrscheinlich ist der erste Weg weitaus risikoärmer als der zweite, zum anderen dürfte diese Einseitigkeit auch auf mangelnde Abstimmung im Betriebe zurückzuführen sein.

Analyse der Kostenstruktur

Unter Kostenstruktur verstehen wir die Zusammensetzung der Gesamtkosten nach Kostenarten, Kostenstellen und Kostenträgern; und zwar werden letztere zumeist sehr anschaulich als Gliederungszahlen ausgedrückt, d. h. jeweils in Prozent der Gesamtkosten. Die Untersuchung der einzelnen Kostenarten ist zweckmäßig in der Reihenfolge ihrer anteilsmäßigen Bedeutung vorzunehmen, oft wird auch als Auswahlkriterium – entweder alternativ oder ergänzend – die Höhe der Abweichung von Plandaten, Betriebsvergleichszahlen oder Vergangenheitswerten zugrunde gelegt. Obwohl die Kostenstrukturzahlen sehr instruktiv erscheinen, sind sie nur mit großer Vorsicht zu beurteilen.

Die Bedeutung der Wirtschaftlichkeit als betriebswirtschaftliche Handlungsmaxime

Obwohl in dem vorliegenden Beitrag nicht sämtliche der im Schrifttum anzutreffenden Wirtschaftlichkeitskonzeptionen berücksichtigt werden konnten, glauben wir dennoch die ihnen zugrunde liegenden formal- und sachlogischen Aspekte insgesamt nahezu vollständig behandelt oder zumindest tangiert zu haben. Für welche Begriffsvariante man sich entscheidet, sollte überwiegend eine Frage der Zweckmäßigkeit sein, die wiederum nur in Abhängigkeit von der Zielsetzung zu beurteilen ist. Unser Standpunkt war dabei mehr derjenige des Betriebsanalytikers. Wir wollen nun zum Abschluß noch kurz darauf eingehen, welche handlungsdeterminierende Bedeutung die Wirtschaftlichkeit für die betriebliche Praxis besitzt, d. h. inwieweit die maximale Wirtschaftlichkeit auch tatsächlich realisiert wird.

Es wird gemeinhin angenommen, daß in erwerbswirtschaftlich orientierten Volkswirtschaften die Unternehmen danach streben, möglichst hohe Gewinne zu erzie-

len. Und zwar ist der maximale Gesamtgewinn – zu unterscheiden vom maximalen Stückgewinn – dann erreicht, wenn sich die Kosten der letzten erzeugten Einheit (Grenzkosten) und der Ertrag (Grenzertrag) gerade decken; in den Abbildungen 1 bis 4 jeweils im Punkte C. Bis auf den Fall der vollkommenen Konkurrenz bei geradlinigem Gesamtkostenverlauf (Abb. 2) weicht jedoch die gewinnmaximale (x_c) von der wirtschaftlichsten (x_w) Ausbringung ab, letztere verstanden als Erzeugnismenge mit dem höchsten Stückgewinn. Diese Aussage – vergleiche die Ausführungen im Abschnitt über die wertmäßigen Wirtschaftlichkeitsauffassungen – gilt auch, wenn wir von der kostenmäßigen Begriffskonzeption ausgehen, nach der Wirtschaftlichkeit niedrigste Stückkosten bedeutet. Allerdings können beim monopolistischen Anbieter (Abb. 3 und 4) im Extremfall die Punkte des maximalen Stück- und Gesamtgewinns zusammenfallen; unter der Bedingung des ertragsgesetzlich determinierten Gesamtkostenverlaufs (Abb. 3) sogar auch noch mit dem Punkt minimaler Stückkosten. Das Fazit der vorstehenden Überlegungen besteht somit darin, daß unter marktwirtschaftlichen Bedingungen in den meisten Fällen von den Unternehmen die größte Wirtschaftlichkeit bewußt nicht realisiert wird, weil sonst das diese Kategorie überlagernde Ziel der Gewinnmaximierung nicht erreicht werden könnte. Auch in Zentralverwaltungswirtschaften wird in der Regel die maximale Wirtschaftlichkeit nicht verwirklicht; Wirtschaftlichkeit kann hier nur kostenmäßig verstanden werden, da in diesem System an die Stelle des individuellen Gewinnstrebens das Ziel der plandeterminierten Leistungserstellung getreten ist. Die Pläne werden indessen extern im Rahmen eines auf heterogenen Zwecksetzungen beruhenden pluralistischen Zielsystems erstellt, ohne daß die jeweiligen betrieblichen Bedingungen und Möglichkeiten zur Maximierung der Wirtschaftlichkeit berücksichtigt worden sind.

Dipl.-Kfm. Dr. KLAUS HEYDE,
Berlin

Wirtschaftlichkeitsrechnung

Das Grundproblem der wirtschaftlichen Entscheidung besteht darin, bei vorgegebener Zielfunktion oder vorgegebenem Zielwert und einer bestimmten entscheidungsrelevanten Datenkonstellation aus einer Reihe realisierbarer alternativer Handlungsmöglichkeiten die zielgerechte Strategie auszuwählen.

Aufgabenstellung der Wirtschaftlichkeitsrechnung

Das Zielkriterium ist die *Wirtschaftlichkeit* von Verfahren und Investitionen, wobei für die Entscheidung ein bestimmter Zielwert in Form einer *Mindest*rendite von x% vorgegeben wird. Die Entscheidungstechnik der Wirtschaftlichkeitsrechnung ist nun so angelegt, daß von den verfügbaren Handlungsalternativen diejenige ausgewählt wird, die den vorgegebenen Zielwert am besten erreicht, d. h. die höchste Wirtschaftlichkeit (Rendite) erreicht, und die Mindestanforderung übersteigt. Damit ist die zielgerechte Strategie ermittelt. Die Wirtschaftlichkeitsrechnung erhebt dabei nicht den Anspruch einer Optimierungs-technik, d. h. die ausgewählte Strategie ist nicht unbedingt die beste Alternative (Optimum) von allen überhaupt denkbaren Handlungsmöglichkeiten.

Das Entscheidungsproblem der Wirtschaftlichkeitsrechnung kann sich einerseits auf die Vorteilhaftigkeit einer Handlungsalternative (Verfahren oder Investition) bei bestimmten Wirtschaftlichkeitsanforderungen (Renditen) und andererseits auf den Vergleich von mehreren vorteilhaften Alternativen beziehen. Dabei können sich die Handlungsalternativen auf eine oder mehrere Perioden erstrecken. Die statische Wirtschaftlichkeitsrechnung behandelt somit die Entscheidungen über die absolute Wirtschaftlichkeit eines Verfahrens oder über die relative Wirtschaftlichkeit mehrerer Verfahren in einer Periode. Bei der dynamischen Wirtschaftlichkeitsrechnung handelt es sich dagegen um die absolute Wirtschaftlichkeit einer Investition oder um die relative Wirtschaftlichkeit mehrerer Investitionen bei zwei und mehr Planungsperioden.

Der Anwendungsbereich der Wirtschaftlichkeitsrechnung läßt sich in der folgenden Übersicht zusammenfassen:

Zahl der Perioden Entscheidungs-problem	**Eine Periode** Statische Wirtschaftlichkeitsrechnung	**Mehrere Perioden** Dynamische Wirtschaftlichkeitsrechnung
Wirtschaftlichkeit einer Alternative	Absolute Wirtschaftlichkeit eines Verfahrens: $= \dfrac{\text{Ertrag}}{\text{Aufwand}}$ bzw. $= \dfrac{\text{Erlös}}{\text{Kosten}}$	Absolute Wirtschaftlichkeit einer Investition: Kapitalwert $\geq O$ **oder** Interner Zinsfuß $\geq$ Kalkulationszinsfuß
Wirtschaftlichkeitsvergleich zwischen mehreren Alternativen	Relative Wirtschaftlich. beim Verfahrensvergleich: $= \dfrac{\text{Aufwand Verfahren A}}{\text{Aufwand Verfahren B}}$	Relative Wirtschaftlichkeit beim Vergleich mehrerer Investitionen: Kapitalwert $\geq O$

Abb. 1

Für alle vier Komplexe der Entscheidungsprobleme stellt die Wirtschaftlichkeitsrechnung eine wesentliche Entscheidungshilfe bei der praktischen Unternehmenspolitik dar. Für analoge Entscheidungen im Bereich der öffentlichen Hand wird die *»Kosten-Nutzen-Analyse«* verwendet. Dieses Verfahren beinhaltet die Entscheidungstechnik der Wirtschaftlichkeitsrechnung, der Unterschied besteht vor allem in der Quantifizierung der »Einnahmen«, d. h. des Nutzens staatlicher Investitionen.

Bei der statischen Wirtschaftlichkeitsrechnung benötigt man die Informationen über Aufwand und Ertrag bzw. Kosten und Erlös der für die Entscheidung relevanten Verfahren. Bei der dynamischen Wirtschaftlichkeitsrechnung werden die relevanten Entscheidungen durch die Einzahlungs- und Auszahlungsreihen über alle Planungsperioden charakterisiert. Es ist selbstverständlich, daß diese Daten in der Praxis nicht vollkommen vorliegen. Die Informationsbeschaffung ist daher auf *Prognosen und Annahmen* angewiesen. Die Wirtschaftlichkeitsrechnung kann somit zunächst einmal mit *quasi-sicheren Informationen* arbeiten, sie stellt jedoch eine *Entscheidung unter Unsicherheit* dar. Der Aufwand für eine zusätzliche Informationsbeschaffung sollte dabei den Ertrag, der aus der marginalen Entscheidungsverbesserung hervorgeht, nicht überschreiten (Grenzinformationsaufwand = Grenzinformationsertrag). Für die vorliegende Diskussion wird vorausgesetzt, daß die Finanzierung gesichert ist und vorhandene Finanzierungsmittel zum Kalkulationszinsfuß sowohl aufgenommen als auch ausgeliehen werden können.

Vorgehensweise

Zur Formulierung des Entscheidungsproblems der Wirtschaftlichkeitsrechnung sind folgende Schritte vorzunehmen:
1. Formulierung der Zielsetzung in Form eines Zinssatzes für die Mindestrendite;
2. Beschreibung der Handlungsalternativen bezüglich Aufwand und Ertrag bei den Verfahren und Einzahlungs- und Auszahlungsreihe bei den Investitionen;

3. Auswahl des zweckmäßigen Rechenverfahrens;
4. Interpretation des Ergebnisses als zielgerechte Strategie.

Statische Wirtschaftlichkeitsrechnung

Absolute Wirtschaftlichkeit eines Verfahrens

Für ein bestimmtes Verfahren, das eingesetzt werden soll, ist in der Planungsperiode ein bestimmter Aufwand erforderlich. Diesem Aufwand steht in der gleichen Periode ein bestimmter Ertrag gegenüber. Das Ziel des Entscheidungsträgers besteht darin, das Verfahren nur dann einzusetzen, wenn der Einsatz eine vorgegebene Wirtschaftlichkeit mit x % Rentabilität erreicht.

Beispiel:
Aufwand des Verfahrens in der Planungsperiode 100,– DM
Ertrag des Verfahrens in der Planungsperiode 120,– DM
Zielsetzung des Unternehmers: 25% Rentabilität
Absolute
Wirtschaftlichkeit =
$$\frac{\text{Ertrag}}{\text{Aufwand}}, \text{ d. h. } \frac{120}{100} = 1,2.$$
Die erforderliche Rentabilität von 1,25 bzw. 25% ist nicht erreicht. Der Unternehmer setzt das Verfahren nicht ein.

Verfahrensvergleich

Beim Verfahrensvergleich geht es darum, von mehreren Verfahren, die der Wirtschaftlichkeitszielsetzung des Entscheidungsträgers entsprechen, dasjenige auszuwählen, das die höchste relative Wirtschaftlichkeit erreicht.

Kritische Werte

Im Rahmen der statischen Wirtschaftlichkeitsrechnung ist darauf zu achten, daß die Vorteilhaftigkeit eines Verfahrens ge-

Beispiel:

Verfahren I:
Fakturierung mit Fakturierautomat

Verfahren II:
Fakturierung mit Lochkartenanlage

Kosten	Verfahren I	Verfahren II
Maschinen-Miete	40.000.—	120.000.—
Personalkosten	100.000.—	40.000.—
Materialkosten	2.000.—	10.000.—
Raumkosten	5.000.—	5.000.—
Sonstige Kosten	10.000.—	12.000.—
Gesamtkosten pro Planungsperiode	157.000.—	187.000.—

Relative
Wirtschaftlichkeit

$$\frac{\text{Kosten Verfahren II}}{\text{Kosten Verfahren I}} = \frac{187.000}{157.000} = 1,19$$

Der Unternehmer entscheidet sich für Verfahren I.

genüber anderen Verfahren von bestimmten Größen, wie z. B. der Ausbringungsmenge, abhängt. Der Wert, bei dem die Vorteilhaftigkeit vom einen zum anderen Verfahren übergeht, ist der *kritische Wert*. Die Analyse des kritischen Wertes wird auch als »*break-even-point-Analyse*« bezeichnet. Sie ist besonders gut für die Abschätzung des Planungsrisikos geeignet.

Beispiel:

Produktions-verfahren	Fixe Kosten	Variable Kosten
A	20.000.— DM	100.— DM
B	120.000.— DM	50.— DM

Bei einer bestimmten Produktionsmenge x geht die Vorteilhaftigkeit von Verfahren A auf B über.

$$20000 + x \cdot 100 = 120000 + x \cdot 50$$
$$50x = 100000,—$$
$$x = 2000,—$$

Liegt die wahrscheinliche Produktionsmenge unterhalb von 2000 Einheiten, so wird sich der Unternehmer für das Verfahren A entscheiden, ist eine Produktionsmenge von über 2000 Einheiten in der Planungsperiode zu erwarten, so wählt der Entscheidungsträger das Verfahren B, da

hier die relative Wirtschaftlichkeit größer ist. Das Problem des kritischen Wertes ist für dieses Beispiel in der folgenden Grafik zusammenfassend dargestellt.

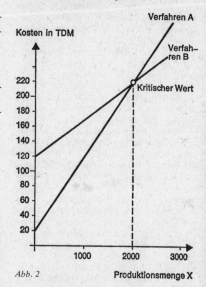

Abb. 2

Die Analyse der kritischen Werte läßt sich auf den Vergleich mehrerer Verfahren ausdehnen und kann sich ebenfalls auf andere Zielkriterien beziehen. Grundsätzlich ist die »break-even-point-Analyse« auch auf die dynamische Wirtschaftlichkeitsrechnung für den Vergleich alternativer Investitionen zu übertragen.

Dynamische Wirtschaftlichkeitsrechnung

Investitionsrechnung

Die Wirtschaftlichkeitsrechnung im engeren Sinne bezieht sich auf die Investitionsrechnung, d. h. auf die Frage nach der Rendite von einer oder mehreren Investitionen, deren Zahlungsreihen sich unterschiedlich auf mehrere Planungsperioden beziehen. Der entscheidende Unterschied zur statischen Wirtschaftlichkeitsrechnung besteht somit in folgenden Funktionen:

1. *Zeitpräferenz*
– Die Wertschätzung eines Nutzens nimmt mit zunehmender zeitlicher Entfernung des Eintretens dieses Nutzens ab.

2. *Zinsausgleich*
– Der Gegenwartswert von Zahlungen ist geringer als der in der Zukunft gelegene Zeitwert von Zahlungen. Der Wertunterschied wird durch Zins und Zinseszins ausgedrückt.

3. *Substanzerhaltung*
– Über mehrere Planungsperioden hinweg kann – so z. B. durch Inflation – eine Wertminderung eintreten, die auszugleichen ist.

4. *Risiko*
– Aufgrund der unsicheren Zukunftserwartungen ist jede Investition mit Risiko behaftet. Dieses Risiko muß für den gesamten Planungshorizont entgolten werden.

Die Methoden der Finanzmathematik bzw. der angewandten Reihenrechnung – insbesondere der Zinseszinsrechnung – sind so entwickelt worden, daß sie diesen vier zentralen Funktionen des Investitionskalküls Rechnung tragen.

Prinzip der Zinseszinsrechnung

Ein bestimmtes Kapital K_0 wird für eine Periode zu p Prozent verzinst und ergibt am Ende der Periode ein Kapital K_1. Dieses Kapital K_1 steht wiederum – einschließlich der Zinsen aus der ersten Periode – zu p Prozent auf Zins und ergibt den Wert K_2. Dieser Verzinsungsprozeß läßt sich unschwer allgemein ableiten und führt zu generell verwendbaren Zinsfaktoren. Bei der Zinseszins-Rechnung wird die Planungsperiode mit einem Jahr zugrunde gelegt.

(1) $K_1 = K_0 + K_0 \cdot \dfrac{p}{100} \cdot \dfrac{p}{100} = i$

bzw. $K_1 = K_0 + K_0 \cdot i$

bzw. $K_1 = K_0 (1+i); (1+i) = q$

bzw. $K_1 = K_0 \cdot q$

(2) $K_2 = K_1 + K_1 \cdot \dfrac{p}{100}$

bzw. $K_2 = K_1 q$, durch Einsetzen von (1) ergibt sich

(3) $K_2 = K_0 \cdot q \cdot q$

bzw. $K_2 = K_0 \cdot q_2$, generell ergibt sich somit für n Planungsperioden

(4) $K_n = K_0 \cdot q^n$

q^n wird als Aufzinsungsfaktor und da

$\dfrac{K_n}{q^n} = K_0$ ist, wird $\dfrac{1}{q^n}$

oder q^{-n} als Abzinsungsfaktor bezeichnet. Die numerischen Werte für verschiedene Auf- bzw. Abzinsungsfaktoren sind für verschiedene Zinssätze und Jahre zusammen mit weiteren Zinseszinsformeln in finanzmathematischen Rechentafeln abzulesen. In Logarithmentafeln und in Lehrbüchern zur Finanzmathematik sind solche Tafeln zu finden.

Grundbegriffe der fxamischen Wirtschaftlichkeitsrechnung

Das Rechenverfahren der Wirtschaftlichkeitsanalyse besteht darin, Auszahlungsreihe und Einzahlungsreihe einer Investition zu einem bestimmten Zeitpunkt, dem Kalkulationszeitpunkt, vergleichbar zu machen, indem die beiden Zahlungsreihen auf den Kalkulationszeitpunkt bei einem bestimmten vorgegebenen Kalkulationszinssatzkskontiert werden. Für dieses Rechenverfahren stehen grundsätzlich drei Methoden zur Verfügung:
– Kapitalwert-Methode
– Interne Zinsfuß-Methode
– Annuitäten-Methode
Die Grundzüge dieser Methoden lassen sich durch folgende Grundbegriffe beschreiben:

Zahlungsreihe einer Investition:
Zeitliche Verteilung der Einzahlungen und Auszahlungen
Zahl der Planungsperioden:
n
Einzahlungsreihe:
$e_1, e_2, ..., e_n$
Auszahlungsreihe:
$a_1, a_2, ..., a_n$
Kalkulationszeitpunkt:
Vergleichszeitpunkt »t« der Zahlungsreihen.
Kalkulationszinssatz:
Vom Investor bestimmender Diskontie-

rungssatz »i«, der seinen minimalen Rentabilitätserwartungen entspricht

$$i = \frac{p}{100},$$

wobei p der Prozentsatz pro Jahr ist.

Aufzinsungsfaktor:

$$q^n = (l + i)^n$$

Abzinsungsfaktor:

$$q^{-n} = (l + i)^{-n}$$

Summe S_n einer endlichen geometrischen Reihe
$$b_1 + b_1 \cdot q + b_1 \cdot q^2 + \ldots + b_1 \cdot q^{n-1}:$$

$$s_n = b_1 \frac{q^n - 1}{q - 1}$$

Interner Zinsfuß:
Unter dem internen Zinsfuß r einer Investition wird der Zinsfuß verstanden, bei dem der auf irgendeinen Zeitpunkt bezogene Gegenwartswert sämtlicher Aus- und Einzahlungen gleich Null ist.

Kapitalwert:
Unter dem Kapitalwert einer Investition in bezug auf den Zeitpunkt t bei dem Zinsfuß i versteht man die Summe aller auf den Zeitpunkt t diskontierten (abgezinsten) Ein- und Auszahlungen, die nach dem Zeitpunkt t erfolgen.

Fundamentalprinzip I:
Eine geplante Investition ist bei einem gegebenen Kalkulationszinsfuß für den Investor dann vorteilhaft, wenn ihr auf den Zeitpunkt unmittelbar vor Beginn der Investition bezogener Kapitalwert nicht negativ ist.

Oder:
Eine Investition ist bei gegebenem Kalkulationszinsfuß für den Investor dann vorteilhaft, wenn ihr interner Zinsfuß nicht kleiner ist als der Kalkulationszinsfuß.

Fundamentalprinzip II:
Von mehreren vorteilhaften Investitionen ist bei einem gegebenen Kalkulationszinsfuß diejenige Investition am vorteilhaftesten, deren Kapitalwert am größten ist.

Oder:
Der Übergang von einer Investition zu einer anderen ist dann vorteilhaft, wenn der interne Zinsfuß der Differenzinvestition größer ist als der Kalkulationszinsfuß.

Einfache Beispiele zur Wirtschaftlichkeitsrechnung

(a) Eine Investition sei durch folgende Zahlungsreihen charakterisiert:

Der Kalkulationszinsfuß beträgt 10%. Ist die Investition vorteilhaft?
Der Kapitalwert c der Investition beträgt:
$$c = 400 \cdot 1{,}1^{-10} - 100$$
$$c = 400 \cdot 0{,}3855 - 100 = 5420$$
Da der Kapitalwert nicht negativ ist, handelt es sich entsprechend dem Fundamentalprinzip I um eine vorteilhafte Investition.

(b) Wie hoch ist der interne Zinsfuß r einer Investition, die durch folgende Zahlungsreihen charakterisiert ist?

−20 000

t_0	t_1	t_2	t_3
	+ 8000	+ 8000	+ 8000

Die Gleichsetzung von Einzahlungs- und Auszahlungsreihe führt zu folgender Gleichung:

$$\frac{8000}{1 + r} + \frac{8000}{(1 + r)^2} + \frac{8000}{(1 + r)^3} = 20000$$

$$\frac{8000 \cdot (1 + r)^2}{(1 + r)^3} + \frac{8000 (1 + r)}{(1 + r)^3} + \frac{8000}{(1 + r)^3} = 20000$$

Gemäß der Summenformel für eine endliche geometrische Reihe ergibt sich somit:

$$\frac{8000}{(1 + r)^3} \cdot \frac{(1 + r)^3 - 1}{(1 + r) - 1} = 20000$$

$$8000 \cdot \frac{(1 + r)^3 - 1}{(1 + r)^3 \cdot r} = 20000$$

$$\frac{r \cdot (1 + r)^3}{(1 + r)^3 - 1} = \frac{8000}{20000} = 0{,}4$$

$$r = 0{,}1$$

Der interne Zinsfuß beträgt 10%. Der Quotient

$$\frac{r \cdot (1 + r)^n}{(1 + r)^n - 1}$$

wird als *Kapitalwiedergewinnungsfaktor* bezeichnet und ist für die relevanten Werte in Rechentafeln abzulesen.

Vergleich mehrerer Investitionen

Beim Vergleich mehrerer Investitionen ist darauf zu achten, daß der *interne Zinsfuß* keinen geeigneten Vergleichsmaßstab darstellt. Daher ist das Entscheidungskriterium beim Wirtschaftlichkeitsvergleich allein auf den *Kapitalwert* der Investitionen abzustellen. Im folgenden Beispiel wird die Abhängigkeit des Kapitalwertes von der Höhe des Kalkulationszinssatzes und der unterschiedlichen zeitlichen Gestaltung der Ein- und Auszahlungsreihe besonders deutlich.

Beispiel:

Investition A:

$$-500$$

$$\overline{t_0 \quad t_1 \quad t_2 \quad t_3 \quad \ldots}\!\!\!\rule{0pt}{0pt} n = 8 \text{ Jahre}$$

$$+100 \ +100 \ +100 \ldots \quad \text{(Einzahlung von}$$
$$100 \text{ über 8 Jahre)}$$

Investition B:

$$-1100$$

$$\overline{t_0 \quad t_1 \quad t_2 \quad t_3 \quad \ldots}\!\!\!\rule{0pt}{0pt} n = 20 \text{ Jahre}$$

$$+100 \ +100 \ +100 \ldots \quad \text{(Einzahlung von}$$
$$100 \text{ über 20 Jahre)}$$

Kapitalwert der Investition A bei $i = 6\%$:

$$C_A = 100 \cdot \frac{(1+i)^8 - 1}{i\,(1+i)^8} - 500 = 121$$

Kapitalwert der Investition B bei $i = 6\%$:

$$C_B = 100 \cdot \frac{(1+i)^{20} - 1}{i\,(1+i)^{20}} - 1100 = 47$$

In der folgenden Tabelle sind die Kaptalwerte der Investitionen A und B für alternative Zinssätze gegenübergestellt. Bei $i = 5\%$ ist der *kritische Kalkulationszinssatz* erreicht, bei dem die Vorteilhaftigkeit von der Investition B auf die Investition A übergeht. Die graphische Darstellung der Tabelle verdeutlicht nochmals dieses Grundproblem der Wirtschaftlichkeitsrechnung.

Kalkulations-zinssatz i	Kapitalwert C_A	Kapitalwert C_B
2	232,5	535,1
3	202,0	387,7
4	173,3	259,0
5	146,3	146,2
6	121,0	47,0
7	97,1	− 40,6
8	74,7	− 118,2

Kapitalwert

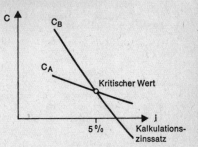

Abb. 3

Näherungs-Verfahren

In der Praxis haben sich drei Näherungs-Verfahren durchgesetzt, die den Rechenaufwand der Abzinsung vermeiden und daher auch nur begrenzte Aussagefähigkeit haben.

(1) Payback- oder Payoff-Methode (Amortisationsmethode)
Die Amortisationsdauer z gibt die Zahl der Zeitperioden an, nach deren Ablauf das eingesetzte Kapital durch Einnahmeüberschüsse amortisiert ist.

$$z = \frac{\text{Kapitaleinsatz}}{\substack{\text{durchschnittlicher Einnahmeüberschuß} \\ \text{pro Zeiteinheit}}}$$

(2) Rendite-Methode
Bei dieser sehr groben Methode fragt man nach der durchschnittlichen Rentabilität r (Rate of Return on Investment) einer Investition und mißt die Rentabilität an seiner Zielvorstellung bzw. an alternativen Investitionsmöglichkeiten.

$$r = \frac{\substack{\text{durchschnittlicher jährlicher} \\ \text{Einnahmeüberschuß}}}{\text{eingesetztes Kapital}}$$

Der Haupteinwand bei dieser »Daumenregel« besteht darin, daß die Wertminderung bei Realinvestitionen nicht berücksichtigt wird, sie ist daher eher für eine Finanzinvestition anzuwenden.

(3) MAPI-Methode
Die von Terborgh im »Machinery and Allied Product Institute« in Washington entwickelte MAPI-Methode ermittelt für die Rangordnung von alternativen Investitionsvor-

haben und für den wirtschaftlich günstigsten Zeitpunkt einer Ersatzinvestition eine Dringlichkeitsmaßzahl d, die eine relative Rentabilität zum Ausdruck bringt.

$$d = \frac{\text{relativer Nettogewinn}}{\text{Nettoinvestitionsaufwand}}$$

Die beiden Einflußgrößen bestehen aus mehreren genau definierten Komponenten, für deren Erfassung umfangreiche Formulare standardisiert sind.

Erweiterungen der Wirtschaftlichkeitsrechnung

Die skizzierten Grundzüge der Wirtschaftlichkeitsrechnung sind in mehrerer Hinsicht zu erweitern. Zunächst muß die Rechnung dahingehend erweitert werden, daß auch unsichere Erwartungen über die Gestaltung der Zahlungsreihen mit in das Investitionskalkül einbezogen werden.

Ein wichtiger Aspekt der Erweiterung ist die Berücksichtigung der Finanzierungsprobleme, die für die Realisierung mancher Investition ausschlaggebend sein können. In der modernen Betriebswirtschaftslehre werden zu diesem Problemkreis integrierte Investitions- und Finanzplanungsmodelle entwickelt, die auch die Liquiditätsplanung einschließen.

Weiterhin ist die Wirtschaftlichkeitsrechnung auszudehnen auf das Problem, daß nicht nur eine Investitionsalternative geprüft und ausgewählt, sondern ein Bündel von Investitionsobjekten zusammengestellt werden soll. Dabei geht es um eine »optimale« Mischung von Rendite und Risiko. Das Problem stellt sich vor allf Dingen bei Finanzinvestitionen, d. h. bei der Zusammensetzung eines Fonds, aber auch bei der Anlagepolitik eines Konzerns. Zur Lösung derartiger Fragen wird die Technik des »Portfolio Selection« ange-

wendet.

Abschließend sei jedoch betont, daß neben der Rechenhaftigkeit der quantitativen Größen die qualitativen Einflußfaktoren nicht unberücksichtigt bleiben dürfen. Somit kann also die Wirtschaftlichkeitsrechnung immer nur eine Entscheidungsgrundlage bilden. Eine erfolgreiche Unternehmenspolitik ist daher nur in der Kombination von Entscheidungstechnik, unternehmerischer Risikobereitschaft und unternehmerischer Initiative denkbar.

LITERATUR

Albach, E., Wirtschaftlichkeitsrechkng. Theorie der Investition. 8. Aufl., Tübingen und Zürich 1968

Borchard, K.-H., Wirtschaftlichkeitsplanung. Wiesbaden 1962

Hax, H., Investitionstheorie. Würzburg und Wien 1970

Laux, H., Flexible Investitionsplanung. Opladen 1971

Peters, L., Investitionsrechnung. In: Tumm, G. (Hrsg.), Die neuen Methoden der Entscheidungsfindung. München 1972

Priewasser, E., Betriebliche Investitionsentscheidungen. Berlin und New York 1972

Schmidt, R.-B., Unternehmensinvestitionen. Rowohlts Deutsche Enzyklopädie, Bd. 338, Reinbek 1970

Schneider, Investition und Finanzierung. Köln und Opladen 1970

Schneider, E., Wirtschaftlichkeitsrechnung. Theorie der Investition. 8. Aufl., Tübingen und Zürich 1968

Terborgh, G., Leitfaden der betrieblichen Investitionspolitik. Wiesbaden 1962

Zimmermann, W., Planungsrechnung. Braunschweig 1968, S. 1–52

Dr. sc. pol. MANFRED TIMMERMANN, ordentlicher Professor für Verwaltungswissenschaft an der Universität Konstanz

Wirtschaftsforschung

Wirtschaftsforschung ist synonym mit Wirtschaftswissenschaft ohne Lehre. Gegenstand der Wirtschaftsforschung ist somit jener Ausschnitt menschlichen Handelns, der in Verfügung über knappe Mittel (»Güter«) für erstrebte Zwecke (»Befriedigung von Bedürfnissen«) besteht. Konsumgüter sind sachliche Mittel und Dienstleistungen, die direkt der Erfüllung menschlicher Bedürfnisse und Wünsche dienen; Produktivgüter (Produktionsmittel, Realkapital oder Investitionen) tragen durch Mitwirkung bei der Herstellung von Gütern indirekt zur Bedürfnisbefriedigung bei. Die Bereitstellung von Konsumgütern ist letztes Ziel jeder wirtschaftlichen Tätigkeit.

Wirtschaftsforschung und Technik

Während sich die technische Forschung um die Klärung der ursächlichen Bewirkung der Zielerreichung bemüht (kausale Analyse), muß sich die Wirtschaftsforschung mit dem »teleologischen« Verhältnis, dem Zweckbezug von Vorzweck zum Endzweck auseinandersetzen (finale, axiologische Analyse). Bei ihr geht es um die Erwägung des zweckhaften Verhältnisses von Mittel und Ziel in Ansehung aller Ziele und Mittel.

Die Technik bezieht sich dagegen auf die Ursächlichkeit des Mittels für ein »gegebenes« Endziel. Die technische Frage umfaßt also nicht das »Ob« der Widmung der Mittel, sondern das »Wie« für bestimmte Wirkungen.

Die Notwendigkeit zu »wirtschaften« entsteht, wenn nicht für alle Ziele Mittel (Vorzwecke) vorhanden sind, wenn also eine Knappheit an Mitteln besteht. Wirtschaften ist dann ein rangordnungsmäßiges Gliedern und Widmen von Mitteln für Ziele durch ausgleichendes und sparendes Abwägen bei Überfülle an Zielen oder bei Knappheit an Mitteln.

Mikro- und makroökonomische Analyse

Mikroökonomische Größen beziehen sich auf die den gesamtwirtschaftlichen Kosmos bildenden elementaren Wirtschaftseinheiten, Haushalte und Unternehmungen. Makroökonomische Größen erfassen die Volkswirtschaft als Ganzes. Sie werden durch Aggregation der entsprechenden mikroökonomischen Größen gewonnen.

Die makroökonomische Betrachtungsweise ist für die Analyse der wirtschaftlichen Vorgänge von besonderer Bedeutung, wenn man zu Ergebnissen kommen will, die für die Praxis unmittelbar verwendbar sind. Der zeitliche Ablauf des Wirtschaftsprozesses wird bestimmt von den Dispositionen, vom Verhalten der einzelnen elementaren Wirtschaftseinheiten. Die Analyse wirtschaftlicher Vorgänge geht deshalb oft auf die handelnden elementaren Wirtschaftseinheiten zurück. Der Ablauf des Wirtschaftsprozesses in der Zeit kann als Zusammenspiel von Entscheidungen einer Vielzahl einzelner handelnder Wirtschaftseinheiten in einer marktwirtschaftlich orientierten Volkswirtschaft verstanden werden.

Die Zahl der Relationen, die in eine mikroökonomische Analyse des gesamtwirtschaftlichen Geschehens eingehen, ist jedoch so groß, daß eine derartige Theorie wegen ihrer Detailliertheit praktisch kaum zu handhaben ist. Die Wirtschaftspolitik braucht übersehbare Zusammenhänge zwischen wenigen, für die Steuerung des Wirtschaftsprozesses maßgebenden Größen. Deshalb ist es notwendig, die Zahl der für den Wirtschaftsablauf als relevant angesehenen Größen und der zwischen ihnen bestehenden Beziehungen zu vermindern, indem man die elementaren Wirtschaftseinheiten je nach Problemstellung zu Gruppen zusammenschließt und die Analyse auf die Beziehungen zwischen diesen Gruppen als größere Wirtschaftseinheiten beschränkt.

Eine solche makroökonomische Betrachtungsweise führt naturgemäß zu Ergebnissen, die weniger aussagen und oft auch unbestimmter sind als die einer Analyse, die sich die Erforschung der Zusammenhänge zwischen den kleinsten handelnden Wirtschaftseinheiten zur Aufgabe macht. So nimmt z. B. die Bedeutung der Resultate einer makroökonomischen Theorie und ihre quantitative Bestimmtheit um so mehr ab, je größer und inhomogener die Gruppen sind, auf die sich die Betrachtung stützt. Dennoch ist die makroökonomische Analyse für die praktische Wirtschaftspolitik unentbehrlich, weil Wirtschaftspolitik und Wirtschaftssteuerung von Verhaltensweisen großer Gruppen ausgehen müssen und versuchen, diese zu beeinflussen; d. h. schon aus technischen Gründen können sie gewöhnlich nicht direkt bis zu den einzelnen Haushalten und Unternehmungen vordringen. Für die Wirtschaftsforschung ergibt sich daraus die Aufgabe, ihre Untersuchungen sowohl in allen Einzelheiten auf der Grundlage der Beziehungen zwischen den Einzelwirtschaften als auch in großen Zügen auf der Grundlage der Beziehungen zwischen Gruppen von Einzelwirtschaften durchzuführen.

Betriebswirtschaftliche und volkswirtschaftliche Forschung

Betriebswirtschaftliche und volkswirtschaftliche Forschung untersuchen jede für sich eine Seite des Gesamtbereichs Wirtschaft, stehen also in engem Verhältnis zueinander. Aufgabe der betriebswirtschaftlichen Forschung ist es, das wirtschaftliche Handeln, das sich im Betrieb bzw. in der Unternehmung vollzieht, zu beschreiben und zu erklären, sowie schließlich aufgrund der erkannten Regeln und Gesetzmäßigkeiten des Betriebsprozesses wirtschaftliche Verfahren zur Realisierung praktischer betrieblicher Zwecke zu entwickeln. Da jeder Betrieb mit der Gesamtwirtschaft über den Beschaffungs- und Absatzmarkt verbunden ist, muß die betriebswirtschaftliche Forschung jedoch auch die Beziehungen des einzelnen Be-

triebes zu anderen Wirtschaftseinheiten, zum Markt, untersuchen. Sie geht aber stets vom einzelnen Betrieb aus. Die Betriebswirtschaftslehre bedient sich zur Erfüllung ihrer Aufgaben mehrerer Teildisziplinen, die gegenständlich voneinander getrennt sind (Betriebsbeschreibung und -morphologie, Betriebsorganisation, Betriebstheorie, Betriebspolitik, Betriebstechnik, Geschichte der Betriebswirtschaftslehre).

Gegenstand der volkswirtschaftlichen Forschung ist die Analyse des Ineinandergreifens der durch regelmäßigen Tausch miteinander verbundenen und durch gegenseitige Abhängigkeit aufeinander angewiesenen Einzelwirtschaften. Hierbei ist die Gesamtwirtschaft nicht nur die Summe der Einzelwirtschaften, sondern sie hat ihre spezifischen Probleme. Was für die volkswirtschaftliche Forschung Problem ist, so z. B. die Preisbildung der Produktionsfaktoren oder die Bildung des Volkseinkommens, ist für die betriebswirtschaftliche Forschung gegebene Größe, mit der sie zu rechnen hat. Jede Veränderung der volkswirtschaftlichen Daten, z. B. Bedürfnisstrukturverschiebungen, Bevölkerungsveränderungen, technischer Fortschritt, erfordert neue Dispositionen der Betriebe.

Entsprechend sind die Probleme der betriebswirtschaftlichen Forschung, z. B. Kostenverläufe der Betriebe, für die volkswirtschaftliche Forschung Daten, die sie bei ihren Untersuchungen als gegeben in Rechnung stellen muß, da sie logisch nicht zu ihrem Erkenntnisobjekt, sondern zu dem der betriebswirtschaftlichen Forschung gehören. Das bedeutet, daß betriebswirtschaftliche und volkswirtschaftliche Forschung nicht ohne einander auskommen können. Die Interdependenz der Zusammenhänge der ökonomischen Größen hat dazu geführt, daß trotz formaler Abgrenzung der Erkenntnisobjekte gewisse Überschneidungen der betriebswirtschaftlichen und volkswirtschaftlichen Forschung unvermeidlich sind. Darüber hinaus gibt es keine spezifisch betriebswirtschaftliche oder volkswirtschaftliche Forschungsmethode, sondern beide Disziplinen bedienen sich der allgemeinen wissenschaftlichen   Forschungsmethoden, die auch in anderen Wissenschaftsgebieten ihre Anwendung finden.

Empirische und theoretische Wirtschaftsforschung

Die Theorie bildet die Grundlage für die angewandte Wissenschaft. Beide Teile unterscheiden sich durch ihr Erkenntnisziel. Erkenntnisziel der theoretischen Wirtschaftsforschung ist die reine Erkenntnis es Seienden. Auswahlprinzip ist die logische Zusammengehörigkeit der Probleme, d. h. in diesem Zusammenhang die Möglichkeit ihrer eindeutigen Zuordnung zum Erkenntnisobjekt der Wirtschaftsforschung.

Erkenntnisziel der angewandten Wirtschaftsforschung ist die Beurteilung von empirisch vorgefundenen Verfahren und Verhaltensweisen sowie die Entwicklung neuer Instrumente zur Erkenntnis und Gestaltung der Wirtschaftsprozesse im Hinblick auf einen Zweck, an dem die Auswahl der Probleme erfolgt.

Das Erkenntnisobjekt der Wirtschaftsforschung hat, wie das Objekt jeder realwissenschaftlichen Untersuchung, eine existenzielle Seite (Dasein) und eine logische Seite (Sosein). Jede Seite ist Gegenstand einer theoretischen Teildisziplin.

Die logische Seite der Wirtschaftsprozesse ist Gegenstand der exakten Wirtschaftstheorie. Sie versucht, zur Erkenntnis des Wesens, der logischen Bestimmung und Merkmale der Wirtschaftsprozesse zu gelangen. Dazu bedarf sie weitgehender Abstraktion und Isolierung.

Die existenzielle Seite ist Gegenstand der empirisch-realistischen Wirtschaftstheorie, die die tatsächlich gegebenen realen Wirtschaftsabläufe erfaßt und somit einen geringeren Abstraktionsgrad aufweist.

Beide Theorien sind also gegenständlich getrennt, und jeder Gegenstand erfordert eine ihm adäquate Forschungsmethode, die durch seinen Allgemeinheitsgrad bedingt ist.

Verfahren und Grenzen der empiririschen Wirtschaftsforschung

Die empirische Wirtschaftsforschung geht von der Erfahrung aus und bedient sich in erster Linie der induktiven Forschungsmethode, d. h. sie versucht aus einer Vielzahl von Einzelbeobachtungen, meist statistischen Reihen, typische Merkmale, Beziehungen und Regelmäßigkeiten zu erkennen, also vom Besonderen, Einzelnen, zum Allgemeinen vorzudringen. Dazu ist zunächst eine Beschreibung von Einzelheiten erforderlich. Die induktive Forschung bleibt jedoch nicht bei der Deskription stehen, da es durch bloße Beschreibung von Tatbeständen nicht möglich ist, in die konkrete Wirklichkeit einzudringen. Die eigentliche Aufgabe der empirischen Wirtschaftsforschung liegt vielmehr darin, typische Abläufe zu erkennen und damit den Wirtschaftsprozeß steuerbar zu machen.

An die deskriptive Analyse schließt sich deshalb die Erforschung von typischen Erscheinungsformen und das Auffinden sowie die Erklärung von Zusammenhängen und Abhängigkeiten an. In der wirtschaftlichen Wirklichkeit gibt es jedoch keine Sachverhalte, die eine strenge Übereinstimmung zeigen. Andererseits kann aus den beobachteten Ursache-Wirkungszusammenhängen nicht gefolgert werden, daß auch in den nicht beobachteten Fällen, bei denen gleiche Ursachenkomplexe vorausgesetzt werden, die gleiche Wirkung folgt. Die wahrnehmbaren wirtschaftlichen Tatbestände sind stets Wirkungen eines Ursachenkomplexes, der sich durch Beobachtungen nicht völlig entwirren läßt. Das wäre nur möglich, wenn – wie im klassischen Bereich der Naturwissenschaften – die Wirtschaftsforschung durch Isolierung von Ursachen im Experiment die Wirkungszusammenhänge erfassen könnte. Hier zeigen sich die Grenzen der empirischen Wirtschaftsforschung; denn eine experimentelle Isolierung einzelner Ursachen zur Erforschung von »reinen« Zusammenhängen ist in der wirtschaftlichen Wirklichkeit nicht möglich. Es gibt in Geschichte und Gegenwart politische und auch speziell wirtschaftspolitische Experimente von hoher Relevanz, wie z. B. die planwirtschaftliche Industrialisierung der UdSSR, die Praktizierung unterschiedlicher Wirtschaftsformen in zwei Teilen einer Stadt oder das Experiment einer Aufwertung. Jedoch sind die Entwicklungen »danach« eben nicht allein auf die politische Aktion zurückzuführen.

Alle Wirtschaftsmodelle haben den Charakter von Arbeitshypothesen, die zur Erklärung von realen Zusammenhängen verwendet werden, welche auf empirisch-induktiven Wegen nicht zu erfassen sind. Urteile der exakten Theorie sind denknotwendig, wenn sie aus bestimmten Datenkonstellationen fehlerfrei deduziert werden. Sie sind Urteile über akausale, funktionale Größenbeziehungen. Die empirische Wirtschaftsforschung erstrebt dagegen die Lösung aktueller Fragestellungen der Wirtschaftspraxis und -politik durch Kombination und Konfrontation wirtschaftswissenschaftlicher Erkenntnis mit empirischem Material.

Kontrolliertes Wachstum

Mit der Änderung des Artikels 109 GG und dem »Gesetz zur Förderung von Stabilität und Wachstum der Wirtschaft« vom 8. Juni 1967 sind für sämtliche Gebietskörperschaften der Bundesrepublik Deutschland – Bund, Länder und Gemeinden – dieselben gesamtwirtschaftlichen Ziele
1. Stabilität des Preisniveaus
2. hoher Beschäftigungsgrad
3. außenwirtschaftliches Gleichgewicht sowie
4. stetiges und angemessenes Wachstum im Rahmen der marktwirtschaftlichen Ordnung zu ausdrücklichen Richtpunkten ihrer wirtschafts- und finanzpolitischen Maßnahmen erklärt worden. Damit sind auch für die empirische Wirtschaftsordnung Ziele, wenn auch nicht quantitativ, fixiert. In den letzten Jahren hat sich eine ständige Erweiterung des wirtschaftspolitischen Zielkatalogs vollzogen. Waren Preisniveaustabilität, Vollbeschäftigung und außenwirtschaftliches Gleichgewicht schon seit längerem allgemein anerkannte Ziele globaler Wirtschaftspolitik, so sind angemessenes Wirtschaftswachstum und schließlich faire Einkommens- und Vermögensverteilung erst in letzter Zeit hinzugekommen. Lange herrschte die Vorstellung, daß es vollauf genüge, wenn die Wirtschaftspolitik für die Erhaltung und den Ausbau der marktwirtschaftlichen Ordnung sorge, einen hohen Beschäftigungsstand sowie innere und äußere Geldwertstabilität herbeiführe und die Voraussetzungen für einen funktionsfähigen Kapitalmarkt schaffe. Unter diesen Bedingungen würde sich – entsprechend den individuellen Präferenzen der Wirtschaftssubjekte – automatisch ein optimales Wachstum der Wirtschaft als Nebenresultat stabilitätsorientierter Wirtschaftspolitik ergeben. Da sich das Wachstum aus Millionen autonomer Einzelentscheidungen ergäbe, könnte es schon aus diesem Grunde nicht zu einem eigenständigen wirtschaftspolitischen Ziel werden.

Es hat sich jedoch die Erkenntnis durchgesetzt, daß auch die übrigen wirtschaftspolitischen Globalziele – Vollbeschäftigung, Preisniveaustabilität, gerechte Einkommens- und Vermögensteilung – bei stetigem positivem Wachstum leichter realisierbar sind als im zyklischen Auf und Ab des Wirtschaftsablaufs. Die moderne Industriewirtschaft ist bestimmten eigendynamischen Gesetzen unterworfen. Je heftiger der technische Fortschritt ist, desto stärker muß die Wirtschaft expandieren, wenn stets genügend Arbeitsplätze für freigesetzte und nachwachsende Arbeitskräfte zur Verfügung stehen sollen. Wir wissen aus der Wachstumstheorie, daß jede Nettoinvestition die Produktionskapazität erhöht, daß aber nur eine zusätzliche Nettoinvestition einen positiven Einkommenseffekt hat. D. h. nur ein bestimmter Grad allgemeiner Expansion in Form einer ständigen Nachfrageausweitung vermag unter den Bedingungen der modernen Industriewirtschaft laufend Vollbeschäftigung von Arbeit und Kapital sicherzustellen. Gleiches gilt für strukturelle Wandlungen. Auch sie sind unter dynamischen Verhältnissen sicherlich heftiger als in einer stagnierenden Wirtschaft. Ebenso sicher ist, daß eine expandierende Wirtschaft Strukturwandlungen leichter absorbieren kann. Zur Preisniveaustabilität läßt sich nach aller Erfahrung feststellen, daß der Koordinationsprozeß der einzelnen Wirtschaftsgruppen und ihrer Ansprüche an das Sozialprodukt unter den Bedingungen der modernen Wirtschaft in aller Regel leichter bei angemessenem Wachstum abläuft. Zur reibungslosen Lösung des Koordinationsproblems braucht die dynamische Wirtschaft eine bestimmte kontinuierliche Nominallohnerhöhung. Ohne inflatorische Auswirkungen kann diese jedoch nur bei gleichzeitiger Steigerung des realen Sozialprodukts gelingen. Auch die Veränderung in der Einkommensverteilung im Sinne größerer Gerechtigkeit läßt sich somit leichter bei einer höheren Wachstumsrate als in einer stagnierenden Wirtschaft erreichen.

Außer den spezifisch ökonomischen Argumenten sprechen mehr oder weniger außerökonomische Gründe zugunsten einer bewußten Wachstumspolitik. Steigende Gemeinschaftsaufgaben auf dem Gebiet des Umweltschutzes, der Volksgesundheit, der Wissenschaftsförderung, des Bildungs- und Verkehrswesens, der Raumordnung und des Städtebaus sowie der Landesverteidigung machen ständig wachsende Mittel erforderlich. Das gilt ebenfalls für die Lösung politischer Aufgaben. Auch die internationale Wettbewerbsfähigkeit eines Landes läßt sich nur im Wege technisch-ökonomischen Fortschritts erhalten. Schließlich sind die zunehmenden Aufgaben in der Entwicklungshilfe und nicht zuletzt der internationale Wettstreit um die Höhe der realen Zuwachsraten zu erwähnen.

Zusammenfassend ist festzustellen, daß Wirtschaftswachstum keineswegs als bloßes Nebenergebnis des marktwirtschaftlichen Prozesses anzusehen ist. Die Wirtschaftsforschung hat es vielmehr als ein eigenständiges wirtschaftspolitisches Ziel erkannt und zur Geltung gebracht, das die höchste Aufmerksamkeit der Wirtschaftspolitik erfordert.

Konjunkturforschung

Bis heute ist es jedoch nicht gelungen, diese Wachstumsziele störungsfrei zu verwirklichen. Auch in Zentralverwaltungswirtschaften kommt es immer wieder zu Schwankungen im Tempo des Produktionswachstums oder gar zu periodischen Rückgängen, zu konjunkturellen Einbrüchen, wie sie für marktwirtschaftlich organisierte Gemeinwesen, zumindest seit Anfang des vorigen Jahrhunderts, beobachtet und zu erklären versucht werden (vergleiche den Beitrag von H. Seidler zum Stichwort »Konjunktur«).

Nach Umfang und Bedeutung blieb die Konjunkturforschung deshalb bis heute das Kernstück des empirischen Forschungsbereichs.

Der Praktiker erwartet vielfach, daß die Konjunkturforschung möglichst eindeutige Aussagen über die künftige Entwicklung macht. Es liegt aber im Wesen wirtschaftlicher Vorgänge, daß eine absolut sichere Prognose nicht möglich ist. Was die Konjunkturforschung zu leisten vermag, ist lediglich der Hinweis auf gewisse Tendenzen und eine umfassende Aussage über die Annahmen, die dem jeweiligen prognostischen Urteil zugrunde gelegt werden. Darüber hinaus kann sie auch versuchen, die Voraussetzungen anzugeben, die geschaffen werden müssen, damit die bereits genannten wirtschaftspolitischen Ziele erreicht werden.

Entstehung der Institutsforschung

Die Erschütterungen, die der Erste Weltkrieg hauptsächlich durch die Geldwertzerstörung und das Reparationsproblem mit sich brachte, rief in der breiten Öffentlichkeit Interesse und Aufgeschlossenheit für wirtschafts- und sozialwissenschaftliche Probleme hervor. Es stand die Frage nach der weiteren, insbesondere konjunkturellen Entwicklung und damit das Interesse an einer systematischen Wirtschaftsbeobachtung im Vordergrund. Daß Konjunkturforscher und Statistiker auf Grund amerikanischer Untersuchungsergebnisse im »Harvard University Committee of Economic Research« in Cambridge (Mass.) versuchten, Methoden zur Konjunkturprognose zu entwickeln, weckte Interesse der

Wirtschaftspraktiker und -politiker. Der Anspruch, Konjunkturprognosen stellen zu können, dürfte der entscheidende Anstoß zu der bis dahin in der Nationalökonomie nur spärlich vertretenen angewandten Statistik und damit zugleich zur Bereitstellung von Mitteln für eine spezielle Institutsforschung gewesen sein.

Bald nach dem Ersten Weltkrieg, der die Fragen der gesamtwirtschaftlichen Entwicklung stark in den Vordergrund treten und ein engeres Verhältnis von Staat, Verwaltung, Verbandswesen, Unternehmungen und Gewerkschaften entstehen ließ, wurden deshalb Forschungsinstitute gegründet, die sich, herausgelöst aus dem Rahmen der Hochschulen und staatlichen Administration, zweckbestimmten, mit eigens hierfür aufgebrachten Mitteln, wissenschaftlichen und gemeinnützigen Aufgaben zuwandten und hiermit einer schon seit langem im Bereich der Naturwissenschaften herrschenden Tendenz folgten.

Prognose als Forschungsziel

Um das prognostische Ziel zu erreichen, mußte zunächst auf der Basis der bereits erarbeiteten konjunkturwissenschaftlichen Erkenntnisse und Beobachtungsergebnisse – hier sind besonders die grundlegenden Arbeiten von Arthur Spiethoff und von Wesley C. Mitchell zu erwähnen – der Konjunkturverlauf und seine verschiedenen Komponenten erfaßt, beschrieben und analysiert werden. Dazu waren alle verfügbaren Informationen, in erster Linie statistisches Material, heranzuziehen, laufend zu verfolgen und zu verarbeiten. Die breite Materialgrundlage und die Vielzahl der zu berücksichtigenden Aspekte konnten nicht mehr von einem einzelnen Wirtschaftswissenschaftler oder von den vorhandenen amtlichen Institutionen wie den statistischen Ämtern bewältigt werden. In den Instituten für empirische Wirtschaftsforschung wurden Wirtschaftswissenschaftler damit betraut, arbeitsteilig die einzelnen für die Wirtschaftsbeobachtung wichtigen Sachgebiete laufend auszuwerten. Diese Art von Wirtschaftsforschung

unterscheidet sich von anderen Formen kollektiver wissenschaftlicher Arbeit dadurch, daß sie sich nicht nur bestimmten, über die Kraft eines einzelnen hinausgehenden Themen widmet oder auf spezielle, von einzelnen Forschern zu erarbeitende Fragenkomplexe ausgerichtet ist. Auch sind die Wirtschaftsforschungsinstitute nicht primär, wie die statistischen Ämter, mit statistischen Erhebungen und den damit zusammenhängenden Problemen der empirischen und mathematischen Statistik, sondern hauptsächlich mit der Auswertung befaßt.

Zur Erkenntnis und Analyse der Konjunkturbewegungen wurde zunächst vorwiegend Symptomatik betrieben, d. h. man beobachtete den Verlauf einer Anzahl von Reihen und fällte über sie Urteile »durch Analogieschluß aus der Beobachtung der regelmäßigen Aufeinanderfolge typischer Bewegungsbilder« (Wagemann). Dieses Verfahren setzte einmal voraus, daß ein umfangreiches Zahlenmaterial für einen möglichst langen Zeitraum herangezogen und nach den »Grundformen der wirtschaftlichen Bewegung« (Saisonschwankungen, Konjunkturrhythmus, Trendverlauf, Strukturänderung) untersucht wurde. Die dabei festzustellenden Regelmäßigkeiten in den einzelnen Reihen und in ihrem Verhältnis zueinander ergaben dann für die besonders interessierende Konjunkturbewegung jene empirisch gewonnenen »Merkmale«, die zur Interpretation der Reihenentwicklung herangezogen werden und auch prognostische Aussagen möglich machen. Dennoch hat sich die auf Barometern aufbauende Symptomatologie gerade in der Zeit, in der sie sich hätte bewähren müssen, nämlich vor und während der Weltwirtschaftskrise, als ungeeignet erwiesen, die vermeintliche Prognostik zu realisieren. Weder Ausmaß noch Dauer und Zeitpunkt der 1929 einsetzenden Depression wurden vorausgesehen. So erfolgte in der damaligen überwiegend empirisch eingestellten Konjunkturforschung eine Wendung zu einer an theoretischen Modellen orientierten Betrachtungsweise.

In der wirtschaftspolitischen Publizistik der 30er Jahre, insbesondere vor 1933, an der auch Wagemann beteiligt war, kamen unter der Zielsetzung der Krisenbekämpfung durch Arbeitsbeschaffung entsprechende Anschauungen zum Ausdruck (etwa im Rahmen der »Studiengesellschaft für Geld- und Kreditwitschaft«). Einen breiten Raum nahm dabei die neue Rolle ein, die die Kreditwirtschaft zu spielen habe: Man bekannte sich zum »aktiven Einsatz des Kreditschöpfungsinstruments«. Besonders hervorzuheben sind in diesem Zusammenhang die von Wilhelm Lautenbach seit 1930/31 entwickelte Analyse des Krisenphänomens und seine Vorschläge zur Krisenbekämpfung durch öffentliche Aufträge sowie seine, der überkommenen Gleichgewichtstheorie entgegengesetzte, Ableitung von Unternehmergewinn, Investitionen und Beschäftigungsvolumen. In den von Ferdinand Grünig im Anschluß an seine Behandlung des Wirtschaftskreislaufs (1933) gezogenen Folgerungen für wirtschaftspolitische Eingriffe im Sinne einer Belebung der Investitionstätigkeit, ferner in den ähnlichen Vorschlägen von Carl Föhl in seinem Buch »Geldschöpfung und Wirtschaftskreislauf« 1937, liegen verwandte Gedankengänge vor.

Alle diese Ansätze mündeten in die von John Maynard Keynes und dann von der übrigen Wissenschaft systematisch ausgebaute Theorie der Beschäftigung und der Eikommensbildung und -verwendung, die als Lehre der »New Economic« seitdem das Instrumentarium auch der empirischen Wirtschaftsforschung bildet.

Der Zusammenbruch im Jahre 1945 brachte auf Grund des Materialverlustes und der Auflösung des Personalbestandes eine Unterbrechung der Forschungsarbeit.

Erst nach der Währungsreform 1948 setzte sich die Wirtschaftsbeobachtung in der Art fort, wie sie sich zwischen den beiden Weltkriegen entwickelt hatte.

Es bildeten sich in verschiedenen Teilen Westdeutschlands organisatorische Schwerpunkte, die auch eine Differenzierung in der Methodik der Institute mit sich brachten.

Zu diesen Schwerpunkten der institutionellen Forschung gehörten neben dem wieder aufgebauten »Deutschen Institut für Wirtschaftsforschung« in Berlin, das sich zunächst mit den Problemen Berlins befaßte, aber schon 1947 eine umfassende Darstellung der deutschen Lage veröffentlichen konnte, das 1949 in München ins Leben gerufene »Ifo-Institut für Wirtschaftsforschung« sowie in Essen das »Rheinisch-Westfälische Institut für Wirtschaftsforschung«. Diese und eine Reihe weiterer teils neu entstandener, teils vor dem Krieg bereits bestehender Institute, wie das »Institut für Weltwirtschaft« in Kiel und das Hamburgische »Welt-Wirtschafts-Archiv«, schlossen sich 1949 auf Anregung und unter Vorsitz von Ferdinand Friedensburg organisatorisch in der »Arbeitsgemeinschaft deutscher wirtschaftswissenschaftlicher Forschungsinstitute« zusammen. Die namentlich bezeichneten Institute gehören als deutsche Mitglieder auch der Association d'Instituts Européens de Conjoncture Economique an.

Forschungsschwerpunkte und Gemeinschaftsdiagnose

Die einheitliche Zielsetzung und die gleichgerichteten Aufgaben der mit allgemeiner Konjunkturbeobachtung befaßten Institute finden ihren Ausdruck in der seit 1950 halbjährlich im Frühjahr und Herbst erstellten Gemeinschaftsdiagnose der Wirtschaftslage in der Welt und in der Bundesrepublik Deutschland. Bei aller Einheitlichkeit der Zielsetzung haben sich jedoch im Instrumentarium und im Arbeitsbereich der Institute Schwerpunkte gebildet, wenn es auch selbstverständlich ist, daß die organisatorische Trennung die von den Forschungsobjekten her geforderte Integration der einschlägigen Erkenntnismöglichkeiten nicht behindert oder einschränkt.

In seinen Analysen stützt sich z. B. das Deutsche Institut für Wirtschaftsforschung auf die Auswertung der volkswirtschaftlichen Gesamtrechnung, für die das Institut schon frühzeitig eine besonders ausführliche Systematik ausgearbeitet hat, die später durch eine Geldvermögensrechnung (beide von Grünig) ergänzt wurde.

Das Münchener Ifo-Institut wandte sich in Anwendung des von ihm entwickelten Konjunkturtestverfahrens insbesondere der Branchenbeobachtung und der Untersuchung einzelner Märkte zu. Je nach Lage der Institute gibt es auch unterschiedliche regionale Forschungsaufgaben. Neben der Pionierarbeit des Ifo-Instituts auf dem Gebiet der systematisch betriebenen Tendenzbefragung (Konjunktur- und Investitionstests) hat sich in den 50er Jahren die spezielle Marktforschung stark verbreitet.

Hier ist besonders die Gesellschaft für Konsumforschung zu erwähnen, die in Deutschland auf dem Gebiet der Absatzforschung führend wurde.

Die Markt- und Absatzforschung betreibenden Institute haben meist erwerbswirtschaftlichen Charakter, d. h. daß ihre im Dienst der Auftraggeber erstellten Gutachten unveröffentlicht bleiben, weil sich die auftraggebenden Firmen gegen eine Weitergabe der Informationen sperren. Die Ergebnisse dienen damit mehr der Wirtschaftspraxis als der Wissenschaft.

Analyse, Diagnose und Prognose heute

Bei der Untersuchung der jeweiligen Wirtschaftslage orientiert man sich gegenwärtig an der Entwicklung des Sozialprodukts und seiner großen Bereiche und an den in diesen wirksamen Kräften, die ihrerseits von Verhaltensweisen der Wirtschaftssubjekte und von wirtschaftspolitischen Entscheidungen öffentlicher Instanzen beeinflußt werden. Die richtige Einschätzung der einwirkenden Kräfte und ihr Gewicht im Rahmen der makroökonomischen Beziehungen ist Gegenstand der Analyse konkreter Situationen. Die makroökonomischen Beziehungen werden nur im Blick auf diese Situationen erörtert. Die Analyse weitet sich zur Diagnose, wenn aus der vorgefundenen Konstellation der quantitativen Relationen und der herrschenden Kräfte Folgerungen für deren weitere Entwicklung, z. B. auch unter dem Einfluß bestimmter wirtschaftspolitischer Entscheidungen, gezogen und Urteile über die jetzt und dann gegebene Lage gefällt werden. Die Urteile orientierten sich an einer überwiegend quantitativ bestimmten Relation der größeren gesamtwirtschaftlichen Aggregate; unter bestimmten Umständen können diese Relationen als befriedigend oder unbefriedigend bezeichnet werden. Die Diagnose wird zur Prognose, sofern unter Verwendung des Wissens über in naher Zukunft zu erwartende Fakten eine analytische oder diagnostische Darstellung der dann eintretenden Lage in verschieden tiefer Gliederung gegeben wird.

Die empirische Wirtschaftsforschung kann sich sowohl auf die gesamte Volkswirtschaft als auch auf ihre einzelnen Teile in horizontaler oder vertikaler Sicht erstrecken. Bei dieser Sicht dienen gesamtwirtschaftliche Aggregate und Aspekte vielfach als Rahmenvorstellungen und Hilfsgrößen. Die Untersuchungen können außerdem kürzere oder längere Zeiträume in die Betrachung einbeziehen. Die laufende Wirtschaftsbeobachtung umfaßt in der Regel kurze Zeiträume (Halb-, Vierteljahre), deren konjunkturelle Situation herausgestellt wird, d. h. es wird nach den Ergebnissen der dynamischen Prozesse gefragt, die nach der Eingrenzung saisonaler und struktureller Bewegungen noch zu beobachten sind. Mittel- und langfristig interessiert vor allem das Wachstum der volkswirtschaftlichen Größen, insbesondere in ihrem Realwert. Folgerichtig hat sich in der institutionell betriebenen empirischen Wirtschaftsforschung als neuer wichtiger Schwerpunkt die Wachstumsforschung entwickelt.

Das gesamtwirtschaftliche Wachstum gibt zugleich eine Norm ab, an der die jeweilige Konstellation gemessen wird, wobei man ein möglichst optimales, d. h. ein relativ normiertes Wachstum als Vergleich heranziehen kann, das freilich nur unter Würdigung aller Einzelheiten der jeweiligen gesamtwirtschaftlichen Lage quantitativ faßbar ist.

Material und Methode

Die heutige empirische Wirtschaftsforschung ist ihrer Methode nach dadurch gekennzeichnet, daß sie alle von Theorie und Empirie zur Verfügung gestellten Instrumente je nach ihrer Eignung im konkreten Fall heranzieht. Es hat sich aber doch ein mehr oder weniger fest begrenzter Kreis von methodischen Hilfsmitteln herausgebildet, der das herkömmliche Instrumentarium darstellt. Einmal kommt die umfangreiche Benutzung statistischen Materials, insbesondere statistischer Reihen, in Betracht. Die Statistiken werden in der Regel von den statistischen Ämtern, zum Teil auch von sonstigen amtlichen oder privaten Stellen, z. B. von Unternehmensverbänden, zur Verfügung gestellt. Neben die Statistiken treten in großem Umfang Schätzungen, bei denen bestimmte Größen und Vorgänge auf Grund der Kenntnis von Sachzusammenhängen, für die numerisch bestimmte Anhaltspunkte gegeben sind, berechnet werden. Die Schätzmethode wurde speziell von der institutionell betriebenen Wirtschaftsforschung entwickelt und ist zum unentbehrlichen Instrument ihrer Arbeit geworden.

Volkswirtschaftliche Gesamtrechnung

Das zu benutzende quantitative Material gipfelt in einem besonderen statistischen Zahlenwerk, der volkswirtschaftlichen Gesamtrechnung. Durch sie werden die quantitativen Bedürfnisse der empirischen Wirtschaftsforschung besser befriedigt als durch Einzelreihen – sofern beide im Wettbewerb stehen –, da das definitorische Verhältnis von Reihen zueinander statistisch nicht immer geklärt werden kann und die unkoordinierten Reihen im größeren Zusammenhang unverwertbar bleiben. Demgegenüber bedingen sich die in der Gesamtrechnung im systematischen Zusammenhang eines Kontensystems stehenden Größen gegenseitig und lassen die Formulierung mehrerer Beziehungen zu. Datenänderungen, etwa durch wirtschaftspolitische Maßnahmen, finden in der Gesamtrechnung ihren systematischen Ort und können gesamtwirtschaftlich eingegrenzt – gegebenenfalls numerisch bestimmt – werden.

Im Schema der Gesamtrechnung begegnen sich statistische und theoretische Kategorien, wie bereits erwähnt wurde.

Die Gesamtrechnung kann aus der allgemeinen Kreislauftheorie abgeleitet werden. Deshalb steht der Analystiker in der Gefahr, mit kausaltheoretischen Vorstellungen an die Interpretation der Ergebnisse der Gesamtrechnung heranzutreten, sofern er nur die statistisch verwerteten Definitionsgleichungen benutzt. Die allseitigen Abhängigkeiten und dauernden Anpassungsvorgänge sind aus den Zahlen selbst nicht abzulesen, sondern nur im Verein mit theoretischen Instrumenten analysierbar. Es ist nur möglich, an Hand einer Zeitreihe von Gesamtrechnungsergebnissen Veränderungen der Aggregate in sachlich naheliegende Beziehungen zu setzen und diese quantitativ zu veranschaulichen. Nur mit großer Vorsicht dürfen etwa Annahmen über »primär« und »sekundär« bestimmte Aggregate in der Gesamtrechnung gemacht werden. Im übrigen muß jedes hier geäußerte qualitative Urteil so gefaßt werden, daß nur die in den Zahlen tatsächlich zum Ausdruck kommende Interdependenz herausgestellt wird.

Ökonometrie und Testverfahren

Auf Grund ökonometrischer Formulierungen werden die theoretisch relevanten Zusammenhänge, sofern sie in meßbare Größen einzukleiden sind, näher bestimmbar. In Form von Verhaltensgleichungen kann jeweils eine Größe der Gesamtrechnung als Abhängige von den übrigen Größen dargestellt und numerisch bestimmt werden. Die neuere Ausgestaltung grundsätzlich aller makroökonomisch formulierten Abhängigkeiten in Form von Gleichungen mit zu erklärenden und erklärenden Variablen und die statistische Verifizierung dieser Abhängigkeiten, die sowohl die Größen der Theorie als auch die sie beeinflussenden Daten numerisch zu bestimmen vermag, stellen, systematisch gesehen, die Vollendung des quantitativen Instrumentariums der empirischen Wirtschaftsforschung dar. Auch der Einfluß vorgesehener wirtschaftspolitischer Eingriffe ist ökonometrisch quantifizierbar. Die der Ökonometrie eigene Beschränkung auf wenige Variable macht es notwendig, für ein umfassendes Bild weitere Gesichtspunkte, vornehmlich qualitativer Art, hinzuzufügen. Schließlich ist es für die institutionelle Wirtschaftsforschung auch nötig, nach dem Rechenaufwand zu fragen, den eine ökonometrische Behandlung der laufenden Wirtschaftsbeobachtung, namentlich wenn sie kürzere Zeiträume betrifft, erfordert; eine hier mit dem Zweck der Analyse in Einklang stehende Verhältnismäßigkeit wird nicht übersehen werden dürfen – eine Frage, die überhaupt in der institutionell betriebenen Forschung immer wieder auftaucht.

Prädestiniert für ökonometrische Untersuchungen ist die institutionelle empirische Wirtschaftsforschung aber deshalb, weil ihre ständige und enge Verbindung mit der statistisch belegten Wirtschaftsanalyse geeignet ist, ökonometrische Untersuchungen auf eine solide statistische Grundlage zu stellen und damit eine Gewähr für die Realitätsnähe der Ergebnisse zu bieten.

Testverfahren treten neben die Statistik als Quelle und Instrument für die empirische Wirtschaftsforschung. Der vom Ifo-Institut für Wirtschaftsforschung entwickelte Konjunktur- und Investitionstest entstand aus dem Bedürfnis von Wirtschaftsforschung und -praxis nach größerer Aktualität des Informationsmaterials und besserer Markttransparenz. Durch direkten Kontakt mit einer repräsentativen Zahl von Unternehmen aus den Bereichen Industrie, Baugewerbe, Groß- und Einzelhandel und durch Verzicht auf quantitative Angaben gelang es, diesen Wünschen weitgehend nachzukommen.

Dr. KLAUS DIETER ARNDT, verstorben 1974, ehem. Präsident des Deutschen Instituts für Wirtschaftsforschung, Berlin

---

Wirtschaftspresse

Die Informations-Aufnahme

Die Wirtschaftsredaktion einer Zeitung – oder eines anderen Massenmediums – gibt im Durchschnitt weniger als ein Zehntel der eingehenden Informationen an den Leser oder Hörer weiter. Bei großen Tageszeitungen, die sich eine Fülle von Nachrichtendiensten und zahlreiche eigene Korrespondenten und Rechercheure leisten können, wird es erheblich weniger als ein Zehntel sein. Der Redakteur wählt das aus, was er persönlich für interessant hält. Da er das Geschäftsleben zwar beobachtet, aber nicht selbst im Geschäftsleben disponiert, ist es unvermeidlich, daß Informationen im Papierkorb landen, die für den Praktiker wichtig gewesen wären.

Die Auswahl der Information

In der Regel wird ein Redakteur bei der Auswahl der ihm vorliegenden Informationen von der Annahme ausgehen, daß solche allgemeinen Charakters die größte Anzahl von Lesern interessieren, solche speziellen Charakters die geringste. Deshalb wird der Manager in der Zeitung wohl die Zuwachsrate des amerikanischen Bruttosozialprodukts finden (die ihn kaum interessiert), nicht aber irgendeine Verfügung der amerikanischen Zollbehörde (die ihn, falls er die betroffene Ware exportiert, brennend interessiert). Daher ist es unerläßlich, für spezielle Informationen neben der Tagespresse auch noch die Fachpresse und Sonderdienste zu abonnieren.

Dies alles zu lesen, übersteigt aber die Möglichkeiten eines einzelnen Menschen. Deshalb beschäftigen die Firmen häufig Lektorate, die dem Management die Mühe des Lesens abnehmen und dafür sorgen, daß es auf dem Schreibtisch eine Auswahl der Presseinformationen des Tages vorfindet.

Häufig wird die Wichtigkeit des Lektors unterschätzt. Es ist jedoch ein schwerwiegender Fehler, mit dieser Aufgabe eine drittklassige Kraft zu betrauen. Ist schon bei dem Siebungsprozeß, dem das Informationsmaterial in den Redaktionen unterliegt, die Wahrscheinlichkeit groß, daß wichtiges Material unter den Tisch fällt, so potenziert sich diese Wahrscheinlichkeit, falls die zweite Siebung im Lektorat von Mitarbeitern durchgeführt wird, die vom Geschäft nur eine theoretische Vorstellung haben.

Gewiß kann der Manager dem Lektorat nicht seine geheimsten Gedanken verraten. Aber der Lektor muß mit der Zeit ein Fingerspitzengefühl für das Wichtige entwickeln, das in dem Unscheinbaren verborgen ist. Er darf sich nicht von der Aufmachung beeindrucken lassen. Denn die Redaktionen pflegen auch bei der Aufmachung nach der vermutlichen Breitenwirkung der Information vorzugehen. Deshalb erhält das Allgemeine eine dreispaltige Überschrift in großen Lettern, das Spezielle wird klein gedruckt mit Schlagzeile gebracht. Unwillkürlich wird der Lektor geneigt sein, das groß Aufgemachte für wichtig und das klein Gedruckte für unwichtig zu halten.

Kontrollmöglichkeiten

Zur Erziehung des Lektorats empfiehlt sich eine Stichprobenkontrolle. Das Management sollte sich von Zeit zu Zeit die Mühe nehmen, selbst genau die eine oder andere Zeitung zu lesen und rückfragen, weshalb diese oder jene Nachricht nicht in der Presseübersicht gebracht wurde. Damit kann in einiger Zeit im Lektorat das Gefühl für die Wichtigkeit des manchmal Unscheinbaren entwickelt werden.

Das gilt besonders für die bei politischen und wirtschaftlichen Funktionen beliebte Praxis, in längeren Ausführungen den eigentlich wichtigen Satz, der Rückschlüsse auf Absichten oder Beurteilungen zuläßt, am Ende zu verstecken.

Die Herkunft der Information

Grundsätzlich ist bei der Lektüre der Zeitungen zu beachten, daß das in den Redaktionen einströmende Informationsmaterial nur zum geringen Teil aus eigenen Recherchen stammt. Meist werden solche Recherchen erst vorgenommen, wenn ein Anlaß vorliegt. Trifft zum Beispiel die Meldung einer Nachrichtenagentur oder eines Lokalkorrespondenten ein, die Firma XY habe beim zuständigen Arbeitsamt Feierschichten für 1000 Belegschaftsangehörige beantragt, dann setzt die Redaktion ihre Recherche an, um zu erfahren, weshalb eine solche Maßnahme notwendig war.

In den meisten Fällen stammen die in der Zeitung wiedergegebenen Informationen aus Pressekonferenzen oder Presse-Mitteilungen von Ämtern, Verbänden oder Firmen, die in der Absicht gegeben werden, die öffentliche Meinung in die gewünschte Richtung zu lenken.

Nicht das, was der ausgebenden Stelle peinlich sein könnte, ist in der Information enthalten, sondern das, was ihr angenehm ist. Umgekehrt will der Manager als Leser nicht das erfahren, was der Konkurrenz oder dem Kunden oder der Wirtschaftspolitik angenehm ist – für ihn ist gerade das wichtig, was sie verschweigen oder nur vorsichtig andeuten.

Der Redakteur als Anwalt seines Kunden, des Lesers, wird bemüht sein, die Verbrämung von der einlaufenden Mitteilung zu entfernen.

Er wird Passagen streichen, die offenkundig nur auf Werbeeffekte abzielen, und er wird vielleicht auch eigene Recherchen ansetzen, um an den richtigen Kern der Neuigkeiten heranzukommen.

Er wird sich von Erklärungen, die ihm unglaubwürdig erscheinen, distanzieren, indem er sie im Konjunktiv oder in Anführungszeichen wiedergibt, z. B. eine Erklärung über den »Kampf gegen die Inflation«, die viele Zeitungen allmählich nicht mehr ernst nehmen.

Der Leser muß feinfühlig genug sein, die so diskret angedeutete Skepsis des Redakteurs zu verstehen und sich hüten, der Information auf den Leim zu gehen.

Die richtige Interpretation der Nachricht

Es gibt aber viele Momente, die den Redakteur veranlassen, sich nicht von dem Inhalt der Information zu distanzieren, die er an den Leser weitergibt. Da ist zunächst der Druck der knappen Zeit. So erschienen beispielsweise in durchaus seriösen Zeitungen Anfang 1971 Berichte über die italienische Zahlungsbilanz von 1970 mit den Überschriften »Aktive Zahlungsbilanz Italiens« und ähnliches. Der Manager, der dies liest, gewinnt den Eindruck, die Lira sei trotz der Streikunruhen in Italien gesund, und er trägt keine Bedenken, einem Kunden, der Fakturierung in Lire wünscht, entgegenzukommen oder ein Termingeldoffert zu akzeptieren, das vorteilhafte Zinsen in Lire bietet.

Bei Lektüre des Zahlenwerks fällt allerdings auf, daß der Titel wohl nicht falsch, doch aber irreführend ist. Das Aktivum der Zahlungsbilanz versteht sich nämlich einschließlich Kapitalimport. Die Zahlungsbilanz der laufenden Posten – die für die Bonität einer Währung kennzeichnend ist – war passiv. Aber das kam nicht in die Überschrift, weil bereits bei Ursprung der Nachricht kein Interesse daran bestand, dieses Faktum ins Licht zu rücken. Da das Passivum der laufenden Posten durch Kreditaufnahmen der italienischen Wirtschaft auf dem Euro-Markt überkompensiert wurde, lautete der Titel »Zahlungsbilanz aktiv«, und er wurde von den Presse-Agenturen und Redaktionen auch so belassen.

Ähnlich irreführende Versionen werden über die amerikanische Zahlungsbilanz verbreitet, weil die Redaktionen zu einer kritischen Prüfung des Zahlenmaterials keine Zeit finden.

Die informationsgebenden Stellen finden mit ihren schönfärberischen Versionen auch deswegen grünes Licht, weil dieses im Sinne des geringsten Widerstandes des journalistischen Betriebs liegt und vielfach auch im Sinne seiner Wunschrichtung. Das »Entfärben« der Information erfordert nicht nur Zeit und Mühe, es kann auch erheblichen Ärger verursachen. Der Teilnehmer einer Pressekonferenz, der konträr zur Wunschrichtung der Veranstalter berichtet, macht sich diese zum Feind.

Sein Leben ist bequemer, wenn er auf Kritik verzichtet.

Dasselbe gilt für den Redakteur, der das Manuskript bearbeitet. Auf diese Weise gewinnt die gesamte Wirtschaftsberichterstattung eine Tendenz zum Konformismus. Einzelne Publikationsorgane nützen diese Tendenz freilich aus, indem sie sich auf Recherchen von Umständen verlegen, die den Betroffenen unangenehm sind und die sie lieber unterdrückt wissen wollen. Diese antikonformistischen Berichte können aber immer nur einige wenige Erscheinungen berücksichtigen. Die große Mehrzahl der täglich anfallenden Informationen ist daher im Durchschnitt insofern »frisiert«, als sie zumindest Aspekte unberücksichtigt lassen, die nicht in der Wunschrichtung der Informanden liegen.

Besonders gilt dies für die Konjunkturbeurteilung. Niemand will sich nachsagen lassen, er habe »die Konjunktur totgeredet«. Der Gesamteindruck des täglichen Informationsmaterials wird immer erheblich rosiger sein, als es der nüchternen Wirklichkeit entspricht. Der Leser darf überzeugt sein, daß ihm keine angenehme Neuigkeit vorenthalten wird, wohl aber manche unangenehme Neuigkeit.

Selbstkritisch wird der Manager noch die eigene Neigung in Rechnung stellen, die Ereignisse in der Wunschrichtung zu interpretieren. Unternehmerisches Denken muß in der Grundhaltung optimistisch sein, sonst kann es nicht zu Erfolgen führen. Da aber die von außen kommenden Informationen ebenfalls optimistisch gefärbt sind, ergibt sich aus dem Zusammenwirken beider Faktoren die Gefahr einer Abweichung von der Realität. Wer dies weiß, wird von seinem Urteil immer gewisse Abstriche zugunsten der Skepsis machen. Er wird sozusagen einen Korrekturwert für unbewußte Fehlleitungen durch informationsmittel und Wunschdenken einkalkulieren.

Die Informations-Gabe

Der Manager nimmt selbst mit Journalisten Kontakt auf, in der Absicht, die öffentliche Meinung in einem wünschenswerten Sinn zu beeinflussen. Es handelt sich hierbei um eine spezielle Art von Werbung, deren Effekt nicht von dem Geldaufwand abhängt, sondern von dem Geschick des Managers. Kunden, Aktionäre, Geldgeber sollen zu dem Unternehmen Vertrauen haben. Vertrauen läßt sich nicht mittels einer Veröffentlichung erzielen, von der jedermann weiß, daß sie bezahlt ist. Es müssen unauffällig Argumente – oft Kleinigkeiten – zusammengetragen werden, die sich zu einem vertrauenerweckenden Mosaik zusammenfügen.

Wirksame Pressekonferenzen

Wer um dieses Zieles willen eine Pressekonferenz einberuft, muß sich zunächst darüber im klaren sein, mit wem er es zu tun hat. Im allgemeinen sind die Wirtschaftsjournalisten weder korrupt noch so schlecht bezahlt, daß sie auf eine Einladung zu einer Massenabfütterung oder ein Werbegeschenk Wert legen. Es gibt unter ihnen sowohl Konformisten wie kritische Köpfe. Die ersteren schreiben brav auf, was sie hören, die andern stellen peinliche Fragen.

Es wäre ein Fehler, die Konformisten mit Gemeinplätzen oder gar mit Halb- oder Viertelwahrheiten abzuspeisen, die Kritiker mit Verachtung zu strafen und dann das Ganze als »erfolgreiche Pressekonferenz« zu betrachten. Gemeinplätze haben keine Publizität. Schreibt sie auch der Teilnehmer der Pressekonferenz auf, werden sie mit großer Wahrscheinlichkeit vom Redakteur gestrichen, und das, was nicht gestrichen wurde, wird nicht gelesen. Wer nur Gemeinplätze zu bieten hat, braucht eine Pressekonferenz erst gar nicht zu veranstalten, es ist schade um die Spesen.

Besser sieht es mit den Halbwahrheiten aus, also solchen Tatsachen, die in einen willkürlich gewählten Zusammenhang gerückt werden.

Es mag keine Lüge sein zu behaupten, der Umsatz eines Unternehmens sei um 10 Prozent gestiegen, wenn die Hälfte der Zunahme nur der Eingliederung einer Tochtergesellschaft in den Konsolidierungsbereich zu danken ist. Der konformistische Teil der Journalisten wird dies vielleicht abnehmen. Aber gerade diese besitzen die geringste Publizität.

Die kritischen Journalisten jedoch werden nachrechnen und finden, daß die Umsatzsteigerung echt nur fünf Prozent betrug und diese Zuwachsrate in den Titel nehmen. Die gehässigen Journalisten – und diese besitzen die größte Publizität – werden sogar ihren Lesern zu verstehen geben, daß das Management es auf Schönfärberei abgesehen hat, weshalb die Leser auch alle übrigen Angaben nicht für glaubwürdig halten werden. War es die Absicht der Veranstaltung, für das Management Goodwill zu erwerben, dann wurde durch den kurzsichtigen Versuch mit einer Halbwahrheit gerade der entgegengesetzte Effekt erzielt.

Es ist selbstverständlich, daß kein Manager in einer Pressekonferenz die volle Wahrheit sagen kann. Die Mißerfolge, die unvermeidlichen Begleiter auch der schönsten Erfolge, müssen verschwiegen werden. Rentabilitätserfolge dürfen nicht überbetont werden, da die Kundschaft nicht gern erfährt, daß an ihr viel verdient wurde und die Belegschaft ebensowenig. Andererseits soll der Aktionär am Tage nach der Lektüre der Zeitung nicht veranlaßt werden, zur Bank zu laufen und sein Papier bestens zu verkaufen.

In diesem Dilemma, das dem kritischen Journalisten selbstverständlich bekannt ist, ist es schwer, den richtigen Weg zur Glaubwürdigkeit zu finden. Er wird am besten geebnet durch umfangreiches Zahlenmaterial mit den zugehörigen Vergleichsdaten.

Hierbei soll man nicht Zahlen und Vergleichsdaten unterdrücken. deren Eindruck dem vom Management beabsichtigten Effekt entgegengesetzt ist. Fleißige und kritische Journalisten – und auf diese kommt es in erster Linie an – haben die Zahlenangaben der Konkurrenzfirmen und die vorhergegangenen Pressekonferenzen oft von mehreren Jahren aufbewahrt. Sie können sich daher vergleichende Prozentsätze selbst ausrechnen. Sie sind aber dankbar für die Arbeitsersparnis, die ihnen das Management mit ausgerechneten Prozentsätzen bietet, auch dann, wenn sie keinen günstigen Eindruck machen.

Die Offenheit, mit der auch Negatives — das sich ohnedies nicht verheimlichen läßt — klargelegt wird, ist das wichtigste Element der Glaubwürdigkeit. Es empfiehlt sich, den Teilnehmern der Pressekonferenz ein Papier mit allen Zahlenangaben vorzulegen, die das Management für publikationsfähig hält, also nicht nur mit solchen, die das Management für wünschenswert hält.

Werden irgendwelche Daten, die früher veröffentlicht worden waren, unterdrückt, weckt dies sofort Verdacht. Die kritischen Journalisten werden wissen wollen, weshalb diese oder jene Zahl diesmal nicht genannt wurde, und das kann zu einer peinlichen Situation führen. Deshalb soll bei Aufstellung des Zahlenmaterials auch an das kommende Jahr gedacht werden. Man kann Publizität bequem erweitern, aber schlecht verringern.

Auch aus einem andern Grunde soll man keine Zahlen nennen, die nicht in der Unterlage für die Pressekonferenz enthalten sind. Bei mündlicher Wiedergabe von Zahlen entstehen leicht Irrtümer und ärgerliche Verwechslungen.

Das Auftreten des Managers bei Pressekonferenzen

Der Sprecher des Management soll in der Pressekonferenz die in der Unterlage enthaltenen Zahlen kommentieren. Es macht einen guten Eindruck auf die Presseleute, wenn dies in freier Rede und ungezwungen geschieht. Ablesen vom Manuskript wirkt nicht nur einschläfernd, sondern auf Journalisten geradezu ärgerniserregend. Wozu, so fragt man sich, muß man kostbare Zeit vertrödeln, um eine Rede anzuhören, deren Wortlaut dann ohnedies mitgeteilt wird?

Mit dem Ablesen vom Manuskript dokumentiert der Manager entweder kleinliche Angst oder Unfähigkeit zu freier Rede. Bei den Journalisten entwickelt sich infolge der Vielzahl von Pressekonferenzen, die sie besuchen müssen, ein Instinkt für die Qualitäten des Managers. Gewiß muß eine Erklärung, die auf gewisse Akzente entscheidenden Wert legt, im Wortlaut abgegeben werden. Zusammen mit dem Zah-

lenmaterial findet sie der Journalist in der Mappe auf seinem Platz. Dafür wird er dankbar sein, weil er sich nach Durchsicht der Mappe seine Fragen überlegen kann.

Wird das Material erst im Anschluß an die Pressekonferenz verteilt, geht diese Möglichkeit des Überlegens verloren. Es entsteht der Eindruck, als sei es beabsichtigt, die Vorbereitung von Fragestellungen zu verhindern.

Von großer Wichtigkeit ist aber der zu der Erklärung gegebene Kommentar. Wer auch diesen Kommentar verlesen muß, wird von den gutmütigen Journalisten bemitleidet, von den übrigen mißachtet werden. Sie wissen aus ihrer Erfahrung, wie sich ein Top-Manager eines gut geleiteten Unternehmens benimmt: ruhig, gewandt, seiner Sache sicher und gelegentlich auch witzig bis zur Selbstironie. Ihr Instinkt lehrt sie, daß hinter würdevoll vorgetragenen Gemeinplätzen nur selten ein respektabler Kopf steckt. Sie spüren ferner in der Angst vor dem frei formulierten Wort etwas, das sie reizt, wie den Stier das rote Tuch: die Sorge des Sprechers, von dem Vielen, das er zu verbergen hat, etwas zu verraten. Wer diese Sorge verräte, hat seine Glaubwürdigkeit weitgehend verloren. Er wird von bohrenden Fragen verfolgt werden, und der Effekt der Pressekonferenz wird negativ sein.

Soll der Effekt positiv sein, dann muß der Manager den Eindruck erwecken, er hätte gar nichts zu verbergen. Es wird sogar einen ausgezeichneten Eindruck machen, wenn er Bemerkungen einflicht, die er ausdrücklich als nicht zur Veröffentlichung bestimmt bezeichnet. Gegenüber einem solchen Wunsch verhalten sich die Journalisten fast immer korrekt, weil sie wissen, daß ein Vertrauensbruch Informationsquellen verschüttet. Sie sind in der Regel für das ihnen entgegengebrachte Vertrauen sogar dankbar, nicht nur, weil es ihrer Eigenliebe schmeichelt, sondern auch deshalb, weil sie Hintergrundinformationen brauchen.

Die Politik eines Unternehmens läßt sich nicht allein aus Zahlen und nackten Tatsachen heraus verstehen. Der Außenstehende, dem die Aufgabe gestellt ist, diese Politik der Öffentlichkeit verständlich zu machen, muß wenigstens eine gewisse Ahnung von den hinter der Politik stehenden Motiven haben. Eine Enthüllung der letzten Beweggründe ist freilich oft unmöglich. In solchen Fällen wird es auf das Geschick des Managers ankommen, eine solche Hintergrundinformation zu geben, die so aussieht, als wäre sie erschöpfend.

Es ist vielleicht üblich, das an die Pressekonferenz anschließende gemeinsame Essen für Hintergrundgespräche zu benützen, die nicht zur Veröffentlichung bestimmt sind. Solche Gespräche sind oft für den Manager nützlich, weil er aus der Unterhaltung mit den Journalisten manches erfährt, was sie gehört, aber nicht veröffentlicht haben.

Der Journalist, der verstanden hat, weshalb sich ein Manager gerade so und nicht anders verhielt, wird sich bei seiner Darstellung viel eher an die vom Management gewünschte Version halten, als ein solcher, den man mit Halbwahrheiten, Geheimnistuerei oder Gemeinplätzen abspeisen wollte. Unseriöse Journalisten, die die bei Hintergrundinformationen gewünschte Diskretion nicht achten, soll man erst gar nicht zu Pressekonferenzen einladen.

Fragen von seiten der Journalisten

Die von Journalisten gestellten Fragen wird der Manager häufig als dumm empfinden. Es wäre jedoch töricht, dieses Empfinden etwa in einem mitleidigen Lächeln zu verraten. Der Journalist kann nicht in jeder Branche zu Hause sein, und mangels geschäftlicher Praxis wird er oft mit einer sehr theoretischen Einstellung an Fragen herantreten, die ein gerissener Kaufmann auf den ersten Blick durchschaut. Es gibt aber auch Journalisten, die gezielt dumme Fragen stellen, in der Absicht, das Management zu testen.

Jede Antwort auf jede Frage liefert dem erfahrenen Jounalisten ein Testergebnis, aus dem er Schlüsse ziehen kann. Man soll daher jede Frage, auch wenn sie noch so abwegig erscheint, ernst nehmen und ernst beantworten. Der Mühe Lohn mag gering erscheinen. Aber allein die Vermeidung von Ärger im Verkehr mit der Presse ist ein nicht zu unterschätzender Erfolg. Der kleinste Journalist kann das größte Unternehmen viel mehr ärgern als umgekehrt.

Presse-Aussendungen

Bei laufenden Presse-Aussendungen soll der Eindruck vermieden werden, es handele sich um eine Werbe-Aktion. Mit der Zeit bildet sich eine Allergie gegen die Aussendungen der betreffenden Firma aus, so daß ihre Pressemitteilungen auch dann weggeworfen werden, wenn sie eine nicht uninteressante Information enthalten. Deshalb gehört es zu den Aufgaben des Management, die Abdruckserfolge der Public-Relations-Abteilungen gelegentlich zu kontrollieren. Eine gute Public-Relations-Abteilung hat wenig Aussendungen, aber einen hohen Prozentsatz von Abdruckserfolgen, bei einer schlechten ist das Umgekehrte der Fall.

WALTER WANNENMACHER,
Redaktion »Deutsche Zeitung«, Bonn–Bad Godesberg

Wirtschaftsprüfung

Die *Überwachung* wirtschaftlicher Betätigungen kann sich in zwei Formen vollziehen, in der Form der Kontrolle oder in der Form der Prüfung. Als *Kontrolle* bezeichnet man vornehmlich die in einen beliebigen Arbeitsvorgang eingebaute, zeitlich mit dem Arbeitsvorgang gleichlaufende oder ihm unmittelbar folgende Beaufsichtigung mit dem Zweck, Fehler möglichst von vornherein zu verhindern oder unmittelbar nach Eintreten wieder zu beseitigen. Demgegenüber ist *Prüfung* (= Revision) eine nicht laufende Überwachung, die entweder periodisch regelmäßig oder aus besonderem Anlaß vorgenommen wird. Ein Wesensmerkmal der Prüfungstätigkeit ist es, daß sie sich meistens nicht auf die Feststellung eines Sachverhaltes beschränkt, sondern darauf ausgerichtet ist, ihn mit Hilfe bestehender Normen zu beurteilen; ferner, daß der Überwachungsträger (Prüfer) weder das Überwachungsobjekt selbst realisiert hat noch den Anordnungen der zu überwachenden Personen unterworfen, daß er also »prozeßunabhängig« ist (andernfalls fällt der Überwachungsvorgang unter den Begriff der Kontrolle).

Prüfungsarten

Hier sollen von den im Bereich der Wirtschaft vorkommenden Prüfungen nur diejenigen behandelt werden, die durch unternehmensexterne Sachverständige, vor allem durch Wirtschaftsprüfer und Wirtschaftsprüfungsgesellschaften, vorgenommen werden. Auch wird auf behördliche Prüfungen, insbesondere steuerliche Betriebsprüfungen und Preisprüfungen, sowie auf rein technische Prüfungen nicht eingegangen. Schließlich werden nur die Verhältnisse in der Bundesrepublik Deutschland berücksichtigt.

Abschlußprüfungen

Von den Prüfungen durch externe Sachverständige sind (neben den steuerlichen Betriebsprüfungen und rein technischen Prüfungen) die Abschlußprüfungen die weitaus wichtigsten und häufigsten. Diese Prüfungen können sich auf Jahresabschlüsse, auf Zwischenabschlüsse und auf zusammengefaßte Jahresabschlüsse einer Unternehmensgruppe, insbesondere auf Konzernabschlüsse und Teilkonzernabschlüsse, beziehen. Prüfungsgegenstand können aber auch Sonderbilanzen sein.

Für eine größere Zahl von Unternehmungen ist die Prüfung der *Jahresabschlüsse* gesetzlich vorgeschrieben («»Pflichtprüfungen«). Die Prüfungspflicht knüpft teils an die Rechtsform (Aktiengesellschaften, Kommanditgesellschaften auf Aktien, Genossenschaften), teils an die Wirtschaftszweig (insbesondere Kreditinstitute, Versicherungsunternehmen und gemeinnützige Wohnungsunternehmen) und teils an den Kreis der Anteilseigner (Prüfungen bei Wirtschaftsbetrieben der öffentlichen Hand) an. Ein weiteres Kriterium für die Prüfungspflicht ist die Unternehmensgröße (Prüfung der Jahresabschlüsse bestimmter Großunternehmen nach dem sog. Publizitätsgesetz vom 15. 8. 1969, Prüfung der Jahresabschlüsse von Gesellschaften mit beschränkter Haftung ab einer bestimmten Bilanzsumme nach dem Regierungsentwurf eines GmbH-Gesetzes). Mittelbar ergibt sich eine Prüfungspflicht außerdem für die Jahresabschlüsse aller Unternehmen, die in einen gesetzlich vorgeschriebenen Konzernabschluß oder Teilkonzernabschluß einbezogen werden.

Die Aufgabenstellung der gesetzlichen Jahresabschlußprüfung und die Grundsätze ihrer Durchführung haben sich vornehmlich im Bereich der aktienrechtlichen Jahresabschlußprüfung entwickelt, die erstmals durch die Aktienrechtsnovelle von 1931 vorgeschrieben wurde. Da die aktienrechtlichen Prüfungsvorschriften zudem für die Pflichtprüfung der Jahresabschlüsse anderer prüfungspflichtiger Unternehmen sinngemäß gelten, sollen die *Aufgaben der Abschlußprüfung* und ihre Durchführung auf der Grundlage des Aktienrechts dargestellt werden.

Die aktienrechtliche Jahresabschlußprüfung ist eine umfassende Prüfung der Rechnungslegung. Sie hat die Aufgabe, festzustellen, ob die Buchführung, der Jahresabschluß und der Geschäftsbericht Gesetz und Satzung entsprechen. Die Prüfung der Buchführung erstreckt sich auf die Frage, ob die erforderlichen Handelsbücher geführt werden, ob diese Bücher formell in Ordnung sind und ob ihr Inhalt sachlich richtig ist. Es ist daher insbesondere zu untersuchen, ob sämtliche buchungspflichtigen Geschäftsvorfälle in den Büchern des jeweiligen Geschäftsjahres fortlaufend erfaßt und in übersichtlicher Weise (zweckentsprechender Kontenplan) gruppiert sind sowie ob über sämtliche Geschäftsvorfälle ordnungsmäßige Belege vorliegen. Alle Geschäftsvorfälle müssen sich in angemessener Zeit von ihrer Entstehung über alle Stufen ihrer Verarbeitung bis zu ihrem Niederschlag im Jahresabschluß (und in umgekehrter Richtung) verfolgen lassen.

Die Prüfung der Buchführung ist zwar eine unerläßliche Grundlage der Abschlußprüfung, das Schwergewicht dieser Prüfung liegt jedoch auf den Publizitätsmitteln, insbesondere dem Jahresabschluß. Seine Prüfung darf sich nicht darauf beschränken, festzustellen, ob er äußerlich sachgemäß aufgestellt ist sowie mit dem Bestandsverzeichnis (Inventar) und den Geschäftsbüchern übereinstimmt (vorwiegend formelle Prüfung). Gegenstand der Prüfung ist vielmehr vornehmlich die Frage, ob die Bestimmungen des Gesetzes und der Satzung über den Jahresabschluß beachtet wurden (vorwiegend materielle Prüfung). Dementsprechend erstreckt sich die Prüfung insbesondere auf die Vollständigkeit und Richtigkeit der Bestandsverzeichnisse, auf die zutreffende Gliederung des Jahresabschlusses und auf die Einhaltung der Bewertungsvorschriften. Dabei ist die Prüfung der Wertansätze in der Regel der wichtigste und schwierigste Teil der Jahresabschlußprüfung überhaupt; sie setzt gerade bei größeren Prüfungen nicht nur ein breites Wissen, sondern auch ein sicheres Urteilsvermögen voraus.

Bei der Prüfung des Geschäftsberichts ist der »Lagebericht« nur darauf zu untersuchen, ob er nicht eine falsche Vorstellung von der Lage der Gesellschaft erweckt. Dagegen ist der »Erläuterungsbericht« umfassend auf seine Vollständigkeit und Richtigkeit zu prüfen, wobei den Angaben über die angewandten Bewertungs- und Abschreibungsmethoden, den Angaben über die Abweichungen des Jahresabschlusses vom Vorjahresabschluß und den berichtspflichtigen Einzelangaben besondere Bedeutung zukommt.

Während der Gegenstand der Pflichtprüfungen von Jahresabschlüssen gesetzlich festgelegt ist und der Abschlußprüfer nur einen Ermessensspielraum hat, wie er im Einzelfall Art und Umfang seiner Prüfungshandlungen bestimmt, müssen Gegenstand und Umfang der gesetzlich nicht vorgeschriebenen Jahresabschlußprüfungen (»freiwillige Prüfungen«) zwischen Prüfer und Auftraggeber vereinbart werden. Da es das Ziel auch vieler dieser Prüfungen ist, der Unternehmensleitung, den Gesellschaftern und anderen Personen (insbesondere Kreditgebern) das Urteil eines Sachverständigen über die Ordnungsmäßigkeit der Rechnungslegung zu vermitteln, werden freiwillige Jahresabschlußprüfungen häufig nach den gleichen Grundsätzen durchgeführt wie aktienrechtliche Pflichtprüfungen.

Zwischenabschlüsse werden in der überwiegenden Zahl der Fälle nur aus besonderem Anlaß geprüft. Solche Anlässe können die ungünstige Lage des jeweiligen Unternehmens, die Aufnahme von Krediten oder ein Wechsel von Gesellschaftern sein. Gesetzlich vorgeschrieben ist die Prüfung eines Zwischenabschlusses, wenn eine Zwischenbilanz einer Kapitalerhöhung aus Gesellschaftsmitteln zugrunde gelegt werden soll oder wenn der Stichtag des Jahresabschlusses eines in einen Konzernabschluß einzubeziehenden Unternehmens von dem Stichtag des Konzernabschlusses abweicht und der Konzernabschluß prüfungspflichtig ist.

Die Pflichtprüfung von *Konzernabschlüssen* oder Teilkonzernabschlüssen wurde erstmals durch das Aktiengesetz von 1965 vorgeschrieben, während derartige Prüfungen früher nur auf freiwilliger Basis vorgenommen wurden. Nach dem Aktienrecht sind jedoch nur bestimmte Konzerne (Teilkonzerne) zur Aufstellung eines Konzernabschlusses (Teilkonzernabschlusses) verpflichtet. Das Publizitätsgesetz vom 15. 8. 1969 hat den Kreis der publizitätspflichtigen Konzerne erweitert und auch für diese Konzerne die Pflichtprüfung eingeführt.

Die Konzernabschlußprüfung erstreckt sich auf die Abgrenzung des Kreises der in den Konzernabschluß einbezogenen Unternehmen (des »Konsolidierungskreises«), die richtige Entwicklung des Konzernabschlusses aus den Einzelabschlüssen der Konzernunternehmen und ggf.

auch auf den Konzerngeschäftsbericht. Außerdem hat der Konzernabschlußprüfer – wie bereits erwähnt – auch die dem Konzernabschluß zugrunde liegenden Einzelabschlüsse zu prüfen, soweit diese nicht einer Pflichtprüfung unterlegen haben oder freiwillig nach aktienrechtlichen Grundsätzen geprüft worden sind.

Über das Ergebnis gesetzlich vorgeschriebener Abschlußprüfungen hat der Abschlußprüfer im allgemeinen einen formelhaften *Bestätigungsvermerk* zu erteilen, der gewissermaßen ein »Gütesiegel« zur Rechnungslegung darstellt. Außerdem ist ein *Prüfungsbericht* zu erstatten, in dem der Abschlußprüfer seine wesentlichen Feststellungen niederlegt und das Ergebnis seiner Feststellungen würdigt. Bei freiwilligen Prüfungen, die nach Art und Umfang einer aktienrechtlichen Pflichtprüfung entsprechen, kann ebenfalls ein Bestätigungsvermerk (Prüfungsvermerk) erteilt werden, sofern der Prüfer über Art, Umgang und Ergebnis der Prüfung einen schriftlichen Bericht erstattet.

Prüfung der wirtschaftlichen Verhältnisse

Die nach aktienrechtlichen Grundsätzen durchgeführte Jahresabschlußprüfung ist – was in der Öffentlichkeit vielfach übersehen wird – nach den gesetzlichen Vorschriften und nach der Rechtsprechung des Bundesgerichtshofes (BGHZ 16, 17, 23) eine Prüfung der Rechnungslegung und nicht eine Prüfung der von der Rechnungslegung erfaßten wirtschaftlichen Vorgänge und Tatsachen. Diese Vorgänge und Tatsachen sind nur insoweit zu untersuchen, als es erforderlich ist, um die Ordnungsmäßigkeit der Rechnungslegung beurteilen zu können. Stellt der Abschlußprüfer jedoch bei der Wahrnehmung seiner Aufgaben Tatsachen fest, die den Bestand des Unternehmens gefährden oder seine Entwicklung wesentlich beeinträchtigen können, so erwächst ihm hieraus eine »Redepflicht«.

Andere periodische Pflichtprüfungen haben eine erweiterte Zielsetzung. So soll die Abschlußprüfung bei Wirtschaftsbetrieben der öffentlichen Hand der »Feststellung der wirtschaftlichen Verhältnisse« dienen. Nach dem Haushaltsgrundsätzegesetz vom 19. 8. 1969 können Gebietskörperschaften, denen die Mehrheit der Anteile eines Unternehmens in einer Rechtsform des privaten Rechts gehört, verlangen, daß der Abschlußprüfer beauftragt wird, in seinem Bericht auch die Entwicklung der Vermögens- und Ertragslage sowie die Liquidität und Rentabilität der Gesellschaft darzustellen. Derartige Angaben sind nach den Richtlinien des Bundesaufsichtsamtes für das Kreditwesen auch in den Berichten über die Prüfung der Jahresabschlüsse derjenigen Kreditinstitute zu machen, an denen die öffentliche Hand nicht oder nur in geringem Maße beteiligt ist. Auch die genossenschaftliche Pflichtprüfung und die Pflichtprüfung gemeinnütziger Wohnungsunternehmen bezwecken die Feststellung der wirtschaftlichen Verhältnisse.

Der Umfang und das Schwergewicht der Prüfung der wirtschaftlichen Verhältnisse und die Berichterstattung hierüber richten sich nach der Art des Prüfungsauftrages, nach der Branche und nach der Situation, in der sich das jeweilige Unternehmen befindet. Neben den Aspekten, die sich unmittelbar im Jahresabschluß niederschlagen – Vermögens- und Kapitalstruktur, Finanzlage, Liquiditätslage, Ertragslage –, sind die Situation auf den Beschaffungs- und Absatzmärkten sowie die Beschäftigungslage Prüfungsgegenstand.

Prüfung der Geschäftsführung

Eine aktienrechtliche Jahresabschlußprüfung ist, wie der Bundesgerichtshof (BGHZ 16, 17, 23) ausgeführt hat, nicht dazu da, die Richtigkeit und Zweckmäßigkeit der Maßnahmen der Unternehmensleitung zu beurteilen und zu sagen, was im einzelnen anders oder besser hätte gemacht werden sollen oder können. Gegenstand einer Abschlußprüfung ist auch nicht die Einhaltung außerhalb der Rechnungslegungsvorschriften liegender rechtlicher Vorschriften, insbesondere solcher des Steuerrechts, wenn nur die Risiken, die sich aus der Verletzung derartiger Vorschriften ergeben können, bei der Bilanzierung berücksichtigt wurden. Erkennt der Abschlußprüfer allerdings schwerwiegende Gesetzesverstöße, so erwächst ihm hieraus eine »Redepflicht«.

Bei anderen gesetzlich vorgeschriebenen *periodischen Prüfungen,* insbesondere bei der Prüfung von Genossenschaften und von gemeinnützigen Wohnungsunternehmen, ist dagegen die Ordnungsmäßigkeit der Geschäftsführung Prüfungsgegenstand. Nach dem Haushaltsgrundsätzegesetz vom 19. 8. 1969 können auch Gebietskörperschaften, denen die Mehrheit der Anteile eines privatrechtlichen Unternehmens gehört, verlangen, daß im Rahmen der Abschlußprüfung die Ordnungsmäßigkeit der Geschäftsführung geprüft wird.

Eine umfassende Prüfung der Geschäftsführung, die sich nicht nur auf die Zulässigkeit, sondern auch auf die Zweckmäßigkeit von Maßnahmen oder Unterlassungen der Geschäftsführung bezieht, ist allerdings gerade bei größeren Unternehmungen nicht nur mit einem erheblichen Arbeitsaufwand verbunden, sondern auch sehr schwierig. Da viele Maßnahmen der Geschäftsführung nur aus ihrem Zusammenhang mit der allgemeinen Geschäftspolitik heraus beurteilt werden können, müßte sich die Prüfung der Geschäftsführung auf die allgemeine Geschäftspolitik und – z. B. bei einem Industrieunternehmen – auf die grundlegenden Fragen der Absatz-, Produktions-, Investitions-, Finanz- und Einkaufspolitik beziehen. Derart umfassende Prüfungen sind als regelmäßige Prüfungen in der Privatwirtschaft nicht üblich; sie werden von den Abschlußprüfern auch in der öffentlichen Wirtschaft im allgemeinen nicht erwartet. Man beschränkt sich vielmehr in der Regel darauf, die formelle Ordnungsmäßigkeit (Rechtmäßigkeit) von Maßnahmen der Geschäftsführung zu untersuchen oder den im Rahmen der Prüfung der Rechnungslegung und der wirtschaftlichen Verhältnisse erkennbar gewordenen Unzulänglichkeiten (z. B. Fehldispositionen, ungewöhnlich risikoreiche Geschäfte) nachzugehen. Ähnlich ist auch die Prüfung der Geschäftsführung bei Genossenschaften vorzunehmen.

Eine Prüfung von Maßnahmen der Geschäftsführung kann aber nicht nur periodisch, sondern auch aus besonderem Anlaß vorzunehmen sein. Bei Aktiengesellschaften hat die Hauptversammlung das Recht, zur Nachprüfung von Vorgängen der Geschäftsführung Sonderprüfer zu bestellen. Unter bestimmten Voraussetzungen können Sonderprüfer auch durch das zuständige Registergericht auf Antrag einer Aktionärsminderheit bestellt werden. Aufgabe einer derartigen *Sonderprüfung* kann es entweder sein, bestimmte Tatsachen festzustellen, oder aber auch, diese Tatsachen zu beurteilen, etwa auf ihre Rechtmäßigkeit hin oder unter der Fragestellung, ob die Verwaltungsträger die ihnen obliegende Sorgfaltspflicht verletzt haben. Auch der Aufsichtsrat einer Aktiengesellschaft kann Maßnahmen der Geschäftsführung im Rahmen seines Überwachungsrechts und seiner Überwachungspflicht durch besondere Sachverständige prüfen lassen. Ähnliche Prüfungen können auch von den Gesellschaftern einer GmbH oder einer Personengesellschaft veranlaßt werden.

Eine besondere Art der Prüfung der Geschäftsführung stellt die Prüfung des Berichts über die Beziehungen der Gesellschaft zu verbundenen Unternehmen (des »*Abhängigkeitsberichts«)* dar, der vom Vorstand abhängiger Aktiengesellschaften beim Fehlen eines Beherrschungs- oder Gewinnabführungsvertrages aufzustellen ist. Diese Prüfung obliegt dem Abschlußprüfer; sie erstreckt sich nicht nur auf die Richtigkeit der tatsächlichen Angaben im Abhängigkeitsbericht, es ist vielmehr auch die Angemessenheit von Leistung und Gegenleistung bei den im Abhängigkeitsbericht aufgeführten Rechtsgeschäften sowie die Wertung aller anderen Maßnahmen durch den Vorstand zu beurteilen, die auf Veranlassung oder im Interesse des herrschenden Unternehmens oder eines mit ihm verbundenen Unternehmens getroffen oder unterlassen wurden.

Spezielle Ordnungsmäßigkeitsprüfungen

Im Rahmen einer nach aktienrechtlichen Grundsätzen durchzuführenden Jahresabschlußprüfung ist – wie bereits ausgeführt – auch die Buchführung Prüfungsgegenstand. Diese Prüfung erstreckt sich jedoch in erster Linie nur darauf, ob die allgemeinen Ordnungsgrundsätze bei der Verbuchung der Geschäftsvorfälle in der Finanzbuchhaltung gewahrt worden sind; sie muß sich angesichts der Fülle des Buchungsstoffs regelmäßig auf ausgewählte Geschäftsvorfälle und Zeitabschnitte beschränken und kann bei größeren Betrieben nur innerhalb eines mehrjährigen Prüfungsturnus alle Gebiete des Rechnungswesens eingehender erfassen. Vielfach besteht jedoch bei den geprüften Unternehmen ein Bedürfnis nach einer umfassenderen und tieferen Prüfung der Abwicklung gerade der geschäftlichen Massenvorgänge, als sie von der Zielsetzung der Jahresabschlußprüfung her erforderlich ist. Eine solche Prüfung kann weit über die Grenzen der Finanzbuchhaltung hinausgreifen und sich auch auf die Einhaltung unternehmensinterner Anweisungen erstrecken.

Gegenstand spezieller Ordnungsmäßigkeitsprüfungen können alle Zweige des Rechnungswesens und die dahinterstehenden Vorgänge sein, insbesondere der Zahlungsverkehr, die Materialwirtschaft, das Lohn- und Gehaltswesen, die Kostenrechnung und die Abrechnung der erbrachten Leistungen. Bei diesen Prüfungen wird heute nicht mehr angestrebt, möglichst viele Abrechnungsvorgänge zu untersuchen, sondern die Prüfungshandlungen werden so gewählt, daß der Prüfer die Arbeitsabläufe analysiert und sich von der Wirksamkeit des internen Überwachungssystems (→ Internal Control) überzeugt (Systemprüfung) sowie ggf. die Einhaltung bestehender Anordnungen überwacht. Die Prüfung wird so zu einer »Kontrolle der Kontrollen«. Sie führt darüber hinaus vielfach zu Vorschlägen, wie der organisatorische Ablauf und das interne Überwachungssystem verbessert werden können; sie stellt also auch eine besondere Form der Organisationsprüfung dar.

Eine alljährlich vorzunehmende spezielle Ordnungsmäßigkeitsprüfung ist die *Depotprüfung* bei Kreditinstituten. Diese Prüfung hat vornehmlich die Aufgabe, die Einhaltung der Vorschriften des Depotgesetzes und die Beachtung der Berufsauffassung des Kreditgewerbes über die ordnungsmäßige Handhabung des Wertpapiergeschäfts zu gewährleisten und damit dem Schutz der Wertpapierbesitzer zu dienen.

Veruntreuungsprüfungen

Abschlußprüfungen und spezielle Ordnungsmäßigkeitsprüfungen sind nicht darauf ausgerichtet, Veruntreuungen aufzudecken, sondern sie dienen in erster Linie der Feststellung der Ordnungsmäßigkeit des Rechnungswesens und der Rechnungslegung. Sie sind also eher dazu geeignet, dolose Handlungen durch ein Hinwirken auf die Einhaltung allgemeiner Ordnungsgrundsätze und durch Vorschläge zur Verbesserung des internen Überwachungssystems zu erschweren (also vorbeugend zu wirken), als derartige Handlungen festzustellen.

Veruntreuungsprüfungen sind solche Prüfungen, die speziell auf die Aufdeckung von dolosen Handlungen gerichtet sind oder die den Zweck haben, den Umfang derartiger Handlungen zu ermitteln. Diese Prüfungen beschränken sich regelmäßig auf eng umgrenzte Teilbereiche des Rechnungswesens, untersuchen diese dann aber meistens lückenlos, also sehr intensiv, und erstrecken sich u. U. auch auf mehrere Jahre.

Gesetzlich vorgeschriebene oder vorgesehene Sonderprüfungen

Die älteste gesetzlich vorgeschriebene Prüfung im Bereich des Aktienrechts ist die *Gründungsprüfung*. Nach dem geltenden Recht haben die Mitglieder des Vorstandes und des Aufsichtsrats den Hergang der Gründung in jedem Fall zu prüfen. Daneben hat eine Prüfung durch besondere Gründungsprüfer hauptsächlich dann stattzufinden, wenn ein Mitglied des Vorstandes oder des Aufsichtsrats zu den Gründern gehört oder wenn eine Gründung mit Sacheinlagen oder Sachübernahmen vorliegt. Die Gründungsprüfung bezieht sich vornehmlich auf die Vollständigkeit und Richtigkeit des von den Gründern zu erstattenden schriftlichen Gründungsberichts sowie bei Sachgründungen darauf, ob der Wert der Sacheinlagen oder Sachübernahmen den Nennbetrag der dafür zu gewährenden Aktien oder den Wert der dafür zu gewährenden Leistungen erreicht. Die Vorschriften über die Gründungsprüfung gelten sinngemäß für die in den ersten zwei Jahren seit der Eintragung der Gesellschaft in das Handelsregister unter bestimmten Voraussetzungen vorzunehmende Nachgründungsprüfung, für eine vom Registergericht bei einer Kapitalerhöhung mit Sacheinlagen angeordnete Prüfung des Wertes der Sacheinlagen und für die in bestimmten Fällen der formwechselnden und übertragenden Umwandlung vorgeschriebene Umwandlungsprüfung.

Außerhalb des Aktienrechts ist eine obligatorische Gründungsprüfung nicht vorgeschrieben. Bei der Sachgründung einer GmbH und bei einer Erhöhung des Stammkapitals einer GmbH gegen Sacheinlagen ist das Registergericht jedoch befugt, die Eintragung der Gesellschaft (der Kapitalerhöhung) davon abhängig zu machen, daß ein Sachverständiger den Wert der Sacheinlagen prüft. Nach dem Regierungsentwurf eines GmbH-Gesetzes soll auch bei der GmbH eine obligatorische Gründungsprüfung eingeführt werden.

Vorgänge der Gründung und der Kapitalbeschaffung können – neben Vorgängen der laufenden Geschäftsführung – auch Gegenstand einer aktienrechtlichen *Sonderprüfung* sein, auf die bereits im Zusammenhang mit der Prüfung der Geschäftsführung eingegangen wurde. Eine Sonderprüfung kann sich ferner auf die geschäftlichen Beziehungen zu verbundenen Unternehmen erstrecken und in bestimmten Fällen vom Registergericht auf Antrag eines jeden Aktionärs angeordnet werden. Eine spezielle Regelung hat im Aktiengesetz von 1965 die Sonderprüfung wegen unzulässiger Unterbewertung gefunden, die nur vom Registergericht auf Antrag von Aktionären angeordnet werden kann. Gegenstand einer derartigen Sonderprüfung sind nicht nur – wie ihr Name sagt – Unterbewertungen im Jahresabschluß, sondern auch fehlende Angaben im Geschäftsbericht, wenn der Vorstand diese Angaben nicht in der Hauptversammlung gemacht hat.

Im *Genossenschaftsrecht* sind Sonderprüfungen im Zusammenhang mit der Auflösung, einer Verschmelzung oder dem Abschluß eines Zwangsvergleichs vorgesehen.

Organisationsprüfungen

Organisationsprüfungen dienen der Feststellung und Beurteilung des Ist-Zustandes der Organisation eines Unternehmens oder einer Unternehmensverbindung (eines Konzerns). Sie können sich je nach ihrer Aufgabenstellung auf die Organisation im umfassenden Sinne beziehen oder aber auf Teilbereiche der Organisation, etwa auf die Organisationsstruktur oder auf bestimmte Arbeitsabläufe.

Eine Prüfung der Organisationsstruktur bezieht sich in erster Linie auf die sachliche und personelle Aufgabenverteilung, also auf die Aufgaben- und Abteilungsgliederung. Dabei ist festzustellen, ob die Aufgabenverteilung zweckmäßig ist sowie ob die Kompetenzen und Verantwortlichkeiten klar voneinander abgegrenzt sind. Der Prüfer hat auch darauf zu achten, ob allen wichtigen sich aus dem Unternehmenszweck ergebenden Aufgaben die notwendige Aufmerksamkeit gewidmet wird, ob sich die Zuständigkeiten nicht überschneiden und Doppelarbeit geleistet wird sowie ob die Zusammenarbeit zwischen den Aufgabenträgern gewährleistet ist.

Die Prüfung organisatorischer Abläufe bezieht sich auf die Art und Weise der Aufgabenerfüllung in personeller und sachlicher Hinsicht. Sie ist auf die Zuverlässigkeit, Schnelligkeit und Wirtschaftlichkeit der Abwicklung dieser Arbeitsabläufe ausgerichtet und erstreckt sich insbesondere auch auf die verwandten technischen Hilfsmittel, wie Formulare, Karteien und Büromaschinen. Der Anwendung von Verfahren der automatischen Datenverarbeitung kommt dabei heute eine besondere Bedeutung zu. Die Prüfung organisatorischer Abläufe hat sich außerdem auch auf die Kontrolle dieser Vorgänge und die gegenseitige Information der Aufgabenträger zu beziehen. Im allgemeinen sind die Organisationsprüfungen die Grundlage organisatorischer Beratung mit dem Ziel, die bestehende Organisation zu verbessern, insbesondere sie an gewandelte Verhältnisse oder an neuere Erkenntnisse anzupassen.

Prüferberuf und Prüfungsorgane

In allen höher entwickelten Volkswirtschaften, insbesondere aber in den Industriestaaten, besteht ein Bedürfnis nach der Durchführung von Prüfungen durch selbständige Revisoren oder andere externe Prüfungseinrichtungen. Diese externen Prüfungen waren in allen Ländern zunächst freiwillig und wurden erst allmählich teilweise obligatorisch.

In Deutschland entwickelte sich der Beruf des freiberuflich tätigen *Bücherrevisors* zunächst recht langsam. Seit 1900 konnten diese Bücherrevisoren im gesamten Reichsgebiet von den Industrie- und Handelskammern öffentlich bestellt und vereidigt werden. Parallel dazu entstanden um die Jahrhundertwende, zunächst auf Initiative der Banken, auch die ersten *Treuhandgesellschaften,* die sich nicht nur auf die treuhänderische Tätigkeit im juristischen Sinne beschränkten, sondern daneben oder ganz überwiegend Prüfungsaufgaben übernahmen. Auf dem Gebiet des Genossenschaftswesens wurden schon in seiner Frühzut *genossenschaftliche Prüfungsverbände* geschaffen, denen im Jahre 1889 die Pflichtprüfung von Genossenschaften übertragen wurde. Ebenso schufen sich die *Sparkassen- und Giroverbände* eigene Prüfungsstellen, denen auch heute im Regelfall die Abschlußprüfung und Depotprüfung bei Sparkassen übertragen wird.

Die Einführung der Pflichtprüfung der Jahresabschlüsse von Aktiengesellschaften im Jahre 1931 und die Ausdehnung der obligatockxprüfung auf Versicherungsgesellschaften, Wirtschaftsbetriebe der öffentlichen Hand und Kreditinstitute machten die Schaffung eines qualifizierten Prüferberufs notwendig. Es wurde daher bestimmt, daß nur öffentlich bestellte *Wirtschaftsprüfer* und in die von der Hauptstelle für öffentlich bestellte Wirtschaftsprüfer zu führende Liste eingetragene *Wirtschaftsprüfungsgesellschaften* die Befähigung zur Ausübung der Tätigkeit als Bilanzprüfer haben.

Voraussetzungen für die Berufsausübung

Das *Berufsrecht* der Wirtschaftsprüfer, Wirtschaftsprüfungsgesellschaften und vereidigten Buchprüfer (also der wirtschaftsprüfenden Berufe, deren Angehörige zur Ausübung ihrer Prüfungstätigkeit öffentlich bestellt werden) ist heute in der Wirtschaftsprüferordnung vom 24. 7. 1961 und den hierzu ergangenen Rechtsverordnungen geregelt. Voraussetzung für die Bestellung als Wirtschaftsprüfer ist danach die Ablegung eines umfassenden Fachexamens, zu dem nur Personen zugelassen werden, die eine entsprechende persönliche und fachliche Eignung, insbesondere (regelmäßig) ein Hochschulstudium und eine mindestens sechsjährige praktische Tätigkeit im Wirtschaftsleben (davon wenigstens 4 Jahre Prüfungstätigkeit) nachweisen können. Außerdem ist vor der Bestellung ein Berufseid zu leisten. Als Wirtschaftsprüfungsgesellschaft werden nur solche Gesellschaften des Handelsrechts anerkannt, die von Wirtschaftsprüfern verantwortlich geführt werden. Nach dem Stand vom 1. 1. 1974 waren in der Bundesrepublik Deutschland einschließlich West-Berlin 2971 Wirtschaftsprüfer und 277 vereidigte Buchprüfer öffentlich bestellt sowie 390 Wirtschaftsprüfungsgesellschaften anerkannt.

Berufliche Aufgaben

Ein wesentlicher Teil der in der Wirtschaft vorgeschriebenen Prüfungen, insbesondere die im Aktienrecht geregelte Prüfung von Jahresabschlüssen und Konzernabschlüssen, ferner die Prüfung der Jahresabschlüsse von Kreditinstituten (mit Ausnahme der Kreditgenossenschaften), die Prüfung der Jahresabschlüsse der meisten Versicherungsunternehmen sowie der Wirtschaftsbetriebe der öffentlichen Hand (mit Ausnahme der Sparkassen), ist – wie bereits erwähnt – den Wirtschaftsprüfern und Wirtschaftsprüfungsgesellschaften vorbehalten (*»Vorbehaltsaufgaben«*). Mit der Durchführung anderer gesetzlich vorgeschriebener oder vorgesehener Prüfungen, z. B. der Gründungs- und Sonderprüfungen bei Aktiengesellschaften (mit Ausnahme der Sonderprüfung wegen unzulässiger Unterbewertung), können zwar auch andere Sachverständige beauftragt werden, doch ist es im allgemeinen üblich, diese Prüfungen Wirtschaftsprüfern oder Wirtschaftsprüfungsgesellschaften zu übertragen. Das gleiche gilt weitgehend für freiwillige Jahresabschlußprüfungen, insbesondere bei größeren Unternehmungen. Organisationsprüfungen werden dagegen vielfach auch von anderen Personen mit entsprechender Sachkenntnis, insbesondere von Unternehmensberatern und Beratungsgesellschaften, durchgeführt.

Die berufliche Tätigkeit der Wirtschaftsprüfer und Wirtschaftsprüfungsgesellschaften beschränkt sich jedoch keineswegs auf die Durchführung von betrieblichen Prüfungen, sondern es war von vornherein Ziel bei der Schaffung dieses Berufsstandes, mit dem Wirtschaftsprüfer zugleich auch einen qualifizierten Berater für die Wirtschaft herauszubilden. Der Umfang und das Schwergewicht dieser Beratungtätigkeit sind bei den einzelnen Berufsangehörigen naturgemäß verschieden. In vielen Fällen hat die Tätigkeit auf dem Gebiet der Steuerberatung, bei der Wirtschaftsprüfer und Wirtschaftsprüfungsgesellschaften die gleichen Rechte wie Steuerberater und Steuerberatungsgesellschaften haben, eine maßgebliche Bedeutung.

Neben der Steuerberatung hat die allgemeine Unternehmensberatung und die Beratung auf dem Gebiet der Betriebsorganisation, insbesondere auf dem Gebiet der Organisation des Rechnungswesens, in der Berufsarbeit der Wirtschaftsprüfer ein erhebliches Gewicht. Hinzu kommt die gutachterliche und Sachverständigentätigkeit, von der nur die Unternehmens- und Anteilsbewertung besonders hervorgehoben werden soll, sowie die Tätigkeit auf dem Gebiet der treuhänderischen Vermögensverwaltung und bei der Abwicklung von Insolvenzen (Konkurs-, Vergleicherwalter).

Berufsgrundsätze und ihre Wahrung

Bei der Ausübung ihres Berufs haben Wirtschaftsprüfer und Wirtschaftsprüfungsgesellschaften die *Berufsgrundsätze* der Unabhängigkeit und Unbefangenheit, ferner der Gewissenhaftigkeit, Verschwiegenheit, Eigenverantwortlichkeit und Unparteilichkeit zu beachten. Sie haben sich jeder Tätigkeit zu enthalten, die mit ihrem Beruf oder mit dem Ansehen ihres Berufs unvereinbar ist, und sie haben sich außerhalb der Berufstätigkeit des Vertrauens und der Achtung würdig zu erweisen, die der Beruf erfordert.

Organisation der beruflichen Selbstverwaltung der wirtschaftsprüfenden Berufe ist die *Wirtschaftsprüferkammer*, eine bundesunmittelbare und bundeszentrale Körperschaft des öffentlichen Rechts mit dem Sitz in Düsseldorf. Alle Wirtschaftsprüfer, vereidigten Buchprüfer und Wirtschaftsprüfungsgesellschaften sind Pflichtmitglieder dieser Körperschaft. Sie hat die Aufgabe, die beruflichen Belange ihrer Mitglieder zu wahren und zu fördern und dabei auch die Aufsicht über die berufliche Tätigkeit ihrer Mitglieder zu führen. Pflichtverletzungen können vom Vorstand der Wirtschaftsprüferkammer gerügt und berufsgerichtlich durch besondere Kammern und Senate bei den ordentlichen Strafgerichten geahndet werden.

Die fachliche Berufsarbeit wird durch das *Institut der Wirtschaftsprüfer* in Deutschland e. V., Düsseldorf, gefördert, dessen Fachgutachten und Stellungnahmen zu fachlichen Fragen weit über den Beruf hinaus Beachtung und Anerkennung finden und das auch zu den gleichartigen Berufsorganisationen des Auslandes enge Beziehungen unterhält.

Wirtschaftsprüfer, Dipl.-Kfm. Dr. HERMANN KAROLI, Geschäftsführender Gesellschafter der Karoli-Wirtschaftsprüfung GmbH, Essen

---

Wirtschaftsverbände

Die Organisation der Gewerblichen Wirtschaft und der Landwirtschaft in der Bundesrepublik Deutschland gliedert sich zur Zeit im wesentlichen in drei Säulen, die Arbeitgeberverbände, die Kammern (Industrie- und Handelskammern, Handwerkskammern, Landwirtschaftskammern) und die Wirtschaftsverbände.

Die Kammern sind öffentlich-rechtliche Körperschaften mit gesetzlicher Pflichtmitgliedschaft, die Arbeitgeber- und die Wirtschaftsverbände dagegen Vereinigungen privaten Rechts mit freiwilliger Mitgliedschaft der Unternehmen. (Vgl. »Gesetz zur vorläufigen Regelung des Rechts der Industrie- und Handelskammern« vom 18. 12. 1956, »Gesetz zur Ordnung des Handwerks« [Handwerksordnung] in der Fassung vom 28. 12. 1965; für die Landwirtschaftskammern gelten bisher landesgesetzliche Regelungen.) Dabei sind die Arbeitgeberverbände Zusammenschlüsse mit *sozial- und tarifpolitscher*, die Wirtschaftsverbände Organisationen mit *wirtschaftspolitischer* Zielsetzung und die Kammern Organisationen mit *regional* bestimmter Ausrichtung.

Jeder dieser drei Bereiche ist in Spitzenorganisationen zusammengefaßt, die Arbeitgeberverbände in der Bundesvereinigung der Deutschen Arbeitgeberverbände (BDA), die Kammern im Deutschen Industrie- und Handelstag (DIHT), im Deutschen Handwerkskammertag (DHKT) und im Verband der Landwirtschaftskammern sowie die Wirtschaftsverbände zum Beispiel für den industriellen Bereich im Bundesverband der Deutschen Industrie (BDI). Außerdem gibt es noch Unternehmervereinigungen mit berufsständischer, konfessioneller oder politischer Zielsetzung und für kulturelle, technische und wissenschaftliche Aufgaben.

Ernst Rudolf Huber (Ernst Rudolf Huber, Wirtschaftsverwaltungsrecht, Tübingen 1953, Bd. 1, S. 243) definiert, auf der genannten Abgrenzung zwischen den verschiedenen Typen von Unternehmervereinigungen aufbauend, die Wirtschaftsverbände zutreffend wie folgt:

»Ein Wirtschaftsverband ist eine Vereinigung von Unternehmen (und Unternehmern) des gleichen fachlichen Wirtschaftszweiges, die die gemeinsamen wirtschaftlichen Interessen ihrer Mitglieder fördert und insbewondere gegenüber der Öffentlichkeit, gegenüber den staatlichen Regierungen, Verwaltungs- und Gesetzgebungsorganen und gegenüber anderen Wirtschaftszweigen vertritt.«

Derartige Wirtschaftsverbände gibt es heute für sämtliche Wirtschaftszweige. Sie sind ihrerseits in zahlreiche Branchen- und fachlich-regionale Vereinigungen aufgeteilt. Diese starke Differenzierung hat ihre Ursache im wesentlichen darin, daß in einer modernen arbeitsteiligen Volkswirtschaft jeder Wirtschaftszweig mit besonderen Problemen konfrontiert ist, stellt aber auch die Unternehmerorganisationen vor Schwierigkeiten, wenn es darum geht, gemeinsame Belange zu wahren.

Die meisten wirtschaftlichen Fachspitzen- und Fachverbände sind heute vom Produkt her organisiert (z. B. Chemie, Stahl und Eisen, Textil usw. – vgl. hierzu auch den Abschnitt über die Struktur der industriellen Unternehmerorganisationen). Entsprechend der Unternehmensentwicklung gibt es daneben in zunehmendem Maße

Verbände, die für Querschnittsaufgaben, wie z. B. für industrielle Kraftwirtschaft, Markenartikel oder Meerestechnik, geschaffen wurden.

Die verfassungsmäßig gesicherte Grundlage für die Tätigkeit der Wirtschaftsverbände ist – wie für alle Verbände einschließlich Gewerkschaften – Artikel 9 des Grundgesetzes. Er lautet:

1. Alle Deutschen haben das Recht, Vereine und Gesellschaften zu bilden.
2. Vereinigungen, deren Zwecke oder deren Tätigkeit den Strafgesetzen zuwiderlaufen oder die sich gegen die verfassungsmäßige Ordnung oder gegen den Gedanken der Völkerverständigung richten, sind verboten.
3. Das Recht, zur Wahrung und Förderung der Arbeits- und Wirtschaftsbedingungen Vereinigungen zu bilden, ist für jedermann und für alle Berufe gewährleistet. Abreden, die dieses Recht einschränken oder zu behindern suchen, sind nichtig, hierauf gerichtete Maßnahmen sind rechtswidrig.

Das wichtige Recht, Vereine frei zu bilden, ist ein mit besonderem Verfassungsschutz ausgestattetes Grundrecht der Bürger. Es gestattet die Wahrung bestimmter materieller und ideeller Interessen in Verbänden und Gewerkschaften. Dieses Grundrecht schützt aber auch die Koalition selbst und den besonderen Zweck, zu dem sie geschlossen worden ist. Versuche des Staates, die Verbände aufzulösen oder zu bestimmten von ihm, aber nicht von deren Mitgliedern festgelegten oder gebilligten Zwecken zu gebrauchen, sind unstatthaft. (Zu den Schranken der allgemeinen Vereinigungsfreiheit und der Koalititonsfreiheit vgl. von Mangoldt-Klein »Das Bonner Grundgesetz«, 2. Aufl. 1957, S 323 ff.)

Umgekehrt beeinhaltet das Recht der Koalitionsbildung auch den Schutz des Individuums vor Organisationszwang, die sog. »negative Koalititonsfreiheit«. Sie besagt, daß niemand zur Mitgliedschaft in einem Verband gezwungen werden darf – abgesehen von bestimmten Fällen, in denen ein öffentliches Interesse als gegeben angesehen worden ist, wie z. B. im Falle der Pflichtmitgliedschaft bei den Kammern. (Vgl. Urteil des Bundesverfassungsgerichts 29. 7. 1959 BVerfGE 10, 89, 102.)

Für alle Verbände leitet sich aus der Koalitionsfreiheit das Recht ab, sich auf der Grundlage des bürgerlichen Rechts meist als rechtsfähiger oder auch als nicht rechtsfähiger Verein (§§ 21 ff. BGB) zu organisieren. Sie sind in diesem Rahmen autonom in bezug auf Organisation, Mitglieder und Zwecke. Sie beschließen danach ihre Satzungen und müssen hierbei die gesetzlichen Minimalanforderungen beachten. Ihren Mitgliedern gegenüber besitzen sie die sog. Aufnahme- und Ausschlußfreiheit: Es obliegt ihnen selbst, neue Mitglieder aufzunehmen und alte auszuschließen. Allerdings ist für die Wirtschaftsverbände, Kartelle u. a. die Einschränkung zu beachten, daß die Ablehnung eines Aufnahmeantrages unzulässig ist, wenn sie »eine sachlich nicht gerechtfertigte ungleiche Behandlung darstellt und zu einer unbilligen Benachteiligung des Unternehmens im Wettbewerb führt« (§ 27 Gesetz gegen Wettbewerbsbeschränkungen vom 27. 7. 1957. Vgl. ferner BGHZ 21, 1; 29, 344; WuW/E, BGH, 389). Eng verwandt mit dem Grundsatz der Aufnahme- und Ausschlußfreiheit ist das besonders für die Gewerkschaften und Unternehmerverbände wesentliche Prinzip der »Gegnerfreiheit«, d. h. Arbeitgeber und Arbeitnehmer können wegen ihrer spezifischen Interessen nicht im gleichen Verband organisiert sein.

Die Finanzierung erfolgt durch Mitgliedsbeiträge, deren Höhe in der Regel in Promillesätzen vom Umsatz, der Beschäftigtenzahl, der Bruttolohnsumme oder einer Mischung dieser Bemessungsgrundlagen festgelegt ist.

Auf Grund ihrer Autonomie unterstehen die Verbände keiner besonderen Staatsaufsicht. Die Ausübung hoheitlicher Rechte ist nur auf der Grundlage besonderer Gesetze möglich.

Die Autonomie der Verbände und ihre Verankerung im Grundgesetz sind Voraussetzungen des ordnungspolitischen Einflusses, den sie in Gesellschaft und Staat ausüben.

Im folgenden sollen Entwicklung, Struktur und aktuelle Aufgaben von Wirtschaftsverbänden hauptsächlich am Beispiel der *industriellen Organisationen* erläutert werden.

Struktur der Wirtschaftsverbände, insbesondere der industriellen Organisationen

Die Wirtschaftsverbände sind vertikal gegliedert in Fachverbände, Fachspitzenverbände und Spitzenverbände ganzer Wirtschaftsbereiche. Dieses »Fachprinzip« ist bei den Wirtschaftsverbänden vorherrschend, während die Kammern auf dem »Regionalprinzip« aufgebaut sind. Für die Arbeitgeberverbände ist eine Mischung von fachlichen und regionalen Vereinigungen, wobei diese oft Tarifträgerverbände sind, kennzeichnend. Aber auch die meisten Wirtschaftsverbände verfügen über regionale Organisatioen, im allgemeinen auf Landesebene, die wegen der föderalistischen Struktur der Bundesrepublik wichtig und notwendig sind.

Im übrigen ist der Aufbau der Wirtschaftsverbände sehr vielgestaltig. Bei den Wirtschaftsverbänden gibt es, wie bei den Arbeitgebervereinigungen, den Typus des Verbandes von Verbänden. Dieses Organisationsprinzip gilt für die Mehrzahl der Spitzenverbände ganzer Wirtschaftsbereiche, aber auch für einige Fachspitzenverbände. Vielfach haben die Fachspitzenverbände ein kombiniertes System der gleichzeitigen Mitgliedschaft von Verbänden und von Firmen. Andere Fachspitzenverbände sind Organisationen mit Fachabteilungen und unmittelbarer zentraler Firmenmitgliedschaft. Fachverbände als weitere Untergliederungen sind fast immer Firmenverbände.

Die wichtigsten Spitzenverbände der gewerblichen Wirtschaft sind z. Z. die folgenden:

Bundesverband der deutschen Binnenschiffahrt e. V.

Bundesverband der Deutschen Industrie e. V.

Bundesverband des Deutschen Groß- und Außenhandels e. V.

Bundesverband deutscher Banken e. V.

Bundesvereinigung der Deutschen Arbeitgeberverbände e. V.

Centralvereinigung Deutscher Handelsvertreter- und Handelsmaklerverbände

Deutscher Sparkassen- u. Giroverband e. V.

Deutscher Industrie- und Handelstag

Gesamtverband der Versicherungswirtschaft e. V.

Hauptgemeinschaft des Deutschen Einzelhandels e. V.

Verband Deutscher Reeder

Zentralarbeitsgemeinschaft des Straßenverkehrsgewerbes

Zentralverband des Deutschen Handwerks.

So überzeugend aus der historischen Entwicklung und den heutigen Erfordernissen heraus sich die Mehrgleisigkeit innerhalb der Spitzenorganisationen erklären läßt, so verständlich, aber auch notwendig war und ist es, daß diese verschiedenen Gruppierungen doch auch nach einer Möglichkeit gemeinsamer Abstimmung suchten und diese institutionalisierten. Im Jahre 1950 bildeten deshalb die genannten Verbände den sog. *Gemeinschaftsausschuß der Deutschen Gewerblichen Wirtschaft.* Diese als loses Koordinierungsgremium zu bezeichnende Einrichtung hat die Rechtsform einer Gesellschaft bürgerlichen Rechts mit Sitz in Bonn. Nach ihrem Statut dient sie der Aussprache über wirtschafts- und sozialpolitische Fragen von grundsätzlicher Bedeutung für das Bundesgebiet mit dem Ziel, eine gemeinsame Auffassung aller Mitgliedsorganisationen herbeizuführen. Die Entscheidungsfreiheit seiner Mitglieder wird jedoch durch die Erörterung im Gemeinschaftsausschuß nicht beeinträchtigt. Abweichungen von diesem Prinzip sind nur aufgrund bestimmter Beschlüsse möglich. Deshalb ist der Gemeinschaftsausschuß in erster Linie ein Aussprachegremium, ein »runder Tisch«, an dem die Beteiligten ihre Auffassungen darlegen. Er hat in der letzten Zeit zunehmende Bedeutung gewonnen wegen der immer stärker werdenden Notwendigkeit, im Hinblick auf die »Konzertierte Aktion« zu einer gemeinsamen, auch nach außen hin zu vertretenden Auffassung der Spitzenverbände zu kommen.

Im folgenden soll die Organisationsstruktur von Wirtschaftsverbänden am Beispiel der industriellen Organisationen verdeutlicht werden.

Wie das Schaubild auf S. 3497/3498 zeigt, gibt es heute 39 *Fachspitzenverbände* der

Bundesverband der Deutschen Industrie e.V.
MITGLIEDSVERBÄNDE

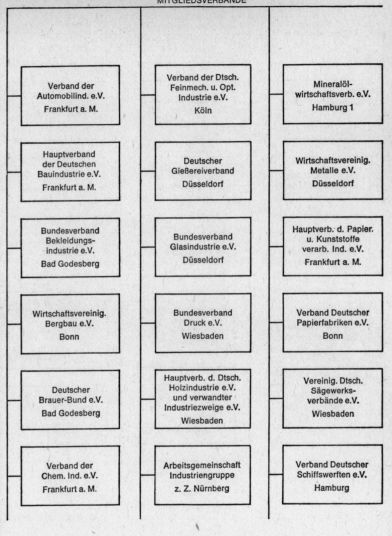

Verband der
Automobilind. e.V.
Frankfurt a. M.

Verband der Dtsch.
Feinmech. u. Opt.
Industrie e.V.
Köln

Mineralöl-
wirtschaftsverb. e.V.
Hamburg 1

Hauptverband
der Deutschen
Bauindustrie e.V.
Frankfurt a. M.

Deutscher
Gießereiverband
Düsseldorf

Wirtschaftsvereinig.
Metalle e.V.
Düsseldorf

Bundesverband
Bekleidungs-
industrie e.V.
Bad Godesberg

Bundesverband
Glasindustrie e.V.
Düsseldorf

Hauptverb. d. Papier.
u. Kunststoffe
verarb. Ind. e.V.
Frankfurt a. M.

Wirtschaftsvereinig.
Bergbau e.V.
Bonn

Bundesverband
Druck e.V.
Wiesbaden

Verband Deutscher
Papierfabriken e.V.
Bonn

Deutscher
Brauer-Bund e.V.
Bad Godesberg

Hauptverb. d. Dtsch.
Holzindustrie e.V.
und verwandter
Industriezweige e.V.
Wiesbaden

Vereinig. Dtsch.
Sägewerks-
verbände e.V.
Wiesbaden

Verband der
Chem. Ind. e.V.
Frankfurt a. M.

Arbeitsgemeinschaft
Industriengruppe
z. Z. Nürnberg

Verband Deutscher
Schiffswerften e.V.
Hamburg

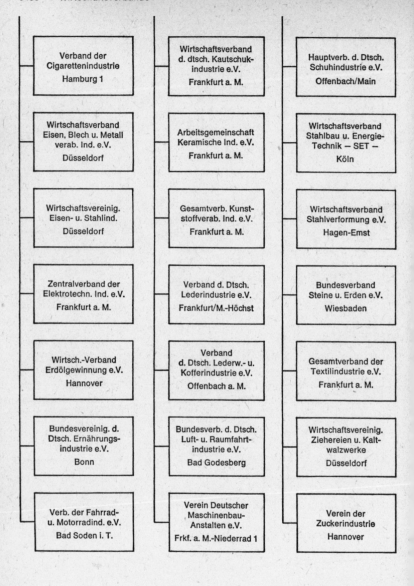

Verband der
Cigarettenindustrie
Hamburg 1

Wirtschaftsverband
d. dtsch. Kautschuk-
industrie e.V.
Frankfurt a. M.

Hauptverb. d. Dtsch.
Schuhindustrie e.V.
Offenbach/Main

Wirtschaftsverband
Eisen, Blech u. Metall
verab. Ind. e.V.
Düsseldorf

Arbeitsgemeinschaft
Keramische Ind. e.V.
Frankfurt a. M.

Wirtschaftsverband
Stahlbau u. Energie-
Technik — SET —
Köln

Wirtschaftsvereinig.
Eisen- u. Stahlind.
Düsseldorf

Gesamtverb. Kunst-
stoffverab. Ind. e.V.
Frankfurt a. M.

Wirtschaftsverband
Stahlverformung e.V.
Hagen-Emst

Zentralverband der
Elektrotechn. Ind. e.V.
Frankfurt a. M.

Verband d. Dtsch.
Lederindustrie e.V.
Frankfurt/M.-Höchst

Bundesverband
Steine u. Erden e.V.
Wiesbaden

Wirtsch.-Verband
Erdölgewinnung e.V.
Hannover

Verband
d. Dtsch. Lederw.- u.
Kofferindustrie e.V.
Offenbach a. M.

Gesamtverband der
Textilindustrie e.V.
Frankfurt a. M.

Bundesvereinig. d.
Dtsch. Ernährungs-
industrie e.V.
Bonn

Bundesverb. d. Dtsch.
Luft- u. Raumfahrt-
industrie e.V.
Bad Godesberg

Wirtschaftsvereinig.
Ziehereien u. Kalt-
walzwerke
Düsseldorf

Verb. der Fahrrad-
u. Motorradind. e.V.
Bad Soden i. T.

Verein Deutscher
Maschinenbau-
Anstalten e.V.
Frkf. a. M.-Niederrad 1

Verein der
Zuckerindustrie
Hannover

Industrie, die ihrerseits dem Bundesverband der Deutschen Industrie angehören und praktisch alle Zweige industrieller Tätigkeit umfassen. Außer diesen Fachspitzenverbänden gibt es noch *Landesvertretungen* in jedem Bundesland.

LANDESVERTRETUNGEN

Baden-Wttbg. Stuttgart	Bremen	Niedersachsen Hannover	Saar Saarbrücken
Bayern München	Hamburg	Nordrhein-Westfalen Düsseldorf	Schleswig-Holstein Kiel
Berlin	Hessen Frankfurt	Rheinland-Pfalz Mainz	Südbaden Freiburg/Brsg.

Die dargestellten Fachspitzenverbände der Industrie sind, wie sich schon aus ihren Namen ergibt, weit überwiegend produktorientiert. Sie sind ihrerseits wiederum größtenteils in Fach- oder Branchenverbände für einzelne industrielle Produktbereiche untergliedert.

Während der Bundesverband der Deutschen Industrie die wirtschaftspolitischen Belange der industriellen Unternehmer vertritt, nimmt ein Teil seiner Mitglieder gleichzeitig sozialpolitische Interessen wahr und ist in dieser Eigenschaft auch Mitglied der Bundesvereinigung der Deutschen Arbeitgeberverbände (BDA). Allerdings ist gerade in den letzten Jahren die Interdependenz zwischen wirtschaftlichen und sozialpolitischen Problemen deutlich geworden. Diese Entwicklung zwingt die beiden großen Gruppierungen zu einer engeren Kooperation und Abstimmung ihrer Politik.

Der Organisationsgrad der industriellen Verbände liegt trotz des Prinzips der freiwilligen Mitgliedschaft zwischen 60–100% der Unternehmen der jeweiligen Industriezweige.

Zunehmend bedeutsam ist in den letzten Jahren die Mitwirkung in den internationalen Zusammenschlüssen geworden. Ihr Gewicht dürfte im Zeichen der wachsenden wirtschaftlichen Integration noch größer werden. Derartige internationale Zusammenschlüsse existieren sowohl für die Spitzenverbände als auch für die Fachspitzenverbände. Als wichtigste internationale Organisation, in der der BDI vertreten ist, ist die Union des Industries de la Communauté Européenne (UNICE) in Brüssel zu nennen, die die Interessen der europäischen industriellen Unternehmerschaft gegenüber Ministerrat und Kommission der Europäischen Gemeinschaften vertritt. Ferner gehört der BDI dem *Rat der Europäischen Industrieverbände* (REI) und dem *Business and Industry Advisory Committee* (BIAC) an, das die Unternehmerverbände aller Industrieländer umfaßt, die in der OECD zusammengeschlossen sind und ihre Interessen gegenüber dieser Organisation vertritt.

Hauptaufgaben der Wirtschaftsverbände, insbesondere der industriellen Verbände

Die Hauptaufgaben der Wirtschaftsverbände liegen im wesentlichen in zwei Richtungen:

Der eine große Aufgabenbereich ist die Vertretung nach außen, d. h. gegenüber Regierung, Parlament, Öffentlichkeit und anderen Verbänden, kurz das, was man als

Mitarbeit an der staatlichen Wirtschaftspolitik bezeichnen kann. Die Verbände sind in diesem Zusammenhang längst zu unverzichtbaren Instanzen der wirtschaftspolitischen Willensbildung geworden. (Vgl. hierzu den Abschnitt »Staat und Verbände«.) Die zweite Hauptaufgabe der Verbände ist mehr nach innen gerichtet, d. h. auf Solidarität und Zusammenarbeit der Wirtschaftsverbände untereinander. Sie erfaßt ferner das große Gebiet der Dienstleistungen für die angeschlossenen Unternehmen.

Die Wirtschaftsverbände gehen bei ihrer Arbeit davon aus, daß die auf dem Privateigentum und der freien unternehmerischen Initiative beruhende marktwirtschaftliche Ordnung der schöpferischen Unternehmerpersönlichkeit die Möglichkeit des freien Entfaltens und erfolgreichen Schaffens gibt. Sie dient aber damit nicht nur einer kleinen Gruppe privilegierter Unternehmen, sondern ihre Ergebnisse kommen mehr oder weniger allen Bürgern zugute. Denn die auf diesem Fundament stehende freiheitliche und rechtsstaatliche Gesellschaftsordnung hat sich vor allem auch durch ihre sozialen Leistungen allen anderen Systemen überlegen erwiesen.

Konjunktur-, finanz- und strukturpolitische Schwerpunkte

Ein besonderer Schwerpunkt der Tätigkeit der Wirtschaftsverbände ist die Konjunkturpolitik. Sie vollzieht sich auf der Grundlage des Gesetzes zur Förderung der Stabilität und des Wachstums der Wirtschaft vom 8. Juni 1967, dessen Ziel die Balance zwischen Vollbeschäftigung, stabilem Preisniveau, stetigem Wachstum und außenwirtschaftlichem Gleichgewicht ist. Im Gesetz sind den Verbänden und Gewerkschaften in Gestalt der Konzertierten Aktion Mitwirkungsrechte eingeräumt. Es handelt sich hierbei im wesentlichen um einen institutionalisierten Dialog, dessen Wert man nicht überschätzen sollte, dessen Nutzen jedoch unverkennbar in dem Zwang besteht, sich mit den Argumenten der an dieser Einrichtung Beteiligten auseinanderzusetzen. Unstreitig hat, wenn man die Entwicklung dieser inzwischen fünfundzwanzigmal stattgefundenen Ein-

richtung betrachtet, sie wesentlich zur Versachlichung der Konjunkturdiskussion beigetragen.

Eine weitere zentrale Aufgabe der Wirtschaftsverbände ist die Mitgestaltung der *Finanz- und Steuerpolitik.*

Ziel der Politik der Verbände ist hierbei, vor allem im Hinblick auf die immer schneller wachsenden Anforderungen des technischen Fortschritts und der Verschärfung des Wettbewerbs durch größer werdende Märkte und andere vergleichbare ex- und interne Faktoren, die Steuerlast auch im internationalen Vergleich in vernünftigen Grenzen zu halten und damit den Investitionsspielraum der Unternehmen zu erhalten und nach Möglichkeit zu erweitern.

Besonders aktuelles Interesse gilt der *Mitbestimmung und Unternehmensrechtsreform.*

Wirtschaftsverbände und Arbeitgeberverbände haben sich wegen der grundlegenden Bedeutung dieser Frage für die Autonomie der Unternehmen in einem gemeinsamen »Arbeitskreis Mitbestimmung« zusammengefunden, der in der Öffentlichkeit, der Politik und den anderen für die Meinungsbildung wichtigen Kreisen für die Erhaltung und den Ausbau einer ausgewogenen und sachgerechten Unternehmensverfassung eintritt. Die Verbände beschränken sich hierbei nicht nur auf ihre Schutz- bzw. Abwehrfunktion, sondern haben eine Reihe von Alternativen entwickelt. So wird z. B. eine Verbesserung des Betriebsverfassungsgesetzes durch Ausgestaltung der Rechte des Arbeitnehmers am Arbeitsplatz und Erweiterung der Mitgestaltungsmöglichkeiten in allen wesentlichen sozialen Fragen des Betriebs gefordert. Außerdem hält man im Hinblick auf die EWG die baldige Verwirklichung des Konzepts einer »Europäischen Handelsgesellschaft« für notwendig.

Eine weitere bedeutungsvolle Rolle spielt naturgemäß die *Wettbewerbspolitik.* Gerade im Hinblick auf die Funktion des Wettbewerbs innerhalb der Marktwirtschaft genießt dieses Sachgebiet besondere Aufmerksamkeit. Wie Technik, Organisation und Außenbeziehungen der Wirtschaft sich ständig ändern, so muß sich auch die Wettbewerbspolitik elastisch neuen Erfordernissen anpassen. Dies gilt besonders für die Förderung der Kooperation der Unternehmen in Beschaffung, Produktion, Vertrieb und Forschung und Entwicklung, besonders auch im grenzüberschreitenden Verkehr. Probleme eigener Art werfen die Versuche auf, im Zeichen des Gemeinsamen Marktes eine nationale Fusionskontrolle einzuführen.

Eine ausgewogene Wirtschaftsstruktur erfordert immer wieder den Hinweis auf die Notwendigkeit leistungsfähiger *Klein- und Mittelbetriebe*. Insbesondere der BDI ist hierbei in seinem Bereich um einen Ausgleich der Gegensätze zwischen groß und klein bemüht. Zu diesem Zweck wurde im BDI u. a. eine »Einigungsstelle für Strukturfragen« geschaffen.

Für die Wirtschaftsverbände erfordern in der letzten Zeit die Fragen der *Infrastruktur und Umweltgestaltung* – vom Verkehrswesen, der Energiepolitik, der Wasser- und Luftreinhaltung, der Lärmbekämpfung, der Raumordnung bis zur Forschungs- und Bildungspolitik – immer stärkere Aufmerksamkeit.

Im Vordergrund der Forschungspolitik stehen hierbei für die Verbände die Fragen der Gemeinschafts- und Vertragsforschung, der zunehmenden staatlichen Förderung auch der industriellen Forschung und Entwicklung auf ausgewählten Gebieten, der Verbesserung des Informationswesens und der europäischen Forschungspolitik.

In der Bildungspolitik geht es um den Ausbau der wirtschaftseigenen Leistungen von der Ausbildung von Lehrlingen bis zur Weiterbildung von Führungskräften und um ein stärkeres Engagement der Unternehmensleitungen auf diesem Gebiet, ferner um die Mitwirkung an den großen Reformen des öffentlichen Bildungswesens.

Außenwirtschaftliche und integrationspolitische Schwerpunkte

Die Aufgaben und Ziele der Außenwirtschaftspolitik der Wirtschaftsverbände liegen mit ihren Schwerpunkten beim Außenhandel, bei internationalen Währungsfragen, Integrationsproblemen und der Entwicklungspolitik.

Früher wurde den Industrieverbänden – gelegentlich klingt dies auch heute nach – der Vorwurf des Protektionismus gemacht. Dabei schwingen wohl auch noch Erinnerungen an die schutzzöllnerische Politik des Centralverbandes deutscher Industrieller im 19. und zu Beginn dieses Jahrhunderts nach.

Auf diesem Gebiet aber ist nach dem letzten Kriege ein grundlegender Wandel eingetreten. Nationalwirtschaftliche Argumente verfangen heute nicht mehr, denn gerade die Unternehmer haben in der jüngsten Vergangenheit gelernt, was eine Wirtschaft ohne Weltverflechtung und ohne Weltoffenheit bedeutet. Ein Abweichen von der Grundlinie einer liberalen Politik würde zwangsläufig eine Rückkehr der Weltwirtschaftspolitik zu den Formen des Bilaterismus bedeuten und damit die Gefahr einer Schrumpfung des Welthandels nach sich ziehen. Gerade in dieser Frage sind auch die ständigen Kontakte mit den großen anderen Industrieländern, besonders mit den Vereinigten Staaten, unerläßlich.

Die Wirtschaftsverbände haben die Bestrebungen der *europäischen Integration* vom Anbeginn an unterstützt. Das war seinerzeit nicht selbstverständlich, denn naturgemäß bedeuteten Weltoffenheit und Bejahung der Integration zumindest kurzfristig für einige Wirtschaftszweige ein nicht unerhebliches Risiko.

Heute geht es nicht nur um den weiteren materiellen und formalen Ausbau der Gemeinschaft, sondern mindestens im gleichen Umfang um ihre Erhaltung. Vor allem die Wirtschaft ist aufgerufen, zur Sicherung der erreichten Integration nicht nur aus wirtschaftlichen, sondern auch aus politischen Gründen beizutragen.

In der Festigung der europäischen und atlantischen Solidarität sehen die Wirtschafts- und Industrieverbände auch eine der wesentlichen Voraussetzungen für eine erfolgreiche *Entwicklungspolitik*. In Erkenntnis der Verpflichtung zu der gemeinsamen Aufgabe, vor die sich die freien Industriestaaten gegenüber den Entwicklungsländern gestellt sehen, setzen sich die Wirtschaftsverbände für eine ideelle und materielle Unterstützung dieser Länder ein. Sie wehren sich aber gegen jede Politisierung des Handels und der Auslandsinvestitionen, weil damit ein gefährliches Element der Unsicherheit in die Außenwirtschaftsbeziehungen hineingetragen wird.

Öffentlichkeitsarbeit

Wie für alle Verbände, so ist es auch für die Wirtschaftsverbände wesentlich, die Anliegen der Unternehmerschaft immer wieder unmittelbar in der Öffentlichkeit durch umfangreiche eigene Presse-, Rundfunk- und Fernsehbarbeit zu vertreten und verständlich zu machen.

Zum Teil sind für diese Aufgabe eigene Institutionen geschaffen worden. So haben Industrie- und Arbeitgeberverbände 1951 gemeinsam das *Deutsche Industrieinstitut* (DI) (jetzt: Institut der deutschen Wirtschaft IW) ins Leben gerufen, das vor allem dazu beitragen soll, die Rolle des Unternehmers in der Gesellschaft und in der neugeschaffenen Wirtschaftsordnung einer sozialen Marktwirtschat zu verdeutlichen, grundsätzliche Fragen wissenschaftlich zu vertiefen und durch geeignete Öffentlichkeitsarbeit die Tätigkeit der Spitzenverbände der Industrie zu unterstützen.

Dienstleistungen

Der Bereich der Dienstleistungen steht zwar nicht so im Vordergrund der öffentlichen Diskussion. Er hat aber für die künftige Entwicklung der Wirtschafts- und Industrieverbände mindestens die gleiche Bedeutung wie die Beteiligung an den großen wirtschaftspolitischen Fragen. Mehr und mehr erwarten die Unternehmen, vor allem die Mittel- und Kleinbetriebe, von ihren Verbänden besonders auch laufende und konkrete praktische Hilfen für den betrieblichen Alltag. Hier liegt vor allem das Schwergewicht der Arbeiten der Fachspitzen- und Fachverbände. Aber auch die Spitzenverbände der großen Wirtschaftsbereiche, wie der BDI, haben in den letzten Jahren ihre Dienstleistungen für Verbände und Firmen, besonders auf betriebswirtschaftlichem, unternehmensrechtlichem, steuerrechtlichem sowie forschungs- und bildungspolitischem Gebiet erheblich verstärkt und werden diesen Zweig ihrer Tätigkeit in Zukunft intensivieren.

Eine große Rolle spielt bei vielen Wirtschaftsverbänden auch die Betreuung von Messen und Ausstellungen sowie die Gemeinschaftswerbung. Zunehmend bedeutsam werden ferner gemeinschaftliche Initiativen auf dem Gebiet der überbetrieblichen Aus- und Weiterbildung von den Lehrlingen bis zu den Führungskräften, wie z. B. die Errichtung überbetrieblicher Lehrwerkstätten, von Stätten für Ausbilderförderung und Maßnahmen für die Weiterbildung des unternehmerischen Führungsnachwuchses. Als ein Beispiel von vielen sei das vom BDI aus gegründete und mitgetragene »Deutsche Institut zur Förderung des industriellen Führungsnachwuchses« erwähnt, das u. a. die Baden-Badener Unternehmergespräche betreut.

Willensbildung in den Verbänden

Die Erarbeitung einer einheitlichen Auffassung zu bestimmten Sachgegenständen und die Form ihrer Behandlung in einer allgemein für den Verband und seine Mitglieder gültigen Weise wirft eine Reihe schwieriger Fragen auf. Einmal ist der Grad der Repräsentation (vgl. hierzu das Kapitel »Struktur der Wirtschaftsverbände«) und damit die Relevanz der Aussage für deren Glaubwürdigkeit von Bedeutung. Dies gilt besonders dann, wenn es um grundlegende, die Unternehmensinteressen besonders berührende Dinge geht. Eng hiermit verbunden ist die Berücksichtigung von Minderheiten bei nicht einhelliger Meinung. Schließlich gehört in diesen Zusammenhang die von allen Verbänden zu beachtende Frage, wie die Interessen der Groß-, Mittel- und Kleinbetriebe gleichermaßen wirkungsvoll zur Geltung gebracht werden können. Dabei muß ein vernünftiger Ausgleich zwischen diesem wichtigen Prinzip und der oft gegebenen Notwendigkeit rascher Stellungnahmen zu aktuellen Problemen gefunden werden. Auf jeden Fall aber verdient die Zuverlässigkeit den Vorzug vor zu schnell produzierter Meinung außerhalb der Verbände, die keine repräsentative Auffassung der Wirtschaft sein kann. Alle Verbände sind deshalb laufend um eine möglichst umfassende Meinungsbildung bemüht.

Der zur Behandlung dieser Fragen erforderliche organisatorische Rahmen ergibt sich für die Mehrheit der Verbände zunächst aus dem Vereinsrecht. Die unerläßlichen Organe sind Mitgliederversammlung, Vorstand und – bei größeren Verbänden im Hinblick auf die Größe des Vorstandes – ein in den Satzungen meist als Präsidium bezeichneter Vorstandsausschuß. Die Mitgliederversammlung, an der die Mitglieder durch Vertreter nach einem bestimmten Schlüssel (in der Regel nach Maßgabe der in ihren Betrieben Beschäftigten) teilnehmen, ist für alle Fragen von grundsätzlicher Bedeutung zuständig. Es obliegt ihr die Wahl des Präsidenten und dessen Stellvertreter sowie die Beschlußfassung über den Haushaltsplan und die Entlastung von Vorstand, Präsidium und Geschäftsführung. Gelegentlich wird der unterschiedlichen Bedeutung der Mitglieder entsprechend das Stimmrecht besonders gewichtet. Das geschieht in der Weise, daß einem Mitglied mehr als lediglich eine Stimme zugebilligt wird. Die Streitfrage, ob in solchen Fällen ein so qualifiziertes Mitglied die »Mehrstimmen« unterschiedlich ausüben kann, ist zu verneinen. Rechtsträger mehrerer Stimmen ist das Mitglied, das demzufolge jeweils nur eine Ansicht äußern kann.

Vorstand und Präsidium geben in aller Regel die Richtlinien für die Politik des Verbandes. In größeren Verbänden, so z. B. im BDI, hat das Präsidium die Aufgabe, die gesamte Tätigkeit des Bundesverbandes zu leiten sowie die Beschlüsse der willensbildenden Organe gegenüber der Öffentlichkeit, der Regierung und dem Parlament zu vertreten. Es ist somit das für die laufende Arbeit wichtigste Beschlußgremium. Ähnliches gilt für die meisten Spitzen- und Fachspitzenverbände.

Die sachlichen Voraussetzungen für klare und schnelle Entscheidungen der einzelnen Organe zu schaffen und möglichst rechtzeitig bestimmte, für den Geschäfts-

zweig bedeutsame Entwicklungen aufzuzeigen und Vorschläge für ihre Behandlung zu machen sowie die laufenden Geschäfte zu erledigen, ist Aufgabe der Geschäftsführung.

Die leitenden Geschäftsführer werden im allgemeinen auf Vorschlag des Präsidenten vom Präsidium berufen und vom Vorstand bestätigt. Ihnen kommt die für die gesamte Verbandsführung außerordentlich wichtige Doppelfunktion des Integrierens der Meinungen der Verbandsmitglieder auf einer gemeinsamen möglichst für alle akzeptablen Gesamtlinie und der gleichzeitigen ständigen Aktivierung des Verbandslebens durch neue Ideen, Initiativen und Vorschläge zu. Dabei ist es vor allem auch ihre Aufgabe, in möglichst breiten Kreisen der Unternehmerschaft das Interesse an der Gemeinschaftsarbeit und für die Mitarbeit an den wirtschafts- und gesellschaftspolitischen Fragen zu wecken.

Die Bearbeitung und Verfolgung bestimmter spezieller Aufgaben wird im allgemeinen besonderen Ausschüssen übertragen. Sie sind mit Delegierten der Mitglieder besetzt und helfen bei der Vorbereitung der Willensbildung der beschlußfassenden Organe.

Der Wirtschaftsverband kann ebensowenig wie jeder andere private Verband irgend jemand Weisungen erteilen. Falls – was selten vorkommt – kein Consensus der Mitglieder zu erreichen ist, haben die Minderheiten immer ein satzungsgemäß verankertes Recht auf Veröffentlichung und Vertretung ihres von der Mehrheit abweichenden Votums. In gleicher Weise können sich Probleme ergeben, wenn trotz einstimmiger Beschlüsse einzelne Mitglieder in der Öffentlichkeit gegenüber Parlament oder Regierung abweichende Meinungen vertreten. Hier liegt eine wichtige Aufgabe der führenden Repräsentanten der Unternehmen und der Geschäftsführung, dafür zu sorgen, daß ein solches Verhalten nicht die Relevanz der Aussage beeinträchtigt. Eine solche Forderung ist durchaus legitim, denn der Willensbildungsprozeß innerhalb der Verbände ist so offen, daß es im Interesse der Sache liegt, differenzierte Meinungen innerhalb statt außerhalb der Verbände zu klären.

Staat und Verbände

Das Verhältnis des Staates und seiner Organe zu den Wirtschaftsverbänden war nach dem Kriege im Zusammenhang mit dem Entstehen und der weiteren Entwicklung der Bundesrepublik Gegenstand z. T. heftiger wissenschaftlicher, aber auch politischer Auseinandersetzungen. Die Stimmung, die die damalige Auseinandersetzung beherrschte, ist am besten mit dem Hinweis auf die Schrift von Eschenburg »Herrschaft der Verbände?« (Theodor Eschenburg »Herrschaft der Verbände?«, Stuttgart 1955) gekennzeichnet. Die Unsicherheit in der Beurteilung, die allgemein zwischen heftiger Kritik an den sog. Interessenten und durchaus positiven Urteilen über den Nutzen insbesondere der wirtschafts- und sozialpolitischen Verbände schwankte, hatte ihre Ursache u. a. wohl auch darin, daß das Grundgesetz zwar die Koalitionsfreiheit ausdrücklich schützte, aber im Gegensatz zu den Parteien, deren Auftrag in Fortbildung der Weimarer Verfassung ausdrücklich im Grundgesetz Erwähnung findet, keine genaue Abgrenzung für die Rolle der Verbände enthielt. Schon Werner Weber (Werner Weber »Spannungen und Kräfte im westdeutschen Verfassungssystem«, Hamburg 1951) hat in diesem Zusammenhang auf die Divergenz zwischen Verfassungsurkunde und Verfassungswirklichkeit hingewiesen.

Inzwischen hat sich die Diskussion weitgehend versachlicht. Die Wirtschaftsverbände sind als wesentlicher Bestandteil unserer verfassungsmäßigen Ordnung heute allgemein anerkannt. Ihre Wirksamkeit wird um so größer sein, je mehr es ihnen gelingt, ihre Sachkunde unter Zurückstellung nicht vertretbarer Sonderinteressen zur Geltung zu bringen.

Mit dem Zwang, innerhalb des Verbandes einen Ausgleich zu suchen und die verschiedenartigen, häufig sogar gegensätzlichen Interessen auf einer gemeinsamen Linie zu vereinigen, erfüllen die Verbände zugleich eine wichtige Aufgabe. Die Notwendigkeit, die gemeinsame Lösung zu suchen, führt darüber hinaus zu einem Verständnis der Mitglieder für die Verschiedenartigkeit der wechselseitigen Belange innerhalb eines Wirtschaftszweiges und darüber hinaus. Vor allem helfen die Wirtschaftsverbände auch dem Staat, die Interessen seiner Bürger als Voraussetzung für politische Entscheidungen festzustellen.

Naturgemäß liegt die wesentlichste Aufgabe der Verbände darin, die festgestellten Interessen in der Öffentlichkeit zur Geltung zu bringen und hierbei zugleich die mit der politischen Entscheidung befaßten Stellen aufgrund genauer Kenntnis des Tatbestandes zu beraten und Anregungen für die gesetzgeberische Gestaltung bestimmter wirtschaftlicher Vorgänge zu geben. Die Tatsache, daß sich die Meinungsbildung weitgehend auch öffentlich oder nahezu öffentlich vollzieht, ist zugleich eine wesentliche Kontrolle für die Tätigkeit der Verbände. Im Bereich der Politik mindert das Tätigwerden der Verbände zugleich die Abhängigkeit des Parlaments von der Meinung der Verwaltungsspezialisten und trägt somit dazu bei, daß die Abgeordneten, vornehmlich aber die parlamentarischen Ausschußmitglieder, die Möglichkeit erhalten, Alternativen zu entwickeln und sich ein eigenes Urteil zu bilden.

Für eine enge Zusammenarbeit zwischen Bundesregierung, Parlament und Verbänden gibt es derzeit eine Reihe von Regelungen. So werden zu Gesetzentwürfen durchweg die fachlich interessierten Gruppen angehört. Dabei ist es Sache des zuständigen Ministers, Art und Umfang der Beteiligung und den Kreis der Anzuhörenden zu bestimmen. Dieses Verfahren hat sich bewährt und ist in der Gemeinsamen Geschäftsordnung der Bundesministerien (Teil II § 23) verankert. Außerdem machen die Ausschüsse des Bundestages häufig von ihrem Recht aufgrund § 73 II der Geschäftsordnung des Bundestages Gebrauch, Vertreter von Verbänden als Sachverständige anzuhören. Schließlich sei auf die nach § 3 des Stabilitätsgesetzes geschaffene »Konzertierte Aktion« hingewiesen.

Im übrigen liegt der eigentliche Tätigkeitsbereich der Verbände in der Auseinandersetzung mit den verschiedenartigsten Meinungen in der Öffentlichkeit. In diesem Bereich der »Vorformung des politischen Willens« vollzieht sich mit der Gruppierung der Meinungen und Interessen innerhalb und zwischen den Verbänden und in der Öffentlichkeit der Prozeß der Vorbereitung der staatlichen Willensentscheidung.

Neben den Anregungen und Beiträgen zur politischen Willensbildung sollte jedoch der große Bereich der wirtschaftlichen und sozialen Selbstverwaltung nicht übersehen werden, der einen der wesentlichsten Tätigkeitsbereiche der Verbände darstellt. Gerade aufgrund der Erfahrungen der Weimarer Zeit ist er ein bedeutsamer Bestandteil einer freiheitlichen Ordnung, zu deren Wesen es gehört, daß der selbstverantwortlichen Initiative so viel Spielraum wie möglich gegeben wird. In diesen Bereich gehören u. a. die Gestaltung des gesamten beruflichen Ausbildungswesens, die Mitwirkung von Unternehmern und Arbeitnehmern in den Organen der großen Selbstverwaltungskörperschaften, und vor allem das verfassungsmäßig gesicherte Recht von Arbeitgeberverbänden und Gewerkschaften, die Bedingungen des Arbeitslebens frei zu vereinbaren.

Ob eine Sicherung des notwendigen Gleichgewichtes der Kräfte innerhalb unseres Staatswesens dadurch erleichtert wird, daß man die Verbände in einem Bundeswirtschaftsrat zusammenfaßt, ist eine offene Frage. Die Erfahrungen im Ausland scheinen darauf hinzudeuten, daß eine Institutionalisierung der Interessengruppen nur begrenzt zu einer Lösung des Problems beiträgt. Als Beispiel mag die französische Entwicklung angeführt werden, die zeigt, daß trotz Vorhandenseins eines Wirtschaftsrates und sonstiger öffentlicher Beratungsgremien die unmittelbare Einflußnahme der Verbände auf das Parlament bestehengeblieben ist. Die Erfahrungen mit ähnlichen Institutionen in Belgien, Luxemburg und in Italien bestätigen diese Beobachtung auch für andere Länder. Hieraus läßt sich der Schluß ableiten, daß sich die Repräsentation der Interessen lediglich bis zu einem gewissen Grade organisieren läßt.

Es sollte aber erwogen werden, nach dem Vorbild des in der Schweizerischen Verfassung verankerten »Vernehmlassungsverfahrens« oder der in den Vereinigten Staaten üblichen »Hearings« die Verbände zur Anhörung in einem geordneten öffentlichen Verfahren im Rahmen der parlamentarischen Arbeit zu berechtigen und auf diese Weise zu verpflichten, ihre Wünsche in einem der Kontrolle der Öffentlichkeit unterliegenden Verfahren vorzutragen. Dieser Schritt zur Konstitutionalisierung würde vielleicht dazu beitragen, die Bedenken, die gegen das Wirken der Verbände vorgebracht werden, zu mindern, vor allem aber auch der Abgrenzung zum Wirkungsbereich der Parteien dienlich sein. Hier liegt im übrigen auch noch ein Aufgabengebiet, dessen sich die Wissenschaft mit besonderer Aufmerksamkeit annehmen sollte.

Schlußbemerkung

Die Schutzfunktion ist im unternehmerischen Verbandswesen verständlicherweise noch immer ausgeprägt, genügt aber unter den heutigen politischen Bedingungen nicht mehr. Das bedeutet, daß sich die Tätigkeit der Verbände nicht im Reagieren auf staatliche Interventionen und Forderungen anderer gesellschaftlicher Gruppen erschöpfen darf, wenngleich auch diese Aufgabe im Zusammenspiel der staatlichen und gesellschaftlichen Kräfte und ihrer notwendigen Balance weiter bedeutsam bleibt. Darüber hinaus müssen die Wirtschaftsverbände noch stärker als bisher eigene Initiativen entfalten und sich auf der Grundlage langfristiger ordnungspolitischer Konzeptionen konstruktiv um Beiträge zur Lösung der großen Probleme der Wirtschafts- und Gesellschaftspolitik im Sinne der Mitverantwortung für das allgemeine Wohl bemühen. Hierzu ist es auch notwendig, die historisch gewachsene Verbandsstruktur der wirtschaftlichen und gesellschaftlichen Entwicklung anzupassen, um eine möglichst optimale Leistungsfähigkeit zu gewährleisten. Dabei ist die Wirksamkeit der Verbände zweifellos um so größer, je mehr eine Koordinierung und Zusammenarbeit der verschiedenen Gruppierungen, insbesondere auch der Spitzenverbände, gelingt.

Dr. jur. HELLMUTH WAGNER, Geschäftsführendes Präsidialmitglied des Bundesverbandes der Deutschen Industrie e. V., Köln

Working Capital

Für die Kontrolle der finanziellen Entwicklung der Unternehmung ist es erforderlich, daß gegenwartsnahe Zahlen die Bewegungen des Geldkreislaufes im Unternehmen und seine wirtschaftliche Tätigkeit widerspiegeln. Dies ist notwendig, um den Einnahmen- und Ausgabenstrom unter Kontrolle zu halten. Da gerade das Umlaufvermögen und die kurzfristigen Verbindlichkeiten im Zeitablauf großen Schwankungen unterliegen, ist es wichtig, diese Bewegungen aufzuzeigen und festzuhalten, denn aus den Veränderungen des Working Capital können wichtige Erkenntnisse über finanzpolitische Entscheidungen gewonnen werden, wie z. B. über die Auswirkungen von Kapitalerhöhungen und Darlehensaufnahmen.

Die Definition des Working Capital

Das Working Capital ist eine im amerikanischen Berichtswesen häufig verwandte Kennzahl, die vor allem im Zusammenhang mit der Bewegungsbilanz die Kontrolle und Entwicklung der Gelddispositionen im kurzfristigen Bereich erklären soll. (Das Working Capital wird auch als »bankersrule«, »bankers-ratio«, »current-ratio« oder »2 : 1-Regel« bezeichnet.)
Im deutschen Sprachraum spricht man von »arbeitendem Kapital« und »Wertflußrechnung«. Weitere Bezeichnungen sind:
»Liquiditätssaldo«
»Reinumlaufvermögen«
»Nettobetriebskapital«.
Das Working Capital oder auch »Net Working Capital« ist die Differenz zwischen dem Umlaufvermögen und den kurzfristigen Verbindlichkeiten. »Es ist der durch die kurzfristigen Lieferanten- und Bankverbindlichkeiten nicht ›neutralisierte‹ Teil des Umlaufvermögens, der zur Deckung der durch die Geschäftstätigkeit bedingten Baraufwendungen zur Verfügung steht

und daneben einen mehr oder weniger großen Spielraum bietet, um die rhythmischen oder unregelmäßigen Schwankungen und Anspannungen auszugleichen, die im wesentlichen auf Markteinflüsse und Preisbewegungen zurückzuführen sind. Das arbeitende Kapital umfaßt das ursprünglich durch Finanzierungsmaßnahmen bereitgestellte Umlaufkapital, soweit es nicht durch Verluste geschmälert wurde, und die aus Abschreibungen gewonnenen Mittel abzüglich der für Neuinvestitionen verwendeten Mittel sowie die Gewinne, die nicht für Gewinnausschüttungen, Privatentnahmen und Steuern verwendet wurden« (Strobel, A., Liquidität, a. a. O., S. 122).
Aus diesen bisherigen Ausführungen ist als Erkenntnis zu entnehmen, daß das Working Capital einmal unter *statischen* Gesichtspunkten als Finanzierungsregel gesehen werden muß, das etwas über die Deckung des kurzfristigen Bilanz- oder Finanzstrukturbereiches aussagt, und zum anderen eine bewegliche Größe darstellt, die die Veränderungen zwischen zwei Bilanzstichtagen im kurzfristigen Bereich der *dynamischen* Bewegungsbilanz zeigt.
»Das amerikanische Statement of Application of funds hat es der Bewegungsbilanz voraus, daß aus ihm zusätzlich die Zeitdauer der Mittelverwendung und ihre Herkunft zu erkennen sind. Allerdings geschieht dies in zwei getrennten Rechnungen. Die erste der langfristigen Werte schließt mit dem Mehr/Weniger der kurzfristigen Werte ab« (Hendrikson, K. H., Kreditwürdigkeitsprüfung, a. a. O., S. 198). Diese Interdependenz des lang- und kurzfristigen Bereiches kann in einer Staffelform aus der Bewegungsbilanz genauso aufgezeigt werden (vgl. Bischoff, W.: Inwieweit ist der Cash Flow und das Working Capital ein Mittel zur Erreichung der optimalen Finanzstruktur der Unternehmung, Diss. Wien 1970, S. 96 ff.).

Der »Operation Cycle« als Grundkonzeption des Working Capital

Die Unternehmen im anglo-amerikanischen Raum, die sich dieser Methoden bedienen, teilen für die finanzielle Berichterstattung die Bilanzpositionen in kurzfristige und langfristige Bereiche.
Entscheidungskriterium der Zugehörigkeit zur einen oder anderen Kategorie ist der sog. »operation cycle«, welcher bezeichnet wird als »die normale betriebliche Durchlaufzeit der Umsatzwerte, gerechnet vom Zeitpunkt des Bezugs der in den Produktionsprozeß eingehenden Fremdleistungen bis zum Eintritt der Barrealisation der Forderungen auf Grund von Warenlieferungen und Leistungen«.
Sofern der »operation cycle« den Zeitraum eines Jahres unterschreitet, bestimmt dieser die Unterscheidung der Vermögenswerte in kurzfristige und langfristige (nach dem Accounting Research Bulletin Nr. 43 des AJCPA 1953, S. 19 [Übersetzung durch den Verfasser]). Die Positionen der Passivseite werden analog aufgeteilt.
Eine vollständige und klare Abgrenzung der Positionen wäre in der Totalperiode möglich. In der kurzfristigen Betrachtungsweise hat sich der Zeitraum des Kalenderjahres herauskristallisiert.

Die aktiven und passiven Bilanzposten

Für die Bestimmung der Gleichung des Working Capital müssen nun die Bilanzpositionen eliminiert werden, die nicht der Definition des »operation cycle« entsprechen.
Das kurzfristige Vermögen umfaßt grundsätzlich neben den sofort und kurzfristig liquidierbaren Vermögensteilen alle Vermögenspositionen, die entsprechend dem Zeitbegriff des »operation cycle« kurzfristig bar realisiert werden können. Das sind zunächst Kasse-, Bank- und Postscheckguthaben, Scheck- und Wechselbestände. Die Wechsel sind dabei auszusondern, die nicht den Rediskontbestimmungen der Zentralnotenbank entsprechen. Hier handelt es sich vor allem um Gefälligkeitsabschnitte, Finanzwechsel mit mehrperiodischer Laufzeit usw. Der Zuordenbarkeit von Wertpapieren steht soweit nichts im Wege, solange es lediglich ertragsorientierte Liquiditätsreserven sind. Handelt es sich um Beteiligungen und/oder besteht die Absicht der langfristigen Anlage, so scheiden diese aus. Wertpapiere von Konkurrenzunternehmen sind keine vorübergehende Liquiditätsanlage und sind ebenfalls auszusondern.
Zu den Vermögenspositionen gehören auch die aktiven Rechnungsabgrenzungsposten, da es sich um Ausgaben handelt, die das Working Capital bereits reduziert haben, obwohl eine Leistungsabgabe erst erfolgt. Weiterhin zählen hierzu die Anzahlungen an Dritte, Forderungen und die kurzfristig in den Produktionsprozeß eingehenden Roh-, Hilfs- und Betriebsstoffe sowie die Halb- und Fertigfabrikate.
Bei den Forderungen sind Konzernforderungen und sonstige Forderungen, die den Bedingungen des »operation cycle« nicht entsprechen, nicht anzusetzen. Ferner sind alle Positionen, die langfristigen Bedingungen unterliegen, für die Ermittlung des Working Capital aus dem Umlaufvermögen auszusondern.
Die einzelnen Positionen der Passivseite werden entsprechend den liquiditätswirksamen Gliederungsmerkmalen in kurzfristig und langfristig fällige Positionen unterteilt. Für den Zeitraum der Kurzfristigkeit sind ebenfalls die Bedingungen des »operation cycle« maßgebend. Zu den kurzfristigen Verbindlichkeiten zählen die Verbindlichkeiten aus Warenlieferungen und Leistungen, Wechselverbindlichkeiten, Anzahlungen Dritter, Bank oder sonstige Verbindlichkeiten, soweit sie kurzfristiger Natur sind. Auch die sofort fälligen Verbindlichkeiten aus Rückstellungen und Obligationen gehören hierher. Die Bardividende ist ebenfalls einzubeziehen, sofern mit einem sofortigen Liquiditätsentzug zu rechnen ist. Die passiven Posten der Rechnungsabgrenzung sind gleichermaßen zu berücksichtigen.

Die Bestimmung der Working Capital-Formel

Das Working Capital unter statischen Gesichtspunkten, d. h. stichtagsbezogen gesehen, ist die Differenz zwischen dem kurzfristigen Umlaufvermögen und den korrespondierenden Verbindlichkeiten. Dabei ergibt sich ein Vermögens- oder Verbindlichkeitsüberschuß an einem bestimmten Stichtag. Würden sich die nun fälligen Termine der Verbindlichkeiten und die Liquidierbarkeit der Vermögensteile entsprechen, so wären die Ausgaben und Einnahmen parallel geschaltet. Die Liquidität wäre unter statischen Aspekten gesichert. Da aber der Zeitbegriff dynamisch zu sehen ist, müssen die finanziellen Bewegungen beachtet werden. Diese sind sehr vielfältig und lassen sich schwer verfolgen.

Die statische Bilanzgleichung

Entsprechend der Bilanzgleichung muß zu jedem Zeitpunkt die Gleichheit von bewertetem Vermögen (V) und abstraktem Kapital (K) gegeben sein:

$$V = K$$

Unterteilt man das Vermögen und das Kapital in seine langfristigen Bereiche, die nicht immer mit den Begriffen Anlage- (AV) und Umlaufvermögen (UV) bzw. Eigen- und Fremdkapital übereinstimmen, so gilt:

$$UV + AV = K_l + K_f$$

Die Ableitung der Gleichung des Working Capital und deren Aussagefähigkeit

Das Working Capital (WC) ergibt sich nun als Differenz zwischen dem Umlaufvermögen und den kurzfristigen Verbindlichkeiten im Sinne unserer Auslegung entsprechend den Bedingungen des »operation cycle«.

$$WC = UV - K_f$$

Durch diesen Ausdruck wird, wenn man die absoluten Zahlen einsetzt, unter finanzwirtschaftlichen Gesichtspunkten sichtbar gemacht, ob das Umlaufvermögen in der Lage ist, die kurzfristigen Verbindlichkeiten zeitpunktbezogen zu neutralisieren.

Das Umlaufvermögen hat aber eine doppelte Aufgabe. Es muß einmal in der Lage sein, die kurzfristigen Verbindlichkeiten begleichen zu können und zweitens die Mittel bereitzustellen, die den betrieblichen Umsatzprozeß aufrechterhalten. Ist das Working Capital nun positiv, d. h. übersteigt das Umlaufvermögen die kurzfristigen Verbindlichkeiten, so ist gleichzeitig gewährleistet, daß das Unternehmen Mittel zur Verfügung hat, um etwaige unrhythmische Schwankungen des Finanzbedarfs aufzufangen. Zur Verdeutlichung sei folgendes Schema in Anlehnung an Strobel (a. a. O., S. 124) skizziert:

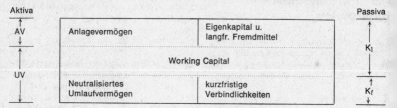

Rein rechenmäßig ergibt sich aus der Bilanzgleichung das Working Capital.

$$UV - K_f = K_l - AV$$

oder

$$UV - K_f = WC = K_l - AV$$

Das Working Capital ist, wie aus der Formel hervorgeht, sowohl eine Erscheinung der Vermögensseite, wenn das Umlaufvermögen größer als die kurzfristigen Verbindlichkeiten ist, als auch eine der abstrakten Kapitalseite, bedingt durch die Doppik.

Deshalb läßt sich das Working Capital auf vier Bewegungsvorgänge zwischen Vermögen und/oder Kapital zurückführen (Strobel, a. a. O., S. 125 ff.).

Diese Veränderungen des Working Capital sind für die Liquidität der Unternehmung von großer Bedeutung. Die Darstellung und Beobachtung solcher Bewegungen erfolgt in der Bewegungsbilanz. Da das Working Capital demnach eine partielle Bewegungsbilanz darstellt, ist es für die Unternehmungsleitung von besonderem Interesse, die Veränderungen des Working Capital durch Abschreibungen und Investitionen nachzuweisen.

Man kann also aus der Entwicklung des Working Capital die Finanzierungsweise ablesen, da die Kennzahl sich absolut neutral verhält, sofern langfristige Investitionen auch mittels langfristiger Mittel finanziert werden. Eine positive oder negative Veränderung ergibt sich nur, wenn Abschreibungen und Tilgungsraten zeitlich nicht in gleicher Höhe parallel verlaufen. Bei der Innenfinanzierung erhöht sich das Umlaufvermögen. Allerdings ist die Wiederverwendung der zurückgeflossenen Abschreibungsbeträge ein Haupteinflußfaktor für die Entwicklung des Working Capital. Die Mittelverwendung kann erfolgen für Erweiterungen des Umlaufvermögens, Tilgung von Fremdkapital, Expansion durch Neuerwerb von Beteiligungen, Anwendung des Lohmann-Ruchti-Effektes usw. Erweitern läßt sich diese Kennzahl um Positionen, die in der Bilanz nicht enthalten, die aber für künftige Entscheidungen von Bedeutung sind:

	UV im Sinne des Working Capital
−	Kf im Sinne des Working Capital

Zwischensumme I

±	nicht ausgenutzte langfristige Kreditmöglichkeiten
	a) bereits vertraglich zugesagte
	b) in Aussicht gestellte

Zwischensumme II

∓	langfristige Verbindlichkeiten, die kurzfristig fällig werden und umgekehrt

Zwischensumme III

±	langfristig gebundenes Vermögen, das zu UV wird und umgekehrt

Zwischensumme IV

−	Steuerzahlungen, soweit nicht aus der Bilanz ersichtlich

Zwischensumme V

+	Ausstehende Einlagen und Nachschüsse, die kurzfristig eingefordert werden können

Working Capital

Die dynamische Betrachtung des Working Capital

Die Gleichung des Working Capital, die aus der stichtagsbezogenen Rechnung, der Bilanzgleichung, abgeleitet wurde, läßt wohl einen Teil der Aussagemöglichkeiten dieser Kfhl erkennen, aber der Einblick in die erfolgten Bestandsbewegungen, die sich letztlich in die Zahlungsvorgänge, die Einnahmen und Ausgaben auflösen lassen, bleibt verwehrt.

Würde man den Gewinn unter dem Aspekt betrachten, daß er kurzfristig abfließt, so würde sich das Working Capital um den Prozentsatz der Dividende verschlechtern.

Eine andere Frage ist die, ob sich die Gewinnrealisierung im Working Capital niederschlägt. In der Totalperiode ist die Antwort eindeutig. Sämtliche Vermögensbewegungen münden in das Kassenkonto ein. Das Bewertungsproblem entfällt aufgrund der simultanen Überbrückung des Zeitelementes zwischen Ausgabe und Einnahmen. Wie ist es nun in der kurzfristigen Bilanzierungsphase?

Vollkostenbewertung und Working Capital

Viel eklatanter wird der Unsicherheitsgrad, wenn man die Bstände der Halb- und Fertigfabrikate betrachtet. Wird das Working Capital im Rahmen der Steuerbilanz ermittelt, so kann man, um zu den steuerlich anerkannten Herstellungskosten zu gelangen, die stillen Reserven, die gelegt werden, berücksichtigen. Eine Korrektur des zu niedrig ausgewiesenen Umlaufvermögens ist möglich.

Betrachtet man aber die Entwicklung des Working Capital anhand der Bilanzen zweier Stichtage, also im Sinne der Bewegungsbilanz, so entfällt das Problem der Bewertung unter der Voraussetzung, daß die Bewertungspolitik unverändert blieb. Damit kann der unbefriedigende Einfluß des Bewertungsspielraums, zumindest im Zeitvergleich, teilweise eliminiert werden. Für den Stichtagsvergleich ist dies allerdings unbefriedigend.

Teilkostenbewertung und Working Capital

Im Zusammenhang mit der Aktienrechtsreform 1965 in Deutschland ist die Frage aufgetaucht, ob die Bewertung der Halb- und Fertigfabrikate zu Teilkosten erlaubt sei.
Bei der Ermittlung des Working Capital würde bei Ansatz von Teilkosten dieses zu niedrig ausgewiesen werden, denn die mit dem Ablauf der Produktion aufgenommenen kurzfristigen Mittel werden erfaßt. Beacham unterstützt allerdings die Bewertung zu primären Kosten, da seiner Ansicht nach die Gemeinkosten aus dem Verkauf der Produkte zu decken sind und somit unrealisierte Gewinne bei der Berücksichtigung der Herstellkosten entfal-

len (a. a. O., S. 78). Court sieht die finanzwirtschaftlichen Zusammenhänge zwischen dem Working Capital und dem Halb- und Fertigfabrikatebestand. Er empfiehlt, daß die Kosten der Fertigfabrikate zu dem Preis angesetzt werden müssen, zu dem sie verkauft werden (Court, H. P., Budgetary Control, London 1951, S. 76).

Working Capital und Bewegungsbilanz

In den Vereinigten Staaten wird das Working Capital nicht exakt mit dem Begriff der Bewegungsbilanz gesehen. Es werden häufig nur einzelne Positionen herausgegriffen. Zum zweiten wird das Working Capital im Zusammenhang mit dem langfristigen Bereich ermittelt, was u. E. nicht richtig ist. Die Bedeutung des Working Capital im Rahmen der Bewegungsbilanz soll anhand eines Beispiels gewürdigt werden.
Die Netto-Bewegungsbilanz zeigt nun folgende Mittelherkunft und Mittelverwendung unter Einbeziehung des Cash Flow und Working Capital.
Die Bewegungsbilanz ist das »Spiegelbild der vollzogenen Bindung und Freisetzung

Netto-Bewegungsbilanz in Kontoform (in Mio. DM)

Mittelverwendung		Mittelherkunft	
I. Anlagevermögen		**I. Cash-Flow-Finanzierung**	
Zugänge bei Sachanlagen	14	(Innenfinanzierung)	
Erhöhung Finanzanlagen	103	a) l a n g f r i s t i g	
	117	Erhöhung freier Rücklage	71
II. Umlaufvermögen		Erhöhung Sonderposten	
Erhöhung der Vorräte	10	mit Rücklagenanteil	6
Erhöhung Forderungen		Erhöhung Pensionsrückstellungen	8
und Anzahlungen	162		85
Erhöhung flüssiger Mittel	25	b) k u r z f r i s t i g	
	197	Bilanzgewinn	20
III. Abnahme and. Verb.	215	Cash-Flow gesamt	105
IV. Bestandsveränderung		**II. Außenfinanzierung**	
des Working Capital	(+ 412)	a) l a n g f r i s t i g	
V. Korrekturposten nicht		Erhöhung Grundkapital	185
finanzwirtschaftl. Art		Erhöhung Agio	146
Verminderung Rückst.	30	Verbindl. mehr als 4 J.	123
			454
	559		559

AKTIVA	Jahr 31. 12.	Vorjahr 31.12.
	(in Mio. DM)	
I. Anlagevermögen		
Sachanlagen	2.172	2.158
Finanzanlagen	1.177	1.074
	3.349	3.232
II. Umlaufvermögen		
Vorräte	682	672
Anzahlungen und		
Forderungen	809	647
Flüssige Mittel	395	370
Bilanzsumme:	5.235	4.921
PASSIVA		
I. Grundkapital	1.535	1.350
II. Offene Rücklagen	1.122	905
III. Sonderposten mit		
Rücklagenanteil	25	19
IV. Rückstellungen	562	584
V. Verbindlichkeiten		
mit mind.		
4 jähriger Laufzeit	908	785
VI. Andere		
Verbindlichkeiten	887	1.102
VII. Bilanzgewinn	196	176
	5.235	4.921

flüssiger Mittel, d. h. des finanziellen Investitions- und Liquidationsprozesses im abgelaufenen Jahr« (Kosiol, E., Finanzplanung und Liquidität, in: ZfhF 1955, S. 265). Sie zeigt die Bewegungen, die Ausgaben und Einnahmen auslösen und gibt demzufolge einen Überblick über die Zahlungsbereitschaft im Zeitraum.

Für die Darstellung des Working Capital als Teil der Bewegungsbilanz wollen wir nur die Bewegungen der Bilanzpositionen betrachten, die auf Ausgaben- und Einnahmenveränderungen zurückzuführen sind, denn nur sie sind finanzwirtschaftlich von Bedeutung.

Da sich diese Bewegungsvorgänge in der Zeitraumbilanz beobachten lassen, haben wir in dieser ein wertvolles Hilfsmittel zur Analyse der Liquiditätssituation und -entwicklung. Je nachdem, ob die Umschichtungen positiv oder negativ sind, verändert sich das Working Capital in die eine oder andere Richtung. Die Auswirkungen der Bewegungsvorgänge, verursacht durch Einnahmen und Ausgaben, lassen sich aus einer gut gegliederten Bewegungsbilanz herauslesen.

Bei anlageintensiven Unternehmen ist eine laufende Kontrolle der liquiden Mittel durch Umschichtungen zwischen Anlage- und Umlaufvermögen von erheblicher Bedeutung. Dies vor allem durch den Rückfluß des durch den Verkauf der Absatzgüter bedingten Abschreibungsvolumens und den Zusammenhang liquider Mittel im Umlaufvermögen.

Wird nun die Bewegungsbilanz in einen kurzfristigen und langfristigen Bereich von Vermögens- und Kapitaländerungen getrennt, so kann das Working Capital auf folgende Weise dargestellt werden:

$$\begin{array}{c} \text{Mittelverwendung} \\ \div \quad \text{Mittelherkunft} \end{array} \left\} \begin{array}{l} \text{des kurzfristigen} \\ \text{Vermögens-} \\ \text{und Kapitalbereiches} \end{array} \right.$$

± Working-Capital-Änderung
(als Brutto- oder Nettowert)

Das Working Capital ist aus dieser Sicht betrachtet ein Teil der Bewegungsbilanz, eine partielle Bewegungsbilanz, die aufs engste mit der Innen- und Außenfinanzierung zusammenhängt.

Die Anwendung der Working Capital Kennzahl

Planung und Kontrolle durch Working Capital

Jede Planung der einzelnen Bereiche der Unternehmung mündet in den Sektor der Finanzierung ein, denn sie ist die allverbindende Kraft, das Unternehmen am Leben zu erhalten. Deshalb ist die Strategie der Finanzplanung in der Kennzahl des Working Capital deutlich zum Ausdruck zu bringen. Sie zeigt die Dispositionen im kurzfristigen Planungsbereich und ist Indikator dafür, ob eine langfristige Umwandlung der kurzfristigen Fehlbeträge notwendig erscheint. Ein weiterer Vorteil dieser Kennzahl liegt darin, daß sie unabhängig von der Erstellung des Jahresabschlusses ist und somit für die Finanzplanung ein sofort greifbares Werkzeug darstellt.

Working Capital und optimale Finanzstruktur

Die Lösung des gordischen Knotens der Unternehmungsfinanzierung ist die Ermittlung der optimalen Finanzstruktur. Einmal soll die Finanzierung die Harmonie zwischen Einnahmen und Ausgaben zu jedem Zeitpunkt herstellen und zum zweiten wird verlangt, daß die Finanzstruktur optimal sei, d. h. daß bestimmte Normen der Kapital- und Vermögensseite eingehalten werden, die in den Finanzierungsregeln verankert sind.

Das Working Capital, als sog. Liquiditätstopf gesehen, kann nur eine Aussage über die horizontale Finanzstruktur machen, und zwar deshalb, weil es sich bei dieser Betrachtungsweise um eine Saldogröße aus dem kurzfristigen Vermögens- und Kapitalbereich handelt. Ein Zusammenhang von Working Capital und der Kapitalstruktur besteht nicht.

Working Capital und optimale Finanzstruktur im Bilanzierungszeitpunkt

Im Sinne der normativen Finanzierungsregeln ist die Finanzstruktur der Unternehmung optimal, wenn das langfristig gebundene Vermögen langfristig finanziert ist, wobei am ehesten eine Eigenfinanzierung empfohlen wird. Ist dieser Zustand erreicht, so kann das kurzfristige Vermögen kurzfristig finanziert werden. Ein Meinungsstreit entbrennt aber meist darüber, was kurz- und langfristig gebunden ist. Die Bilanzgliederung gibt hier leider nicht immer die richtigen Anhaltspunkte für die Zuordenbarkeit.

Kreditwürdigkeitsprüfung und Working Capital

In der anglo-amerikanischen Bankpraxis wird eher nach der Deckung der Verbindlichkeiten gefragt als nach der Deckung des Anlagevermögens. Dabei werden zwei Verhältniszahlen verwandt: einmal die Relation aus dem Umlaufvermögen einschließlich der Vorräte und der kurzfristigen Verbindlichkeiten (Working Capital Ratio oder two-to-one-rule) und zum anderen das Umlaufvermögen ohne Vorräte im Verhältnis zu den kurzfristigen Verbindlichkeiten (»quick assets ratio«).

Zusammenfassung

Wir haben versucht, die Grundlagen für die Darstellung der Kennzahl des Working Capitals aufzuzeigen. Dabei kam es besonders darauf an, das statische und dynamische Moment sowie die Problematik herauszustellen, die durch die Legung der stillen Reserven im Umlaufvermögen entsteht. Ebenfalls für wichtig hielten wir es, die Zusammenhänge zwischen Working Capital und der Bewegungsbilanz deutlicher sichtbar zu machen, als es in der amerikanischen Literatur erfolgt. Schließlich sollte auch die Querverbindung dieser Kennzahl zu den Finanzierungsregeln hergestellt werden, und einige Ausführungen über die Anwendbarkeit im Rahmen der Kreditwürdigkeitsprüfung erschienen notwendig, damit das Working Capital nicht kritiklos verwandt wird.

Dipl.-Kfm. Dr. WOLFGANG BISCHOFF,
Steuerberater, Bad Vilbel

Zahlungsbedingungen (Terms of Payment)

Die Zahlungsbedingungen gehören zu den wesentlichen Bestandteilen jeden Vertrags über die Lieferung von Gütern, die Erstellung eines Werks oder die Erbringung von Dienstleistungen; sie bestimmen, wann und in welcher Form der Preis zu entrichten ist. Die nachstehenden Beispiele basieren in der Regel auf dem Kaufvertrag als dem in der Praxis häufigsten Anwendungsfall, gelten aber natürlich auch für alle anderen Vertragsformen.

In der »Mitte«, als »Nullpunkt« der Skala der möglichen Zahlungsbedingungen steht der Barkauf, bei dem der Verkäufer die Ware dem Käufer Zug um Zug gegen Bezahlung des Kaufpreises übergibt. Beim Barkauf stellen sich keine Probleme; bei allen anderen Zahlungsbedingungen aber muß entweder der Käufer oder Verkäufer eine Vorleistung erbringen. An einem Ende der Skala ist die hundertprozentige Vorauszahlung des Käufers bei Auftragserteilung (cash with order), am anderen Ende die Gewährung eines langfristigen Lieferkredits durch den Verkäufer.

Risiken und Wirtschaftlichkeit

Wie bei jeder Kreditgewährung stellen sich zunächst zwei Fragen, nämlich die der Risiken bzw. die der Liquidität und der Wirtschaftlichkeit.

Die Risiken

Das *kommerzielle* Risiko (Delkredere) hängt von der Bonität des Schuldners ab, mit anderen Worten von der Frage, ob er in der Lage und willens ist, seine Schuld bei Verfall zu bezahlen.

Im Exportgeschäft, also wenn der Schuldner im Ausland domiziliert ist, besteht zusätzlich noch ein *politisches* Risiko (unter welchen Begriff alle Risiken fallen, die ein kommerzielles Risiko darstellen), nämlich die Möglichkeit von kreditgefährdenden Entwicklungen auf dem Gebiet der allgemeinen Außen- oder Innenpolitik (Krieg, Unruhen, Umsturz), die zu Enteignungen, Moratorien oder einem allgemeinen Bankrott führen können, oder dann im Bereich der Handelspolitik, wie z. B. Einfuhrsperren, Devisenrestriktionen oder Änderungen der Währungsparität.

Aktuell werden in der Regel die beiden folgenden Risiken. Einmal das *Transferrisiko*, d. h. die Gefahr, daß der Gläubiger die

Zahlung des Schuldners trotz dessen Erfüllungsvermögen und Erfüllungswillen auf Grund staatlicher währungspolitischer Maßnahmen nicht erhält; zum anderen das *Währungsrisiko*, d. h. die Gefahr der Veränderung der Währungsparität der betreffenden Außenhandelspartner.

Bezüglich der *Beurteilung* aller Risiken kann generell nur gesagt werden, daß ein kurzfristiges Risiko natürlich wesentlich leichter eingeschätzt werden kann als ein mittel- oder langfristiges Risiko.

Ein kommerzielles Risiko kann nach kommerziellen Kriterien geprüft werden, z. B. also anhand der Bilanzen und Gewinn- und Verlustrechnungen und von Informationen (z. B. Bankauskünfte) sowie auf Grund der bisherigen Erfahrungen mit dem betreffenden Schuldner.

Das politische Risiko hingegen entzieht sich weitgehend einer zuverlässigen Beurteilung. In Ländern mit stabilen politischen und wirtschaftlichen Verhältnissen wird man es nicht allzu hoch einsetzen müssen; in anderen Ländern hingegen dürfte eine eher pessimistische Betrachtungsweise nicht immer fehl am Platze sein.

Die Übernahme bzw. Absicherung der Risiken

Das alte Sprichwort, wonach man nicht alle Eier in den gleichen Korb legen soll, gilt für die Kreditpolitik in besonders hohem Maß. Die Partei, die auf Grund der Zahlungsbedingungen zu Vorleistungen verpflichtet ist, wird daher auf eine möglichst breite *Streuung der Risiken* bedacht sein und »Klumpenrisiken« vermeiden, sowohl in bezug auf einzelne Schuldner wie, im Außenhandel, auch auf einzelne Länder oder Ländergruppen, und sie wird prüfen, wieweit sie die Risiken absichern, d. h. auf Dritte abwälzen kann bzw. – unter Berücksichtigung der Kosten – abwälzen will. Je schlechter ein Risiko, um so lieber weiß man es in fremden Händen.

Auch die Frage einer allfälligen Refinanzierung hängt weitgehend von der Qualität des Risikos ab; je besser das Risiko, um so leichter die Refinanzierung.

Das Delkredere-Risiko kann beispielsweise abgesichert werden durch eine Bankgarantie, ein Akkreditiv oder eine Kreditversicherung. Politische Risiken hingegen, deren Beurteilung, wie schon erwähnt, oft sehr schwer oder praktisch überhaupt nicht möglich ist, können von der Privatwirtschaft nur in beschränktem Umfang übernommen werden, besonders, wenn es sich um mittel- oder langfristige Engagements handelt. Aus diesem Grunde haben denn auch alle wichtigen Industrieländer eine staatliche Garantie geschaffen, welche – gegen Entgelt – das mit Exportgeschäften verbundene politische (und oft auch kommerzielle) Risiko ganz oder zum größten Teil deckt. Diese Staatsgarantie dient gelegentlich nicht nur der Förderung der Exporte, sondern wird auch als Instrument für die Hilfe an Entwicklungsländer eingesetzt.

Die Forfaitierung und, mit gewissen Einschränkungen, das Factoring stellen weitere Möglichkeiten für die Abwälzung des Risikos dar. Auf diese beiden Instrumente, die insbesondere auch für die Frage der Refinanzierung von Bedeutung sind, wird bei der Behandlung der einzelnen Arten von Zahlungsbedingungen noch etwas näher eingegangen.

Ein Währungsrisiko (oder Kursrisiko) besteht bei jedem Exportgeschäft und muß, je nach den Zahlungsbedingungen, entweder vom Käufer oder Verkäufer übernommen werden. Man versteht darunter die Gefahr einer Paritätsänderung der Währungen der beiden Außenhandelspartner (oder eines Drittlandes, sofern die Zahlungsbedingungen Zahlung in der betreffenden Drittwährung vorsehen).

Die Absicherung eines *kürzerfristigen* Währungsrisikos ist in einigermaßen normalen Zeiten möglich durch ein *Devisentermingeschäft* (sog. *Swap*). Die üblichen Termine für solche Kontrakte sind ein, zwei, drei, sechs und zwölf Monate. Für längere Laufzeiten bis zu maximal fünf Jahren besteht heute – entsprechend den Fristen für Eurodepositen – ebenfalls ein gewisser Markt, doch ist dieser vorläufig noch recht eng, und die Kurssicherungskosten sind daher entsprechend hoch.

Bei längerfristigen Währungsrisiken könnte als Alternative auch die Absicherung durch eine *Kreditoperation* oder durch die staatliche Exportrisikogarantie in Frage kommen.

Liquidität und Wirtschaftlichkeit

Wie bereits erwähnt wurde, beinhalten alle Zahlungsbedingungen (mit Ausnahme des Barkaufs) eine Kreditoperation. Vorausgeschickt sei daher die Binsenwahrheit, daß Kredit nur geben kann, wer über die dazu nötigen Mittel selber verfügt (Finanzierung aus Mitteln des Unternehmens) oder sich von dritter Seite (in der Regel von einer Bank) beschaffen kann (Refinanzierung). Bezogen auf unser Problem der Zahlungsbedingungen hat sich also der Verkäufer (bzw. der Käufer im Falle von Voraus- oder Anzahlungen) nach den allgemeinen Regeln der Kreditpolitik folgende Fragen zu stellen:

– Wie wirkt sich der Kredit, den ich der Gegenpartei zu gewähren habe, auf meine eigene Liquidität aus?
– Was kostet mich diese Kredithingabe und was für eine Gegenleistung erhalte ich dafür? (Wirtschaftlichkeit)

Auf einige Detailfragen sowie die möglichen Formen einer Refinanzierung durch Kredite von Banken oder anderen Finanzinstituten kommen wir bei der Behandlung der verschiedenen Arten von Zahlungsbedingungen noch zu sprechen, doch können schon an dieser Stelle folgende generelle Feststellungen gemacht werden:

– Zwischen Liquidität und Wirtschaftlichkeit besteht ein Verhältnis der Polarität, d. h. bei gleichbleibender Qualität des kommerziellen Risikos kann eine höhere Wirtschaftlichkeit nur zu Lasten einer verschlechterten Liquidität erzielt werden.
– Bei Zahlungsbedingungen mit kurzen Kreditfristen stellen sich bezüglich der Liquidität in der Regel keine besonderen Probleme. (Eigenfinanzierung oder Refinanzierung durch Betriebskredite von Banken.)
– Anders verhält es sich bei den Zahlungsbedingungen mit längeren und langen Kreditfristen. Langfristige Kredite (Investitionskredite) können grundsätzlich nur mit langfristigen Mitteln finanziert werden. Der Verkäufer wird daher in der Regel eine Fremdfinanzierung anstreben, schon weil es ja kaum zu den Aufgaben eines Fabrikanten gehört, seine Kunden langfristig zu finanzieren, wobei

auf diesem Sektor überdies ein weltweiter Trend zu immer längeren Kreditlaufzeiten festzustellen ist.

Das Aushandeln der Zahlungsbedingungen

Auszugehen ist von der Tatsache, daß Verkäufer und Käufer entgegengesetzte Interessen haben. Der Verkäufer möchte so rasch als möglich bezahlt werden, im Extremfall schon bei Erhalt des Auftrags; der Käufer andererseits ist an möglichst langen Kreditfristen interessiert. Die Zahlungsbedingungen hängen daher in erster Linie von der *Marktlage* ab. In einem Sellers Market, wie er z. B. nach dem letzten Krieg bestand, konnte der Verkäufer die Zahlungsbedingungen praktisch diktieren; heute sitzt der Käufer meist am längeren Hebelarm.

Ein weiterer Faktor ist die *Konkurrenzsituation;* Produzenten, die gleiche Erzeugnisse zum gleichen Preis anbieten, müssen notgedrungen auch gleiche Zahlungsbedingungen gewähren, weshalb sich denn auch in einzelnen Branchen Usancen herausgebildet haben. Auch die individuelle Kundenbeziehung spielt natürlich eine Rolle. Auf den *Auslandsmärkten* verschärft sich die Konkurrenzsituation oft noch dadurch, daß Unternehmen aus anderen Ländern unter Umständen billiger produzieren und daher einen günstigeren Preis offerieren können, so daß, um ins Geschäft zu kommen, vielleicht eine Konzession bezüglich der Kreditfristen nötig ist.

Der vertragliche Spielraum für das Festsetzen der Zahlungsbedingungen wird sodann nicht selten durch *staatliche Vorschriften* eingeschränkt.

Eine Unruhe auf dem Währungsmarkt wirkt sich, wenn nicht auf die Zahlungsbedingungen selber, so doch sicher auf die Zahlungsgewohnheiten, d. h. die Ausnützung der eingeräumten Zahlungsfristen aus. Als Beispiel diene die Erscheinung, die in England unter der Bezeichnung *»leads and lags«* bekannt ist. Sie besteht darin, daß bei einer Furcht vor einer Abwertung der eigenen Währung die Importeure ihre Schulden (in fremder Währung) so rasch als möglich bezahlen, währenddem die Exporteure den Eingang ihrer Guthaben (in fremder Währung) solange als möglich hinauszögern.

Einen Spezialfall stellen die Zahlungsbedingungen für Handelstransaktionen zwischen Gesellschaften, die zum gleichen *internationalen Konzern* gehören, dar, da sie nach Kriterien erfolgen, die im Gesamtinteresse des Konzerns liegen (z. B. Akkumulation von Gewinnen in steuergünstigen Ländern; Verschuldung in Ländern mit tiefem Zinsniveau oder abwertungsverdächtiger Währung).

Arten von Zahlungsbedingungen

Zahlungsbedingungen mit kurzen Kreditfristen – wobei hier die Grenze bei zwölf Monaten gezogen wird – sind im Binnenhandel die Regel und überwiegen auch im Außenhandel.

Zahlungsbedingungen mit längeren oder langen Kreditfristen andererseits kommen praktisch nur beim Export von Investitionsgütern vor. Sie sind aber aus dem Grund speziell interessant, weil bei dieser Art von Geschäften die Probleme der Risiken, der Liquidität und der Refinanzierung besonders hervortreten und infolgedessen gut sichtbar werden.

Zahlungsbedingungen und Zahlungsmittel mit kurzen Kreditfristen

Kredite an Konsumenten

Eine alte Form dieser Kredite ist die *Monatsrechnung*, wobei grundsätzlich kein Unterschied besteht zwischen dem »blauen Büchlein«, in welches der Kleinhändler die Bezüge seiner Kunden notiert, und der von einem Computer erstellten Abrechnung eines Warenhauses für die Einkäufe mittels der vom Warenhaus selber ausgegebenen Kreditkarten.

Davon zu unterscheiden ist die neue Kreditart der Verkäufe gegen die von speziellen Organisationen (z. B. AMEXCO) oder

Banken abgegebenen *Kreditkarten.* Hier wird die betreffende Organisation oder Bank Schuldnerin gegenüber dem Verkäufer, der somit – im Gegensatz zur Monatsrechnung – praktisch kein kommerzielles Risiko übernehmen muß.

Es verbleiben also noch die Probleme der Liquidität und Wirtschaftlichkeit. Mit anderen Worten, es stellt sich zuerst die Frage, wie lange es geht, bis der Verkäufer vom Käufer bzw. von der Kreditkarten-Organisation oder Bank das Geld erhält, z. B. durch Gutschrift auf Bankkonto. Bei der Monatsrechnung hängt dies von der Zahlungsmoral der einzelnen Käufer ab, bei den eigentlichen Kreditkarten von den individuellen Abmachungen mit den betreffenden Organisationen oder Banken. Bei den Kreditkarten dürften die Fristen zwischen 1–90 Tagen nach Verkauf liegen.

Was die Wirtschaftlichkeit betrifft, so ist davon auszugehen, daß es sich für die vom Verkäufer gewährten Kredite um unverzinsliche (und ungedeckte) Kredite handelt, also um *Gratiskredite.* Bei den eigentlichen Kreditkarten hat sodann der Verkäufer der betreffenden Organisation oder Bank noch eine Kommission zu bezahlen. Die Kompensation des Verkäufers für seine Kredithingabe besteht daher in einer allfälligen Umsatzerhöhung; im übrigen müssen die Kreditkosten in den Preis einbezogen werden, was nebenbei zur Folge hat, daß der Barkäufer einen zu hohen Preis zu entrichten hat.

Der Handelskredit (Trade Credit)

Als Handelskredit bezeichnen wir in diesem Aufsatz den Kredit, den der Verkäufer dem Käufer, der nicht Letztverbraucher ist, für die Bezahlung einer Warenforderung einräumt. Es handelt sich dabei um ganze Kreditketten, angefangen beim Rohstoffproduzenten über den Rohstoffhändler und den verarbeitenden Fabrikanten an den Grossisten bis zum Detaillisten.

Bei den Bilanzen spiegeln sich diese Kredittransaktionen beim Verkäufer unter den kurzfristigen Debitoren (Receivables) und beim Käufer unter den kurzfristigen Kreditoren (Payables) wider sowie, bei beiden Parteien, im Warenlager (Inventories). Es handelt sich ja immer um die kurzfristige Stundung des Kaufpreises für eine Warenlieferung, weshalb sich – wenn man von der Differenz zwischen Einstandspreis und Verkaufspreis absieht – beim Verkäufer die Zunahme der Guthaben in einer (mengenmäßig) entsprechenden Verminderung des Warenlagers auswirkt, während beim Käufer die Zunahme der Verbindlichkeiten durch eine entsprechende Erhöhung des Warenlagers kompensiert wird.

Debitoren und Warenlager sind die weitaus wichtigsten Bestandteile der kurzfristigen Aktiven (Current Assets); die »Receivables« machen in jeder Volkswirtschaft gesamthaft enorme Summen aus, und der Handelskredit ist daher ein Finanzierungsinstrument erster Ordnung.

Was die *Zahlungsbedingungen* beim Handelskredit betrifft, so ist bezüglich der *Zahlungsfristen* zu sagen, daß nach einer alten Regel der vom Verkäufer dem Käufer eingeräumte Kredit nicht länger sein sollte als die Zeit, die letzterer seinerseits für den Wiederverkauf der Ware benötigt (Marketing Period). Man hat allerdings gelegentlich den Eindruck, daß gerade auf diesem Gebiet alte Gegebenheiten ein zähes Leben haben und die Kreditfristen nicht mehr immer den heutigen wirtschaftlichen Zeiträumen entsprechen. So stammt z. B. die in manchen Branchen immer noch geltende Zahlungsfrist von 90 Tagen – die berühmte 3-Monats-Tratte – aus der Zeit der inzwischen längst verschwundenen Segelschiffe.

Die gebräuchlichsten Kreditfristen sind heute wohl 30, 60 und 90 Tage. Wie schon bei der Besprechung des Konsumentenkredits in Form der Monatsrechnung gesagt wurde, wird der Handelskredit zinslos gewährt. Nützt der Käufer diesen Gratiskredit nur für eine relativ kurze Zeit aus, so wird ihm dafür vom Verkäufer meist ein *Skonto* gewährt, d. h. ein Abschlag auf den Kaufpreis. (Der Rabatt hingegen ist kein Element der Zahlungsbedingungen, ondern des Preises; z. B. Mengenrabatt.)

Der Skonto ist unabhängig vom jeweiligen Zinsniveau und umgerechnet in Jahresprozente recht hoch, wie folgende Beispiele von Zahlungsbedingungen zeigen.

Zahlungsbedingungen	Skonto umgerechnet in %
10 Tage 1 % Skonto / 30 Tage netto	18 % p. a.
10 Tage 2 % Skonto / 30 Tage netto	36 % p. a.
10 Tage 2 % Skonto / 60 Tage netto	14 % p. a.
30 Tage 2 % Skonto / 60 Tage netto	24 % p. a.

Jeder Käufer, dessen Liquiditätslage dies erlaubt, wird daher den Skonto mit Sicherheit beanspruchen.

Wie wir gesehen haben, sind alle Parteien der Handelskredit-Kette zugleich Kreditnehmer und Kreditgeber. Bezüglich Liquidität und Wirtschaftlichkeit kompensieren sich daher die kurzfristigen Guthaben und Verbindlichkeiten im Ausmaß der folgenden Faktoren im gewogenen Mittel: Betrag, effektive Dauer der Kreditbenützung bzw. Kreditgewährung, effektive Benützung bzw. Gewährung des Skontos und effektive Belastung bzw. Bezahlung von Verzugszinsen. Das Verhältnis ändert sich natürlich täglich; das gleiche Unternehmen kann – z. B. infolge saisonaler Einflüsse – einmal Netto-Schuldner und einmal Netto-Gläubiger sein.

Eine Refinanzierung ist also, wenn die eigenen Betriebsmittel nicht ausreichen, nur nötig für die Spitzenbedürfnisse. Sie ist grundsätzlich ohne weiteres möglich durch kurzfristige Bankkredite, gehören doch solche Betriebskredite zum angestammten (und gesuchten) Geschäft der Handelsbanken. Die wichtigsten Formen solcher Betriebskredite sind der »Blankokredit«, der »Zessionskredit« und der »Diskontkredit«.

Zahlungsmittel beim Handelskredit
Im Binnenhandel erfolgen die Lieferungen meist in offener Rechnung (Open Account), also ohne besonderes Zahlungsmittel. Höchstens wird der Verkäufer vom Käufer gelegentlich ein Akzept verlangen, sei es weil die Zahlungsmoral des Käufers nicht über jeden Zweifel erhaben ist, sei es um die Refinanzierung bei einer Bank zu erleichtern oder zu verbilligen.

Auch im Außenhandel erfolgen – zur Einsparung von Bankspesen – immer mehr Lieferungen in offener Rechnung, doch sind die Zahlungsmittel des Dokumentarinkassos und insbesondere des Akkreditivs aus Gründen der Risikoabsicherung immer noch von sehr großer praktischer Bedeutung.

Factoring
Im Zusammenhang mit dem Handelskredit muß kurz auch noch das Factoring erwähnt werden, sind doch die vom Verkäufer in offener Rechnung (Buchforderung) gewährten Handelskredite mit Zahlungsfristen bis zu etwa 90 Tagen gewissermaßen der »Rohstoff« des Factoring. Der Factor kann vom Verkäufer eingeschaltet werden für Dienstleistungen (Führung der Debitorenbuchhaltung und Inkasso), die Übernahme des Kundenrisikos (Delkredere) und die Refinanzierung (Erwerb bzw. Bevorschussung der Kaufpreisforderungen durch den Factor). Das politische Risiko hingegen wird allerdings auch der Factor nur in Ausnahmefällen übernehmen können.

Zahlungsbedingungen mit längeren und langen Kreditfristen

Der Hauptanwendungsfall ist der Exportkredit zur mittel- und langfristigen Finanzierung der Lieferung von Investitionsgütern, der nachstehend anhand eines Beispiels erläutert wird.

Als mittelfristig gelten Exportkredite mit einer Laufzeit bis zu fünf Jahren; bei langfristigen Exportfinanzierungen können die Kreditfristen zehn und mehr Jahre betragen. Es handelt sich dabei allerdings um die maximalen Kreditfristen, wobei in den Zahlungsbedingungen grundsätzlich immer eine Amortisation des Kaufpreises durch gleiche viertel- oder halbjährliche Raten vorgeschrieben wird. Bei einem fünfjährigen Kredit, der in zehn gleichen Halbjahresraten zurückzuzahlen ist, die erste Rate fällig sechs Monate nach Lieferung, beträgt die durchschnittliche Kreditdauer daher nur 2¾ Jahre.

Beispiel eines langfristigen Exportkredits
Dieses Beispiel stammt aus der schweizerischen Praxis der Exportfinanzierung, da der Verfasser mit dieser am besten vertraut ist.

Ein schweizerischer Exporteur hat mit einem privaten Käufer im Lande A einen Vertrag über die Lieferung einer Großmaschine im Wert von Sfr. 20 Mio. abgeschlossen; die *Zahlungsbedingungen* lauten auf

10% = Fr. 2 Mio. Anzahlung bei Vertragsabschluß

10% = Fr. 2 Mio. Zahlung bei Lieferung gegen Versanddokumente

80% = Fr. 16 Mio. zahlbar in 20 gleichen Halbjahresraten, die erste fällig 6 Monate und die letzte 120 Monate nach Lieferung, und enthalten folgende zusätzliche Klauseln:

– der Verkäufer hat die allfällige Rückerstattung der Anzahlung im Falle nicht kontraktgemäßer Lieferung durch die Garantie einer Schweizerbank sicherzustellen (der Käufer sichert auf diese Weise das kommerzielle Risiko ab);

– für die bei Lieferung fälligen 10% des Kaufpreises hat der Käufer ein unwiderrufliches und von einer Schweizerbank bestätigtes Akkreditiv zugunsten des Verkäufers zu eröffnen, benützbar gegen Versanddokumente (der Verkäufer sichert so für diese Zahlung sowohl das kommerzielle wie auch das politische Risiko ab);

– der Kredit im Betrag von Fr. 16 Mio. wird dem Käufer von einer Schweizerbank zur Verfügung gestellt (wirtschaftlich handelt es sich dabei für den Exporteur um eine Absatzfinanzierung und für den Käufer um eine Art von Investitionskredit).

Der Kreditbetrag wird dem Verkäufer von der Bank für Rechnung des Käufers bei Lieferung der Maschine ausbezahlt (bezüglich Liquidität handelt es sich also für den Exporteur um ein Kassengeschäft).

Der Zinssatz beträgt 9½% p. a. netto für die Bank. (Da die Finanzierungskosten – Bankzinsen und allfällige Kommissionen – in vollem Umfang vom Käufer direkt bezahlt werden, sind sie für den Exporteur bezüglich der Wirtschaftlichkeit »neutral«, ausgenommen wenn die Konkurrenz eine billigere Finanzierung offerieren konnte und daher vom schweizerischen Exporteur als Kompensation eine Preisreduktion zugestanden werden mußte);

– der Kredit der Schweizerbank muß vom Käufer durch die Garantie einer erstklassigen Bank, domiziliert im Lande des Käufers (oder eventuell in einem Drittland) sichergestellt werden (Absicherung des kommerziellen Risikos).

Außerhalb dieser Zahlungsbedingungen wird sodann auf schweizerischer Seite noch folgendes vorgekehrt:

– der Exporteur holt für diese Lieferung die staatliche Exportrisikogarantie ein; die zuständigen Behörden (welche die obigen Zahlungsbedingungen bereits vor Abschluß des Kaufvertrags genehmigt haben) gewähren die Garantie zum gesetzlich zulässigen Maximalsatz von 85% für Kapital und Zinsen (Absicherung des politischen Risikos im Ausmaß von 85%);

– gemäß Abmachung zwischen Exporteur und Schweizerbank hat der Exporteur alle Ansprüche aus der Exportrisikogarantie (zusammen mit seiner Grundforderung aus dem Kaufvertrag) an die Bank abzutreten. (Die Bank sichert so für den Fall, daß die Exportrisikogarantie in Anspruch genommen werden muß, im Ausmaß von 85% das Delkredererisiko in bezug auf den Exporteur ab);

– schließlich wird zwischen Exporteur und Bank noch folgende Risikoverteilung vereinbart: die Bank übernimmt das ganze kommerzielle Risiko (Delkredere für den Käufer bzw. die garantierende ausländische Bank) und das von der Exportrisikogarantie nicht gedeckte politische Restrisiko (15%) für die Zinsen; das von der Exportrisikogarantie nicht gedeckte politische Restrisiko für das Kapital (15%) wird vom Exporteur übernommen.

Da die Finanzierung gemäß Zahlungsbedingungen in Schweizerfranken erfolgt, trägt der Käufer das Währungsrisiko.

Die Forfaitierung

Die Forfaitierung ist ein im Außenhandel relativ neues Instrument zur Refinanzierung des Exporteurs unter gleichzeitiger Abwälzung sämtlicher Risiken und besteht darin, daß der Exporteur seine Forderung an eine Bank oder eine Finanzierungsgesellschaft verkauft.

Eine Forfaitierung ist möglich für mittelfristige Exportforderungen, also Forderungen mit einer maximalen Laufzeit bis zu etwa fünf Jahren, was bei halbjährlichen gleichen Amortisationsraten eine durchschnittliche Kreditdauer von $2^3/_4$ Jahren ergibt. Eine weitere Voraussetzung für eine Forfaitierung ist natürlich, daß das Schuldnerland über ein genügendes Standing verfügt.

In der Regel ist – aus Gründen, die mit der Refinanzierung des Finanzinstitutes, das die Forderung kauft, zusammenhängen – für die Forfaitierung ein besonderes Zahlungsmittel nötig, nämlich Eigenwechsel (Promissory Notes) des Schuldners für jede Rate sowie, sofern es sich beim Schuldner nicht um eine erste Adresse handelt, die Garantie einer ersten Bank im Lande des Schuldners oder in einem Drittland (meist Wechselbürgschaft, »Aval«).

Technisch erfolgt die Finanzierung so, daß das betreffende Finanzinstitut diese Eigenwechsel vom Exporteur, unter Verzicht auf jeden Regreß, diskontiert. (Der Exporteur indossiert die Wechsel daher mit dem Vermerk »ohne Regreß« bzw. »without recourse«.)

Da der Exporteur so alle Risiken abwälzen kann, sind die Kosten einer Forfaitierung denn auch um einiges höher als bei einer bankmäßigen Exportfinanzierung.

Eine Forfaitierung wird daher nur in Frage kommen, wenn ein bankmäßiger, durch die staatliche Exportrisikogarantie gedeckter Exportkredit nicht möglich ist, z. B. weil der Schuldner keine Anzahlung leisten kann oder es sich nicht um einen schweizerischen Export handelt (z. B. wenn ein deutscher Export nach Polen in der Schweiz finanziert wird). Möglich ist auch eine Kombination von klassischem Exportkredit und Forfaitierung, indem für die von der staatlichen Exportrisikogarantie gedeckte Kredittranche eine bankmäßige Finanzierung erfolgt, währenddem die von der Exportrisikogarantie nicht gedeckte Restforderung forfaitiert wird.

Bezogen auf die im allgemeinen Teil behandelten Kriterien läßt sich also sagen,

daß im Hinblick auf Risiko und Liquidität die Forfaitierung für den Exporteur eine ideale Lösung darstellt. Was hingegen die Wirtschaftlichkeit betrifft, so muß wohl von Fall zu Fall genau geprüft werden, ob die hohen Kosten einer Forfaitierung auf den Preis abgewälzt werden können oder allenfalls teilweise zu Lasten der Gewinnmarge gehen.

Leasing

Das Leasing stellt u. a. eine neue Form der Investitionsfinanzierung dar, die – mindestens vorläufig – hauptsächlich im Inlandgeschäft angewendet wird.

Bezogen auf unser Thema der Zahlungsbedingungen kann man sich daher auf die Bemerkung beschränken, daß sich bezüglich Risiko, Liquidität und Wirtschaftlichkeit sowie Refinanzierung die gleichen Probleme stellen wie beim Verkauf von Investitionsgütern zu Zahlungsbedingungen mit längeren und langen Kreditfristen.

Die Zahlungsbedingungen als Kalkulationsfaktor

Die Frage, wieweit die Zahlungsbedingungen bei der Preiskalkulation berücksichtigt werden müssen, wurde indirekt durch die bisherigen Ausführungen bereits beantwortet, so daß es genügt, abschließend die relevanten Faktoren nochmals kurz aufzuzählen:

– Kosten für die Abdeckung von Risiken (versicherte Risiken = Kosten);
– Prämie für die Risiken, die nicht abgesichert werden können oder auf deren Absicherung bewußt verzichtet wird;
– Kosten für die Kredithingabe an die Gegenpartei, gleichgültig, ob die Finanzierung aus eigenen Mitteln erfolgt oder ob eine Refinanzierung stattfindet.

Dr. PETER STÄGER, Hauptdirektor der Schweizerischen Kreditanstalt, Zürich

Zeit-Arbeit

1. Einleitung

Zeit-Arbeit, 1948 als Idee (Temporary help) in den USA geboren, hat sich mit dem Beginn der 60er Jahr auch am deutschen Arbeitsmarkt, zunächst wenig beachtet, aber inzwischen nicht mehr übersehbar, als Instrument moderner Personalplanung etabliert.

Anfängliche Schwierigkeiten, insbesondere eine fehlende, juristisch einwandfreie Differenzierung zum Begriff der Arbeitsvermittlung kennzeichnen den Beginn dieser modernen Dienstleistung. Diese anfänglichen Schwierigkeiten wurden ergänzt durch eine gewisse Skepsis auf seiten der Industrie.

Inzwischen hat sich die Zeit-Arbeit einen festen Platz im heutigen Wirtschaftsleben gesichert. Das liegt einmal daran, daß der Gesetzgeber die Notwendigkeit einer gesetzlichen Reglementierung erkannte und aus diesem Grunde 1972 das Arbeitnehmerüberlassungsgesetz (AÜG) geschaffen hat und daß, was noch viel wichtiger ist, die Industrie die Bedeutung der Zeit-Arbeit hinsichtlich ihrer Wirtschaftlichkeit und ihrer sinnvollen Ergänzung für die Personalplanung voll erkannt und gewürdigt hat. Für sie war und ist entscheidend, daß ohne große Formalitäten immer dann, wenn zusätzliches Personal benötigt wird, dieses angefordert und sofort eingesetzt werden kann.

Andererseits wurde aber auch dem Arbeitnehmer, der aus verschiedenen Gründen im Augenblick nicht an einer Dauerstellung interessiert war, die Möglichkeit gegeben, unter Beachtung aller Sozialsicherheiten einen Arbeitsplatz zu finden, der ihn entsprechend seiner beruflichen Qualifikation einsetzen und bezahlen konnte. Damit war das Regulativ gefunden, das die sehr komplexen Bereiche des Angebots und der Nachfrage in diesem Teilbereich des Arbeitsmarktes sinnvoll miteinander verband. Das unternehmerische Ziel aller Verleihfirmen war und ist die Anwerbung von entsprechend qualifizierten Arbeitnehmern, die dann bei beruflicher Eignung unter dem Schutz eines Arbeitsvertrages stehend, der Wirtschaft gegen Entrichtung eines entsprechenden Honorars zur Verfügung gestellt werden.

2. Historischer Rückblick

Wie bereits gesagt, war eine der Hauptschwierigkeiten zu Beginn der Zeit-Arbeit, die Abgrenzung zwischen der Arbeitsvermittlung und dieser neuen Dienstleistung zu finden. Hierbei ergaben sich besondere Schwierigkeiten, durch das aus dem Jahre 1956 stammende Gesetz über Arbeitsvermittlung und Arbeitslosenversicherung (AVAVG). Dieses Gesetz besagte unter anderem (§ 37 Abs. 3), daß die Zuweisung von Arbeitnehmern, deren Arbeitskraft der Zuweisende regelmäßig dritten Personen zur Verfügung stellt, als Arbeitsvermittlung anzusehen sei.

Als 1960 die erste Firma auf dem deutschen Markt mit der Zeit-Arbeit begann, stand sie somit sofort im Konflikt mit diesem Gesetz. Über viele Jahre laufende Prozesse, die die Bundesanstalt für Arbeit in Nürnberg angestrengt hatte, waren die logische Folge. Schließlich hob im Jahre 1967 das Bundesverfassungsgericht den § 37 Abs. 3 AVAVG als verfassungswidrig auf. Damit war zunächst die Auffassung widerlegt, daß Arbeitnehmerüberlassung mit Arbeitsvermittlung gleichzusetzen sei. Offen blieb jedoch nach wie vor die Frage, ob in jedem Falle alle Voraussetzungen einer ordnungsgemäßen Arbeitnehmerüberlassung von den einzelnen Verleihunternehmen erfüllt waren oder nicht.

Hierzu mußte ein ordentliches, alle sozialen Belange berücksichtigendes Arbeitsverhältnis die wesentliche Voraussetzung sein, denn auch ein nur vorübergehend bestehendes Arbeitsverhältnis muß alle arbeitsrechtlichen Grundlagen eines norma-

len unbegrenzt abgeschlossenen Arbeits-
verhältnisses enthalten.

Es war aus diesem Grunde fast begrü-
ßenswert, daß der zuvor erwähnte Streitfall
nach Abschluß vor dem Bundesverfassungsgericht auch noch den Weg über die
Sozialgerichtsbarkeit bis zum Bundes-
sozialgericht ging. Dort wurde im Jahr
1970 festgestellt, daß eine ordnungsgemä-
ße Arbeitnehmerüberlassung nur dann
vorhanden ist, wenn die arbeitsrechtlichen
Grundlagen und Beziehungen schwer-
punktweise vom Verleihunternehmen
wahrgenommen werden.

Die schnelle Zunahme dieses Dienst-
leistungszweiges auf dem deutschen Markt
hatte jedoch auch in ihrem Gefolge eine
Fülle von unseriös praktizierenden Unternehmen. Für diese »Unternehmen« stand
nicht der soziale Schutz des Arbeitnehmers im Vordergrund, sondern der schnelle unproblematische Profit, der häufig
noch dadurch erhöht wurde, daß die Sozial-
beiträge teilweise oder gar nicht an die
entsprechenden Versicherungsträger ab-
geführt wurden.

Im Anschluß an das Urteil des Bundessozialgerichts begann deshalb der Gesetzgeber mit der Vorbereitung eines Gesetzes,
das unter dem Titel »Gesetz zur Regelung
der erwerbsmäßigen Arbeitnehmerüberlassung« (AÜG) am 12. Oktober 1972 in
Kraft trat. Einer der Kernpunkte dieses Gesetzes war und ist, daß Unternehmen, die
Arbeitnehmerüberlassung betreiben, im
Besitz einer Erlaubnis sein müssen. Diese
Erlaubnis wird durch die zuständige Ar-
beitsbehörde erteilt und im wesentlichen
davon abhängig gemacht, ob der arbeitsrechtliche Schutz des Arbeitnehmers in jedem Fall eindeutig klar vertraglich sichergestellt ist. Eine weitere Auflage des Gesetzes ist z. B. die Befristung der Einsatzdau-
er bei einem einzelnen Industriebetrieb auf
nicht mehr als drei Monate.

Das Gesetz spricht von einem Dreiecks-
Verhältnis, das zwischen Entleiher (Indu-
strie- bzw. Wirtschaftsbetrieben), Verlei-
her (Unternehmen für Zeit-Arbeit bzw.
Leiharbeit) und Leiharbeitnehmer besteht.
Nicht unerwähnt sollte jedoch bleiben, daß
bereits vor Inkrafttreten des Gesetzes der
soziale Schutz des Arbeitnehmers in
einem Tarifvertrag verankert worden war,
der zwischen der DAG und dem Unternehmensverband für Zeit-Arbeit (UZA) bereits
im Jahre 1970, im unmittelbaren Anschluß
an das Urteil des Bundessozialgerichts,
abgeschlossen worden war.

3. Definition und Abgrenzung der Zeit-Arbeit

Die Zeit-Arbeit hat sich seit ihrem Bestehen bewußt und klar von den Bereichen
des sogenannten Arbeiterverleihs oder der
Leiharbeit distanziert. In den Anfängen
verstand man unter diesen Begriffen langfristige Überlassungen, nicht nur von einzelnen Personen, sondern von ganzen Ar-
beiterkolonnnen, auch nicht nur für kurze
begrenzte Zeiträume, sondern für längere,
über Monate und Jahre gehende Abschnit-
te. Daß gerade in diesem Bereich der zuvor erwähnte ungenügende soziale Schutz
des Arbeitnehmers in besonderem Maße
praktiziert wurde, sei nur zur Vollständigkeit der historischen Abrundung erwähnt.

Die hierin liegenden Gefahren der Dauer-
überlassung im Zusammenhang mit der
Abwerbung von Dauer- bzw. Stammperso-
nal sowie der Zahlung unverhältnismäßig
hoher Löhne waren in der Natur dieses
völlig anders gearteten Dienstleistungs-
zweiges begründet. In Extremfällen konnte
es bis zur Bildung von Arbeitskräftemo-
nopolen in bestimmten Berufszweigen
kommen, wie z. B. im Bereich der Werftar-
beiter in Norwegen, den Niederlanden,
aber auch in Hamburg. Mit einer solchen
Monopolisierung war jedoch keinem Teil
des Arbeitsmarktes gedient. Sie führte lediglich zu einer Verteuerung und Verknap-
pung der Arbeitskräfte, was volkswirtschaftlich bzw. betriebswirtschaftlich nicht
tragbar war. Hinzu kam, daß die Tarifauto-
nomie der Tarifpartner durch diese Art der
Arbeitnehmerüberlassung empfindlich ge-
stört wurde. Die Distanzierung der Unternehmen für Zeit-Arbeit in dem bereits zitierten Verband (UZA) war hier die logische Folge.

Inzwischen muß man jedoch sagen, daß
das AÜG diese Unterscheidungskriterien
abgebaut hat, so daß die Begriffe Zeit-
Arbeit und Leiharbeit als sogenannte Ar-

beitnehmerüberlassung näher zusammengerückt sind. Auch die Unterscheidungskriterien sind inzwischen entfallen, da bereits gesagt wurde, daß die Arbeitnehmerüberlassung erlaubnispflichtig ist und die Erlaubnis mit einschließt, daß das entsprechende Unternehmen alle sozialen Bedingungen erfüllt und auch alle übrigen Auflagen des Gesetzes (z. B. keine Überlassung im Einzelfall über drei Monate) beachtet.

4. Ein modernes Personalplanungsinstrument

Die Kalkulation der Verleihunternehmen beinhaltet, wie bei jedem anderen Wirtschaftsbetrieb auch, die Deckung der entstehenden Kosten sowie die Erzielung eines angemessenen Gewinns. Diese keineswegs neue Tatsache schließt jedoch andererseits auch ein, daß dem Unternehmen, das sich dieser Dienstleistung bedient, gewisse Garantien gegeben werden müssen.

Eine dieser Garantien ist zum Beispiel, daß nur solches Personal überlassen wird, das den gestellten Anforderungen der entsprechenden Aufgabe in fachlicher Hinsicht gewachsen ist. Aus diesem Grunde haben eine Reihe von Verleihunternehmen zu Beginn der Einstellung für jeden Berufszweig entsprechende Qualifikationstests vorbereitet und zur Anwendung gebracht. Somit ist gewährleistet, daß mindestens bei diesen Unternehmen tatsächlich qualifiziertes

Personal überlassen wird. Das bedeutet für die Industrie, daß sie sofort einsatzbereites Personal im Bedarfsfall bekommen kann. Hierbei ist außerdem zu berücksichtigen, daß die gesamten Kosten der Personaleinstellung, die ja nicht nur die fachlich qualifizierende Auswahl umfassen, sondern weitergehend auch die gesamten Anwerbungskosten einschließen, entfallen können. Das führt dazu (siehe Schaubild), daß die Arbeitnehmerüberlassung nicht sofort zu einer Verteuerung im Einsatzfall führt. Es gibt auch hier den aus der Betriebswirtschaft bekannten Break-eaven-Punkt, der bis zu seiner Erreichung eine wirtschaftliche Nutzung dieser Dienstleistung zuläßt. Dieser Zeitpunkt liegt (siehe hierzu auch das nachfolgende Kapitel »Wirtschaftlichkeit«) bei etwa drei bis vier Monaten. Er ist nicht genau zu fixieren, da er von der Kalkulation des jeweiligen Ver-

leihunternehmens abhängt.

Zu beachten ist weiterhin, daß der wirtschaftliche Einsatz von Zeit-Personal dort am effektivsten ist, wo es sich um ausführende (handwerkliche) Tätigkeiten handelt, also zum Beispiel Schreibkräfte, Buchhaltungskräfte, metallbearbeitende Berufe, technische Zeichner usw. Hier ist entsprechend der Qualifikation ein sofortiger effektiver Einsatz möglich. Die Grenze ist etwa dort zu ziehen, wo die handwerkliche in die geistige Tätigkeit überwechselt, wo also mehr grundlegende firmenspezifische Kenntnisse zur Ausübung der Tätigkeit erforderlich sind, also z. B. Abteilungsleiter, Bereichsleiter, Geschäftsführer etc. Diese Gruppierungen fallen daher logischerweise aus dem Angebot heraus.

Trotz aller Mobilität und Spezialisierung der Verleihunternehmen muß jedoch davor gewarnt werden, sich planlos auf dieses Angebot zu verlassen. Das Unternehmen, das seinen eigenen Personalbedarf nicht rechtzeitig voraussehend plant, kann nicht erwarten, daß das Verleihunternehmen in jedem Falle diesen unternehmerischen Mangel in allen Fällen noch rechtzeitig ausgleichen kann. In der Praxis ist immer wieder zu beobachten, daß Bestellungen für Zeit-Personal nicht »heute für morgen«, sondern »heute für gestern« gegeben werden. Man muß immer wieder berücksichtigen, daß ein solches Unternehmen keine Produktionsstätte mit anschließender Lagerhaltung besitzt, daß eine »Lagerhaltung von Personal« auch überhaupt unwirtschaftlich wäre, da ja in dieser Zeit Lohnfortzahlungspflicht bestehen würde und demzufolge nur das Personal zum Einsatz bereitsteht, das entweder gerade eingestellt worden ist oder das von einem abgeschlossenen Auftrag freiwerdend zur Verfügung steht. Es kann an dieser Stelle behauptet werden, daß viele Verleihunternehmen eine individuell besser funktionierende vorausschauende Planung besitzen als manches Industrieunternehmen bzw. die dafür verantwortliche Personalabteilung. Rechtzeitig ergangene vorausschauende Personalplanung erleichtert die Dispositionsfähigkeit der Verleihunternehmen und bestätigt die Notwendigkeit für diese Maßnahme.

5. Wirtschaftlichkeit

Zuvor wurde bereits gesagt, daß, bedingt durch die Einsparung verschiedener Kosten der Einstellung, ein echter Wirtschaftlichkeitspunkt für die Zeit-Arbeit dargestellt werden kann. Es sollte hier nochmals darauf hingewiesen werden, daß leider immer noch häufig bei dem Vergleich des Preises dieser Dienstleistung unterschiedliche Maßstäbe angelegt werden. Man kann nicht den Preis einer Arbeitskraft, der ja neben dem Lohn alle sozialen Nebenleistungen sowie einen Deckungsbeitrag für Anwerbungskosten und entsprechenden Unternehmergewinn enthält, nur mit dem Lohn vergleichen, den man einer festangestellten Arbeitskraft bezahlen würde. Viel zu häufig bleibt in diesem Zusammenhang unberücksichtigt, daß bezogen

auf den effektiven Arbeitslohn der »unsichtbare Lohnanteil« zwischen 50 und 60% beträgt.
Die *direkten Lohnnebenkosten* setzen sich – u. U. regional bzw. firmenspezifisch leicht unterschiedlich – durchschnittlich folgendermaßen zusammen:

– Rentenversicherung	9,0 %
– Krankenversicherung	4,5 %
– Arbeitslosenversicherung	0,85%
– Berufsgenossenschaft	1,4 %
– Lohnsummensteuer	0,8 %
– 13. Gehalt und Urlaubsgeld	6,2 %
– Beiträge zur vermögenswirksamen Leistung	1,7 %
– direkte Lohnnebenkosten	24,45%

Daneben muß man beachten, daß die effektive Arbeitszeit eines Jahres wesentlich niedriger liegt als die tatsächlich zu bezahlende. Der Verlust an Effektivzeit führt zu den *indirekten Lohnnebenkosten,* wie die nachfolgende Tabelle zeigt:

261 Arbeitstage à 8 Stunden	2088 Stunden
./. 10 Feiertage	80 Stunden
./. 22 Urlaubstage	176 Stunden
./. 19 Krankheits- und sonstige Abwesenheitstage	152 Stunden
./. effektive Arbeitszeit	1680 Stunden

Man kann diese Arbeitszeit nun als Äquivalent des Jahreseinkommens ansehen und zur Vereinfachung in der folgenden Rechnung eine Stunde = 1 DM setzen.

Jahresbruttoeinkommen	2088 DM
direkte Lohnnebenkosten 24,45%	510 DM
gesamter Lohnaufwand	2598 DM

Setzt man zu diesem Betrag das Bruttoeinkommen der effektiven Arbeitszeit, nämlich 1680 DM, ins Verhältnis, so ergibt sich ein Zuschlag auf diese effektive Arbeitszeit von etwa 55%.
Diese Kosten kann man auch bei jedem Kundenbetrieb als gegeben ansehen, sofern er nur eigenes Personal einstellen würde. Deshalb kann man auch bis hierher von »durchlaufenden Posten« sprechen, die bereits 2/3 bis 3/4 der von dem Verleihunternehmen verlangten Stundensätze betragen. Das letzte Drittel bzw. Viertel wird als sogenannter Deckungsbeitrag vom Verleihunternehmen für folgende Positionen angesetzt bzw. ausgegeben:
– eigene Personalkosten
– Verwaltung und Organisation

– Werbung
– angemessener Gewinnzuschlag.

Nur dieser Deckungsbeitrag muß die eigentliche Wirtschaftlichkeit der Zeit-Arbeit erklären. Er ist identisch mit dem zuvor gezeigten Schaubild, d. h. mit den dort aufgeführten Beschaffungskosten. Zu beachten ist hierbei, daß der Gewinnzuschlag der Zeit-Arbeits-Unternehmen nicht mehr als 2–4% des gesamten Preises ausmacht. Wenn man nun ansetzt, viele Berichte und Veröffentlichungen sprechen von diesen Zahlen, daß bei der Personalanwerbung durchschnittlich 1–2 Monatsgehälter aufgewandt werden müssen, sofern alle Kosten richtig erfaßt werden, so führt diese Tatsache in Verbindung mit den zuvor aufgeführten Überlegungen zu einer Wirtschaftlichkeitsgrenze von etwa 3–4 Monaten.

Der Beweis, daß die Zeit-Arbeit in gewissen Grenzen wirtschaftlich vertretbar ist, ist somit erbracht.

6. Zeit-Arbeit hat Zukunft

Auch Zeiten der Rezessionen haben bewiesen, daß zwar eine gewisse Stagnation in der Nachfrage nach Zeit-Arbeit festzustellen war, jedoch keineswegs ein völliger Rückgang bzw. ein Verschwinden dieser Branche jemals zur Debatte gestanden hätte. Die Industrie, die bereits jetzt beweist, daß sie, wenn auch noch vereinzelt, vorausschauende Personalplanung betreibt bzw. betreiben wird, wird in Zukunft diesem Punkt verstärkt Beachtung schenken müssen. Es wird immer schwieriger und auch betriebswirtschaftlich nicht mehr vertretbar sein, die Auslastung eines Betriebes bzw. einzelner Betriebsstätten das ganze Jahr über nach einem nur vorübergehend auftretenden Spitzenbedarf auszurichten. Wer sich an diesen Spitzen orientiert (siehe Schaubild), darf sich nicht wundern, wenn er den sogenannten Parkinson-Effekt ins Haus holt. Denn in all den Zeiten, in denen man mit einem geringeren Personalbedarf auskäme, diesen jedoch nicht rechtzeitig oder überhaupt nicht abzieht, tritt ein gefährlicher Gewöhnungseffekt ein, der wiederum dazu führt, daß bei der nächsten Planung der gleiche Arbeitsaufwand mit entsprechend mehr Personal durchgeführt werden muß. Andererseits darf jedoch die Ausrichtung auch nicht nach dem absoluten Tiefpunkt erfolgen, da das zuviel Unruhe und Unsicherheit in die

Personen

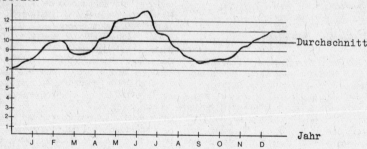

Planung bringen würde. Ein guter Durchschnitt, der gewisse Spitzen unberücksichtigt läßt und auch einige »Täler« zuläßt, um so z. B. kleinere Personalengpässe selbst überbrücken zu können, ist der richtige Weg. Die Unernehmen für Zeit-Arbeit haben in der Erkenntnis dieser Tatsache sich bereits in der Vergangenheit auf diesen zunehmenden Trend eingestellt und werden ihm auch in Zukunft Rechnung tragen. Schon heute wird solchen Unternehmen, die vorausschauende Personalplanung betreiben im Gegensatz zu solchen Unternehmen, die dies noch nicht tun, eine feste Zusage hinsichtlich der absoluten Einhaltung des entsprechenden Auftrages garantiert.

Unter diesem Gesichtspunkt wird der

sinnvolle Abbau von Kostenreserven in der Industrie in Zukunft weiter an Bedeutung gewinnen und somit die Bedeutung der Zeit-Arbeit für die gesamte Wirtschaft stetig zunehmen.

LITERATUR

Becker, Arbeitsrechtliche Aspekte der Teilzeit-Beschäftigung, Europäische Hochschulschriften, Reihe II

ders., Gesetzliche Regelungen der gewerblichen Arbeitnehmerüberlassung, Der Betrieb 1971

ders., Die gewerbsmäßige Arbeitnehmerüberlassung und das staatliche Arbeitsvermittlungs-Monopol, Der Betrieb 1972

ders., Kommentar zum Arbeitnehmerüberlassungsgesetz 1973

Becker, Kreikebaum, Zeitarbeit, Forkel-Verlag 1974

ders., Der unsichtbare Lohn, Blick durch die Wirtschaft, 13. 1. 1972

Frey, Wie organisiert man eine Personalabteilung? Der Betrieb 1971

Schürhoff, Zeit-Arbeit – Ein Instrument moderner Personalplanung und -führung, Handbuch für Manager 1973

Starosta, Aspekte der Zeit-Arbeit, Berichte des Deutschen Industrieinstituts zur Sozialpolitik, 1971

Then, Die wirtschaftlichen und personalpolitischen Vorteile der Zeit-Arbeit, Personal 1972

ders., Zeit-Arbeit – Neue Formen am Arbeitsmarkt, Econ Verlag 1974

Unternehmensverband für Zeit-Arbeit, Verbandsbroschüre 1974

Zeit-Arbeit ist gefragt, Blick durch die Wirtschaft, 29. 3. 73

Verschiedene Arten von Leiharbeitsfirmen, Personal 1973

Dipl.-Ing. HORST SCHÜRHOFF, Geschäftsführer der System-Service GmbH, Düsseldorf

Zentrales Schreibzimmer

Der Schreibdienst ist heute zu einem Problem bei den meisten Unternehmen geworden. Die Ausweitung der Produktion und der Geschäftsbeziehungen bringt eine immer größere Flut an Korrespondenz mit sich, die Schreibkräfte dagegen werden ständig rarer und teurer. Dieser Mißstand kann nur durch Rationalisierung der Büroarbeit behoben werden. Während in der Produktion die Prokopfleistung seit Beginn des 20. Jahrhunderts um 1500% stieg, wurden im Büro nur 40% erreicht. Untersuchungen haben ergeben, daß die durchschnittliche Schreibleistung der Stenotypistin im dezentralen Schreibdienst bei einem achtstündigen Arbeitstag oft nur 25 000 Anschläge, das ist eine Minutenleistung von 50 Anschlägen pro Minute, beträgt, weil sie durch Diktataufnahme, Nebenarbeiten, Telefonverkehr, Dienstleistungen für den Korrespondenten an einer höheren Anschlagszahl gehindert wird. Rund 2,5 Millionen Frauen arbeiten heute in schreibtechnischen Berufen. Jeder dieser Arbeitsplätze kostet den Arbeitgeber 20 000 bis 30 000 DM im Jahr. Lohnt es sich deshalb nicht, auch hier wirtschaftlicher zu organisieren?

Eine Leistungssteigerung kann nur durch Rationalisierung der Schreibarbeiten im *Zentralen Schreibzimmer* erreicht werden. Zwar gehen die Meinungen über die Zentralisierung teilweise noch auseinander, da durch falsches Vorgehen bei Einführung dieser neuen Organisationsform in einigen Unternehmen größere Nachteile als Vorteile zu verzeichnen waren. Das trat aber nur dort auf, wo man glaubte, die Zentralisierung bestehe lediglich in einer räumlichen Zusammenfassung der Schreibkräfte. Ein gut organisierter Schreibdienst stellt an Unternehmer, Organisator, Korrespondent und Schreibkraft ganz wesentliche Bedingungen, die hier kurz zusammengefaßt werden sollen.

Psychologische Voraussetzungen

Zunächst müssen die psychologischen Voraussetzungen geschaffen werden, d. h. alle Mitarbeiter des Unternehmens müssen für die Einrichtung des Zentralen Schreibdienstes gewonnen werden; bei Korrespondenten und Schreibkräften ist die Bereitschaft zur Mithilfe zu wecken. Man muß sie von dem Wert einer solchen Einrichtung überzeugen und ihnen das Gefühl geben, daß sie dadurch keine geringwertigere Arbeit erledigen, sondern ihre Arbeitsleistung und ihre Fähigkeiten besser als bisher entfalten können. Häufig werden hierzu folgende Einwände gebracht:

– Der persönliche Kontakt zwischen Korrespondent und Schreibkraft ginge verloren;
– der Diktatstoff sei für ein Diktiergerät zu schwierig;
– die Schreibkräfte würden zu Maschinen usw.

Es erfordert daher viel menschliches Einfühlungsvermögen, die Betroffenen von den wirklichen Vorteilen der zentralen Schreibarbeit zu überzeugen. Es ist wichtig, daß aus psychologischen Gründen die geplante Änderung und sämtliche Vor- und Nachteile mit allen Mitarbeitern rechtzeitig diskutiert werden.

Organisatorische Voraussetzungen

Mit Genehmigung der Geschäftsleitung muß eine bereichsweise oder generelle Untersuchung der Schreibarbeit erfolgen. Bei großen Unternehmen empfiehlt es sich, zunächst ein Arbeitsgebiet, beispielsweise eine Verkaufsabteilung, zu untersuchen und umzustellen und erst nach Bewährung weitere folgen zu lassen.

Der IST-Zustand kann durch *Zählkopien*, die ca. 4 Wochen lang zusätzlich von jedem Schriftstück (einschließlich Formularen, Tabellen, internen Notizen und vertraulichen Sachen) zu erstellen sind, erfaßt werden. Gleichzeitig ist von der Stenotypistin eine *Tagesliste* auszufüllen, in die sämtliche Schreibarbeiten – auch die verschriebenen Seiten – mit der benötigten Zeit eingetragen werden.

Danach ist das Schriftgut auszuwerten: Es muß festgestellt werden, wie hoch die Anschlagsleistung der einzelnen Schreiberin liegt, welchen Schwierigkeitsgrad das Schriftgut hat, wie viele Korrespondenten diktieren und in welchem Umfang welches Material sich zur Übernahme in das Zentrale Schreibzimmer eignet.

Zur Ermittlung der geleisteten Anschläge stehen verschiedene Hilfsmittel zur Verfügung, von denen die gebräuchlichsten Anschlags- und Zeilen-Lineale oder -Meßtafeln sind. Durch Auflegung von entsprechend vorgedruckten Folien auf das Schriftgut können die Anschläge verhältnismäßig leicht abgelesen werden. Bei der Assmann-Netztafel werden die Schreibleistungen über den sog. Füllgrad des Schriftstückes ermittelt. Beide Methoden eignen sich nur für ganze oder teilweise beschriebene DIN-A4- und DIN-A5-Blätter; Vordrucke müssen durch Auszählen oder durch Erfahrungswerte und Zeitangaben bewertet werden.

Es wird sich bei dieser Untersuchung in den meisten Fällen herausstellen, daß die Schreibkräfte zusätzliche Tätigkeiten verrichten, die ebensogut von Sachbearbeitern, Hilfskräften oder Boten erledigt werden könnten. Diese Nebentätigkeiten müssen bei Umstellung der Schreibarbeit auf das Zentrale Schreibzimmer anderen Personen zugeordnet, evtl. ebenfalls rationalisiert oder sogar ganz aufgehoben werden.

Durch Festsetzung eines Schreib-Solls wird die Anzahl der benötigten Phonotypistinnen für das Zentrale Schreibzimmer bestimmt. Bei der Auswahl der geeigneten Mitarbeiterinnen sollte man möglichst darauf achten, flotte Maschinenschreiberinnen einzusetzen, da sie das Arbeitstempo der gesamten Gruppe bestimmen. Als niedrigste Leistung werden im allgemeinen 40 000–45 000 Anschläge täglich angesehen. Ebenfalls erforderlich sind Sicherheit in der Orthographie und Interpunktion, eine gewisse Allgemeinbildung und die Eignung zur Zusammenarbeit in der Gruppe.

Im allgemeinen werden 8–12 Damen in einem Schreibzimmer sitzen. Nicht geeignet für den Zentralen Schreibdienst sind publikumsintensive Abteilungen, bei denen das Schriftgut häufig während des Besuchs erstellt werden muß.

Nach Auswertung des Schriftgutes und Erstellung eines Organisationsvorschlages sind Geschäftsleitung, Abteilungsleiter, Betriebsrat und Personal zu informieren. Zur Unterstützung der Personalinformation kann eine Tonbildschau, die von Büromaschinenherstellern zur Verfügung gestellt wird, vorgeführt werden.

Bevor die Arbeit vom Zentralen Schreibzimmer übernommen wird, müssen Diktierer und Phonotypistinnen entsprechend geschult werden.

Arbeitstechnische Voraussetzungen

Folgende arbeitstechnische Voraussetzungen sind für eine zufriedenstellende Arbeit der Schreibkräfte im Zentralen Schreibzimmer notwendig:

Der Raum

Von der zweckmäßigen und freundlichen Gestaltung des Arbeitsraumes hängt ein großer Teil des Erfolges ab. Die Arbeitsfläche ist ausreichend zu bemessen, ca. 6 qm pro Schreibkraft. Trotzdem darf es nicht nach großem Schreibsaal aussehen, sondern durch entsprechende Grünpflanzen oder Trennwände sollte man in kleine Schreibgruppen aufteilen. Die Farben des Raumes müssen belebend und freundlich sein; sowohl bei Tageslicht als auch bei künstlichem Licht muß jeder Arbeitsplatz hell genug beleuchtet sein. Schallschluckende Decken und Wände, ein Textilfußboden und Vorhänge mindern erheblich die Lärmgeräusche der Maschinen. Eine behaglich eingerichtete Pausenecke, in der sich die Mitarbeiterinnen entspannen können, hebt die Arbeitsfreude. Am besten läßt man die Damen bei der Einrichtung des Arbeitsraumes selbst mitwirken.

Der Arbeitsplatz

Auch bei der Gestaltung des Arbeitsplatzes sollte auf Zweckmäßigkeit und Sicherheit geachtet werden. Empfehlenswert sind Winkelkombinationen oder bei sehr geringem Platz größere Schreibmaschinentische, in denen Diktiergerät, Briefpapier, Formulare und die im Laufe des Tages benötigten sonstigen Dinge griffbereit untergebracht werden können.

Der Schreibmaschinenstuhl sollte medizinischen Erkenntnissen Rechnung tragen, damit eine Schreibkraft wirklich acht Stunden täglich auf ihm sitzen kann, ohne dabei zu ermüden oder Schmerzen zu bekommen. Das erfordert, daß die Höhe und die Rückenlehne verstellbar sind und die Sitzfläche gepolstert und nach hinten erhöht ist.

Da die Phonotypistin den ganzen Tag schreibt, muß ihr unbedingt eine elektrische Schreibmaschine zur Verfügung gestellt werden. Sie vermeidet weitgehend körperliche Anstrengung beim Anschlag und Wagenrücklauf. Dadurch erfordert sie auch weniger Konzentration, was der Schreibgeschwindigkeit wieder zugute kommt. Außerdem ermöglicht der leichtere Anschlag ein entspannteres Sitzen und Schreiben, wodurch im allgemeinen die bekannten Berufskrankheiten der Stenotypistinnen entfallen.

An Extraplätzen im Zentralen Schreibzimmer können Sonderschreibmaschinen zur Textprogrammierung oder zur Erstellung von Druckvorlagen eingesetzt werden.

Neben der Schreibmaschine ist das Diktiergerät das wichtigste Arbeitsgerät, da das Diktat im Zentralen Schreibzimmer ausschließlich darüber erfolgt. Für die Phonotypistin genügt allerdings das Wiedergabegerät.

Um die Schreibarbeit weiter zu erleichtern, ist es empfehlenswert, möglichst einheitliche Schreib- und Formularsätze – evtl. sogar Endlossätze – einzuführen. Sie verkürzen die Rüstzeiten der Schreibgruppe, denn das Zusammenlegen von Original-, Kohle- und Durchschlagpapier ist recht zeitaufwendig. Formulareinsätze in den Schreibtischen, farbliche Unterscheidung der Vordrucke sowie eine zweckmäßige Anordnung der Arbeitsunterlagen tragen ebenfalls zu schnellerem und sicherem Erkennen des benötigten Materials bei. All das erfordert jedoch eine eindeutige Schreibanweisung durch den Korrespondenten. Die Schreibkraft darf nicht durch Suchen in Unterlagen aufgehalten werden. Bei Ausschöpfung aller Möglichkeiten kann die Rüstzeit um 20% gesenkt werden.

Die Schreibdienstleiterin

Während die Schreibkräfte bei dezentraler Organisation im allgemeinen nur für einen bestimmten Mitarbeiter im Unternehmen tätig waren, arbeiten sie im Zentralen Schreibzimmer für alle dem Korrespondenzraum angeschlossenen Abteilungen. Deshalb sollte der zentrale Schreibdienst organisatorisch und disziplinarisch von den einzelnen Abteilungen gelöst und einer Schreibdienstleiterin unterstellt werden. Hierfür ist eine erfahrene und ausgeglichene Dame auszuwählen, die selbst über hervorragende Schreibleistungen und über ein umfangreiches Allgemeinwissen verfügt, so daß sie von ihren Mitarbeiterinnen anerkannt wird. Bei kleineren Schreibzimmern wird sie selbst mitarbeiten, daneben aber auch die Arbeit steuern und kontrollieren. Ihr obliegt es ferner, durch psychologisch richtige Behandlung der einzelnen für ein gutes Arbeitsklima zu sorgen, Kontakte zu den Abteilungen und Korrespondenten zu pflegen, die täglichen Schreibleistungen zu erfassen und eine gleichmäßige Beschäftigung aller Phonotypistinnen sicherzustellen.

Gestaltung der zentralen Schreibarbeit

Die zentrale Schreibarbeit wird bestimmt vom Einsatz von Diktiergeräten. Sie ermöglichen ein rationelles Arbeiten sowohl für den Diktierenden als auch für die Schreibkraft. Ihr Einsatz gewährleistet bessere Zeiteinteilung für beide, da das Diktiergerät ständig aufnahmebereit ist, auch nach Dienstschluß, und die Diktataufnahme mit den oft lästigen Pausen

durch Telefongespräche, Besucher oder Zusammenstellung des Diktatstoffes und der Unterlagen für die Phonotypistin entfällt. Der Korrespondent kann sich in Ruhe sein Diktat überlegen, er hat kein Visavis, ein abschnittweises Ansagen stört nicht. Er kann seine gute Diktatlaune im richtigen Moment ausnutzen und braucht nicht zu warten, bis die Dame kommt. Er kann seinen Text nochmals abhören und ungünstige Textpassagen korrigieren. Die Phonotypistin braucht keine Stenografiekenntnisse mehr, sie schreibt das Diktat vom Tonträger direkt in die Maschine. Dadurch erreicht sie eine höhere Geschwindigkeit auf der Schreibmaschine und ist jedem Diktatstoff gewachsen. Die Schreibzeit verteilt sich über den ganzen Tag und liegt nicht mit dem Schwerpunkt am Nachmittag.

Bei der Auswahl des geeigneten Diktiergerätes sollte man verschiedene Kriterien beachten:

1. Handelt es sich bei den Korrespondenten um »Viel«- oder »Wenig-Diktierer«. Ein »Vieldiktierer« verwendet mehr als 15% seiner Arbeitszeit für das Diktat. Er benötigt unbedingt ein eigenes Diktiergerät, während der »Wenig-Diktierer« an eine zentrale Diktieranlage (Sterndiktat) angeschlossen werden kann.

2. Die Wahl des Tonträgers hängt von dem Umfang des Schriftgutes ab. Das Band eignet sich besonders für lange Diktate, Berichte und Manuskripte, es bietet zwanzig bis vierzig Minuten Diktatzeit; die Unterbringung ist oft in Kassetten. Für Kurzdiktate verwendet sich meist Manschette, Folie und Platte. Sie haben eine durchschnittliche Diktatzeit von zehn Minuten.

3. Die Größe des Diktiergeräts hängt von dem Einsatz ab. Reisegeräte sollten möglichst handlich, leicht und ohne Netzanschluß mit handelsüblichen Batterien betrieben werden.

Es empfiehlt sich, nur ein Fabrikat im ganzen Betrieb zu verwenden, aber ein solches auszuwählen, das vielseitige Einsatzmöglichkeiten bietet. Darüber hinaus muß es einfach zu bedienen sein, einen schnellen Rücklauf, eine einwandfreie Wiedergabe und Korrekturmöglichkeit und ein schnelles Auffinden einzelner Textstellen gewährleisten.

Da jede Schreibkraft das Schriftgut jedes Diktierenden bearbeiten soll, läßt sich diese organisatorische Forderung nur erfüllen, wenn die Korrespondenten Tonträger verwenden, die auf allen Wiedergabegeräten abgehört werden können.

Das *Sterndiktat* für »Wenigdiktierer« geht über das Telefon. Die Diktiergeräte sind zentral – möglichst im Zentralen Schreibzimmer – installiert. Sie können von jedem Nebenstellen-Telefonapparat ohne zusätzliche Einrichtungen gesteuert werden. Der Diktierer wählt mit seinem Fernsprecher die Rufnummer der Sterndiktat-Zentrale und wird automatisch auf ein freies, betriebsbereites Diktiergerät geschaltet. Ein akustisches Zeichen bestätigt ihm die Aufnahmemöglichkeit. Über den Telefonhörer kann er nun diktieren; mit der Erdtaste seines Telefonapparates werden alle Funktionen des Diktiergerätes, wie Start, Aufnahme, Stopp, Rücklauf, Wiedergabe, gesteuert. Muß er das Diktat für längere Zeit unterbrechen, so kann er sich den entsprechenden Tonträger reservieren lassen. Die Schreibkraft erkennt jederzeit, auf welchen Tonträger ein Diktat kam, und kann es, sobald sie Zeit dazu hat, in die Maschine übertragen. Dadurch wird »Wenigdiktierern« ebenfalls die Möglichkeit der rationellen Arbeit gegeben, ohne dabei größere Investitionen für Diktiergeräte zu tätigen.

Auch als Verbindung zum Fernschreiber läßt sich dieses System sehr kostensparend einsetzen. Bei der Installation dieser Anlage ist allerdings darauf zu achten, daß genügend Aufnahmegeräte vorhanden sind, damit keine Diktatverzögerungen eintreten.

Das Diktat

Die erste Voraussetzung für eine befriedigende Leistung im Zentralen Schreibzimmer ist das richtige Diktat. Hierzu ist eine straffe Diktatorganisation, das heißt Vorbereitung der Schreibarbeit, genaue Schreibanweisungen, entsprechendes Einwirken auf die Korrespondenten und nicht zuletzt ein gutes Einvernehmen zwischen Diktierern und Schreibkräften notwendig. Es wirkt sich vorteilhaft aus, wenn die Korrespondenten vor Umstellung des Schreibdienstes von Fachleuten für das Diktiergerät geschult werden. Von einem klaren, sachlich richtigen und klangvollendeten Diktat hängt die einwandfreie Übertragung ab. Die Schreibkraft kann nur dann ihre Leistung voll entfalten, wenn ihr alle Such- und Denkarbeiten erspart werden.

Bevor der eigentliche Diktattext gesprochen wird, muß der Ansager folgendes angeben, sofern es nicht auf dem *Diktatzettel* steht:

– Name und Abteilung des Diktierers
– Art des Diktats (z. B. Brief DIN-A4, Aktennotiz, neutrales Papier als Entwurf – zweizeilig usw.)
– Anzahl der Durchschläge, evtl. Farbe
– Vollständige Anschrift des Empfängers
– Bezugszeichen (Ihre Zeichen, Ihre Nachricht vom, Unsere Nachricht [Unser Hausruf], Unser Diktatzeichen)
– Betreff des Briefes.

Im Text selbst ist folgendes zu beachten: Alle Satzzeichen außer Kommata werden angesagt. Falls Kommata angesagt werden, müssen sie von Anfang bis Ende genannt werden. Eigennamen und seltene Fachausdrücke sollten erst ausgesprochen und dann buchstabiert werden oder in Druckschrift auf den *Indexzettel* bzw. einen Handzettel geschrieben und dem Tonträger mitgegeben werden.

Gliederungswünsche und besondere Hervorhebungen durch »Achtung« ankündigen:

»Achtung! Bitte etwas einrücken…«
»Achtung! Absatz, wieder ausrücken…«
»Achtung! In Großbuchstaben…«
»Achtung! Gesperrt schreiben…«
usw.

Absätze müssen immer angesagt werden. Bei Gedankenpausen sollte das Mikrophon möglichst abgeschaltet werden, um Nebengeräusche und lange Leerstellen auf dem Tonträger zu vermeiden. Das Diktat sollte gut vorbereitet und die Sätze zusammenhängend gesprochen werden.

Nach dem Text werden angegeben:
– Gruß (Namenswiederholung, evtl. Unterschriftzusätze, wie ppa., i. V., i. A.)
– Anlagen
– Verteiler.

Weitergabe des Diktats

Das Diktatgut wird vom Korrespondenten in eine Diktatmappe gelegt, außerdem fügt er Diktatzettel, Indexstreifen des Tonträgers und wenn nötig die Unterlagen bei.

Durch *Botendienst* wird die Diktatmappe an das Zentrale Schreibzimmer weitergegeben und wieder zurückgebracht. Es ist wichtig, hier für möglichst häufige Verteilung (viermal täglich) zu sorgen, damit keine unnötigen Verzögerungen durch den Transport entstehen. Andererseits ist auch zu beachten, daß Kontrolle, Unterschrift und Postabfertigung mindestens 1–1½ Stunden vor Dienstschluß anlaufen können.

Bearbeitung des Schriftgutes im Zentralen Schreibzimmer

Das Diktatgut wird vom Botendienst nur der Schreibdienstleiterin übergeben, die für eine gerechte Verteilung sorgt. Keinesfalls darf es den Korrespondenten gestattet werden, ihre Unterlagen eigenhändig den Phonotypistinnen auszuhändigen.

Alle Schreibkräfte arbeiten nur nach Tonträgern, eine persönliche Stenogrammaufnahme beim Korrespondenten entfällt grundsätzlich. Ihre Aufgabe ist es, die ihnen zugeteilten Tonträger rasch und einwandfrei zu übertragen. Dabei wird eine festgelegte tägliche Mindestanschlagszahl von ihnen erwartet. Höhere Leistungen werden in den meisten Betrieben durch entsprechende *Prämiensysteme* besonders honoriert.

Bei dem Leistungslohn muß jedoch darauf geachtet werden, daß die Schreibkräfte nicht durch übertriebenes Gewinnstreben zu gesundheitsschädlichem Arbeiten veranlaßt werden und dadurch öfter krank sind oder nach einer gewissen Zeit zu nachlassender Leistung kommen. Es ist wichtiger, eine gute Durchschnittsgeschwindigkeit durch vernünftigen Ansporn und eine generelle Funktionszulage für die Schreibkräfte als Dauerleistung zu erreichen.

Auch sind genügend Pausen an jedem Arbeitstag einzulegen, in denen sich die Schreibkräfte in der Pausenecke oder einem besonderen Pausenraum entspannen. Während dieser Zeit muß jegliches Maschinenschreiben untersagt sein, um ein wirkliches Ausruhen und Abschalten zu fördern und eine richtige Erholung zu gewährleisten.

Die allmählich gewonnene Routine bei immer wiederkehrenden Textpassagen und gute Kameradschaft im Schreibzimmer werden die Freude an der Arbeit fördern und die Schreibleistungen von selbst erhöhen. Eine Möglichkeit zur Arbeitsverbesserung und zur Kontaktförderung zwischen Diktierer und Schreibkraft bietet der sog. *Meckerzettel,* auf dem die Phonotypistin durch Ankreuzen der entsprechenden Spalten, in denen allgemeine Mängel aufgeführt sind, ihren Korrespondenten auf Unebenheiten und Fehler beim Diktat aufmerksam machen kann.

Häufig vorkommende Spezialausdrücke und Fremdwörter werden in der *Terminologie-Liste* gesammelt und allen Damen zum Nachschlagen gegeben.

Bei psychologisch und organisatorisch richtigem Aufbau eines Zentralen Schreibdienstes wurden bisher in jedem Unternehmen positive Erfahrungen gemacht. Selbst die Arbeitskräfte, die durch falsche Vorurteile ihre Aufgaben skeptisch übernahmen, revidierten ihre Ansichten nach kurzer Zeit.

Das Zentrale Schreibzimmer bietet ein besonders günstiges Arbeitsfeld für verheiratete Frauen, die nur eine Teilzeitbeschäftigung suchen oder die nur bei variablen oder gleitenden Arbeitszeiten kommen können.

Auf der anderen Seite kann natürlich nicht jedes Sachgebiet und jede Schreibarbeit vom Zentralen Schreibzimmer übernommen werden. Nach wie vor werden in Sekretariaten tüchtige Sekretärinnen gebraucht, zu deren Aufgabenbereich ebenfalls der Schriftverkehr gehört.

Textverarbeitung und Textprogrammierung

Eine wirkliche Rationalisierung des gesamten Schriftgutes kann nicht nur in der bis jetzt beschriebenen Form geschehen.

Wenn eine weitere Kosten- und Zeitersparnis angestrebt wird, so kann das nur durch wirksamere Entlastung im Bereich der Textverarbeitung erfolgen. Der individuelle Schriftverkehr ist soweit wie möglich einzuschränken und durch entsprechende Kommunikation, bei der weniger Mitarbeiter benötigt werden, zu ersetzen. Rund 60% des Schriftgutes läßt sich bei fast allen Unternehmen standardisieren. Selbst wenn sich dafür nicht immer vollständige Briefe eignen, so können durch fortschrittliche maschinelle Methoden Textteile konserviert und für ihre Nutzung wieder bereitgehalten werden. Die Konserven können selektiert, kombiniert, reproduziert und vervielfältigt werden. Korrespondenzautomaten, Magnetband- und Magnetkartenmaschinen sowie elektronische Datenverarbeitungsanlagen bieten alle Möglichkeiten einer wesentlichen Erleichterung und Kostensenkung der Büroarbeit.

Es wird daher für jeden rationell denkenden Unternehmer wichtig sein, seinen Schreibdienst durch Standardisierung, Zentralisierung und Textprogrammierung in Zukunft wirtschaftlicher und arbeitsintensiver zu gestalten.

CHRISTA BRUHN-JADE,
Staatl. gepr. Fachlehrerin, Leiterin des Sekretärinnen-Studios der Volkshochschule, Wiesbaden

Zentralisation von Aufgaben

Immer wieder wird die Forderung erhoben, mehr zu delegieren, d. h. Verantwortung und Entscheidungsbefugnisse zu dezentralisieren. Überlastete Unternehmensleitungen und Manager aller Führungsebenen stimmen in diesen Ruf mit ein. Der ständige Alptraum, für die wichtigen und entscheidenden Aufgaben einfach nicht mehr die notwendige Zeit und Kraft aufbringen zu können, verleiht diesen Forderungen den nötigen Nachdruck.

Eine Unternehmensleitung, die alle ihre Aufgaben dezentralisiert, würde sich selbst hinweg organisieren. Es kann sich also immer nur um den Grad der Zentralisation oder Dezentralisation handeln, der für ein bestimmtes Unternehmen zur Erreichung der Ziele zu einem bestimmten Zeitpunkt die bestmögliche Lösung darstellt.

Ob Zentralisations- oder Dezentralisationsbestrebungen für die Gestaltung der zukünftigen Unternehmensstruktur im Vordergrund stehen, hängt heute noch weitgehend von der Entwicklung des Unternehmens ab. Familienunternehmen, die groß geworden sind, behalten oft noch recht lange einen hohen Grad an Zentralisation bei. Umgekehrt verhält es sich bei Unternehmenszusammenschlüssen. Dabei wird im allgemeinen eine betont dezentrale Organisationstendenz beibehalten. Ob dies immer vom Organisationsstandpunkt aus gesehen der Weisheit letzter Schluß ist, läßt sich mit Recht bezweifeln. – Die Scheu, ein neu erworbenes Unternehmen zentral auszurichten, mag daher rühren, daß man befürchtet, die Leistung könnte darunter leiden. Umgekehrt gilt für neu erworbene Unternehmen, die sich in der Verlustzone befanden, daß sie nun mit Gewalt zentralisiert werden. Hier ist der Widerstand des fusionierten Unternehmens geringer und die Bereitschaft, Zentralisierungsmaßnahmen hinzunehmen, größer.

Die Aufteilung der Gesamtaufgaben des Unternehmens, die starke Dezentralisierung, die im Zuge des technologischen Fortschritts immer weiter vorangetrieben wurde, führte gerade bei großen organisatorisch tief gegliederten Unternehmen zu langen Befehlswegen, Verzögerung von Entscheidungen und oft störenden Kompetenzabgrenzungen; kurz gesagt, zu Schwerfälligkeit und mangelnder Flexibilität.

Der ständige Wandel der Märkte, des Verbraucherverhaltens und der technologische Fortschritt bringen heute mit sich, daß im Gegensatz zu früher viele Aufgaben im Unternehmen eine begrenzte Lebensdauer haben. So sind z. B. viele Aufgaben der Entwicklung und Einführung neuer Produkte eng an die Lebensdauer dieser Produkte gebunden.

Bei der gesamten Aufgabenteilung im Unternehmen stellt sich immer wieder die Frage: Wer soll die Aufgabe übernehmen? Daher sollten Zentralisation und Dezentralisation als organisatorische Grundprinzipien verstanden werden, die *allen* alten oder neuen Organisationsformen zugrunde liegen. Bei der Flut neuer Managementlehren, die fälschlich oft als neue Patentrezepte verstanden werden, dürfen sie nicht übersehen werden.

In letzter Zeit hat sich Bleicher in einer gründlichen Studie mit den Fragen der *Zentralisation und Dezentralisation von Aufgaben in der Organisation der Unternehmungen* auseinandergesetzt (erschienen unter diesem Titel, Berlin 1966). Doch seit dieser Zeit fehlt es an Veröffentlichungen, in denen die angeschnittenen Fragen weiter diskutiert werden. Dabei weist schon E. Dale in seinem richtungweisenden Buch: »*Planning and Developing the Company Organization Structure*« (eine Veröffentlichung der AMA – American Management Association, New York) auf eine Reihe von Kriterien hin, nach denen sich der Grad der Dezentralisierung bemißt:

»Der Grad der Dezentralisierung ist stärker,

– je mehr Entscheidungen auf den unteren Führungsebenen getroffen werden.

– Je wichtiger die Entscheidungen sind, die auf den unteren Führungsebenen getroffen werden. Zum Beispiel je höher der Betrag ist, über den ein Manager verfügen kann, ohne jemand anders zu fragen, um so größer ist auch der Grad der Dezentralisation auf diesem Gebiet.

– Je mehr Funktionen durch die Entscheidungen betroffen werden, die auf den unteren Führungsebenen erfolgen. So sind Unternehmen, die nur begrenzte betriebliche Entscheidungen der örtlich getrennten Zweigwerke zulassen, weniger stark dezentralisiert als die, bei denen auch personelle und finanzielle Entscheidungen der Zweigwerke erfolgen.

– Je weniger Prüfungen durch andere bei der Entscheidung erforderlich sind. Die Dezentralisierung ist größer, wenn überhaupt keine Überprüfung vorgenommen werden muß, weniger stark, wenn Vorgesetzte gefragt werden müssen. Je weniger Mitarbeiter gefragt werden müssen und je niedriger die Führungsebene ist, der sie angehören, um so größer ist der Grad der Dezentralisierung.

So ist die Frage nach der Zentralisation von Aufgaben gleichzeitig die Frage danach, welche Aufgaben an die nachfolgenden Führungsebenen zu delegieren sind. Bei der Festlegung der zweckmäßigen zukünftigen Unternehmensorganisation sollte man sich als Ausgangsbasis darüber klarwerden, in welchem Ausmaß eine Zentralisation oder Dezentralisation anzustreben ist.

Wichtig ist dabei, daß die Frage nach dem Grad der Zentralisation wertfrei nach rein sachlichen Gesichtspunkten geprüft wird. Es ist durchaus irreführend, wenn so oft von Zentralisation als etwas Negativem und von Dezentralisation als etwas unbedingt Positivem gesprochen wird. Es geht doch immer darum, wieviel an Zentralisation oder Dezentralisation verwirklicht wird und um welche Aufgaben es sich dabei handelt.

Zentralisation oder Dezentralisation?

Natürlich ist eines der stärksten Argumente für die Dezentralisation, daß man nur dabei tüchtige Manager heranbilden kann, die Gelegenheit erhalten, ihnen übertragene Aufgaben zu erfüllen, um daraus zu lernen. Gleichzeitig zeigt sich bei dem Argument der Vermittlung praktischer Erfahrung ganz besonders deutlich, wie notwendig dabei eine Überwachung ist, damit das Lernen nicht zu teuer für das Unternehmen wird. Dezentralisation hängt damit auch sehr oft davon ab, ob man geeignete Manager hat oder heranbilden kann. Für den einzelnen Manager ist die Befürwortung der Zentralisation in bezug auf seine Aufgaben und die Begründung mit Personalmangel oft nur ein willkommener

Vorwand, um von der eigenen Machtfülle nichts abgeben zu müssen. Dies gilt auch dann, wenn es sich um Abteilungen oder andere Gliederungen des Unternehmens handelt. Abteilungsegoismus und Prestigedenken können einer notwendigen Dezentralisierung im Wege stehen. Sehr oft wird dabei gleichzeitig die Dezentralisation von Aufgaben der vorgesetzten Führungsebene gefordert, da man doch mehr Erfahrung und Kenntnisse dafür besitze! Die Praxis zeigt, daß es Kriterien gibt, die sich auf die Zentralisation von Aufgaben, vor allem, wenn es sich dabei um Entscheidungen handelt, beziehen. So erfolgt die Entscheidung über den Einkauf einer Maschine im Wert von 100 000,– DM durch die Geschäftsleitung, über Büromaterial aber durch den Einkaufssachbearbeiter. Der Wert allein ist aber kein ausreichendes Kriterium. Bei allen Entscheidungen, die zum Beispiel die allgemeinen Geschäftsbedingungen betreffen, erfolgt eine Entscheidung sehr weit oben. Das hindert nicht, daß zum Beispiel dem Verkauf dabei gleichzeitig ein Rabattspielraum gegeben wird.

Das gleiche wie für Geschäftsbedingungen und Geschäftspolitik Gesagte gilt für den gesamten Personalbereich. Die Bedeutung der Mitarbeiterbeziehungen und eines guten Leistungsklimas führen zu einer Zentralisierung von Entscheidungen im Personal- und Sozialwesen auch dann, wenn es sich im Einzelfall um vielleicht doch weniger wichtige Entscheidungen handelt.

Langfristige Entscheidungsaufgaben sind seit jeher eine Domäne der obersten Leitung, und so läßt sich feststellen, daß, je langfristiger die Aufgabe, desto zentraler die Aufgabenzuordnung ist. – Das gilt auch für Aufgaben, mit denen Entscheidungen verbunden sind, die das Unternehmen in einer bestimmten Richtung festlegen; Entscheidungen, die nur schwer umkehrbar sind. Je größer die Tragweite der Entscheidungen, um so stärker ist die Zentralisation der Aufgaben.

Diese Feststellungen gilt es bei der praktischen Organisationsarbeit nutzbar zu machen. Wo sollen welche Aufgaben im Unternehmen erfüllt werden? Wer trägt die Verantwortung und entscheidet?

Darüber hinaus gibt es eine Reihe von Aufgaben, die ihrer Natur nach zentraler Art sind.

Zentrale Aufgaben der Unternehmensleitung

Planung

Dazu gehören Zielfestlegung, Verfahren, Richtlinien, Programme für das Unternehmen als Ganzes und seine organisatorischen Gliederungen. Zur Planung gehört das Treffen von Entscheidungen, die Auswahl unter einer Vielzahl von Alternativen. Planung erfolgt auf allen Management-Ebenen. Die Entscheidung für Zentralisation oder Dezentralisation heißt die Frage nach der Aufteilung der Planungsvorgänge stellen.

Organisation

Die Organisation ist oft nur schwer von dem Bereich der Planung zu trennen. Dazu gehören Festlegung und Erfassung der Aufgaben und Tätigkeiten, die zur Erreichung der Ziele des Unternehmens wahrgenommen werden müssen. Kurz gesagt, die Festlegung des Organisationsaufbaus und Ablaufs und dessen ständige Anpassung. Der Ausgangspunkt ist bei aller Organisation die Zusammenfassung oder Zentralisation aller Aufgaben. Die Aufgabenteilung ist nun nichts anderes als ein Dezentralisationsvorgang. Nehmen wir an, die Gesamtaufgabe ist, solange das Unternehmen klein ist, in einer Hand vereinigt, so besteht praktisch keine Unternehmensorganisation, sondern nur eine persönliche Arbeitseinteilung.

Personal

Hier geht es speziell um die Besetzung der Management-Positionen auf den einzelnen Führungsebenen. Dazu gehört als zentrale Aufgabe Personalbeschaffung, Fortbildung und Schulung. – Die ständige Unterrichtung der Mitarbeiter über *ihren* Platz und *ihre* Aufgabe ist sowohl eine zentrale Aufgabe der obersten Leitung als auch aller Manager. – Es geht darum, daß alle Mitarbeiter über ihren Leistungsstand unterrichtet werden und ihnen geholfen und gezeigt wird, wie sie sich weiter fortbilden und welche Aufstiegsmöglichkeiten ihnen offenstehen. – Auch die Pflicht zur Benennung und Einarbeitung eines Nachfolgers gehört hierzu. Sind keine geeigneten und eingearbeiteten Mitarbeiter vorhanden, wenn ein Manager ausscheidet, so ergibt sich eine mangelnde Aufgabenerfüllung oder auch eine nicht erwünschte Rezentralisierung von Aufgaben auf die vorgesetzte Führungsebene. Siehe hierzu auch den Abschnitt über Leistungssteigerung.

Kontrolle (Control)

In der Vergangenheit bezogen sich Überwachungsmaßnahmen im allgemeinen auf festgelegte Leistungen objektiver Art. Budgets für die verschiedenen Abteilungen; Meldungen über Planabweichungen waren Zeichen einer oft restriktiven Kostenüberwachung. – Viele Unternehmen verfügen heute bereits über direkt der obersten Leitung unterstellte Controller. Durch Zentralisation der Überwachungsaufgaben ergibt sich die Möglichkeit, eine anpassungsfähige und flexible Überwachung, Planung und Steuerung im Unternehmen durchzuführen. Der Controller neuen Stils ist kein unerbittlicher Zahlenrichter, sondern echter Berater zur Leistungssteigerung und Zielerreichung. – Je nach Größe des Unternehmens wird es auch hier für Teilbesuche zuständige Controller, wie z. B. den divisional controller, geben.

Koordinierung

Dies ist eine der wichtigsten zentralen Aufgaben. Die Einführung von MBO (Management by Objectives = Führung durch Vorgabe von Zielen) trägt wesentlich zur Koordination bei, da der einzelne Mitarbeiter dabei erkennen kann, in welchem Maße er zur Erreichung der Gesamtziele des Unternehmens beiträgt. – So haben sich Ausschüsse zur Koordinierung bewährt, da eine gemeinsame Mitwirkung bei Entscheidungen, die alle angehen, besser ist als Befehle. Je größer das Unternehmen, desto stärker die Dezentralisation und um so wichtiger die Koordinierung als zentrale Aufgabe.

Überwachung der Wirtschaftlichkeit

Diese zentrale Aufgabe ließe sich auch unter Planung, Organisation oder Kontrolle einordnen. Sie wird jedoch aus besonderem Grund hier als zentraler Aufgabenbereich der Leitung mit herausgestellt. – Bei der Dezentralisierung von Aufgaben, der Aufteilung des großen Gesamtkuchens auf die nachfolgenden Führungsebenen, bröckelt so oft von dem zugeteilten Kuchen eine Menge ab. Die oberste Leitung glaubt z. B., einen gesamten Aufgabenbereich dezentralisiert zu haben. Doch dazwischen klafft eine Lücke. Es ist, wenn man so will, ein Schnittverlust eingetreten. Erst nach einiger Zeit kommt man dann darauf, daß hier Mängel vorhanden sind, die sich sehr negativ auf die Leistung des Gesamtunternehmens auswirken können. Langfristige Planung ist, wie gesagt, zentrale Aufgabe der obersten Leitung, für die sie sich möglicherweise einen Stab geschaffen hat. Wie steht es aber mit der Einkaufsplanung? Ist sie wirklich ausreichend? Was geschieht, wenn bestimmte Lieferanten plötzlich ausfallen? Die Investitionsplanung wird meist mit größter Sorgfalt vorgenommen. Wird aber auch der Einkauf rechtzeitig eingeschaltet?
Werden wirklich alle Möglichkeiten zur Einsparung wahrgenommen? In einem Großunternehmen zeigte sich, daß die größtmögliche Beschaffung von Normteilen nicht ausreichend gesichert war. Eine Normenstelle war zwar ursprünglich einmal geplant worden, ohne daß man an die Verwirklichung dieses Planes ging.
In einem anderen Unternehmen hatte man zwar eine Stelle für Zentralstatistik eingerichtet. Doch beschränkte sich ihre Aufgabe fast ausschließlich auf Verkaufsstatistik, etwas wenig für ein Großunternehmen.

Leistungssteigerung

Auch diese Aufgaben ließen sich unter Planung oder Organisation einordnen. Warum wird nun hier als zentrales Aufgabengebiet Leistungssteigerung herausgestellt? Die Wandlung vom Verkäufer- zum Käufermarkt brachte eine Ausrichtung des gesamten Unternehmens auf gegenwarts- und zukunftsbezogenes Marketing. Ein reines Produktivitätsdenken genügt nicht mehr. Stillstand in der Entwicklung des Unternehmens bedeutet heute mehr denn je zuvor Rückschritt. So verlagert sich der Schwerpunkt unternehmerischen Denkens und Handelns mehr zum schöpferischen Gestalten hin.

Viel mehr als bisher wird die Unternehmensleitung für sich selbst Leistungsziele entwickeln und einhalten müssen. Kritische und für den Gesamterfolg des Unternehmens verantwortliche Mitarbeiter werden sich zunehmend nicht mehr damit abfinden wollen, daß die Unternehmensleitung Schuldige sucht und Unschuldige bestraft, wenn die wirkliche Ursache in verzögerten oder falschen Entscheidungen der obersten Leitung zu sehen sind.

Dazu gehört auch die Einführung eines geeigneten Führungssystems, wie es z. B. die Führung durch Verbote von Zielen darstellt. In dem Unternehmen von morgen heißt es, verstärkt für das Gesamtunternehmen Ziele setzen, langfristig planen, die Richtlinien des Unternehmens bestimmen. Bei der Dezentralisierung, d. h. der Vorgabe von koordinierten oder koordinierbaren Teilaufgaben muß sichergestellt sein, daß die unterstellten Bereiche einen genügend großen sinnvoll abgegrenzten Handlungsspielraum haben, der es ihnen ermöglicht, Teilziele so zu verwirklichen, wie es im Hinblick auf die langfristige Zielsetzung des Unternehmens erforderlich ist. Kurz gesagt: Es heißt ein Leistungsklima und einen Leistungsrahmen zu schaffen, in dem die Mitarbeiter informiert, motiviert, aktiviert und fortgebildet werden.

Finanzielle Führung des Unternehmens

Dazu gehört die Beschaffung von Kapital, Ausrüstung, Ideen (Patente). Die Überwachung der Liquidität, der Ertragslage, der Kosten und der Investitionen.

Rechtsangelegenheiten

Diese sind hier besonders zu nennen, da vielfach die Einschaltung der Rechtsabteilung als Stabsstelle der obersten Leitung nicht immer rechtzeitig und in allen Fällen im Unternehmen erfolgt. Zentrale Aufgabe der Leitung ist es, nicht nur die Rechtsabteilung zu ihrer Unterstützung heranzuziehen, wenn sie selbst es für ihre eigenen Aufgaben für erforderlich hält, sondern auch dafür zu sorgen, daß dezentral ihre Dienste rechtzeitig in Anspruch genommen werden.

Umweltbeziehungen

Gerade bei Kontakten des Unternehmens nach draußen erweist sich eine gewisse Einheitlichkeit des Vorgehens als besonders zweckmäßig. Das gilt für die Werbung, Beziehungen zu Kunden, Lieferanten und Public Relations. Auch dabei keine starre Zentralisation durch Richtlinien und Anweisungen, sondern flexible Handhabung.

Elektronische Datenverarbeitung · Operations Research · Automatisierung

Die Bedeutung des Einsatzes von EDV-Anlagen für die gesamte Führung des Unternehmens ist unbestritten und viel diskutiert. Mehr und mehr Aufgaben, die von der Unternehmensleitung delegiert werden, betreffen die Beschaffung und die Beurteilung von Daten, die bei der Planung Verwendung finden sollen. Untersuchungen haben gezeigt, daß der Computer nur dann seinen vollen Nutzen bringt, wenn die Unternehmensleitung den Computereinsatz zu ihrem ureigenen Anliegen macht.

Richtlinien

Richtlinien betreffen im allgemeinen die vorhersehbaren, wahrscheinlichen und wiederholt auftretenden Fälle. Am besten ist es, dazu einen Arbeitsablauf, dem konkrete Fälle zugrunde gelegt werden, durchzuspielen, schriftlich zu fixieren und festzulegen, wie in Zukunft verfahren werden soll. Außerdem ist mit anzugeben, wie in zu erwartenden Sonderfällen zu verfahren ist.

Richtlinien, so verstanden, sind permanente Anweisungen der Unternehmensleitung, die ständige Rückfragen überflüssig machen sollen. Dabei wird die Anwendung des Managementprinzips »Eingreifen nur bei Ausnahme« ermöglicht.

Zu ergänzen ist, daß in den Fällen, in denen sich ein Arbeitsablauf als Richtlinie schlecht festlegen läßt, vor allem, wenn es sich um weniger häufige Tätigkeiten handelt, die sich auf den Bereich der Planung im weitesten Umfang beziehen (Forschung und Entwicklung), es sich empfiehlt, statt dessen Ziele im einzelnen festzulegen. Ein Beispiel dafür wäre z. B. die Anweisung, daß der neue Verpackungsentwurf bis zum 15. Juni fertigzustellen ist. Es bleibt dabei der beauftragten Stelle überlassen, wie sie ihre Arbeit einteilt, um den Termin zu halten. Meistens werden jedoch Richtlinien in Form von Rundschreiben unter Angabe des Betreffs abgefaßt und verschickt. Es ist jedoch in der Praxis heute noch vielfach in keiner Weise sichergestellt, daß bis herunter zum letzten Sachbearbeiter die Kenntnis und Anwendung aller in Frage kommender Richtlinien sichergestellt ist. Die Fachabteilungen werden vielfach nicht ausreichend bei der Abfassung von Richtlinien eingeschaltet.

Bei Richtlinien, durch die eine Zentralisation der Entscheidung beibehalten werden soll, heißt es vor allem, eine knappe, präzise Aussage zu machen. Dabei muß man sich immer wieder die Grundfrage stellen: Wen betrifft es, nicht nur im Augenblick, sondern auch später? In größeren Unternehmen läßt sich aus Stellenbeschreibung und Arbeitsablaufplan, der die Namen der Sachbearbeiter enthält, entnehmen, wer mit bestimmten Vorgängen zu tun hat. Daher lautet die Forderung: Sinnvolle, klare und auf dem letzten Stand befindliche Richtlinien, die laufend überprüft, ergänzt und berichtigt werden. Hat man nun noch die Forderung nach lückenloser Arbeitsplatzbeschreibung erfüllt, so läßt sich leicht über EDV mittels eines einfachen Sortiervorgangs feststellen: Wer muß davon erfahren, wen betrifft es?

Schwierigkeiten durch Richtlinien

Ein Beispiel zeigt, wie große Schwierigkeiten und Kosten durch unzureichende Richtlinien entstanden. – Dabei waren am grünen Tisch Normen für Qualität festgelegt worden, die sich in diesem Ausmaß in der Praxis als nicht erforderlich erwiesen. – Bei der betrieblichen Festlegung von Qualitätsanforderungen und Toleranzen wurden den Lieferanten die schärfsten Bedingungen gestellt. Es ergab sich, daß die Lebensdauer der Teile teilweise erheblich höher lag als das gesamte Aggregat. Äußerst unerwünscht war die festgestellte Nebenwirkung jedoch, daß Normen- und DIN-Vorschriften nicht in dem optimal möglichen Ausmaß angewandt werden konnten und damit erheblich höhere Kosten aufgewandt wurden. – Bei einer Senkung der überhöhten Qualitätsanforderungen konnten erhebliche Kosten eingespart werden, da es sich um große Stückzahlen handelte.

Wird wirklich in den Unternehmen Richtlinien und Anweisungen die notwendige Bedeutung beigemessen? – Der Verkaufsaußendienst erhält genaueste Anweisungen und Richtlinien. Aber wie steht es mit dem Sachbearbeiter der Fachabteilungen?

Organisationsanalyse

Der in Abbildung 1, S. 3537 gezeigte Arbeitsbogen wurde vor über 15 Jahren vom Verfasser entwickelt. Er ist seitdem in einer großen Zahl von Unternehmen angewandt worden. Abbildung 2, S. 3538 zeigt die Rückseite. Weitere Arbeitshilfsmittel sind in dem Buch des Verfassers: »Moderne Stabsarbeit im Industriebetrieb«, Freiburg 1970, enthalten.

Aufstieg GmbH & Co. K. G.

Marktstadt   Datum ....

Frau/Fräulein/Herrn ....

A b t e i l u n g ....

Bezeichnung des Arbeitsplatzes ....

Welches sind Ihre hauptsächlichen Tätigkeiten? Bitte beschreiben Sie dieselben kurz in der Reihenfolge ihres Umfanges und verwenden Sie die Spalte „Bemerkungen" (Rückseite oder Zusatzblätter) für alle zusätzlichen Angaben und Erläuterungen, die Sie für wichtig halten.

Kreuzen Sie bitte in den Feldern am linken Rand des Blattes an, welche Tätigkeit Sie

täglich = t;   wöchentlich = w;   monatlich = m;   jährlich = j; sonstige Termine = s ausüben

Gehören Sie ständigen oder für zeitlich begrenzte Aufgaben gebildeten Arbeitsgruppen/Ausschüssen/Prüfungsgremien an? Wenn ja, welchen? ....

t—w—m—j—s   1. ....

t—w—m—j—s   2. ....

t—w—m—j—s   3. ....

t—w—m—j—s   4. ....

t—w—m—j—s   5. ....

t—w—m—j—s   6. ....

t—w—m—j—s   7. ....

t—w—m—j—s   8. ....

t—w—m—j—s   9. ....

t—w—m—j—s   10. ....

Bitte verwenden Sie Zusatzblätter, falls die Anzahl Ihrer Tätigkeiten **zehn** überschreitet.

Abb. 1: Arbeitsverteilungsbogen

Der ausgefüllte Arbeitsbogen enthält die Aufzählung der Tätigkeiten in der Reihenfolge ihres Umfanges. Ansatzpunkte für die Zentralisation oder Dezentralisation von Aufgaben ergeben sich vor allem bei den zuletzt genannten Tätigkeiten. Auch die Tätigkeiten, die fallweise erledigt werden und sich zeitlich nicht zuordnen lassen, müssen besonders unter die Lupe genommen werden. Können nun einzelne Tätigkeiten verlagert werden? Wenden wir uns dazu der Rückseite des Arbeitsbogens zu.

Die Beantwortung der Frage c) zeigt, ob die Durchführung an die Anweisungen des Vorgesetzten gebunden ist. Könnte ein anderer Vorgesetzter auch diese Anweisungen geben? Könnten sie rechtzeitig schriftlich erfolgen? Ist dazu eine besondere Sachkenntnis erforderlich? Handelt es sich dabei um generelle oder spezielle Anweisungen? Die Beantwortung der Frage c) kann also unter Umständen eine relativ starke Bindung dieser Tätigkeit *an diesen* Arbeitsplatz bringen.

Auch die Beantwortung der Frage d) kann in dieser Richtung weiterhelfen. Kann die termingerechte Durchführung der Tätigkeit, da sie termingebunden ist, von einem Mitarbeiter allein nicht übernommen wer-

Bemerkungen   ....
....
....

(a)   Für welche der genannten Tätigkeiten sind häufige/ständige Überstunden erforderlich? (Bitte laufende Nr. der Tätigkeit angeben)

....

(b)   Bei welchen der genannten Tätigkeiten ist der Einsatz von EDV geplant? (Bitte laufende Nr. der Tätigkeit angeben)

....

(c)   Von wem erhalten Sie Ihre Arbeit und Anweisungen hierzu?

....

(d)   Wer hilft Ihnen dabei? Wie oft? (Bitte die laufende Nr. der Tätigkeit angeben)

....

(e)   Bei welchen Tätigkeiten helfen Sie anderen? Wie oft? (Bitte die laufende Nr. der Tätigkeit angeben)

....

(f)   Erteilen Sie Auskünfte, machen Sie Angaben, Berichte? Worüber? Wenn „ja" an wen, wie oft, zu bestimmten Terminen, fallweise, schriftlich oder mündlich?

....

(g)   Welche Arbeitshilfsmittel werden von Ihnen verwendet oder bearbeitet (Büromaschinen, Karteien, Listen, Formulare, formlose schriftliche Mitteilungen etc.)?

....
....

(h)   Wer vertritt Sie? (Urlaub, Krankheit)

....

(i)   Wen vertreten Sie? (Falls zutreffend) ....

Abz.:   Marktstadt, den ....

Unterschrift ....

(Bitte mit Maschinenschrift ausfüllen)

Abb. 2: Arbeitsverteilungsbogen Rückseite

den? Die Frage h) gibt bei weiterer Detaillierung Auskunft, ob der Vertreter mehr Unterstützung bzw. Anweisungen durch den Vorgesetzten braucht. Sie zeigt auch, ob er dieselbe Tätigkeit ebensogut und in der gleichen Zeit ausübt. Die Umkehrung der Frage findet sich nun unter e). Auch hier gilt das unter d) Gesagte. Kann ein anderer einspringen?

Die Beantwortung der Frage f): »Erteilen Sie Auskünfte etc.?« muß in Zusammenhang mit der Frage g), die sich auf die verwendeten Arbeitshilfsmittel bezieht, beantwortet werden. Wenn die Möglichkeit der Auskunftserteilung an bestimmte nur dort vorhandene Arbeitsmittel, wie Karteien etc., an denen auch noch andere Mitarbeiter tätig sind, gebunden ist, so wird es wahrscheinlich schwierig sein, diese Tätigkeit zu verlagern. Die Frage der Leistungsspanne ist dabei mit zu prüfen. – Wie viele Mitarbeiter mit gleicher oder verschiedenartiger Tätigkeit sind *einem* Vorgesetzten unterstellt? Es gibt zwar keine festen Regeln, wie groß die einem Vorgesetzten unterstellte Mitarbeiterzahl sein darf, aber es haben sich doch gewisse Erfahrungswerte herausgebildet. Die Leistungsspanne ist um so kleiner, je verschiedenartiger der Aufgabenbereich der unterstellten Mitarbeiter ist. Bei stark gleichartigen Tätigkeiten kann sie sehr hoch sein. – In Ergänzung des Arbeitsverteilungsbogens sollte von dem Befragten gleichzeitig eine Liste der Arbeitshilfsmittel erstellt werden mit einer Kopfspalte, wie sie in Abbildung 3 wiedergegeben ist. Da-

Nr.	Bezeich- nung	Verwen- dungs- zweck	Aussteller	Bemer- kungen

Abb. 3: Liste der Arbeitshilfsmittel

mit verfügt man unter anderem über eine Aufstellung aller Belege. – Wenn nun noch ein Arbeitsablaufplan vorliegt, aus dem sich die Häufigkeit der einzelnen Vorgänge ergibt, so kann man sich schon ein gutes Bild machen. – Mancher wird die Frage stellen: Warum ist keine Zeitinanspruchnahme in den Arbeitsbögen enthalten? Die Erfahrung zeigte, daß die direkte Befragung dazu wenig geeignet ist. – Die Frage der Auslastung der einzelnen Stelleninhaber erfordert eingehende organisatorische Untersuchungen, insbesondere Vergleiche von Stellenbeschreibungen und die Beurteilung des Schwierigkeitsgrads der Aufgabenerfüllung. Diese Überlegungen können hier ausgeklammert bleiben. Die räumliche Anordnung des Arbeitsraumes, die erforderlichen Arbeitswege, finden leider vielfach nicht die notwendige integrierte Betrachtung, die sie verdienen. Lange Arbeitswege machen sich vor allem dort nachteilig bemerkbar, wo häufig die Belege zwischen verschiedenen Bearbeitern hin und her wandern. Der Mangel an Büroraum führt zur Vernachlässigung der sinnvollen räumlichen Zentralisation von Aufgaben. – Wenn man sich vor Augen halten würde, was diese *Bürowege* tatsächlich kosten, dann würde man mehr darauf achten. Doch betrachten wir noch einmal die auf der Vorderseite des Arbeitsverteilungsbogens aufgeführten Tätigkeiten unter dem Gesichtspunkt der Zweckmäßigkeit der organisatorischen Zuordnung:

– Die Anzahl der Aufgaben/Tätigkeiten ist zu groß = Zersplitterung
– Der Umfang der einzelnen Aufgaben/Tätigkeiten ist zu groß = Mangelnde Erfüllung *aller* Aufgaben.
– Informationen, Arbeitshilfsmittel (Belege) sind nicht termingerecht vorhanden = Arbeitserschwernis, Verzögerungen.
– Einzelne Aufgaben/Tätigkeiten erfordern häufige oder längere Abwesenheit vom Arbeitsplatz = Verzögerungen.
– Die Erfüllung einzelner Aufgaben leidet darunter, daß termingebundene Arbeiten Vorrang haben = Verzögerungen.
– Täglich laufend durchzuführende Aufgaben/Tätigkeiten führen zu Terminüberschreitung bei termingebundenen Aufgaben = Schwierigkeiten.
– Sonderaufgaben nehmen viel Zeit in Anspruch = Überlastung.

Nehmen wir z. B. an, daß es sich bei einigen Aufgaben/Tätigkeiten um die Erstellung von Statistiken oder Übersichten handelt, so ist die Frage zu stellen, wo sonst noch gleiche oder ähnliche Aufzeichnungen vorgenommen werden. Damit ergeben sich Ansatzpunkte zur Ausgliederung der statistischen Arbeiten und einer Zentralisierung gleichartiger Aufgaben. Welche Statistiken sonst noch erforderlich sind oder wegfallen können, ist dabei gleichzeitig zu untersuchen. Die Prüfung einer Übernahme auf EDV ist damit verbunden. – Der Computer erweist sich immer mehr als ein Hilfsmittel zur Erfassung und Verarbeitung von in großer Menge anfallenden Daten. Er wird damit zu einem Instrument der Zentralisation nicht nur von Routinevermögen, das für die Organisation von entscheidender Bedeutung ist. Durch den Zwang zur organisatorischen Ordnung, den der Computer auslöst, wird er zu einem ausgezeichneten Überwachungsinstrument für die Erfüllung bestimmter Aufgaben. Die Termine für die Anlieferung der Daten an die EDV müssen eingehalten werden, sonst kann die Leitung nicht termingerecht die Auswertung erhalten. Eine detaillierte Budgetüberwachung ist heute ohne Computereinsatz schlecht vorstellbar.

Doch die Befragung am Arbeitsplatz und die Vornahme entsprechender schriftlicher Aufzeichnungen genügt nicht. Allzu leicht gibt es sonst Lücken. Es gibt natürlich die Lösung, daß sich der Organisator lange Zeit regelmäßig am Arbeitsplatz aufhält oder Multimomentaufnahmen vornimmt. Eine einfache und zeitsparende Methode ist die Erfassung und Auswertung des Posteingangs: Was geht ein? Wer bearbeitet? Wer entscheidet? Wer überwacht und legt Termine fest? Man sieht dann auch, wie viele Richtlinien, Rundschreiben, Rückfragen, Rücksprachen, Aufforderungen zur Teilnahme an Sitzungen eingehen. Was erledigt der Stelleninhaber selbst?

Die Auswertung der Untersuchung kann unter Verwendung von Auswertungsbogen, wie in Abbildung 4 gezeigt, erfolgen. Da die Auswertungsbogen nur kurze An-

Abteilung:			Stellen-Bezeichnung:	Name:
Tätigkeit	bleibt	entfällt	Übernahme durch	B e m e r k u n g e n
1.				
2.				
3.				

Abb. 4: Auswertungsbogen

gaben enthalten, eignen sie sich besonders für Zusammenstellungen über größere Organisationsvorhaben. In der Spalte »Übernahme durch« kann sich z. B. dann auch die Angabe »EDV« finden. Unter »Bemerkungen« ist der Umstellungstermin einzutragen.

Zentralisation und Arbeitsablauf

Wie wichtig die Berücksichtigung des Arbeitsablaufs zur Feststellung des Zentralisierungsgrades ist, soll an einem Beispiel gezeigt werden.

Der Einkaufsleiter trifft Einkaufsentscheidungen bis zu DM 50 000,–. Darüber hinaus ist die Unterschrift des zuständigen Vorstandsmitgliedes erforderlich. Wie wird das nun gehandhabt? Der Ablauf zeigt, ob die DM 50 000,– überschreitenden Vorschläge in der Regel genehmigt oder blockiert, d. h. erst nach langwierigen Rückfragen genehmigt werden.

Welcher Anteil der Einkaufsaufgabe ist zentralisiert und welcher delegiert? Der Arbeitsablauf zeigt auch das. Wieviel Prozent des Gesamteinkaufsvolumens machen die Bestellungen unter 50 000,– DM aus? Wieviel die darüber?

Oft ergibt sich erst durch die Analyse des Tätigkeitsablaufs aller Beteiligten, ob die Zentralisation von Aufgaben größer oder kleiner ist, als sie ursprünglich organisatorisch gewollt wurde.

Wenn man also Arbeitsabläufe vorher durchspielt und vor allem im Hinblick darauf fixiert, wer nun wirklich was zu entscheiden hat, bestimmt man nachhaltig auf Dauer den Zentralisierungsgrad. Der vorgegebene Arbeitsablauf ist eines der besten Mittel zur Präzisierung der Aufgabe.

Zentralisation und Arbeitsgruppen

Heute geht die Forderung immer mehr dahin, von der herkömmlichen Form des Stab-Linien-Systems wegzukommen. Eine neue Form der Zusammenfassung insbesondere von Aufgaben der Entscheidung und Entscheidungsvorbereitung ist die Arbeitsgruppe – *das organisierte Team*. Arbeitsgruppen in verschiedenen Formen übernehmen in steigendem Maße einen Teil der Aufgaben der Leitung und ihrer Stäbe.

Wenn man von einer Arbeitsgruppe in diesem Sinne spricht, sollten Grenzen nach unten wie nach oben gezogen werden. Die Untergrenze liegt bei drei Mitarbeitern und die Obergrenze bei etwa zwölf. Informationsbesprechungen, die zum Beispiel einmal wöchentlich stattfinden und bei denen die Geschäftsleitung von Großunternehmen alle Abteilungsleiter und Ranggleiche um sich versammelt und bei denen man dabeisein muß, wenn man mitzählen will, bleiben hierbei außer Betracht.

Bei dieser Wahrnehmung von Aufgaben durch Arbeitsgruppen erfolgen die wichtigen Entscheidungen nach wie vor innerhalb eines hierarchischen Aufbaus. Sinn dieser Arbeitsgruppen ist es zu verhindern, daß alle Probleme, die auf der unteren Führungsebene nicht gelöst werden können, nun automatisch an die nächst höhere Ebene zur Entscheidung weiter wandern. Dadurch ergibt sich nämlich oft eine durchaus unerwünschte Zentralisation von Aufgaben, dort wo man sie gar nicht haben will. Bei diesen Arbeitsgruppen, deren Teilnehmer alle beteiligten Funktionsbereiche vertreten, sollen unter voller Nutzbarmachung der Kenntnisse der Führungsebene, die sich mit den Problemen direkt befaßt, Lösungen gefunden werden, die dann in Form von Alternativen zur Entscheidung vorgelegt werden können. Sind einmal so gefährliche Situationen, wie die Einführung überlegener Konkurrenzprodukte auf dem Markt, aufgetreten und ist es gelungen, eine funktionsfähige Arbeitsgruppe zur Lösung dieser Aufgaben zu schaffen, so sollte man auch diese Gruppe zusammenhalten, nachdem die akute Krisensituation vorbei ist. Dies kann durch in größeren Zeitabständen stattfindende Informationsbesprechungen erfolgen. Dadurch läßt sich erreichen, daß die Gruppe funktionsfähig bleibt und rasch wieder aktiviert werden kann.

Vielfach wird es zweckmäßig sein, sowohl zeitlich befristete als auch permanente Arbeitsgruppen zur Lösung von Aufgaben einzusetzen.

Zentralisation und Dezentralisation in neuen Organisationsformen

Vor allem um Schlagkräftigkeit und rasche Entscheidungen im Marketingbereich zu ermöglichen, wurde die Position des Product Managers geschaffen. – Wenn man von der alten Verkaufsabteilung ausgeht, so bedeutet dies eine Dezentralisierung, da nun nicht mehr eine Verkaufsabteilung für den Verkauf aller Produkte zuständig ist. Jedoch können jetzt Aufgaben, die vom Markt her kurzfristig in bezug auf bestimmte Produkte oder Produktgruppen gelöst werden müssen, viel rascher und wirkungsvoller entschieden werden. Ein großer Teil des Gesamtapparats des Unternehmens braucht dazu nicht mehr in Bewegung gesetzt zu werden.

Es ist jedoch kein Zufall, daß sich Product Manager gerade in der Markenartikelindustrie besonders stark durchgesetzt haben. Dort kommt es besonders auf ein rasches Reagieren auf den Markt und das Verbraucherverhalten an. – Dazu kommt, daß Entscheidungen bei Dezentralisierung weniger kosten.

Eine weitere Organisationsform hat sich zur Durchführung langfristiger einmaliger Aufgaben in den letzten Jahren zunehmend durchgesetzt: das Project-Management. Man kann es am besten als betrieblichen Stab auf Zeit mit Sonderaufgaben bezeichnen. Seine Aufgaben umfassen im allgemeinen die Planung, Koordinierung, Steuerung aller Arbeitsvorgänge bis zum Abschluß des Projekts. Es handelt sich auch dabei um eine Form der Dezentralisation von Aufgaben, wobei allerdings die Überwachungsaufgabe sehr stark bei der Leitung selbst zentralisiert ist. Die Gliederung in Divisions erfolgt bei uns in zunehmendem Maße bei Großunternehmen. Sicherlich gibt es Grenzen der Divisionalisierung, die in der Größe des Unternehmens liegen. Wie eine vom AWV (Ausschuß für wirtschaftliche Verwaltung) bereits 1963 durchgeführte Studienreise zeigte, waren nicht nur Konzerne, sondern auch verhältnismäßig kleine Unternehmen mit etwa 2000 Beschäftigten nach diesem Prinzip organisiert.

Diese Divisionalisierung (Verselbständigung der Teilbereiche – Profit Centers) hat wie jede Dezentralisierung Vor- und Nachteile, die es gegeneinander abzuwägen gilt.

Hier sollen nur einige wichtige Gesichtspunkte aufgezählt werden, ohne Anspruch

auf Vollständigkeit.
- *Vorteile:* Der entscheidende Vorgesetzte ist organisatorisch der Stelle nahegerückt, an der die Entscheidungen fallen.
- rasche Entscheidungen
- geringer Koordinierungsaufwand
- weniger Papierkrieg
- bessere Qualität der Entscheidungen
- *Gefahren:* Weniger starke Einhaltung der Richtlinien des Unternehmens, die es sich selbst gegeben hat.
- Schwierigkeiten der Koordinierung (Gesamtunternehmen) in sachlicher und personeller Hinsicht.
- Werden Fachkräfte in der Zentralverwaltung genügend herangezogen?

Ausblick

Je höher die Führungsebene, desto umfassender sind die Informationen. Mit der Forderung, die Entscheidungen möglichst weit nach unten zu verlagern, wird man daher vorsichtig umgehen müssen. Natürlich kann man dadurch schnellere Entscheidungen erreichen. Die Befehle werden an der Front erteilt! Verlagere ich die Entscheidung nach unten, so muß ich in Kauf nehmen, diese Stelle nun mit allen erforderlichen Informationen zu versehen. Ebenfalls ist eine Besetzung mit entsprechend qualifizierten Mitarbeitern erforderlich. Diese Konsequenzen hat man z. B. beim Product Manager gezogen.

Welche zentrale Management-Aufgabe wird nun in Zukunft im Vordergrund stehen? Die gesamte Dezentralisierung muß ja den Sinn haben, die Leitung für die wirklich wichtigen Aufgaben frei zu machen.

Zentrale Aufgabe der Leitung wird es in Zukunft sein, verstärkt zu planen. Dies aber nicht in ausgefahrenen Geleisen, sondern mit schöpferischer Phantasie. Bereit zu sein für das Unvorhergesehene, das Unwahrscheinliche. Dies wird bei der Aufgabenerteilung und der Gesamtplanung bisher nicht genügend berücksichtigt. Was geschieht, wenn die Konkurrenz plötzlich ein überlegenes Produkt auf den Markt bringt? Welche Auswirkungen können sich durch verstärkten Umwelt- und Verbraucherschutz, Energiekosten und Änderungen des Verbraucherverhaltens ergeben?

An der Spitze des Organisationsplans des Unternehmens steht der Kunde!

Die Gesamtverantwortung für das Schicksal des Unternehmens, seine Mitarbeiter und für sein Wirken läßt sich nicht dezentralisieren, sondern bleibt zentralisiert.

Dipl.-Volksw. ALEXANDER FREIHERR VON UNGERN-STERNBERG, Unternehmensberater, Heidelberg

Zentren des Handels

Als Zentren des Handels können die gewachsenen oder aufgrund einer Planung entstandenen räumlichen Konzentrationen von Einzelhandels- und ergänzenden Dienstleistungsbetrieben verschiedener Art und Größe bezeichnet werden. Der folgende Beitrag behandelt drei Ausprägungsformen solcher Zentren des Handels, wobei der Aspekt des kooperativen Zusammenschlusses tendenziell das vereinende Merkmal dieser Betriebsformen charakterisiert. Damit werden die herkömmlichen isolierten Angebotsformen des Handels aus dieser Betrachtung ausgeklammert.

Hier sollen die Shopping-Center (Einkaufszentren), die Gemeinschaftswarenhäuser und die Fußgängerzonen mit ihren Merkmalen, Aufgaben und Problemen dargestellt werden.

Shopping-Center (Einkaufszentrum)

Begriff und Entwicklung

Für alle zusammengefaßten Gruppen von Einzelhandels-, Großhandels-, ergänzenden Dienstleistungs-, Handwerks- und Industriebetrieben, unabhängig von ihrem Standort, hat sich im allgemeinen Sprachgebrauch als übergeordneter Begriff der Terminus *Gewerbezentrum* durchgesetzt.

Die folgende Abbildung läßt die Vielfalt der verschiedenen Ausprägungsformen des gewachsenen und geplanten Gewerbezentrums erkennen. Im Gegensatz zu einer verstreut und isoliert angeordneten Standortlage einzelner Betriebe kann als gemeinsames Kriterium dieser Gewerbezentren ihre räumliche Agglomeration bzw. Konzentration hervorgehoben werden.

Im Gegensatz zu den »gewachsenen« Gewerbezentren ist das Shopping-Center als eine bewußt geplante und errichtete – also »künstliche Einheit« – anzusehen, die während ihrer Funktionserfüllung auch einheitlich verwaltet und betrieben wird. Somit kann das Shopping-Center (Einkaufszentrum) als eine als Einheit geplante, errichtete, betriebene und verwaltete Agglomeration bzw. Konzentration von Einzelhandels- und sonstigen Dienstleistungsbetrieben bezeichnet werden.

Gemessen am gesamten Einzelhandelsumsatz und an den *Marktanteilen* konkurrierender Betriebs- und Angebotsformen des Einzelhandels kann den Einkaufszentren/Shopping-Centern, ohne Berücksichtigung ihrer jeweiligen Größe und Ausprägungsform, auch im Jahre 1974 keine überragende Bedeutung zugesprochen werden. Nach empirischen Untersuchungen beträgt die Gesamtzahl der Einkaufszentren gegenwärtig etwa 350 (BRD). Davon verfügt der größte Teil über Geschäftsflächen von unter 5000 Quadratmetern.

System der Gewerbezentren

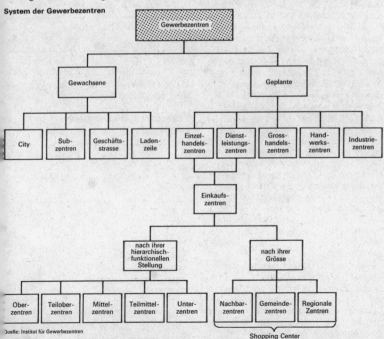

Quelle: Institut für Gewerbezentren

Gesamtzahl der Einkaufszentren in der BRD

Größenklasse	Handel 1972		Prognose Stand 1976/77*	
in qm Geschäftsfläche	absolut	in %	absolut	in %
1 000 bis unter 5 000	98	33	243	42
5 000 bis unter 25 000	104	35	154	28
25 000 und mehr	33	11	62	10
ohne Größenangabe**	64	21	122	20
Insgesamt	299	100	581	100

* Summe der 1972 bestehenden und zu diesem Zeitpunkt geplanten und im Bau befindlichen Projekte.
** Für diese Zentren lagen noch keine konkreten Größenvorstellungen vor bzw. konnten keine verbindlichen Angaben über die Dimension gewonnen werden.

Auch in den nächsten Jahren wird die Entwicklung der Einkaufszentren in der Bundesrepublik Deutschland keinen spektakulären Verlauf nehmen, doch wird sich die Zahl der Zentren bis 1976/1977 etwa verdoppeln. Es werden dann in der BRD voraussichtlich 62 Einkaufszentren in der Größenordnung ab 25 000 Quadratmeter Geschäftsfläche bestehen. In der Größenklasse 5000 bis unter 25 000 Quadratmeter Geschäftsfläche werden mindestens 154 Zentren existieren, und über 240 Zentren werden Geschäftsflächen zwischen 1000 und 5000 Quadratmeter aufweisen.

Die in der Bundesrepublik bestehenden Einkaufszentren *aller* Größenklassen verfügten im Jahre 1972 über eine *Geschäftsfläche* von rund 2,5 Mio. Quadratmetern. Ihr Anteil am gesamten institutionellen Einzelhandelsumsatz dürfte im selben Jahr bei etwa 4% gelegen haben. Ein Vergleich der Marktanteile in Prozent des Einzelhandelsumsatzes zwischen den Warenhäusern inklusive der Kleinpreisgeschäfte, den Verbrauchermärkten und den Einkaufszentren zwischen 1966 und 1978 läßt die zunehmende Bedeutung der Shopping-Center verschiedener Typen und Größen in der BRD erkennen.

Die Geschäftsflächenentwicklung der regionalen Shopping-Center (ab 15000 Quadratmeter Verkaufsfläche) bestätigt die zunehmende Bedeutung dieser Angebotsform des Handels. Die Gesamtgeschäftsfläche betrug Ende 1974 2 Mio. Quadratmeter.

Marktanteil der Einkaufszentren in der BRD in % des Einzelhandelsumsatzes insgesamt*

Jahr	Einkaufszentren	Warenhäuser und Kleinpreisunternehmen	Verbrauchermärkte
1966	0,5	10	1
1972	4	11	8
1978	10	13	14

* Der Marktanteil der 17 800 Shopping-Center in den USA betrug 1974 52%.

Geschäftsflächenentwicklung der Shopping-Center in der BRD

Jahr	Geschäftsfläche in 1000 qm	Durchschnittliche Geschäftsfläche je Zentrum in 1000 qm
1964	128	64
1965	166	55
1966	228	46
1967	252	42
1968	289	41
1969	400	40
1970	560	37
1971	706	35
1972	1050	36
1973	1400	35
1974	2000	40

Eine Analyse der *Standortlagen* bestehender Einkaufszentren zeigt eindeutig, daß sich die Shopping-Center »auf der grünen Wiese«, ganz im Gegensatz zu der Entwicklung bundesdeutscher Verbrauchermärkte, in der BRD nicht etablieren konnten. Lediglich 6% der regionalen Einkaufszentren wählten für ihren Standort den zwischenstädtischen Bereich. Deutlich ist die überragende Bedeutung der im City-Bereich situierten Center-Standorte zu erkennen. Mit 50% ist ihr Anteil genauso hoch wie die Standortverteilung in den Wohnvierteln, am Ortsrand und außerhalb der Orte.

Der *Gesamtumsatz* bundesdeutscher Shopping-Center hat sich von 1964, seinerzeit bestanden zwei Einkaufszentren dieses Typs, mit 190 Mio. D-Mark auf 5,4 Mrd. D-Mark im Jahre 1974, von 50 Zentren dieses Typs erzielt, erhöht. Der durchschnittliche Umsatz je Quadratmeter gewerblicher Nutzfläche (Geschäftsfläche) liegt unter Berücksichtigung von zehn ausgewählten vergleichbaren Zentren für das Jahr 1973 bei ca. 5000,– D-Mark.

Gesamtumsatz der Shopping Centers in der BRD

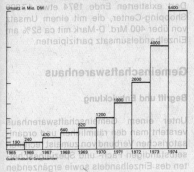

Umsatz in Mio. DM

Quelle: Institut für Gewerbezentren

Betriebswirtschaftliche Struktur

Die bundesdeutschen Shopping-Center des regionalen Typs sind mit durchschnittlich 56 Handels- und sonstigen Dienstleistungsbetrieben besetzt. Vergleichszahlen der Jahre 1970/72 und 1974 zeigen, daß die durchschnittliche *Besatzzahl* rückläufig ist. Waren die Center im Jahre 1970 noch mit durchschnittlich 70 Betrieben besetzt, so betrug die Vergleichszahl im Jahre 1972

nur noch 63, um im Jahre 1974 auf 56 weiter abzusinken. Dieses Ergebnis bestätigt auch den Trend zu kleiner dimensionierten Shopping-Centern.

Eine Analyse der Gewerbebetriebsstruktur zeigt daneben, daß die Einzelhandelsbetriebe im Shopping-Center – gemessen an ihrer Zahl – eindeutig dominieren. Unter Berücksichtigung der Fach- und Spezialgeschäfte sowie der Kauf- und Warenhäuser, Supermärkte und Kleinpreisgeschäfte ergibt sich ein Anteil im Vergleich zu den »reinen« Dienstleistungsbetrieben von ca. 75%. In Einzelfällen erreicht der Anteil »sonstiger Dienstleistungsbetriebe« teilweise schon über 30% an der Gesamtbetriebszahl der im Shopping-Center vertretenen Betriebe. Es handelt sich dann hierbei vorrangig um gastronomische Betriebe wie Restaurants, Cafés, Imbißstuben etc., gefolgt von Frisiersalons, Chemischen Reinigungen und Filialen der Kreditinstitute. Die Gesamtzahl der Betriebe in den Shopping-Centern des regionalen Typs betrug Ende 1974 2800.

Zu den typischen Merkmalen eines Shopping-Centers gehört das Vorhandensein »ausreichender« *Parkmöglichkeiten.* Betrug das Parkierungsverhältnis – als Relation zwischen Geschäftsfläche und Parkfläche – in den ersten 5 Jahren der Shopping-Center-Entwicklung in der BRD noch 1,7 : 1, so ergibt sich gegenwärtig lediglich eine Relation von 1,2 : 1. Der Trend zur City-Nähe oder zu City-Standorten verbunden mit relativ hohen Grundstückspreisen und knappem Raum wirkt sich hier bereits als limitierender Faktor aus. Von den verschiedenen Parkierungsarten dominiert weiterhin mit 63% das Angebot an ebenerdigen, offenen Parkflächen. Das Gesamtangebot an Kfz-Abstellplätzen hat sich von etwa 37000 im Jahre 1971 auf ca. 85000 Ende 1974 erhöht und wird Ende 1975 100000 übersteigen. Eigene Untersuchungen bestätigen die keineswegs überraschende Gesetzmäßigkeit, daß der Anteil der Kraftfahrzeugkunden in zwischenstädtischen Zentren wesentlich höher ist (bis zu 90%) als in innerstädtischen Zentren (z. B. 40%).

Betriebspolitik

Die betriebspolitischen Maßnahmen eines Shopping-Centers können aufgrund seiner besonderen Konstruktion – Zusammenschluß von rechtlich selbständigen Gewerbetreibenden unter einheitlicher Leitung – grundsätzlich durch 3 Institutionen erfolgen. Neben der verwaltungsmäßigen Tätigkeit konzentriert sich die *Verwaltungsgesellschaft* auf die Pflege der Beziehungen mit den Besuchern und Kunden des Centers (Public Relations). Es wird hierbei das Ziel verfolgt, insbesondere bei den potentiellen Nachfragern im Einzugsgebiet eine positive Resonanz zu erreichen, die letztlich dazu beiträgt, die Kundenfrequenz des Centers und den daraus resultierenden Umsatz zu erhöhen. Maßnahmen zur Erreichung dieses Zieles bestehen u. a. in der Abhaltung von Pressekonferenzen, der Durchführung von Betriebsbesichtigungen, der Herausgabe von Hauszeitschriften und wöchentlich erscheinenden Kurzinformationen etc.

In der Regel bilden die Mieter eines Shopping-Centers eine *Mietervereinigung*. Diese zweite, betriebspolitische Maßnahmen wahrnehmende Institution konzentriert sich auf die Durchführung der Gemeinschaftswerbung und die Organisation von Gemeinschaftsveranstaltungen (z. B. Modeschauen, Ausstellungen, Vorführungen, sportliche Wettbewerbe etc.). Bedauerlicherweise bedient sich jedoch nicht jedes Zentrum dieser Art in der BRD des Instrumentes zur Durchführung gemeinschaftlicher Maßnahmen und Veranstaltungen. Man hat oft zu spät, d. h. erst nach Abschluß der Mietverträge erkannt, daß die Institution der Werbegemeinschaft oder einer Werbefunktionen übernehmenden Mietervereinigung dringend erforderlich ist. Rückwirkend die »vielen kleinen Mieter« von der Notwendigkeit gemeinsamen Auftretens zu überzeugen und von ihnen die Beiträge zur Finanzierung solcher, dem gesamten Zentrum zugute kommender Programme zu erheben, gelingt nur selten.

Unter Berücksichtigung gewisser Absprachen, z. B. über die Ladenöffnungszeiten, die Rabattpolitik etc., steht der »dritten Institution«, den *Gewerbetreibenden*, das gesamte handelsbetriebliche Instrumentarium grundsätzlich uneingeschränkt zur Verfügung. Art und Umfang der eingesetzten Instrumente beim einzelnen Mieter sollten jedoch mit den Maßnahmen der Mietervereinigung und den Aktivitäten der anderen Mieter in Übereinstimmung gebracht werden, um das bestmögliche Ergebnis zu erzielen.

Künftige Entwicklung der Shopping-Center

Das stärkere Wachstum der Shopping-Center unterschiedlicher Typen und Größen in den vergangenen Jahren, insbesondere die Entwicklung seit 1972, deutet darauf hin, daß sich dieser Gewerbezentrentyp in den nächsten Jahren zunehmend stärker entwickeln wird, als es in der ersten Phase seines Entstehens bis Ende der sechziger Jahre der Fall war. Aufgrund der unterschiedlichen wirtschaftlichen, räumlichen und verkehrlichen Struktur wird das Einkaufszentrum im deutschsprachigen Raum noch nicht die Bedeutung erlangen, die es gegenwärtig in den USA einnimmt. Dort existierten Ende 1974 etwa 17800 Shopping-Center, die mit einem Umsatz von über 400 Mrd. D-Mark mit ca 52% am Einzelhandelsumsatz partizipierten.

Gemeinschaftswarenhaus

Begriff und Entwicklung

Unter einem Gemeinschaftswarenhaus versteht man den räumlichen und organisatorischen Verbund von zumeist rechtlich selbständigen Fach- und Spezialgeschäften des Einzelhandels sowie ergänzenden sonstigen Dienstleistungsbetrieben verschiedener Art und Größe.

Die Grundmerkmale der Gemeinschaftswarenhaus-Idee bestehen zum einen in der *räumlichen* Kooperation mehrerer Betriebe an einem Standort »unter einem Dach« und andererseits in der *funktionellen* Kooperation seiner Mitglieder durch ein einheitliches Auftreten nach außen hin, die Attraktivität und die Leistungsstärke eines Großbetriebes zu erreichen.

Dieser Typ eines Zentrums des Handels kann in einer reinen Form durch folgende typische Merkmale gekennzeichnet werden:
– es hat den Charakter eines Warenhauses
– es sind zahlreiche Geschäftszweige (Branchen) in ihm vertreten
– es wird von einzelnen Unternehmern betrieben, die Leiter und Eigentümer bzw. Mieter ihrer jeweiligen Abteilungen sind
– es besteht zwischen den einzelnen Unternehmern ein handlungsfähiger Zusammenschluß
– es wird ein einheitliches Auftreten der Unternehmer nach außen hin praktiziert.

Ähnlich wie beim Shopping-Center handelt es sich auch beim Gemeinschaftswarenhaus um keine »reine Betriebsform« des Einzelhandels aufgrund des Zusammenschlusses von Einzelhandels- *und* Dienstleistungsbetrieben (z. B. Friseur, Reinigung, Restaurant, Bank, Post usw.). Da jedoch die Zahl der Einzelhandelsbetriebe bzw. ihr Handelssortiment im Mittelpunkt dieser Einrichtung steht, kann auch diese Angebotsform zu den Zentren des Handels gerechnet werden.

In der flächenmäßigen Integration der einzelnen Warengruppen und Dienstleistungen zu einem Gesamtangebot ist ein weiteres Merkmal der Gemeinschaftswarenhäuser zu sehen. Da grundsätzlich auf jegliche Abgrenzungen zwischen den Abteilungen und auf spezielle Eingänge zu den Abteilungen verzichtet wird sowie auf die individuelle Firmenbezeichnung der einzelnen Anbieter, ist für den Besucher in der Regel nicht feststellbar, daß es sich um den Zusammenschluß selbständiger Handels- und Dienstleistungsbetriebe handelt.

In Schweden, dem Ursprungsland der Gemeinschaftswarenhäuser, wurden bis 1972 17 Betriebsformen dieses Typs eröffnet. Die Gesamtverkaufsfläche dürfte bei 110 000 Quadratmetern gelegen haben. Dies entspricht einer durchschnittlichen Verkaufsfläche je Gemeinschaftswarenhaus von ca. 6500 Quadratmetern. Die durchschnittliche Besatzzahl der beteiligten Betriebe liegt bei diesen Gemeinschaftswarenhäusern bei 22. Nach einer Erhebung der Hauptgemeinschaft des Deutschen Einzelhandels bestand in der Bundesrepublik Deutschland zu Beginn des Jahres 1970 noch kein Gemeinschaftswarenhaus nach schwedischem Vorbild. Zwar zeigten bestehende Erscheinungsformen, wie Gemeinschaftskaufhäuser, Ladenkooperationen, Ladenunionen und Selbstbedienungs-Gemeinschaftswarenhäuser gewisse Ähnlichkeiten mit dem Gemeinschaftswarenhaus, erfüllten aber weder den oben dargestellten Merkmalskatalog noch in vollem Umfange für die Geschäftspolitik anerkannte Grundprinzipien, nämlich
– zentraler Standort
– besondere Kaufatmosphäre
– umfassendes Sortiment
– umfangreicher Kundendienst
– einheitliches Image.

Von 1970 bis 1974 wurden in der Bundesrepublik Deutschland 10 Gemeinschaftswarenhäuser eröffnet.

Betriebswirtschaftliche Struktur

Auch für die Planung und Errichtung eines Gemeinschaftswarenhauses ist eine detaillierte Markt- und Standortanalyse unabdingbare Voraussetzung. Die *Standortpolitik* der bestehenden und geplanten Gemeinschaftswarenhäuser deutet darauf hin, daß die zentrale, innerstädtische Geschäftslage (City-Typ) bevorzugt wird. Das Gemeinschaftswarenhaus an der Peripherie der Stadt (Vorstadt-Typ) bleibt die Ausnahme. Voraussetzung für die Bevorzugung der innerstädtischen Standorte ist jedoch das Vorhandensein »ausreichender« *Parkplätze* in unmittelbarer Nähe oder im Gemeinschaftswarenhaus selbst.

Die Verwendung hochwertiger Baumaterialien, eine ansprechende architektonische äußere und innere Gestaltung, die Vermeidung von aufdringlicher Werbung, die Einrichtung von Ruhezonen etc. soll dem Besucher eine *besondere Kaufatmosphäre* vermitteln, die ihm den Besuch so angenehm wie möglich macht und erwarten läßt, daß er zum Stammkunden dieses Hauses wird.

Um einerseits die Vielzahl der kooperativ tätigen Einzelhandels- und Dienstleistungsunternehmer eines Gemeinschaftswarenhauses gegenüber der Umwelt (Verbraucher, Konkurrenten, Behörden etc.) als einheitliches Ganzes auftreten zu lassen und andererseits die spezifisch betriebswirtschaftlichen Möglichkeiten des kooperativen Zusammenschlusses auszuschöpfen, ist die Gründung einer *zentralen Geschäftsleitung* erforderlich.

Zur Vermeidung von Konflikten ist die Erarbeitung eines klar formulierten *Kooperationsvertrages*, durch den die Rechte und Pflichten von Geschäftsleitung und Gewerbetreibenden geregelt werden, wesentliche Voraussetzung. So sieht der Kooperationsvertrag in der Regel vor, daß die zentrale Geschäftsleitung durch einen Geschäftsführer repräsentiert wird, dessen Aufgaben u. a. darin bestehen, die Gesamtleitung und Gesamtkoordination des Gemeinschaftswarenhauses zu übernehmen, den Erfolg des Hauses zu überwachen sowie für die Instandhaltung der gesamten Anlage zu sorgen. Demgegenüber konzentrieren sich die Funktionen der Gewerbetreibenden weitgehend auf die mit dem Umsatz in unmittelbarem Zusammenhang stehenden Aufgaben. Eine Möglichkeit der *vertragsrechtlichen Gestaltung* besteht in der Gründung einer Gesellschaft bürgerlichen Rechts, die von den am Gemeinschaftswarenhaus beteiligten Warenhaus- und Dienstleistungsbetrieben getragen wird. Mittels eines Dienstvertrages beauftragt sie die Verwaltungs-GmbH. mit der Wahrnehmung von Funktionen, die sich aus dem gemeinsamen Betrieb des Gemeinschaftswarenhauses ergeben. Eine andere Möglichkeit der vertragsrechtlichen und zugleich eigentumsrechtlichen Gestaltung der Verwaltungsgesellschaft bzw. des Gemeinschaftswarenhauses besteht darin, die Verwaltungsgesellschaft als Aktiengesellschaft zu gründen und einen Teil des Aktienkapitals auf die Gewerbetreibenden zu übertragen, die dann als Aktionäre, entsprechend ihrem Anteil, die Betriebspolitik mitbestimmen können. Darüber hinaus kann in den Mietverträgen vorgesehen werden, daß der Mieter nach einer z. B. 30jährigen Mietlaufzeit Eigentümer der von ihm gemieteten Fläche wird.

Der zentralen Geschäftsleitung obliegt ferner, in Zusammenarbeit mit der Mietervereinigung, die Durchführung einer wirksamen Gemeinschaftswerbung, die Abhaltung von Gemeinschaftsveranstaltungen und von Public-Relations-Maßnahmen. Aus diesem Aufgabenkatalog wird ersichtlich, daß es sich beim Gemeinschaftswarenhaus nicht nur um eine räumliche Kooperation von Gewerbetreibenden, von Abteilungs-Unternehmen, handelt, sondern zugleich um eine funktionelle Kooperation aufgrund der Funktionsausgliederung beim einzelnen Gewerbetreibenden und der Funktionsübertragung und -wahrnehmung durch die Gemeinschaftsorgane dieses Zentrums des Handels.

Betriebspolitik

Die *Sortimentspolitik* der Gemeinschaftswarenhäuser ist von zentraler Bedeutung für den Erfolg dieser Kooperationsform. Durch den Zusammenschluß verschiedener Branchen ist es möglich, dem Verbraucher ein Vollsortiment »unter einem Dach« anzubieten. Dies bedingt jedoch, daß eine Geschäftsfläche von mindestens 5000 Quadratmetern vorhanden sein muß. Das Sortiment ist in seiner Breite (Summe aller Warengruppen) mit dem eines Warenhauses zu vergleichen. In seiner Tiefe (Vielzahl der Ausführungen der jeweiligen Artikel innerhalb einer Warengruppe) zeigt es die typischen Merkmale des Fach- und Spezialgeschäftes. Insbesondere die Sortimentstiefe ermöglicht es den Gemeinschaftswarenhäusern, den Individualbedarf der Besucher zu befriedigen. Hierin liegt ein besonderer sortimentspolitischer Vorteil gegenüber den konkurrierenden Warenhausunternehmen.

Ein besonderes sortimentspolitisches Problem des Gemeinschaftswarenhauses besteht in der Abstimmung des Sortimentsniveaus der einzelnen Handelsbetriebe unter Berücksichtigung der jeweiligen Bedarfsstruktur im Einzugsgebiet. In dem Erfordernis einer zweifachen sortimentspolitischen Abstimmung zeigt sich ein spezifisches Managementproblem des Gemeinschaftswarenhauses. Einerseits ist die Sortimentspolitik auf die Bedarfsstruktur im Einzugsgebiet abzustimmen, andererseits sind die sortimentspolitischen Maßnahmen der verschiedenen Handelsbetriebsunternehmer aufeinander abzustimmen.

Um bei den Konsumenten den *Eindruck der Einheitlichkeit* zu erwecken, behält sich die zentrale Geschäftsleitung vor, Einfluß auf die Sortiments-, Preis- und Qualitätspolitik der einzelnen Gewerbetreibenden zu nehmen. Hierdruch erfährt der wirtschaftliche Entscheidungsspielraum der Gewerbetreibenden eine Beschränkung.

Durch eine geschickte *Aufteilung* der Warengruppen auf die einzelnen Verkaufsetagen bzw. *Anordnung* der Abteilungen in den Verkaufsetagen soll ein gleichmäßiger Kundenfluß durch das Gemeinschaftswarenhaus erreicht werden. So hat es sich beispielsweise als umsatzsteigernd erwiesen, Abteilungen, die besonders stark auf Impulskäufe angewiesen sind (z. B. Blumen und Geschenkartikel), in der Nähe stark frequentierter Abteilungen (z. B. Lebensmittel und sonstige Waren des täglichen Bedarfs) bzw. an den Ein- und Ausgängen einzurichten.

Um sich von den konkurrierenden Betriebsformen des Einzelhandels bzw. von anderen konkurrierenden kooperativen Zentren des Handels abzuheben, wird von den Gemeinschaftswarenhäusern eine breite Palette von *Kundendienstleistungen* angeboten, z. B. Zulieferung von Waren, betriebseigene Parkmöglichkeiten, Änderung von Textilien, Einrichtungs- und Reparaturdienste, Kundenbestelldienst, Kinderhort, Restaurant etc.

Künftige Entwicklung

Auch in den nächsten Jahren wird sich die Zahl der Gemeinschaftswarenhäuser in der Bundesrepublik Deutschland nur unwesentlich erhöhen. Einerseits hat der Einzelhandelsunternehmer, als potentieller Kooperationspartner im Gemeinschaftswarenhaus, noch nicht die Vorteile dieser Angebotsform in vollem Umfang erkannt. Andererseits bevorzugt er für seine Standortwahl die meist attraktiveren anderen Kooperationsgebilde, wie z. B. die Shopping-Center. Ein anderer Grund für die auch in der Zukunft nur unbedeutende Zunahme dieser Form eines Handelszentrums besteht in den relativ geringen Erfahrungen der Initiatoren, insbesondere bei der Entwicklung und Leitung bzw. Verwaltung von Gemeinschaftswarenhäusern.

Fußgängerzonen

Begriff und Entwicklung

Während sich die Zahl der Fußgängerzonen und Fußgängerstraßen Mitte der sechziger Jahre noch bescheiden ausnahm, rechnet man Ende 1974 in der Bundesrepublik Deutschland mit über 180 kraftverkehrsfreien Kaufstraßen in 160 Städten. Die zunehmende Bedeutung innerstädtischer Geschäftsstraßen kann für die Bevölkerung im Angebot vielfältiger zentraler Zonen gesehen werden. Das breit und zugleich tief strukturierte Waren- und Dienstleistungsangebot der Handelsbetriebe in Verbindung mit Leistungen sonstiger Dienstleistungsbetriebe sowie mit den zentralen Einrichtungen der Administration, Kultur, Kommunikation, Unterhaltung und Freizeitgestaltung prägen die Bedeutung innerstädtischer Geschäftsstraßen.

Diese mit zunehmender Größe und Bedeutung der Stadt steigende Multifunktionalität zentraler Einrichtungen einerseits und die Spezialisierung des Angebots und der Betriebsformenvielfalt andererseits lassen die Bedeutung innerstädtischer Geschäftsstraßen auch gegenüber konkurrierenden Agglomerationen in Stadtbezirken, Vororten, Einkaufszentren, aber auch in benachbarten Städten erkennen.

Trotz dieser Multifunktionalität und Spezialisierung innerstädtischer Geschäftsbereiche mußte im letzten Jahrzehnt vielerorts eine deutliche Attraktivitätsreduzierung hingenommen werden. Als wesentliche Einflußgrößen, die zu dieser Entwicklung beigetragen haben, können vor allem genannt werden:

– Regionale Verschiebungen in der Wohn- und Bevölkerungsstruktur sowie die hierdurch bedingten regionalen Verschiebungen in der Nachfrage. Die zunehmende Auskernung der Innenstädte zugunsten einer verstärkten Abwanderung in die Umlandräume kann als typische Erscheinung des modernen Metropolisierungsprozesses angesehen werden.

– Zunehmende Auswahl standortkooperativer Einrichtungen in konkurrierenden Standortlagen zu den innerstädtischen Geschäftsbereichen. Die Tatsache, daß der Marktanteil konkurrierender Zentren des Handels, insbesondere der Shopping-Center bis etwa Mitte der siebziger Jahre auf etwa 10% anwachsen wird, erklärt nicht zuletzt die Bemühungen des innerstädtischen Einzelhandels, durch eigene und gemeinschaftlich betriebene Aktivitäten die wirkende Attraktivität abzufangen.

– Der zunehmende Motorisierungsgrad sowie die Veränderungen der Verkehrsverhältnisse als Folge des Ausbaues des Wegenetzes und der Motorisierung stellen einen weiteren Einflußfaktor in dieser Entwicklung dar.

Als *ein* Instrument zur Regenerierung innerstädtischer Geschäftsbereiche und damit zum Erhalt bzw. zur Steigerung der eigenen Attraktivität erkannte man die Neugestaltung des städtischen Kerngebietes durch die Einrichtung von Fußgängerstraßen und -zonen.

Unter einer *Fußgängerstraße* kann ein Straßenweg verstanden werden, der aufgrund einer planerischen Entscheidung für einen nicht voraussehbaren Zeitraum ausschließlich dem Fußgänger vorbehalten ist. Somit kann die Herausnahme des Individualverkehrs als dringende Voraussetzung für die Schaffung von Fußgängerstraßen angesehen werden. Im Gegensatz zum Shopping-Center, das eine als Einheit geplante, errichtete und verwaltete Agglomeration von Einzelhandels- und sonstigen Dienstleistungsbetrieben darstellt, beschränkt sich die planende Einflußnahme hier lediglich auf die Wahl und Gestaltung eines Straßenzuges als Fußgängerstraße. Betriebsstruktur, Betriebsformenzusammensetzung, Branchengestaltung usw. entziehen sich in der Regel einer einheitlichen Planung.

Werden mehrere Fußgängerstraßen zu einem Verbundsystem zusammengefaßt, so entsteht eine *Fußgängerzone* oder ein Fußgängerbereich. Die häufig verwendeten Begriffe »kraftverkehrsfreie Kaufstraße bzw. -zone« können als Synonym angesehen werden.

Bei der zeitlich befristeten Sperrung von Geschäftsstraßen für den Individualverkehr, z. B. zu bestimmten Jahreszeiten, an bestimmten Wochentagen oder zu bestimmten Tageszeiten handelt es sich um keine typischen Fußgängerstraßen.

Voraussetzungen zur Errichtung

Als eine der Grundvoraussetzungen zur Umgestaltung einer innerstädtischen Geschäftsstraße in eine Fußgängerzone muß eine bereits bestehende, relativ hohe *Passantenfrequenz* gegeben sein. Die Errichtung der meisten Fußgängerstraßen erfolgt in der BRD in den sogenannten Laufstraßen, die bereits über eine relativ hohe Attraktivität aufgrund ihres Angebotes (Ladendichte) verfügen.

Die Freiheit des einzelnen in der Wahl des Verkehrsmittels muß grundsätzlich gewahrt bleiben. Um jedoch eine Gefährdung durch Verkehrsmittel zu eliminieren und zugleich dem Fußgänger in der Zone eine ungestörte und zwanglose Bewegungsfreiheit zu geben, lassen sich gewisse Einschränkungen nicht vermeiden. Mit Ausnahme des zeitlich begrenzten Lieferverkehrs sollte der Autoverkehr aus dem gesamten Fußgängerbereich herausgehalten werden.

Voraussetzung für die Sperrung des Fahrverkehrs in der Fußgängerzone ist die Schaffung leistungsfähiger Umfahrungs- und Entlastungsstraßen. Eine Verdrängung des Individualverkehrs aus der Fußgängerzone darf nicht zu verkehrschaotischen Zuständen in den umliegenden Straßen führen.

Gute Erfahrungen mit Fußgängerzonen sollten nicht zu der Forderung führen, ganze Innenstädte für den Individualverkehr zu sperren. Die hierdurch entstehenden Nachteile für den Wirtschaftsverkehr wären erheblich.

Der zunehmende Ausbau öffentlicher Verkehrsmittel, die Weigerungen zahlreicher Städte, zusätzliche Parkierungsflächen in den Stadtkerngebieten zu schaffen bzw. Parkierungsflächen zu verringern und die Funktionsänderung bei Parkhäusern in Erwägung zu ziehen, sowie die Tatsache, daß das Auto zu einem immer kostspieligeren Beförderungsmittel wird, deuten darauf hin, daß für den *ruhenden Verkehr* in Zukunft vielleicht keine ausreichenden Flächen mehr vorhanden sein werden. Dennoch werden die Planer nicht umhinkönnen, in unmittelbarer Nähe von Fußgängerzonen entsprechende Parkierungsflächen einzurichten. Zugunsten einer hohen Umschlagshäufigkeit der Parkplätze sollte das Dauerparken des täglichen Berufsverkehrs im City-Bereich eingeschränkt werden. Über die zeitlich limitierte Parkdauer und die Bemessung der Parkgebühren stehen den Trägern öffentlicher Belange zwei Instrumente zur Erreichung dieses Zieles zur Verfügung. Eine zu geringe Bemessung der Parkdauer bzw. ein extrem hoher Ansatz der Parkgebühren wird jedoch zu einer Attraktivitätsreduzierung der Fußgängerzone und zu einer Aufwertung der konkurrierenden »Zentren des Handels« führen.

Daneben bestimmt die Leistungsfähigkeit *öffentlicher Verkehrsmittel* den Erfolg der Fußgängerzone. Durch den Ausbau von Massenverkehrsmitteln sowie eine Neuordnung der Streckenführung aller Massenverkehrsmittel unter Berücksichtigung der Fußgängerzone kann der Verkehrsraum rationeller ausgenutzt und der Individualverkehr merklich eingeschränkt werden.

Zur Erfüllung der vielfältigen Funktionen einer Stadt ist die Aufrechterhaltung des *Wirtschaftsverkehrs,* insbesondere des Lieferverkehrs zu gewährleisten. Als besonders problematisch hat sich hierbei die Gestaltung einer reibungslosen Abwicklung des Warenan- und Warenauslieferungsverkehrs im Bereich der Fußgängerzone ergeben.

Da bisher keine allgemein gültige spezielle gesetzliche Regelung besteht, die den vielfältigen Erfordernissen einer Fußgängerstraße bzw. -zone gerecht wird, wurde es erforderlich, im jeweiligen Planungsfall eine die wegerechtlichen und verkehrsrechtlichen Bestimmungen berücksichtigende Lösung für die Praxis zu erarbeiten. Als positiv kann eine Lösung beurteilt werden, die die Vorteile einer Fußgängerstraße ausreichend würdigt. Dies ist dann der Fall, wenn der Fahrverkehr im Rahmen der

Sondernutzung ausschließlich auf den notwendigen Lieferverkehr beschränkt wird, der allgemeine Lieferverkehr jedoch ausgeschlossen werden kann, also im Einzelfall einer Sondernutzungserlaubnis bedarf.

Beurteilung und künftige Entwicklung

Aufgrund bisher gemachter Erfahrungen werden die Fußgängerstraßen und -zonen sowohl von den beteiligten Unternehmern der Handels- und sonstigen Dienstleistungsbetriebe als auch von den Besuchern überwiegend positiv beurteilt. Ein in der Gründungsphase bestehender Widerstand, zumindest aber eine häufig festgestellte Skepsis bei den Beteiligten, ist zwischenzeitlich einer positiven, wenn nicht gar zufriedenen Einstellung gewichen.

Fußgängerzonen haben dazu beigetragen, die vielfach zitierte »Qualität des Lebens«, zumindest innerhalb der kraftfahrzeugfreien Zone, zu erhöhen. Durch die Herausnahme des Kraftfahrzeugverkehrs sind die negativen Einflüsse, die das Auto auf die Umwelt ausübt, eingeschränkt worden. Neben der Verstärkung des Umweltbewußtseins kann hierin auch eine Maßnahme zum Erhalt des historischen Charakters der Stadtkerne gesehen werden. »Saubere« Luft und eine geräuschärmere Umwelt bringen aber auch den in Fußgängerzonen etablierten Betrieben eine erhöhte Passantenfrequenz und damit die Chance einer Umsatzsteigerung.

Die starke Angebotskonzentration der Handels- und sonstigen Dienstleistungsbetriebe, vertreten in den verschiedenen Betriebsformen, ermöglicht den potentiellen Kunden, sich relativ schnell einen Überblick über das Gesamtangebot zu verschaffen.

Wenn auch keine exakte Analyse des Einflusses einer neugeschaffenen Fußgängerzone auf den Umsatz der Betriebe möglich ist, da ex post die Einflußgrößen und ihre Auswirkungen nicht zu quantifizieren sind, so zeigen die Ergebnisse verschiedener Studien, daß der Handel auf die Einrichtung der kraftverkehrsfreien Zone teilweise erhebliche Umsatzsteigerungen zurückführt.

Die Umgestaltung von Kraftverkehrs- in

kraftverkehrsfreie Straßen und Bereiche trägt schließlich dazu bei, daß die teilweise veröderten Stadtkerne wieder zu neuem Leben erwachen. Hierbei hat die Entwicklung der letzten Jahre deutlich gezeigt, daß die Existenz als City nicht ausreicht, um die Kunden und Passanten im Stadtbereich zu magnetisieren. Es sind Aktivitäten der Entscheidungsträger erforderlich, um den Stadtkernbereich für seine Bürger attraktiv zu machen.

Bei der überwiegend positiven Einstellung zur Fußgängerzone aufgrund der aufgezeigten Vorteile dürfen verschiedene Nachteile nicht übersehen werden.

Durch die Sperrung dieser Zone für den Autoverkehr wächst die Verkehrsbelastung in den angrenzenden Bereichen und Nebenstraßen. Diesem Nachteil kann man dadurch zumindest begrenzt entgegenwirken, daß man bereits bei der Planung von Fußgängerzonen dafür sorgt, daß der verdrängte Individualverkehr von Umgehungsstraßen aufgenommen wird.

Durch die Einrichtung der Fußgängerzone werden aber auch die Parallelstraßen in ihrer Funktion als Kaufstraßen abqualifiziert. Infolge erhöhter Attraktivitätswirkung der Fußgängerzone werden sich die Passantenströme zunehmend aus den Parallelstraßen in diesen Bereich verlagern. Dieser voraussehbaren nachteiligen Wirkung kann durch die Einrichtung von Passagen in die »abgehängten« Nebenstraßen in begrenztem Umfang entgegengewirkt werden.

Eine fast ausschließliche Besetzung der Fußgängerzone mit Betrieben, die an das geltende Ladenschlußgesetz gebunden sind, kann zu einer Verödung in den Abendstunden führen. Dieser Nachteil kann durch die bevorzugte Einrichtung sonstiger Dienstleistungsbetriebe, insbesondere der Restaurations-, Freizeit- und Unterhaltungsbetriebe, aber auch kultureller Einrichtungen vermieden werden.

Ein Nachteil kann auch darin gesehen werden, daß nach Einrichtung der Fußgängerzone die Mietpreise erheblich ansteigen, so daß bestimmte Einzelhandelsbranchen und Betriebsgrößen durch diesen Kostendruck, der von dem Standortfaktor Raum ausgeht, gezwungen werden, ihren Standort in der Fußgängerzone aufzugeben. Dies kann dazu führen, daß ein Fußgängerbereich nur noch die Monostruktur von Kauf- und Warenhäusern aufweist, damit aber erheblich an Attraktivität verliert.

Gut konzipierte Fußgängerzonen werden dazu führen, daß die City wieder in stärkere unmittelbare Konkurrenz zu den »Zentren des Handels« unterschiedlichen Typs an der Peripherie und im zwischenstädtischen Bereich treten wird. In welchem Umfang die Bemühungen zur wirtschaftlichen Regenerierung der Innenstädte, bei einer permanenten Verteuerung des Beförderungsmittels Auto, dazu führen werden, den wachsenden Marktanteil konkurrierender Handels- und Dienstleistungsagglomerationen zu beeinflussen, bleibt der weiteren Entwicklung vorbehalten.

Dr. BERND R. FALK, Leiter des Instituts für Gewerbezentren, Starnberg/München Lehrbeauftragter an der Universität Regensburg, Regensburg

Zielgruppen

Der Begriff »Zielgruppe« erklärt sich aus seinen Wortstämmen. Eine Gruppe wird gezielt angesprochen, wird gezielt umworben. Definitionen dieser Art verdeutlichen den Begriff »Zielgruppe« am Beispiel der Werbung, in deren Bereich dieser Begriff am häufigsten gebraucht wird. Zielgruppen werden in bezug auf die Werbung auch »Werbegemeinte« oder »Umworbene« genannt (vgl. Seyffert: Werbelehre, Stuttgart 1966).

Die Einordnung des Begriffs »Zielgruppe« in den Bereich der Werbung ist heute schon so gebräuchlich, daß sehr oft eines

vergessen wird:
Die Werbung ist nur ein Faktor des Marketing. Da aber alle Marketing-Faktoren aufeinander simultan abgestimmt sein müssen, um eine wirkungsvolle Marketing-Konzeption zu erhalten und zu verwirklichen, kann die Zielgruppe der Werbung nicht von solchen der anderen Marketing-Faktoren verschieden sein. Es bleibt somit festzuhalten, daß die festgelegte Zielgruppe für alle Marketing-Faktoren bzw. -Bereiche Gültigkeit hat, und zwar für die
– Produktpolitik
– Preispolitik
– Vertriebspolitik (Distribution) und
– Werbung.
Für diese aufeinander abgestimmten Faktoren wird eine Marketing-Konzeption erstellt, der eine zentrale Bedeutung für die

Marketingplanung und deren praktische Umsetzung (Verwirklichung) zukommt. Der Planung voraus gehen jedoch Marktanalysen, mit deren Hilfe alle Fragen geklärt werden sollen, die für die Planung und Durchführung der Marketingmaßnahmen bedeutungsvoll sein können. Die Marktanalyse ist somit der Ausgangspunkt für die Marketing-Konzeption und die Marketing-Planung.
Bestandteile der Marketing-Konzeption (vgl. Abb. 1) sind u. a. die
– Festlegung der Marketingziele
– Bestimmung der Zielgruppe, die angesprochen werden soll
– Anspracherichtung bzw. Ansprache-Strategie
– Leitidee, die der Zielgruppe vermittelt werden soll.

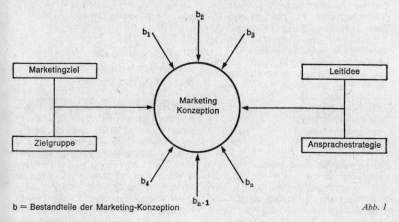

b = Bestandteile der Marketing-Konzeption   *Abb. 1*

Die Festlegung der Ziele im Rahmen der Marketingkonzeption

Wirtschaftliches Handeln wird in der Regel nur erfolgreich sein, wenn grundsätzlich festgelegt ist, was erreicht werden soll und mit welchen Mitteln die Zielsetzung erfüllt werden soll.
Im Rahmen der Marketingkonzeption sind die im Einzelfall festgelegten Marketingziele definiert. Diese können ganz unterschiedlicher Art und Richtung sein. Zweifellos läßt sich vereinfachend sagen, alle

Marketing-Faktoren werden eingesetzt, um das Generalziel »Absatz« zu verwirklichen. Ziele im Rahmen der Marketing-Konzeption können aber auch spezifischer Art sein wie z. B.
– mengen- oder wertmäßige Ziele der Verkaufsanstrengungen (Forecast)
– Ansiedlung des Produktes im oberen Preissegment
– Distribution bei Mittlern genau definierter Größenordnung und Qualifikation
– Werbeziele wie die Ausstattung aller Mittler mit Leuchtwerbung
– Ziele im Hinblick auf die Leistung des Außendienstes (psychologischer An-

sporn)
- Psychologische Ziele (z. B. Imageveränderung).

Eine Konkretisierung der ureigentlichen Unternehmensziele, auf die wiederum die Marketingziele abgestimmt sein müssen, muß schon bei der Festlegung der Unternehmenskonzeption erfolgen. Sind diese bekannt, kann eine den aus der Marktanalyse gewonnenen Grunddaten entsprechende zielgerichtete Marketing-Konzeption entwickelt werden. Die strategischen Unternehmensziele, die in der Regel nicht fortlaufend in Frage gestellt, d. h. aktualisiert werden, bestimmen also ganz wesentlich die Zielsetzung des Marketings.

Soll beispielsweise die Werbung im Rahmen des Marketing die Erfüllung des Unternehmenszieles anstreben, so muß die Unternehmensmaxime (z. B. gemeinnütziges Wirtschaften) klar definiert sein. Die Ziele der Werbung, die es ermöglichen sollen, ein derartiges Unternehmensziel zu verwirklichen, können vielfältig sein.

Seyffert (Werbelehre I, Stuttgart 1966) unterscheidet als mögliche Zielsetzungen der Werbung – unabhängig vom Unternehmensziel – die
- Einführungswerbung
- Erhaltungswerbung
- Konkurrenzwerbung
- Erinnerungswerbung
- Zukunftswerbung.

Die Begriffe für diese Werbearten nach den Zielsetzungen sind so klar, daß sie sich von selbst erklären. Aus den Begriffen ist auch ablesbar, welche dieser Werbearten im Einzelfall in Frage kommen. Sie sind gekennzeichnet durch die mehr oder weniger konzentrierte Ausrichtung auf eine bestimmte Art des Beeinflussungsergebnisses.

Paul W. Meyer (Die Werbeerfolgskontrolle, Düsseldorf 1963) entwickelte ein ähnliches Schema von Absatzzielen:
- Marktschaffung
- Marktführung
- Marktausweitung
- Markterhaltung
- Markteinschränkung
- Marktverzicht.

Diese zitierten Zielsetzungen sind annähernd praxisbezogen, doch geht aus ihnen nicht die Vielzahl der möglichen, verschiedenartigen Ziele hervor, wie sie in den folgenden Beispielen andeutungsweise zum Ausdruck kommen:
- Einführung eines neuen Produktes
- Einführung eines alten Produktes mit neuem Anwendungsgebiet
- Imageveränderung
- Veränderung des Bekanntheitsgrades
- Information über neue Produkteigenschaften, Preise, Vertriebswege
- Ansprache neuer Kunden
- Rückgewinnung verlorener Kunden, Absatzgebiete, Marktanteile
- Saison-Ausgleich
- Änderung von Verhaltensmustern
- Regionale Verschiebung des Absatzes.

Diese Auswahl von möglichen Werbezielen, die nicht den Anspruch auf Vollständigkeit erhebt, zeigt, wie verschiedenartig im Einzelfall der Katalog der Werbeziele bzw. der Marketingziele sein kann.

Die Festlegung der Zielgruppen im Rahmen der Marketingkonzeption

Der Festlegung der Marketingziele folgt die Bestimmung der Personen bzw. Personengruppen, mit deren Zutun die Ziele erreicht werden sollen. Die Auswahl der Zielgruppen ist abhängig von den einzelbetrieblichen Marketingzielen. Die Ziele sind somit »Auswahlanlässe« (Kästing: Die Ziele der Werbung, Stuttgart 1966).

Die Festlegung der Gruppe von Verwendern, die mit Hilfe der Marketing-Maßnahmen erreicht werden sollen, zählt zu den weittragendsten und damit wichtigsten Aufgaben der Marketing-Planung.

Grundsätzlich kann sich die Ansprache an »alle« oder an Einzelpersonen richten. Seyffert unterscheidet dementsprechend in Einzelumwerbung und Mengenumwerbung (vgl. Abb. 2). Eine Einzel- oder Individualumwerbung ist noch denkbar (z. B. Verkaufsgespräch), aber eine Mengenumwerbung an »alle« scheint in der Praxis dank ausgefeilter Selektionsmethoden und -techniken nicht vorzukommen.

So wird sich kaum jemand, der kein eigenes Land bzw. keinen eigenen Garten sein eigen nennt, für ein Maulwurf-Vertilgungs-

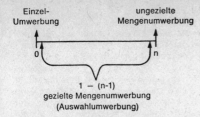

Abb. 2: Werbearten nach der Menge der zu Umwerbenden

mittel interessieren. Wer kein Tonbandgerät hat, wird keine Tonbänder kaufen oder wer keinen Fotoapparat besitzt, wird keine Filme kaufen. Diese willkürlich herausgegriffenen Beispiele zeigen, daß es darauf ankommt, aus der Gesamtbevölkerung eine Teilgruppe auszuwählen, die in ihren Merkmalen (Wesen, Struktur, Verhaltensnormen, materielle Ausstattung etc.) aller Wahrscheinlichkeit nach die Gruppe ist, die das Angebot wahrnimmt, kauft und weiterempfiehlt.

Sind diese Aktivitäten in einer Person begründet, so liegt bei dieser ein optimaler Werbeerfolg vor. Schwer vorstellbar ist jedoch, daß in der Praxis ein derartiges Resultat bei der gesamten Zielgruppe erreichbar ist. Dafür ist die Zielgruppe in sich trotz aller Auswahltechniken zu indifferent.

Zielgruppen werden mit Hilfe von Merkmalen selektiert bzw. definiert. Merkmale dieser Art sind:

– Demographische Merkmale (Alter, Geschlecht, Wohnort, ...)
– Qualitative Merkmale (modern, altmodisch)
– Verhaltensmerkmale (do it yourself-Anhänger, Auto-Tüftler).

Die Information über derartige Merkmale wird als grundsätzliche Voraussetzung für die Definition einer Zielgruppe angesehen. Die statistischen Unterlagen hierzu werden mittels der Marktanalyse gewonnen. So werden Informationen über die Struktur der derzeitigen und/oder der prospektiven Kunden ermittelt. Aber damit nicht genug: Daten, die mit Hilfe der Marktforschung (primär und/oder sekundär) festgestellt werden, müssen hinzugezogen werden, um Fragen klären zu können, die beispiels-

weise den Einsatzzeitpunkt, das Gebiet (Gesamtgebiet oder Schwerpunkte?), die Verbrauchergewohnheiten (z. B. Umgang mit Geld), die Verbrauchereinstellungen (z. B. konservativ oder modern), die Struktur der Verwender aufgegliedert nach dem Status, Stand, der Funktion, den Bedürfnissen, dem Standort etc. (vgl. hierzu: Bestimmungsfaktoren) betreffen.

Entscheidungen, die die Zielrichtung der Marketing-Maßnahmen betreffen, können jedoch nicht durch die Marktforschung gefällt werden. Die Marktforschung ist in diesem Sinne nur ein Daten-Beschaffungsinstrument und kann infolgedessen nur helfen, die Richtigkeit der Marketing-Entscheidung abzusichern. Die Entscheidung, welche Zielgruppe – definiert nach Art, Größe und Zusammensetzung – aufgrund der Sicherung und Gewichtung aller verfügbaren Daten angesprochen werden soll, ist von den Verantwortlichen des Marketing-Bereiches zu fällen. Die Daten stellen somit nur Bestimmungsfaktoren dar.

Bestimmungsfaktoren für die Auswahl der Zielgruppen

Bei der Erörterung der Festlegung der Zielgruppen kam bereits zum Ausdruck, daß Merkmale demographischer, psychologischer oder auch verwendungstechnischer Art zur Festlegung der Zielgruppen hinzugezogen werden und aufgrund ihrer Aussagekraft Bestimmungsfaktoren für die Auswahl der Zielgruppen darstellen. Auf diese und weitere Bestimmungsfaktoren soll im folgenden eingegangen werden.

Ergebnisse der Marktforschung als Bestimmungsfaktoren

Um die Marketing-Konzeption zu erarbeiten, stellt der Marketing-Verantwortliche sich selbst zunächst die Grundsatzfrage: »Was will ich verkaufen?« Die Antwort dieser Frage beinhaltet Angaben über das Produkt, seine Eigenschaften, Ausstattung und Darstellungsmöglichkeiten. Diese Frage kann demnach schon erste Aufschlüsse über die Zielgruppe geben.

Die zweite Grundsatzfrage wird dann lauten: »Wem wollen wir das Produkt/die Dienstleistung verkaufen?« Das ist die Frage, die zur Festlegung der Zielpersonen führt. Es wurde bereits ausgeführt, daß die Zielgruppen durch einen Datenkranz definiert werden. Auf ihn muß näher eingegangen werden.

Die Zielgruppen werden hauptsächlich durch fünf Merkmalsgruppen umschrieben:
– persönliche Merkmale
– Haushaltsmerkmale
– geografische Merkmale
– Merkmale der Verwender
– qualitative Merkmale.

Hinter diesen Gruppierungen verbirgt sich eine unwahrscheinliche Datenfülle. Wer je einen Fragebogen der Leseranalyse gesehen hat, wird sich der vielfältigen Fragen erinnern, die überwiegend die ersten drei der oben angeführten Gruppierungen betreffen. Ein Teil der Daten der Leseranalyse kann zur Festlegung der Zielgruppe genügen. Andererseits reichen diese Angaben in vielen Fällen nicht aus, um eine Zielgruppe bestimmen zu können. Oft ist die Struktur der Verwender genauer zu untersuchen, um die Definition einer Zielgruppe durchführen zu können. Hier kann nur angedeutet werden, wie weit die Angaben reichen können:
– Verwender aufgegliedert nach dem Stand
– Verwender aufgegliedert nach der Funktion
– Verwender aufgegliedert nach den Bedürfnissen.

Durch die Ergebnisse der Allensbacher Werbeträgeranalyse (AWA) wurden 1966 auch erstmalig psychologische Merkmale erhoben. Derartige qualitative Kriterien ermöglichen eine weitergehende Differenzierung der Definitionskriterien einer Zielgruppe. Hierzu gehören Angaben über
– Geselligkeit bzw. Einsamkeit
– Lebensstimmung der Verbraucher
– Menschlicher Kontakt im Laufe des Tages
– Kontaktfähigkeit
– Neigung zu demonstrativem Konsum
– Umgang mit Geld
– Qualitätsorientierung
– Interesse an Haushaltstechnik

– Markentreue
– Neigung zur Vorratshaltung
– Opionion Leader im Konsumbereich
– Reiselust
– Werbefreundlichkeit.

Diese wenigen Angaben, die herausgegriffen sind aus dem Gesamtkatalog qualitativer Merkmale, zeigen die vielfältigen Möglichkeiten zur besseren Bestimmung der Zielgruppen, zumal dann, wenn an die Kombinationsmöglichkeiten mit quantitativen Merkmalen gedacht wird.

Der Bedarf als Bestimmungsfaktor

Bedingung für die Erfüllung des generellen Marketing-Zieles »Verkauf der Ware (Dienstleistung)« ist, daß bei den prospektiven Käufern ein Bedarf für das Angebot vorhanden ist. Im Prozeß der Kaufentscheidung geht dem Bedarf das Bedürfnis voraus und es folgt die Nachfrage. Der Bedarf steht in diesem Prozeß demnach in der Mitte. Die vorausgehende Stufe (Bedürfnis) und auch die nachfolgende Stufe (Nachfrage) sind somit ebenfalls Bestimmungsfaktoren.

Der Prozeß der Bedarfsbildung ist vielschichtig und entzieht sich meist einer exakten Analyse, da nicht-wirtschaftliche Faktoren in diesen Prozeß eingreifen. Dennoch kann die verfügbare Kaufkraft als Steuerungsmoment beim Bedarfsbildungsprozeß angesehen werden, da vom Käufer generell nur Waren gewählt werden, die seiner Kaufkraft entsprechen. Aber fast ebensogroß ist der Einfluß der sozialen Stellung des Bedarfsträgers auf die Bedarfsbildung. Hier nun zeigt sich die Bedeutung des Bedarfs als Bestimmungsfaktor, denn aufgrund der sozialen Stellung kommt es auch zu sozialen Gleichförmigkeiten, die sich in gruppenspezifischem Bedarf und Waren als Statussymbol äußern und über eine gewisse Zeit hinweg andauern. Als Beispiele seien die Eß- und Reisewelle angeführt (vgl. Kästing: Die Zielung der Werbung, Stuttgart 1966).

Diese Gleichförmigkeit ist auch die Ursache, warum aus den im Besitz der Verbraucher befindlichen Waren Prognosen über den Bedarf an anderen Waren angestellt werden können. Waren in diesem Sinne sind beispielsweise Telefon und Auto, Waschmaschine und Kühltruhe oder der Farb-Fernseher.

Der Bedarf ist also abhängig von individuellen, sozialen und wirtschaftlichen Voraussetzungen. Das Wissen um diese ist die Basis für die Auswahl der Zielgruppen. Wie weit die Kenntnis über die Verbraucherstruktur der Eigenschaften und Verhaltensmerkmale geht, und zwar hinsichtlich der Breite und Tiefe, hängt vom Produkt (Dienstleistung) und von der Marketing-Zielsetzung ab.

Die Unternehmenskonzeption als Bestimmungsfaktor

Bei der Auswahl der Zielgruppe kann durchaus die Unternehmenskonzeption als entscheidender Bestimmungsfaktor Beachtung finden. Sieht diese beispielsweise vor, Damenkosmetik zu produzieren oder werden Damenmäntel angeboten, so werden jedesmal Frauen die Zielgruppen sein.

Diese beiden Beispiele mögen genügen, zeigen sie doch deutlich, daß die Unternehmenskonzeption durchaus Bestimmungsfaktor für die Auswahl der Zielgruppen sein kann.

Die Produktkonzeption als Bestimmungsfaktor

Unmittelbar mit der Unternehmenskonzeption zusammenhängend muß auch die Produktkonzeption als Bestimmungsfaktor angeführt werden. Werden Damenmäntel aus Lederimitation in geringer Qualität produziert, so werden diese nicht an avantgardistische Modehäuser bzw. an deren Kundschaft abgesetzt werden können. Oder: Filme geringer Empfindlichkeit sind ungeeignet, um sie an Professionals abzusetzen. Um diese Zielgruppen erreichen zu können, müßte die Produktkonzeption geändert werden.

Die Zielsetzung als Bestimmungsfaktor

Bereits bei der Behandlung der Bestimmung der Marketing-Ziele wurde auf die Abhängigkeit der Auswahl der Zielgruppen von der Zielsetzung hingewiesen. Ziele wie die Rückgewinnung abgewanderter Käufer oder die Vermittlung neuer Nutzungs- und Verwendungsmöglichkeiten beweisen sehr deutlich, daß die Zielsetzung die Zielgruppe bestimmen kann.

Die Ansprache der Zielgruppe

Die Zielgruppe soll zur Aufnahme, Erfüllung und Weiterempfehlung des Angebotes veranlaßt werden. Die zur Auslösung dieses Beeinflussungs-Prozesses erforderlichen Anstöße erfolgen durch Kommunikationsmittel – in der Regel mit Hilfe der Werbung. Das Angebot wird daher auch als zentrale Werbebotschaft bezeichnet.

Inhaltlich ist diese Werbeaussage bereits in der Marketing-Konzeption verankert. Die Frage ist nur, wie diese Aussage formuliert werden muß, um die erhofften Werbeerfolge zu verwirklichen. Es bedarf keiner Erklärung, daß mögliche Erfolge abhängig von der exakten Abstimmung der Werbebotschaft auf die Sprache, das geistige Niveau, die Einstellungen und Verhaltensmuster der festgelegten Zielgruppe sind.

Bei neuartigen Produkten, die offensichtliche Vorteile für den prospektiven Käufer bringen, ist es leichter, die zentrale Werbebotschaft zu kreieren als für Produkte, die sich im Grunde nicht von bisherigen Konkurrenzfabrikaten unterscheiden: Es gilt aber gerade dann eine »Unique Selling Proposition« (USP) zu schaffen, die beispielsweise auch in einer Idee (z. B. Verwendungsidee) bestehen kann. Ziel bei der Herausstellung bzw. Kreierung einer USP ist, dem Umworbenen die Vorstellung zu vermitteln, im Kauf des Produktes (der Dienstleistung) einen echten Nutzen, einen Vorteil gegenüber vergleichbaren Produkten zu sehen.

Ist die Werbebotschaft, die Leitidee gefunden, gilt es, sie so in Bild, Schrift und Ton umzusetzen, daß die ausgewählte Zielgruppe sich angesprochen und zum Handeln angeregt fühlt. Die Wahl der Kommunikationsmittel, mit denen die Botschaft vermittelt werden soll, hängt von einer Vielfalt von Kriterien ab (Etatmittel, zeitliche und räumliche Möglichkeiten u. a. m.). Wesentlich für die Werbemittel- und Werbeträger-Auswahl ist jedoch die Struktur der Zielgruppe. Verfügen die Werbegemeinten über Fernseher? Welche Zeitschriften, welche Zeitungen lesen sie? Und wie oft und intensiv? Diese und ähnliche Fragen werden gestellt und beantwortet.

Die Praxis hat mit Hilfe der Media-Forschung die Instrumente zur Untersuchung der Beziehungen zwischen Lesern und Medien ständig verbessert. Daten, wie sie bei der Behandlung der Bestimmungsgründe aufgezählt wurden, werden dem Marketing-Fachmann heute auf Medien bezogen geboten (Leseranalyse). Seit Beginn der Media-Forschung wurde aber auch versucht, die Aussagekraft der Daten zu verbessern, indem die Beziehungen zwischen Kaufverhalten zu Warengruppen und die Media- Nutzung ermittelt werden sollten. Die Erkenntnis, daß dies mit Hilfe der Panel-Forschung möglich ist, hat in der jüngsten Vergangenheit zu Versuchen der »besseren Zeitschriften-Planung durch bessere Zielgruppenbestimmung« geführt (vgl. G. Brückmann, ZV + ZV 45/1970). Genau wie bei der Leseranalyse sind bei der praktischen Arbeit mit dem GfK-Presse-Planungsinstrument Auszählungen nach unterschiedlichen Zielsetzungen bzw. Merkmalen möglich.

Der Entscheidungsprozeß von Individuen

Allzuoft sind jedoch trotz aller mediaanalytischer Vorarbeiten überraschende Aktionen bzw. Reaktionen der Käuferschaften festzustellen. Das drückt sich in der Gruppierung der Werbegemeinten und den mehr oder weniger verschiedenen Intensitätsgraden des Werbeerfolges aus. Abb. 3 verdeutlicht dies. Diese von Seyffert (Werbelehre I, Stuttgart 1966) gekürzt übernommene Übersicht zeigt, daß die Umworbenen (A) durchaus nicht mit den

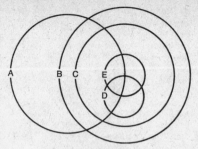

A Werbegemeinte
B Werbeberührte
C Werbebeeindruckte
D Werbeselbsterfüller
E Werbeweiterpflanzer

Abb. 3

Werbeberührten (B), Werbebeeindruckten (C), Werbeselbsterfüllern (D) und Werbeweiterpflanzern (E) deckungsgleich übereinstimmen müssen. Nur dort, wo sich die Kreise D und E überschneiden, wurde der volle Werbeerfolg (Aufnehmen, Erfüllen, Weiterempfehlen) erreicht. Bei Anwendung dieser Darstellung in der Praxis ließen sich sicherlich eine Vielzahl von Kombinationen und Überschneidungen der Kreise feststellen.

Mit Hilfe der Diffusionsforschung wurde ermittelt, daß die von Seyffert genannten Phasen »Aufnehmen, Erfüllen, Weiterempfehlen« noch weiter aufgeschlüsselt werden müssen: Der Entscheidungsprozeß des Individuums ist demnach in die Stufen
– Aufmerksamkeitsphase (awareness-stage)
– Interessenphase (interest-stage)
– Bewertungsphase (evaluation-stage)
– Versuchsphase (trial-stage)
– Übernahmephase (adoption-stage)
zu zerlegen. Erst das Erreichen der Übernahmephase schafft die Voraussetzung zum »Weiterempfehlen«, wie Seyffert es nennt.

Die Diffusionsforschung hat aber gleichzeitig gezeigt, daß all diese auf das Individuum angewendeten Begriffe rein theoretischer Natur, daß sie für die Praxis der Zielgruppenbestimmung nichtssagend sind, daß sie rein formalistische Übungen darstellen. Buchner (Marketing und Diffusionsforschung, in: »Der Marktforscher, 2/70«) sagt mit Recht, daß sich auch heute noch die Marktforschungspraxis so verhält, als seien die Verbraucher Individuen, »sozusagen atomisierte Einzelwesen«. Zielgruppen werden nicht als »Gruppe«, sondern als eine Gesamtheit der Individuen angesehen, obwohl die Diffusionsforschung eindeutig bewiesen hat, daß sich soziale Beziehungen ökonomisch auswirken können (vgl. auch die in letzter Zeit erneut diskutierten Schneeballsysteme), daß Marketing-Maßnahmen nicht wirken, ohne daß sie in ein System sozialer Beziehungen aktiv eingreifen. Ist diese Erkenntnis abgesichert – und sie ist es –, so sollte doch wohl nicht die Zielgruppenbestimmung über das Individuum erfolgen – wie weiter oben beschrieben –, sondern über Strukturuntersuchungen der sozialen Beziehungen einer Gruppe. Entsprechend muß die Ansprache der Zielgruppe so ausgerichtet sein, daß Gruppenentscheidungen ausgelöst werden.

Gatekeeper, Opinion Leader, Innovatoren

Die Forschung hat bewiesen, daß Individuen nur dann ein neues Produkt kaufen, eine Idee aufnehmen, Neuerungen akzeptieren, Verhaltensmuster ändern, wenn die hierfür erforderliche individuelle Entscheidung auf eine Gruppenentscheidung aufbauen kann. Kein Gruppenmitglied wird seine Gruppenzugehörigkeit oder seinen Status innerhalb der Gruppe in Gefahr bringen, um eine Idee aufzunehmen bzw. ein Produkt zu kaufen, wenn die Gruppe diese Idee/das Produkt zuvor nicht akzeptiert hat (vgl. G. C. Homans: Theorie der sozialen Gruppe, Köln und Opladen 1969). Wie aber kann eine soziale Gruppe dazu gebracht werden, eine Marketing-Botschaft bzw. eine Werbebotschaft aufzunehmen? Der Weg führt über die Gatekeeper, die Opinion Leader oder die Innovatoren. Auf diese drei Rollen innerhalb der sozialen Gruppe, die durchaus in einer Rolle vereinigt sein können, muß eingegangen werden, um die sozialen Beziehungsstrukturen unterscheiden zu können.

Gatekeeper (auch *Doorkeeper* genannt) nehmen innerhalb der Gruppe – wie ihre Rollenbezeichnung schon sagt – eine Schlüsselstellung ein, weil sämtliche Informationen, die in die Gruppe hineingetragen werden sollen, über den Gatekeeper laufen. Er ist der »gut Informierte«, der einen ausgeprägten Kontakt zu den Nachrichtenquellen hat. Infolgedessen gilt er als derjenige, von dem Neuigkeiten zu erfahren sind. Somit nimmt der Inhaber dieser Rolle Einfluß auf den Kommunikationsprozeß. Gatekeeper können Opinion Leader oder Innovatoren sein.

Der *Opinion Leader* repräsentiert das Gruppenverhalten und gilt innerhalb der Gruppe als qualifiziert für bestimmte Gebiete. Er ist als Gruppenmitglied in der Regel durchaus nicht für alle Fragen und Probleme der Gruppe kompetent. Vielmehr kann es innerhalb einer Gruppe für bestimmte Bereiche verschiedene Opinion Leader geben. Ein Beispiel aus der sozialen Gruppe »Familie« verdeutlicht das: Der Vater ist Meinungsführer im Hinblick auf die Politik oder das Auto, die Mutter im Hinblick auf die Ernährung, die Tochter in bezug auf die Mode, der Sohn hinsichtlich des Sports. Der Sohn kann aber – als Mitglied mehrerer sozialer Gruppen – im Kreise seiner Spielkameraden als Opinion Leader für Autos angesehen werden oder der Vater im Kreise der Arbeitskollegen oder am Stammtisch in puncto Sportgeschehen. Diese Beispiele zeigen deutlich, daß die Rolle des Meinungsführers gruppenorientiert ist. In der Regel sind sie spezialisiert auf ihrem Gebiet, doch ist das eine Wertung, die von dem Wissensstand der übrigen Gruppenmitglieder abhängig ist.

Innovatoren haben im Gegensatz zum Opinion Leader kein so ausgeprägtes Gruppenbewußtsein. Ihre Orientierung ist mehr nach außen gerichtet, häufig sogar so extrem, daß ihr Verhalten nicht mehr der Gruppennorm entspricht. Innovatoren nehmen auch – wie die Diffusionsforschung beweist – Ideen, Produkte, Neuerungen als erste auf. Meinungsführer werden statt dessen von Normen und Gruppenstandards gehemmt.

Eine Unterscheidung in Doorkeeper, Opinion Leader, Innovatoren ist in praxi nicht einfach. Klar wird aber, daß Zielgruppenbestimmungen nicht mit Hilfe der noch üblichen Befragungsstrategien von Individuen vorgenommen werden dürfen. Vielmehr sind zur Erforschung dieser komplexen Gebilde auch entsprechende Forschungsmodelle erforderlich. Buchner (Jugend-Marketing braucht neue Strategien, in: Marketing Journal 5/70) verlangt in diesem Sinne auch Strategien, die auf die Gruppenstruktur abgestimmt sind.

Ergebnis

Marketing-Maßnahmen greifen in ein System sozialer Beziehungen ein und versuchen Einfluß auf das Verhalten der Gruppenmitglieder zu nehmen. Diese Erkenntnis führt folgerichtig zu der Forderung, Zielgruppen nicht als Summe von Einzelindividuen zu sehen und zu bestimmen, sondern diese in ihrer Systemstruktur zu untersuchen und zu selektieren. Analysen wie die »Relationsanalyse« und die »Contextanalyse« in Verbindung mit Auswahlverfahren wie area-sampling oder Dichte-Sampling und unter Anwendung soziometrischer Techniken kommen dieser Forderung nach. Die Durchsetzung derartiger neuer Forschungsmodelle ist heute noch eine Frage der Finanzierung. Die Ergebnisse lohnen – sowohl hinsichtlich der Forschung als auch im Hinblick auf die erfolgreiche Zielgruppenbestimmung und -ansprache.

Dipl.-Kfm. Dr. KLAUS DIRK PAMPE,
Düsseldorf

Zölle und Abschöpfungen

Zölle und Abschöpfungen sind entscheidende *Preis- und Wettbewerbsfaktoren,* über die sich jedes Unternehmen im Hinblick auf seine Marktfunktion informieren sollte:
- Ein *Importunternehmen* wird als erstes prüfen, mit welchen Abgaben das importierte Erzeugnis bei der Grenzabfertigung belastet wird.
- Ein *export-orientiertes* Unternehmen muß sich genaue Kenntnis von den Abgabenbelastungen im Bestimmungsland und damit von der Wettbewerbssituation der ausgeführten Erzeugnisse verschaffen.
- Aber auch reine inländische oder auf den gemeinsamen Markt bezogene binnenwirtschaftliche *Produktionsunternehmen* sollten sich über die Abgabenbelastung gleichartiger oder substituierbarer Konkurrenzerzeugnisse Gewißheit verschaffen, um die Wettbewerbssituation von der Importseite her richtig einzuschätzen.

Begriffe und Abgrenzungen

Zölle sind öffentlich-rechtliche Abgaben, die erhoben werden aufgrund eines Zolltarifs, der für bestimmte nach Warenbezeichnungen geordnete Tarifnummern – autonome und vertragsmäßige – Zollsätze festlegt. Zölle werden nach Vollendung der Zolltarifunion in der EG (1. 1. 1970) nur bei der Einfuhr von Erzeugnissen aus Drittländern in das Zollgebiet der EG erhoben. Sie sollen zum Schutz der inländischen Industrie unterschiedliche Produktionskosten ausgleichen. Ausfuhrzölle bestehen grundsätzlich nicht. Werden bestimmte Waren zu Dumping- oder subventionierten Preisen eingeführt, so können die Gemeinschaftsorgane auf der Grundlage der Anti-Dumpin-VO (Rats-VO 459/68) neben den Zöllen des Zolltarifs Abwehrzölle einführen. Im Gegensatz zu den Zöllen werden *Abschöpfungen* und ihnen funktionell gleichstehende *Zusatz- und Ausgleichsabgaben* nur für landwirtschaftliche Produkte oder Verarbeitungserzeugnisse dieser Produkte im Handelsverkehr mit Drittländern erhoben, sofern sie einer gemeinschaftlichen Marktordnung mit einem Abschöpfungssystem unterliegen. Dies ist bei den wichtigsten Agrarerzeugnissen der Fall. Teilweise werden Abschöpfungen neben den Zöllen erhoben; zum größten Teil sind sie jedoch an die Stelle der Zölle und aller sonstigen sonstigen den Handelsverkehr beschränkenden Maßnahmen getreten. Es handelt sich bei ihnen um Eingangsabgaben eigener Art, die auf der Basis einer gemeinsamen Preispolitik den Agrar-Außenhandel regulieren sollen, indem sie die Differenz zwischen den innergemeinschaftlich festgesetzten Preisen und den niedrigeren oder höheren Weltmarktpreisen ausgleichen und damit den innergemeinschaftlichen Markt stabilisieren. Die seit 1971 erhobenen *Währungsausgleichsabgabe* haben die besondere Funktion, bei den auf einheitlichen Preisen basierenden Agrarerzeugnissen die unterschiedlichen Wechselkurse der Mitgliedstaaten auszugleichen.

Zölle und Abschöpfungen sind nur ein Teil der im internationalen Handelsverkehr erhobenen Grenzabgaben und bestehenden Handelsschranken. Zusätzliche Belastungen und Beschränkungen ergeben sich aus der Erhebung von zollgleichen Abgaben (z. B. Gebühren, Beiträge), inländischen Steuern (z. B. Einfuhrumsatzsteuer) und Monopolabgaben oder sonstigen fiskalischen Belastungen sowie aus der Existenz mengenmäßiger Beschränkungen und Maßnahmen gleicher Wirkung. Durch den bereits vollzogenen teilweisen Abbau der Zollsätze im Rahmen der Kennedy-Runde und den geplanten weiteren Abbau bei der neuen GATT-Runde sinkt die Bedeutung der Zölle als Schutzmaßnahme. Handelspolitisch sind auf das echte Schutzbedürfnis abgestellte Abgaben den mengenmäßigen Beschränkungen und Maßnahmen gleicher Wirkung jedoch vorzuziehen.

Gemeinschaftsrecht und nationales Recht

Die EG ist in erster Linie eine Zollunion, die sich auf den gesamten Warenaustausch

(Art. 9 EWG-Vertrag) erstreckt. Dies hat einen doppelten Aspekt:

Binnenmarkt

Im Binnenmarkt, der geographisch durch die ZollgebietsVO abgegrenzt wird, dürfen im Handelsverkehr zwischen den Mitgliedstaaten spätestens seit dem Ende der Übergangszeit (31. 12. 1969) keine Zölle, Abgaben mit gleicher Wirkung wie Zölle, Abschöpfungen und sonstige Grenzabgaben mehr erhoben werden. Die Währungsausgleichsabgaben durchbrechen allerdings dieses Prinzip. Mit Ausdehnung des gemeinsamen Marktes auf die Beitrittsländer England, Dänemark und Irland werden – nach einer Übergangszeit bis 1977 – auch im Handelsverkehr mit diesen Ländern keine Abgaben mehr erhoben.

Handelsverkehr mit Drittländern

Im Handelsverkehr mit dritten Ländern werden aufgrund des Gemeinsamen Zolltarifs an der Gemeinschaftsgrenze einheitliche Zölle und Abschöpfungen erhoben. Das geltende Zoll- und Abschöpfungsrecht ist

– auf den wesentlichen Gebieten *Gemeinschaftsrecht* (Zollgebiet, Warenursprung, Zolltarif, Zollwert, Zollversand, Festsetzung der Abschöpfung);
– teilweise aufgrund von *EG-Richtlinien harmonisiertes Zollrecht*, das in seinen Wirkungen praktisch einem einheitlichen Gemeinschaftsrecht gleichkommt (z. B. aktiver Veredelungsverkehr, Zollager, Freizone, Zahlungsaufschub, vorübergehende Verwahrung);
– teilweise noch *nationales Recht* (z. B. Zollbefreiungen, passiver Veredelungsverkehr), das im Laufe der Zeit vereinheitlicht wird.

Besondere und zum Teil recht komplizierte Regeln gelten im Handelsverkehr mit den assoziierten Staaten, den sog. Rest-EFTA-Staaten sowie aufgrund der allgemeinen Zollpräferenzen gegenüber den Entwicklungsländern.

Gemeinsamer Zolltarif

Kernstück des gemeinsamen Zollrechts ist der seit dem 1. 7. 1968 für alle sechs EG-Mitgliedstaaten und mit Wirkung vom 1. 7. 1977 auch für die neuen Mitgliedstaaten geltende gemeinsame Außenzolltarif (GZT). Dieser ist für den täglichen Gebrauch in einen nationalen Gebrauchs-Zolltarif übersetzt worden, der in der BRD mit Wirkung vom 1. 1. 1975 als »integrierter« Zolltarif neu in Kraft getreten ist. Aus Drittländern eingeführte Waren werden aufgrund des GZT von den Zollbehörden der Mitgliedstaaten nach der gleichen Tarifstelle und dem gleichen Zollsatz abgefertigt. Bei der praktischen Anwendung des GZT durch die nationalen Zollstellen ergeben sich jedoch noch Unterschiede, die erst durch eine sukzessive Angleichung der Verwaltungspraxis behoben werden.

Zollgebiet der Gemeinschaft

Durch die Rats-VO 1496/68 – ergänzt durch die Beitrittsakte – wurde für die neun Mitgliedstaaten ein *einheitliches Zollgebiet* festgelegt. Waren, die von irgendeiner Zollstelle des gemeinsamen Zollgebiets abgefertigt werden, befinden sich grundsätzlich innerhalb der Gemeinschaft im freien Verkehr (Art. 9, 10 EWGV). Der in der Gemeinschaft ansässige Importeur drittländischer Waren kann – allerdings unbeschadet der nationalen steuerlichen Vorschriften und der Vorschriften über Verbote und Beschränkungen für den Warenverkehr – selbst den Ort der Verzollung innerhalb des gemeinsamen Zollgebiets bestimmen. Die Abfertigung einer Ware durch eine Zollstelle der Gemeinschaft ist verbindlich für das gesamte gemeinschaftliche Zollgebiet.

Warenursprung

Die Instrumente der Zollpolitik, insbesondere die Anwendung bestimmter Zollsätze, Zollaussetzungen und die Gewährung von Zollpräferenzen und Zollkontingenten basieren in der Regel auf dem Ursprung der Waren. Eine funktionsfähige Zollunion ist daher nicht ohne Ursprungsregelung denkbar, die gleichermaßen wirtschafts-, zoll- und handelspolitische Funktionen erfüllen. Die Rats-VO 802/68 legt den gemeinschaftsrechtlichen *Ursprungsbegriff* fest und regelt die Voraussetzungen, unter denen Ursprungszeugnisse bei der Einfuhr und der Ausfuhr gewährt werden. Besondere und teilweise sehr detailliert abgefaßte Ursprungsregelungen gelten im Rahmen der Assoziations-, Präferenz- und Handelsabkommen sowie der allgemeinen Präferenzen an die Entwicklungsländer. Die richtige Ursprungsbestimmung nach der VO 802/68 ist bei den Waren schwierig, an deren Herstellung zwei oder mehrere Länder beteiligt sind. Nach der gesetzlichen Definition (Art. 5 VO) hat eine Ware ihren Ursprung in dem Land, in dem die letzte wesentliche und wirtschaftlich gerechtfertigte Be- oder Verarbeitung stattgefunden hat, die in einem dazu eingerichteten Unternehmen vorgenommen worden ist und zur Herstellung eines neuen Erzeugnisses geführt hat oder eine bedeutende Handelsstufe darstellt. Diese Generalklausel ist zwischenzeitlich für bestimmte Be- und Verarbeitungen durch Verordnungen der EG-Kommission interpretiert worden.

Anwendung und Auslegung des Gemeinsamen Zolltarifs

Der Gemeinsame Zolltarif – die Gesamtheit der zolltariflichen Vorschriften der EG – besteht aus zwei Elementen, nämlich den nach Tarif-Nummern und Tarif-Stellen geordneten Warenbezeichnungen (auch Nomenklatur genannt) und den Zollsätzen. Die Tarif-Stellen nennen die für die tarifliche Einordnung einer Ware entscheidenden Tarifierungsmerkmale. Ihnen liegen die nach Tarif-Nummern geordneten Warenbezeichnungen der Brüsseler Nomenklatur zugrunde. Zu jeder Tarifnummer gehört ein Zollsatz. In der Regel sind die Zollsätze in autonome und vertragsmäßige Zollsätze untergliedert. Angewendet wird grundsätzlich der niedrigere vertragsmäßige Zollsatz gegenüber Drittländern, es sei denn, aufgrund der Assoziations- und

Präferenzabkommen bestehen abweichende Zollsätze.

Besondere Schwierigkeiten bereitet die *einheitliche Auslegung und Anwendung* des GZT bei der Tarifierung einzelner Waren. Wesentliche Hilfs- und Erkenntnismittel dabei sind die zusätzlichen Erläuterungen der Kommission, die Erläuterungen zum Brüsseler Zolltarif sowie die Tarifentscheide der Kommission. Daneben finden gemeinsame Auslegungsgrundsätze Anwendung, die in den allgemeinen Tarifierungsvorschriften sowie den Vorbemerkungen zu den Kapiteln des Zolltarifs enthalten sind. Zur Klärung der richtigen Tarifierung einer Ware ist wie folgt zu verfahren:

– Unter welche möglichen Positionen des Gemeinsamen Zolltarifs kann das betreffende Erzeugnis fallen?
– Liegt für das betreffende Erzeugnis ein Tarifierungsentscheid der Kommission vor?
– Welche Tarifposition ist unter Anwendung der allgemeinen und speziellen Auslegungsgrundsätze zum Zolltarif maßgebend?
– Welche tarifliche Einordnung würde nach den Erläuterungen zum Brüsseler Zolltarifschema und den zusätzlichen Erläuterungen der Kommission sowie nach den Avis und Einzelentscheidungen des Brüsseler Zollrates richtig sein?

Die BRD kennt – im Gegensatz zu den anderen Mitgliedstaaten – das von der Wirtschaft nicht hoch genug einzuschätzende Rechtsinstitut der *verbindlichen Zolltarifauskünfte.*

Diese von bestimmten Zollbehörden erteilten Auskünfte legen die Tarifstelle einer Ware verbindlich fest. Bei einer Änderung der Auskunft kann der Antragsteller noch drei Monate nach erfolgter Änderung verlangen, daß eine tariflich gleichartige Ware entsprechend der Zolltarifauskunft tarifiert wird.

Zollkontingente

Zollkontingente sind mengenmäßig und zeitlich begrenzte *Vergünstigungen*. Die Vergünstigung besteht in der Anwendung eines ermäßigten Zollsatzes, der auch zur Zollfreiheit führen kann (Nullsatz). An die Stelle nationaler Zolltarifkontingente treten nach und nach Gemeinschaftskontingente, die vom Rat eröffnet und aufgeteilt und von den Mitgliedstaaten nach Maßgabe der jeweiligen Rats-Verordnung verwaltet werden. Die Verwaltung kann Kontingente im Rahmen des sog. Kontingentscheinverfahrens (eine amtliche Stelle stellt unter Berücksichtigung nachgewiesener Referenzen Kontingentscheine aus und überwacht die Kontingente) oder des Windhund-Verfahrens (importierte Waren werden auf das Kontingent in der Reihenfolge der Zollanträge angerechnet) verteilen.

Zollwert

Der Gemeinsame Zolltarif enthält überwiegend *Wertzölle*. Das bedeutet, daß der für eine Ware anzuwendende Zollsatz sich nicht nach dem Gewicht dieser Ware, sondern nach einem bestimmten Handelswert richtet. Durch eine gemeinschaftliche Zollwertverordnung (Rats-VO Nr. 803/68) soll sichergestellt werden, daß Drittlandseinfuhren bei der Abfertigung an der Gemeinschaftsgrenze nach einheitlichen Maßstäben bewertet werden. Bewertungsmaßstab ist der *Normalpreis*. Der normale Preis ist der Preis, der für die betreffende Ware zu einem bestimmten Zeitpunkt bei einem Kaufgeschäft unter den Bedingungen des freien Wettbewerbs zwischen einem Käufer und einem Verkäufer, die voneinander unabhängig sind, erzielt werden kann. Der Normalpreisbegriff wurde durch das Brüsseler Zollwertabkommen eingeführt. Die einzelnen Begriffsmerkmale des Normalpreises sind Gegenstand einer umfangreichen Rechtsprechung und Kommentierung. Sie erfordern eine genaue Kenntnis des Marktes und Würdigung des wirtschaftlichen Sachverhalts. Eine umfangreiche Rechtsprechung zeugt davon, daß sich das Zollwertrecht mit seinen teilweise äußerst schwierigen Bewertungsfragen zu einer Spezialmaterie innerhalb des Zollrechts entwickelt hat. Die Anerkennung einer bestimmten Handelsstufe kann zu erheblichen Zollvorteilen, die Einbeziehung des Benutzungswertes gewerblicher

Schutzrechte, der Garantiekosten etc. in den Zollwert dagegen zu erheblich höheren Belastungen führen.

In der Praxis wird eine Ware in der Regel nach dem *Rechnungspreis* verzollt, der unter bestimmten Voraussetzungen – erforderlichenfalls nach Berichtigung auf den Normalpreis – als Zollwert anerkannt wird. Die für die Wertverzollung erforderlichen Angaben ergeben sich im einzelnen aus der Zollwertanmeldung sowie dem dazu ergangenen Erlaß. Der Zollwertanmelder trägt für die Richtigkeit der Angaben die Verantwortung, und zwar strafrechtlich.

Gemeinschaftliches Versandverfahren

Von wesentlicher Bedeutung für einen vereinfachten und beschleunigten Warenverkehr innerhalb der Gemeinschaft ist das gemeinschaftliche Versandverfahren (Rats-VO Nr. 542/69). Dieses an den *zollrechtlichen Status einer Ware* anknüpfende Verfahren will unter Abbau der innergemeinschaftlichen Grenzzollstellen die Abwicklung des Handelsverkehrs im wesentlichen in die Hand der Abgangs- und Bestimmungszollstelle legen. Die VO unterscheidet – je nach Charakter der Ware – zwischen externen und internen gemeinschaftlichen Versandverfahren.

Externes Versandverfahren

Im »externen« Versandverfahren werden Waren *ohne Gemeinschaftscharakter* befördert, d. h. Waren, die sich nicht im freien Verkehr der Gemeinschaft (Art. 9, 10 des EWG-Vertrages) befinden. So kann der Importeur die Ware an der Grenze unverzollt im externen Versandverfahren bis zum Bestimmungsort durchlaufen lassen und erst an der Bestimmungszollstelle verzollen. Bei der Ausfuhr von Waren ohne Gemeinschaftscharakter kann bereits bei der Abgangszollstelle das externe Versandverfahren beantragt werden. Über die technische Abwicklung sind u. a. die Grenzspeditionen informiert.

Internes Versandverfahren

Im internen Versandverfahren wird die »*Gemeinschaftsware*« befördert, d. h. Ware, die sich entsprechend Art. 9, 10 des EWG-Vertrages innerhalb der Gemeinschaft im freien Verkehr befindet. Im freien Verkehr befinden sich Waren, die entweder aus den Mitgliedstaaten stammen oder aus Drittländern importiert und unter Zahlung des Zolls zum freien Verkehr abgefertigt wurden. So kann der deutsche Importeur eine Ware bereits an der Gemeinschaftsgrenze (z. B. Rotterdam) zum freien Verkehr abfertigen und anschließend im internen Versandverfahren an den Bestimmungsort weiterlaufen lassen. Ein exportierendes Unternehmen kann bereits bei der nächsten Zollstelle als der Abgangszollstelle Ware zum internen Versandverfahren abfertigen lassen und ohne größere Grenzformalitäten zum Absendeort (z. B. Marseille) eines anderen Mitgliedstaates senden.

Zollverfahren

Für die Wirtschaft von besonderer Bedeutung sind die Zollverfahren (z. B. aktiver Veredlungsverkehr, Zollager). Diese Zollverfahren erlauben es, daß Drittlandswaren in das Zollgebiet der Gemeinschaft eingeführt, gelagert und bearbeitet werden, ohne daß Zölle zu entrichten sind.

Aktiver Veredlungsverkehr

Das bedeutendste Zollverfahren für die Wirtschaft der Gemeinschaft ist der aktive Veredlungsverkehr. In diesem Zollverfahren werden Waren abgefertigt, die sich nicht im freien Verkehr eines Mitgliedstaates befinden und nach einer Bearbeitung als Veredlungserzeugnisse wieder ausgeführt werden sollen. Die nationalen Vorschriften über den aktiven Veredlungsverkehr sind durch eine Ratsrichtlinie (Nr. 69/73) harmonisiert worden. Die Richtlinie legt vor allem für das Zollgebiet der Gemeinschaft einheitlich die Voraussetzung fest, unter denen die zuständigen Behörden den aktiven Veredlungsverkehr bewilligen müssen (Art. 5).

Zollager

Ein weiteres wichtiges Zollverfahren ist die Einlagerung von Waren in Zolläger. Während der Einlagerung werden keine Eingangsabgaben erhoben. Durch die Richtlinie 69/74 des Rates wurden die in den Mitgliedstaaten bestehenden Rechts- und Verwaltungsvorschriften über Zollager vereinheitlicht. Insbesondere wurde festgelegt, daß sich der Zoll für die Lagerware einheitlich nach dem Zolltarif richtet, der im Zeitpunkt der Auslagerung gilt.

Weitere Zollvorschriften

Die Gemeinschaftsorgane streben ein in sich *geschlossenes, europäisches Zollrecht* an, das an die Stelle der formellen und materiellen Zollrechtsbestimmungen der Mitgliedstaaten tritt. Durch die stufenweise Vergemeinschaftung der Zoll- und Abschöpfungseinnahmen ist die Vereinheitlichung aller Zollrechtsbestimmungen zu einem *gemeinschaftsrechtlichen Zollkodex* ein dringendes Erfordernis zwecks Vermeidung von Verkehrsverlagerungen und Wettbewerbsverfälschungen. Die Gemeinschaftsorgane arbeiten z. Z. an der Verwirklichung des noch umfangreichen Vereinheitlichungsprogramms, das sich insbesondere auf Gebiete wie den passiven Veredlungsverkehr, die vorübergehende Benutzung drittländischer Produktionsmittel, die außertariflichen Zollbefreiungen, das Zollverfahrensrecht etc. bezieht. Solange die gemeinschaftsrechtlichen Zollvorschriften nicht in Kraft getreten sind, bleibt in den jeweiligen Bereichen das nationale Zollrecht anwendbar.

Abschöpfungen

Die Abschöpfungen sind ein *Instrument der gemeinsamen Agrarpolitik*. Mit ihnen, insbesondere ihrer Berechnungs- und Funktionsweise müssen sich an erster Stelle Unternehmen befassen, die landwirtschaftliche Grund-, Veredlungs- oder Verarbeitungserzeugnisse herstellen oder handeln. Etwa 95 % aller Agrarerzeugnisse unterliegen heute gemeinsamen Marktordnungen, die den Außenschutz gegenüber Drittlandseinfuhren sowie die Stabilisierung des Gemeinschaftsmarktes durch die Erhebung von Abschöpfungen, Zusatzbeträgen, Ausgleichsabgaben und neuerdings Ausfuhrabgaben sichern. Das Abgabensystem der einzelnen Marktordnungen ist je nach dem Schutzbedürfnis und nach der Art der einzelnen Produkte unterschiedlich gestaltet. Die Agrarabgaben verfolgen einen einheitlichen Zweck, nämlich die Stabilisierung des Marktes durch Preisausgleich im grenzüberschreitenden Warenverkehr.

Festsetzung und Erhebung

Die Schaffung des Abschöpfungstarifs für die jeweilige Marktordnung sowie die Festsetzung der Abschöpfungssätze ist Aufgabe der Gemeinschaftsorgane. Die einzelnen Marktordnungen und Durchführungsverordnungen nennen die Faktoren, anhand derer die Abschöpfungen aufgrund unterschiedlicher Preisfaktoren (z. B. Schwellenpreise, Referenzpreis etc.) berechnet werden. Dies zeigt zugleich die enge Verzahnung zwischen den Preismechanismus und dem Abgabensystem der jeweiligen Marktordnung. Soweit die Einfuhr von der Erteilung einer Lizenz abhängig ist, kann der Importeur die Abschöpfung im voraus fixieren lassen. Die Erhebung der Abschöpfung und damit die verwaltungsmäßige Durchführung der Marktordnungen liegt in den Händen der nationalen Behörden. Vereinnahmt werden die Abschöpfungen heute durch die Gemeinschaft.

Ausfuhrerstattungen

Während mittels der Abschöpfungen die niedrigeren Weltmarktpreise den höheren Inlandspreisen der Gemeinschaft angepaßt werden, erfüllen die Ausfuhrerstattungen die gegenteilige Funktion. Durch sie wird bei Ausfuhren aus der Gemeinschaft der Preisunterschied zwischen dem hohen Binnenmarktniveau und den niedrigen Weltmarktpreisen erstattet. Die Erstattungssätze sind in der gesamten Gemeinschaft gleich. Hat die Kommission eine Erstattung festgesetzt, so sind die Mitgliedstaaten zur Gewährung der Erstattung an den antragstellenden Marktbürger verpflichtet. Auch Erstattungen können in bestimmten Fällen im voraus fixiert werden.

Rechtsschutz

Kein anderes Rechtsgebiet der Gemeinschaft hat die nationalen Finanzgerichte und den Europäischen Gerichtshof bisher so stark beschäftigt wie Fragen des Zoll-, Abschöpfungs- und Erstattungsrechts. Dies liegt sowohl in der Kompliziertheit als auch der Neuartigkeit der genannten Rechtsgebiete.

Die Rechtsmittel gegen Zoll- und Abschöpfungsbescheide sind in den einzelnen Mitgliedstaaten noch unterschiedlich. An einer Vereinheitlichung des Rechtsschutzes wird gearbeitet. Der deutsche Marktbürger hat das Recht, gegen Zoll- und Abschöpfungsbescheide entsprechend der in den Bescheiden enthaltenen Rechtsmittelbelehrung Einspruch einzulegen oder – in Ausnahmefällen – einen Erlaß aus Gründen der Billigkeit zu beantragen. In Fällen einer Nacherhebung kann er auch die Aussetzung der Vollziehung eines Bescheides verlangen. Gegen eine ablehnende Einspruchsentscheidung kann Klage vor den in Zoll- und Abschöpfungssachen zuständigen Senaten der Finanzgerichte erhoben werden. Sofern es in dem Rechtsstreit auf die Gültigkeit oder die Auslegung einer gemeinschaftsrechtlichen Vorschrift ankommt, ist eine Vorabentscheidung des Europäischen Gerichtshofes in Luxemburg (Art. 177 EWG-Vertrag) einzuholen.

Rechtsanwalt Dr. DIETRICH EHLE, Köln

Zufall und Wahrscheinlichkeit in der Entscheidungsfindung

Obwohl die Wahrscheinlichkeitsrechnung bereits vor über 300 Jahren entwickelt wurde, gehört sie noch längst nicht zum Allgemeinwissen der Menschen. Dies ist um so erstaunlicher, als wir doch in einer Welt voller Wahrscheinlichkeiten leben, insbesondere im Bereich der Wirtschaft, wo uns oft weitreichende Entscheidungen abgenötigt werden.

Gerade im Wirtschaftsleben gibt man sich aber nur ungern mit Zufälligkeiten und den daraus resultierenden Wahrscheinlichkeiten zufrieden. Man versucht vielmehr, die Ursachen allen Geschehens zu erforschen, um dieses Geschehen so weit wie möglich exakt vorausberechnen zu können. Ein solches Streben ist durchaus sinnvoll und anerkennenswert. Gefährlich wird es erst wenn man die Grenzen übersieht, die diesem Streben gesetzt sind, wenn man also die Bedeutung unterschätzt, die dem Zufall im Wirtschaftsleben trotz aller Bemühungen um seine Ausschaltung verbleibt. Die Ursache solcher Fehleinschätzungen dürfte wohl darin zu finden sein, daß selbst über das Wesen des Zufalles noch weitverbreitete Unklarheit herrscht.

Zufall

Was wir nämlich als Zufall bezeichnen, ist letzten Endes nichts anderes als ein Ereignis, welches von so vielen Einflußgrößen abhängt, daß wir sein Eintreten weder vorhersehen noch vorausberechnen können. Dabei brauchen wir nicht den geringsten Zweifel daran zu hegen, daß all die vielen auf das Ereignis einwirkenden Einflüsse durchaus normale, irdische Kräfte sind, und daß nicht etwa irgendein übernatürliches Wirken im Spiel ist. Nehmen wir als Inbegriff des Zufalls einen Würfel: Selbst er folgt doch ganz strengen Naturgesetzen, wenn man ihn aus einer ganz bestimmten Lage aufnimmt, ihn in eine ganz bestimmte Höhe hebt, mit einem ganz bestimmten Schwung wirft, so daß er mit einer ganz bestimmten Geschwindigkeit auf eine ganz bestimmte Stelle der Tischplatte auftrifft, von einer ganz bestimmten Oberflächenstruktur dieser Fläche aufgefangen wird und über ganz bestimmte Bewegungsabläufe hinweg so ausrollt, daß er in eine ganz bestimmte Lage fallen muß. Nichts, aber auch gar nichts Überirdisches – nichts, aber auch gar nichts Geheimnisvolles ist dabei im Spiel. Es sind lediglich so viele Einflußgrößen, die auf die endgültige Lage des Würfels einwirken, daß sich das Ergebnis des nächsten Wurfes unmöglich vorher berechnen läßt.

Was heißt also Zufall? Wenn plötzlich aus strahlend blauem Sommerhimmel heraus ein Blitz zur Erde zucken würde, und an der Stelle des Einschlages unversehens ein blühender Strauch aus dem Nichts entstanden wäre, dann fehlte uns hierfür jegliche Erklärung. Wir würden und müßten ein solches Geschehen als Wunder ansehen, weil es nach dem derzeitigen Stand unseres Wissens nicht mit natürlichen Dingen zugegangen sein konnte. Sobald sich aber irgendwelche Ereignisse wiederholen, selbst wenn sie zunächst im Widerspruch zu allen uns bekannten Naturgesetzen zu stehen scheinen, dann können wir auf diese Ereignisse die gleiche Logik anwenden wie auf das Auswürfeln von Zahlen. Wir verzichten ganz einfach auf jegliche Erklärung und nehmen lediglich an, daß die Ursachen und Zusammenhänge, welche diese Ereignisse auslösen, im Prinzip unverändert wirksam bleiben. Diese simple Annahme ist es, welche der gesamten Wahrscheinlichkeitsrechnung zugrunde liegt. Und darauf beruhen auch alle Prognosen, die sich aus Wahrscheinlichkeiten ableiten lassen, gleichgültig, ob es sich um ein Na-

turgeschehen handelt oder ob es menschliches Handeln betrifft.

Der Zufall im Wirtschaftsleben

Auch im Wirtschaftsleben stoßen wir überall auf den Zufall, nicht zuletzt im Verhalten der Menschen. Fast immer ist es eine Vielzahl von Einflüssen, die auf den einzelnen Menschen einwirkt und die somit beispielsweise den Kaufentschluß eines einzelnen Interessenten zu etwas Unberechenbarem und Unvorhersehbarem macht. Aber gerade weil der Kaufentschluß des einzelnen Kunden unberechenbar und unvorhersehbar ist, gerade deswegen müssen sich mit logischer Zwangsläufigkeit die Kaufentschlüsse der Gesamtheit aller Kunden zu ganz bestimmten Häufigkeitsverteilungen verdichten.

Selbstverständlich kann auch der Zufall von dominierenden Bedingungen abhängig sein. Beispielsweise werden Badehosen im Sommer wie im Winter verkauft, im Sommer jedoch in wesentlich größeren Stückzahlen. Nicht nur die Jahreszeit, sondern auch das Wetter und die Temperatur beeinflussen den Verkauf von Badehosen. Dennoch bleibt der einzelne Kaufentschluß des einzelnen Menschen nach wie vor unberechenbar und unvorhersehbar. Der Unternehmer kann also bei seiner Vorratshaltung immer nur mit Wahrscheinlichkeiten rechnen, obwohl er dabei Saisonschwankungen und sonstige erkennbare Einflüsse so weit wie möglich berücksichtigen muß. Deshalb ist es für ihn so wichtig, die Grundgedanken der Wahrscheinlichkeitsrechnung und die Gesetzmäßigkeiten der Zufallshäufung zu kennen.

Die Normalverteilung

Ihren rechnerisch exaktesten Ausdruck findet die Zufallshäufung in der sogenannten Binomialverteilung. Diese Binomialverteilung ist allerdings recht unhandlich und findet infolgedessen in der Praxis kaum Anwendung. Eine gewisse Vereinfachung bietet bereits die sogenannte Poisson-Verteilung. Aber auch deren Kenntnis ist auf einen relativ kleinen Kreis von Fachleuten der mathematischen Statistik beschränkt, denn sie dient vornehmlich nur der Berechnung sogenannter »seltener Ereignisse«. Mit wachsender Häufung von Ereignissen treten immer stärker die Gesetzmäßigkeiten der Normalverteilung in Kraft, die sich wesentlich einfacher berechnen lassen und die infolgedessen für die Praxis von überragender Bedeutung sind.

Bei dieser Normalverteilung ist die Standardabweichung ein Maßstab für die Streuung der Ereignisse um ihren Mittelwert. Innerhalb eines Bereiches, der durch eine Standardabweichung über und unter dem Mittelwert begrenzt ist, häufen sich rund zwei Drittel aller Ereignisse. Erweitert man die Grenze auf je zwei Standardabweichungen über und unter dem Mittelwert, dann fallen in diesen Bereich bereits rund 95% aller Ereignisse. Je drei Standardabweichungen über und unter dem Mittelwert schließlich grenzen bereits nahezu 100%, genau: 99,8% aller Ereignisse ein.

Bei bekannten Wahrscheinlichkeiten, also beispielsweise bei einem Würfel oder beim Roulettspiel, lassen sich dementsprechend auch genaue Angaben über die zwangsläufige Streuung der Ereignisse um den Mittelwert machen. Wie hilft man sich aber bei Ereignissen, deren genaue Wahrscheinlichkeit nicht bekannt ist? Ein historisches Verdienst von Karl Friedrich Gauß war die Entwicklung eines Rechenverfahrens, mit dessen Hilfe man aus einer Anzahl von Beobachtungen nicht nur den Mittelwert, sondern auch die Standardabweichung berechnen kann.

Wahrscheinlichkeit und Wirtschaftlichkeit

Was besagt nun die Angabe einer Wahrscheinlichkeit? Grundsätzlich gilt sie *nicht* für den Einzelfall, weil ja eben der Einzelfall zufallsabhängig und somit unberechenbar ist und bleibt. Mit wachsender Zahl der Ereignisse jedoch werden die Aussagen über die wahrscheinliche Häufung der Ereignisse immer zuverlässiger.

Ein gutes Beispiel für die praktische An-

wendung dieses Prinzips finden wir in der Lagerhaltung. Wegen der Komplexität der Zusammenhänge sind die Lagerentnahmen normalerweise ständigen Schwankungen unterworfen. Deshalb muß man durch geeignete Maßnahmen eine bestimmte Lieferbereitschaft gewährleisten.

Wenn beispielsweise eine Lieferbereitschaft von 99% angestrebt wird, dann heißt dies, daß in 99 von 100 Tagen der Lagervorrat ausreichen soll, um alle eingehenden Bestellungen voll ausliefern zu können. An einem von 100 Tagen wird also der Lagervorrat nicht ganz ausreichen, um den gesamten Tagesbedarf voll decken zu können. Unberechenbar und unvorhersehbar bleibt, an welchem Tag die Lieferbereitschaft nicht gegeben sein wird. Daß aber bei entsprechender Vorratsdisposition ein solcher Tag kommen wird, das ist ebenso sicher wie das nächste Erdbeben in einer erdbebengefährdeten Gegend.

Natürlich kann man die Lieferbereitschaft vergrößern, wenn man einen entsprechend größeren Sicherheitsbestand vorsieht. Aber eine 100%ige Lieferbereitschaft läßt sich selbst durch einen noch so großen Lagervorrat nicht garantieren. Und es wird immer kostspieliger, je mehr man sich dieser absoluten Grenze von 100% nähert. Schließlich kostet ja Lagerhaltung auch Geld, und Lagervorräte sind um so unwirtschaftlicher, je langsamer sie sich umschlagen. Riesige Lagervorräte zu halten, nur um eine allerletzte Sicherheit in Grenzfällen mitzuschleppen, kann sich praktisch niemand leisten. Die Kenntnis der Normalverteilung gestattet es dagegen, bei Vorratsdispositionen ein wirtschaftliches Optimum zwischen Lieferbereitschaft und Ausfallrisiko zu finden (s. Abb. 1).

Warteschlangen

Nicht alle Ereignisse unterliegen aber der Normalverteilung. Abweichende Gegebenheiten finden sich insbesondere bei den sogenannten »seltenen Ereignissen«. Eine besondere Rolle spielt hierbei das Phänomen der Entstehung von Warteschlangen. Warteschlangen entstehen nicht nur vor

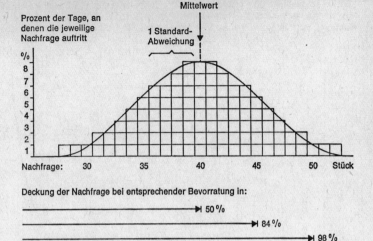

Mittelwert

Prozent der Tage, an
denen die jeweilige
Nachfrage auftritt

1 Standard-
Abweichung

%
8
7
6
5
4
3
2
1

Nachfrage: 30   35   40   45   50   Stück

Deckung der Nachfrage bei entsprechender Bevorratung in:

50 %

84 %

98 %
aller Tage

Statistische Häufigkeitsverteilung

Mittelwert (im Beispiel = 40) und Standardabweichung (im Beispiel = 5) bestimmen die durchschnittliche Häufigkeitsverteilung der Nachfrage. Sie zeigt
welche Bevorratung erforderlich ist, um eine bestimmte Lieferbereitschaft zu
erreichen.

Abb. 1

einem Postschalter oder vor einem Laden, der besonders preisgünstige Waren anbietet. Man wendet den Begriff der Warteschlangen grundsätzlich auf alle Ereignisse an, welche zeitlich so zusammenfallen, daß sich daraus Verzögerungen ergeben.

Landläufig herrscht die Meinung, daß Warteschlangen sich nur bilden können, wenn eine Bedienungskapazität nicht ausreicht, also kleiner ist als zur Deckung des Bedarfs erforderlich. Das ist wahr und falsch zugleich: Wahr, wenn man es auf einen bestimmten Augenblick bezieht – falsch dagegen, wenn man eine mehr oder weniger große Zeitspanne ins Auge faßt. Nach den logischen Gesetzen der Zufallshäufung müssen sich nämlich Warteschlangen bereits bilden, wenn eine vorhandene Kapazität nur zu einem kleinen Prozentsatz ausgenutzt wird. Die daraus resultierenden Probleme sind von erheblicher Tragweite.

Um ihre praktische Bedeutung ermessen

zu können, wählen wir ein Beispiel aus der industriellen Produktion: In den Werkstätten eines Industriebetriebes durchlaufen die verschiedenen Produkte eine Vielzahl von aufeinanderfolgenden Arbeitsgängen auf unterschiedlichen Werkzeugmaschinen. Dabei ergibt sich mit steigender Kapazitätsauslastung eine immer spürbarer werdende Verlängerung der Fertigungsdurchlaufzeit, weil an einzelnen Maschinen die zu bearbeitenden Werkstücke sich bereits häufen, während zugleich andere Maschinen längere Zeit ohne Arbeit sind.

Zwar lösen sich die Warteschlangen an den einzelnen Maschinen immer wieder auf, bilden sich aber ständig an anderer Stelle immer wieder neu. Die Summierung dieser Wartezeiten ist es, die sich in der Verlängerung der Fertigungsdurchlaufzeit niederschläg. Diese Durchlaufzeiten verlängern sich nun nicht etwa proportional zur Kapazitätsauslastung, sondern in geometrischer Progression. Das kann zu höchst kostspieligen Überraschungen führen, wenn man zusätzliche Aufträge hereinnimmt, um eine vorhandene Ferti-

gungskapazpät stärker auszunutzen (s. Abb. 2).
Um diese Zusammenhänge zu beherr-

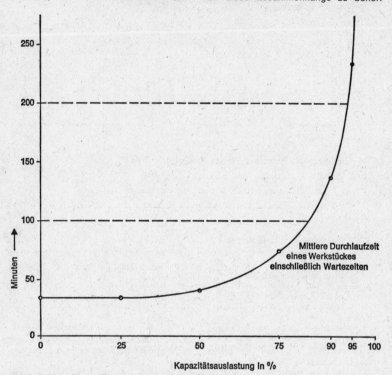

Abb. 2: Beispiel für den Zusammenhang zwischen Kapazitätsauslastung und Fertigungs-Durchlaufzeit in einem Produktionsbetrieb

schen, reichen Formeln meist nicht aus. Hier grekt man zum Hilfsmittel der Simulation. Man schafft sich zunächst ein rechnerisches Modell des realen Geschehens und spiegelt dann mit Hilfe von Zufallszahlen das reale Geschehen in diesem Modell. Damit gewinnt man eine klare Vorstellung über die wahrscheinliche Reaktion der Wirklichkeit auf veränderte Bedingungen, beispielsweise auf die Hereinnahme zusätzlicher Aufträge und die daraus resultierende größere Kapazitätsauslastung.

Statistik und Prognostik

Die Beherrschung von Wahrscheinlichkeiten gestattet also nicht nur Voraussagen über den künftigen Fortgang eines in der Vergangenheit begonnenen Geschehens. Die Wahrscheinlichkeitsrechnung verhilft auch zu Aussagen über die Auswirkung möglicher Veränderungen, die vom bewußten Einfluß und Willen des Menschen abhängen. Statistik ist das, was auf der Basis der Wahrscheinlichkeitsrechnung zur Analyse der Vergangenheit dient; als Prognostik wird bezeichnet, was mit Hilfe der Wahrscheinlichkeitsrechnung in die

Zukunft hinein gerechnet werden kann.
Bei seinem Streben, die Zukunft zu planen
und zu gestalten, muß der Mensch allerdings auch die Grenzen beachten, die seinen Voraussagen gesetzt sind. Insbesondere im wirtschaftlichen Wettbewerb sind
Prognosen nur bedingt gültig. Da Konfliktsituationen einen Wettstreit der Intelligenz
auslösen und gerade das Überraschungs-
moment ein wesentliches Element des
Wettbewerbs darstellt, ist die Entwicklung
von Wettbewerbs-Situationen in der Regel
kaum vorhersehbar. Wahrscheinlichkeiten, die aus Erfahrungswerten abgeleitet
sind, können also für Wettbewerbs-Situationen nur einen eingeschränkten Aussagewert beanspruchen.
Dem in der Wirtschaft Tätigen obliegt es,
das Berechenbare zu berechnen und auch
den Zufall über die Wahrscheinlichkeit in
den Griff zu bekommen. Das trotzdem verbleibende Risiko muß er als Preis der
Chance in seine Entscheidungen mit einbeziehen.

LITERATUR
Kellerer, Hans, Statistik im modernen Wirt-
  schaft(und Sozialleben; rororo-Taschenbuch, Rowohlt, Reinbek 1967
Pfanzagl, Johann, Allgemeine Methoden-
  lehre der Statistik; Sammlung Göschen,
  Band 746/747. de Gruyter, Berlin 1968
Swoboda, elmut, Knaurs Buch der modernen Statistik; Droemer Knaur, München 1970
Walis, W. Allen, und *Roberts, Harry V.,* Methoden der Statistik, Anwendungsberei-
  che, 400 Beispiele; Verfahrenstechni-
  ken; rororo-Taschenbuch, Rowohlt,
  Reinbek 1969. (Original: Statistics, A
  New Approach, The Free Press, Illinois
  1956)
Woitschach, Max, Moderne Mathematik,
  Wahrscheinlichkeit und Zufall; Verlag
  moderne industrie, München 1973

MAX WOITSCHACH, IBM Deutschland
GmbH, Stuttgart

Zukunftsbeeinflussung

Wie aus Abb. 1 zu ersehen, gibt es zwei
verschiedene Arten, sich mit der Zukunft
zu beschäftigen. Wir können die Zukunft
passiv betrachten und versuchen zu erforschen. Zu dieser Art der passiven Zukunftsbetrachtung gehören z. B. die Zu-
kunftsforschung (wissenschaftlich betrieben), die Marktforschung u. a.

Abb. 1

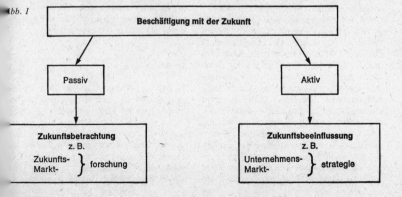

Das Gegenstück der passiven Zukunftsbetrachtung ist die aktive Zukunftsbeeinflussung oder auch Zukunftsgestaltung. Zu derartigen Maßnahmen gehören z. B. das Entwickeln von Unternehmensstrategien, Marktstrategien usw. Im folgenden werden wir uns ausschließlich mit der aktiven Zukunftsgestaltung, also der Zukunftsbeeinflussung, beschäftigen.

Notwendigkeit und Grundgedanke der Zukunftsbeeinflussung

Die Notwendigkeit der aktiven Zukunftsbeeinflussung ergibt sich daraus, daß mit zunehmender zeitlicher Entfernung von heute die Unsicherheit der Voraussage zunimmt. Während wir für Zeiträume von ein bis fünf Jahren verhältnismäßig genaue Prognosen erstellen können, werden diese Prognosen bei einem Zeitraum von fünf bis zehn Jahren, von heute ab gerechnet, zunehmend unsicher. Ab zehn Jahren, von heute ab gerechnet, kennt man in der Regel so wenig genau die Randbedingungen, daß eine Prognose zunehmend in eine Mutmaßung ausartet. Selbstverständlich sind diese Zeitangaben keine festen Werte. Sie schwanken danach, für welche Branchen bzw. für welche Unternehmen die Prognose aufgestellt werden soll. Die Prognosezeiträume richten sich also auch danach, ob eine Prognose z. B. für die Verbrauchsgüterindustrie, für die Kraftfahrzeugindustrie oder für die kraftwerksbauende Industrie erstellt werden soll.
Um dieser Prognoseschwierigkeit zu entgehen, ist es notwendig, Zukunftsbeeinflussung zu betreiben. Grundgedanke der Zukunftsbeeinflussung ist also, Bedingungen der Umwelt zu schaffen, die das Erreichen bestimmter gesetzter Unternehmensziele ermöglichen. Man kann es auch so formulieren, daß man in Zeiträumen, für die relativ sichere Prognosen erstellt werden können, die Unternehmenszielsetzung und damit auch das Unternehmenssystem der Markt- bzw. Umweltentwicklung nachgeführt werden kann. Bei unsicheren Prognosen ist es besser, von sich aus im Rahmen der eigenen Möglichkeiten den Versuch zu unternehmen, die Randbedingungen so zu setzen, daß die Unternehmenszielsetzung erreicht werden kann. Das ist die Aufgabe der Zukunftsbeeinflussung. Diese Aufgabenstellung bezieht sich nicht allein auf den Bereich der Wirtschaftsunternehmen, sondern solche Aufgabenstellungen sind auch für die öffentliche Hand zu definieren und durchzuführen.

Durchführung der Zukunftsbeeinflussung

Die Zukunftsbeeinflussung wird bei Wirtschaftsunternehmen durch die Organe für die Unternehmenssystemplanung (s. S. 3159 ff.)

Analytische Zukunftsbetrachtung

Die Vorbereitung der Zukunftsgestaltung geschieht durch analytische Zukunftsbetrachtung (Abb. 2).

Die Entwicklung außerhalb des Unternehmens

Zunächst betrachten wir die derzeitige und mutmaßliche künftige Entwicklung außerhalb des Unternehmens sowohl auf technisch-wissenschaftlichem Gebiet, also hinsichtlich der Technologie, als auch in bezug auf die gesamtwirtschaftliche Entwicklung. Die gesamtwirtschaftliche Entwicklung ist zu untersuchen für diejenigen Märkte, die gegebenenfalls für eine Zukunftsgestaltung in Frage kommen.

Verfahren

Zu den Verfahren, mit denen die Entwicklung außerhalb des Unternehmens betrachtet werden kann, gehören:

Delphi-Methode
Bei der Delphi-Methode werden eine Anzahl von Experten zu ganz bestimmten Fragestellungen hinsichtlich künftiger Entwicklungen befragt. Das Ergebnis der er-

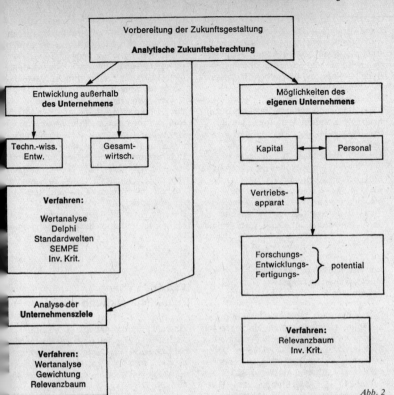

Abb. 2

ten Befragung wird zusammengefaßt und dem Expertenkreis erneut zur Stellungnahme und ggf. begründeter Berichtigung vorgelegt. Vorteil dieses Verfahrens ist die Möglichkeit, breit zu streuen und eine größere Anzahl von Experten zu befragen. Der Nachteil liegt darin, daß die subjektive Meinung des Befragten auf das Befragungsergebnis abfärbt, wenn es dem Befrager nicht gelingt, ggf. durch mehrere Befragungsdurchgänge die Fragestellungen und die Auswertung von seiner subjektiven Meinung zu bereinigen.

Verfahren der Standardwelten
Dieses Verfahren wurde von Hermann Kahn entwickelt. Mit Hilfe dieses Verfahrens ist eine Prognose künftiger Entwicklungen unter der Voraussetzung der über-

raschungsfreien Zukunft möglich. Diese Voraussage ist allerdings die schwache Stelle des Verfahrens. Man geht vom heutigen Stand der technisch-wissenschaftlichen Forschung aus und verfolgt eine Reihe von möglichen Entwicklungen und erfaßt dabei auch ihre soziologischen Auswirkungen.

SEMPE
Das Verfahren SEMPE von Koelle untersucht die zukünftige Entwicklung, indem 81 Bestimmungsgrößen bzw. Funktionen auf ihren künftigen Verlauf hin betrachtet werden. Die Synthese der Zustände zu bestimmten Zeitpunkten zeigt dann einen möglichen Zustand in diesem Zeitpunkt.

Investitionskriterien

Das Verfahren der Investitionskriterien strukturiert Investitionsvorhaben und Infrastrukturmaßnahmen nach verschiedenen Kriterien, die gewichtet und anschließend zu einem synthetischen Bild zusammengesetzt werden.

Alle diese Verfahren ermöglichen auch psychologische Aspekte und nicht-quantifizierbare, sondern bestenfalls klassifizierbare Bestimmungsgrößen mit einzubeziehen.

Mit Hilfe dieser Verfahren kann man sich ein Bild darüber verschaffen, wie sich die Entwicklung außerhalb des Unternehmens vollzieht, wenn man bestimmte Annahmen macht und wenn das Unternehmen den Versuch unterläßt, aktiv die Zukunft auf dem interessierenden Gebiet zu beeinflussen.

Analytische Betrachtung der Möglichkeiten des eigenen Unternehmens

Die Analyse hat ganzheitlich zu erfolgen. Zunächst betrachtet man die einzelnen Quellen nicht nur für sich allein, sondern in Beziehung zu anderen Quellen des Unternehmens. Zu diesen Quellen gehören außer der Kapitalausstattung auch das Forschungs-, Entwicklungs- und Fertigungspotential des Unternehmens, der Vertriebsapparat ebenso wie die Personalausstattung heute, ferner die Ausbildungsmöglichkeiten, um die Personalausstattung zu verbessern.

Bei der Betrachtung des Vertriebsapparates ist sowohl der Goodwill der Abnehmer des Unternehmens als auch das Image des Unternehmens in Betracht zu ziehen.

Verfahren zur Gewichtung der Möglichkeiten des eigenen Unternehmens sind z. B. der Relevanzbaum sowie die Betrachtung von Investitionskriterien.

Analytische Betrachtung der Unternehmenszielsetzungen

Die Analysen der Umwelt und der eigenen Möglichkeiten des Unternehmens führen zur Betrachtung der Unternehmenszielset-

zungen. Es soll ermittelt werden, ob diese Zielsetzungen in Anbetracht der für das Unternehmen geltenden Umstände realistisch und erreichbar sind.

Für die Geschäftsführung eines Unternehmens wird die Unternehmenssystemplanung die Kriterien für die Prioritätenbestimmungen ermitteln. Hernach obliegt es der Unternehmensführung, Prioritäten festzusetzen. Diese Prioritäten können und sollen auch unternehmenspolitischen Aspekten Rechnung tragen.

Die Bestimmung und Bewertung der Prioritäten sollte nach einer Gewichtung, die von der Geschäftsführung vorzunehmen ist, z. B. mit Hilfe des Relevanzbaum-Verfahrens erfolgen.

Die eigentliche Zielformulierung kann z. B. durch eine Wertanalyse vorgenommen werden.

Aktivitäten der Zukunftsgestaltung

Zunächst hat die Aktivitätsschwerpunktsbestimmung zu erfolgen (Einzelheiten siehe Stichwort »Unternehmenssystemplanung«). Verfahren zur Aktivitätsschwerpunktsbestimmung sind u. a. (siehe Abb. 3):

Entscheidungsbaum

Der Entscheidungsbaum besteht aus Struktur, Statistik und Bewertung. Die Entscheidung muß also in ihre Struktur, nämlich in eine Folge von Ja/Nein-Entscheidungen zerlegt werden. Die einzelnen Entscheidungen bzw. die diesen zugrunde liegenden Umstände werden mit Wahrscheinlichkeiten des Eintretens bzw. Nicht-Eintretens versehen, das ist die Statistik. Schließlich werden die so ermittelten Alternativen bewertet, z. B. mit Hilfe der Wertanalyse.

Branch and bound

Das Verfahren branch and bound ist ähnlich strukturiert. Bei diesem Verfahren wird das Problem aufgelöst, d. h. in verschiedene Möglichkeiten verzweigt. Anschließend begrenzt man die Verzweigungen auf die

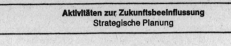

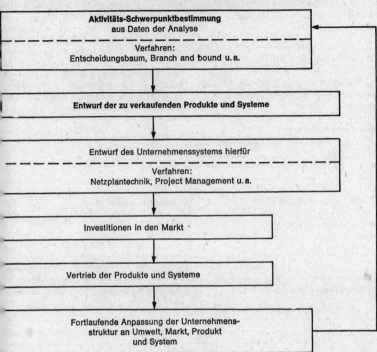

Abb. 3

möglichen bzw. erwünschten Alternativen.

Nach Anwendung dieser und auch anderer Verfahren hat man für das Unternehmen einen Überblick möglicher Aktivitätschwerpunkte. Dazu gehört z. B. die Frage, ob man sich mehr im Anlagengeschäft betätigt oder einzelne Geräte vertreiben will.

Ist man sich über den Absatzbereich im klaren, muß man untersuchen, welche Produkte innerhalb dieses Bereiches forciert werden sollten und in Betrachtung der Umstände auch wirklich forciert werden können. Die Bestimmung der Aktivitätschwerpunkte birgt natürlich eine Anzahl

Konfliktmöglichkeiten in sich, weil ja nicht allein nach Gesichtspunkten der Wirtschaftlichkeit vorgegangen werden kann, sondern mitunter politische Aspekte wie auch die Lage auf einem bestimmten Markt, z. B. Arbeitsmarkt oder Kapitalmarkt, berücksichtigt werden müssen.

Die Aktivitätsschwerpunkte sind richtungweisend für die Entwicklung der Produkte bzw. Systeme, die man auf den Markt bringen will. Hand in Hand mit diesen Arbeiten erfolgt der Entwurf des Unternehmenssystems für den Vertrieb, Produktion usw. des Produktes. Die Unternehmenssystemplanung bedient sich hierfür der Verfahren der Netzplantechnik, des Projektmanagements usw. (siehe auch Stichwort »Projekt-Management«, S. 2779).

Dem Entwurf des zu vertreibenden Produktes bzw. Systems als auch des Unternehmenssystems hierfür folgen die sogenannten Investitionen in den Markt.

Investitionen in den Markt

Der Marktbereich umfaßt im wesentlichen Marktposition und Image der Unternehmung,

Goodwill, den der Abnehmer den Produkten entgegenbringt,

Vertriebsorganisation sowie

Forschung und Entwicklung (Abb. 4).

Mit Investitionen in den Markt beschafft man kein materielles Wirtschaftsgut. Man hebt aber mit Aufwendungen im Marktbereich durch Absatzerhöhung z. B. die Produktivität der Unternehmung. Mit einmaligen Aufwendungen ist es meist nicht getan. Man muß immaterielle Investitionen »nutzen«, »instandhalten« und »erneuern«. Welche Maßnahmen sind als »immaterielle« Investitionen anzusehen?

Investitionen in den Markt

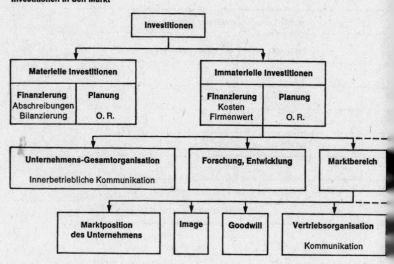

Marktposition und Image

Die Marktposition der Unternehmung ist zu erhalten und auszubauen. Zu den hierfür notwendigen Investitionen zählen u. a.
- Schaffung von Firmen- oder Produkt-Marken,
- Werbung für Produkt und Firma (»image« ist firmenbezogen, »Goodwill« ist produktbezogen),
- Vertriebsbemühungen, z. B. durch Deckungsbeitragsrechnung gezielt gesteuert,
- Hervorbringen neuer Produkte,

- Verbilligung oder Qualitätsverbesserung vorhandener Produkte (Fertigungs-Qualitätskontrolle) sowie
- Engineering und Service.

Goodwill der Unternehmung

Nach außen gerichtete Goodwill-Maßnahmen festigen den Ruf der Unternehmung z. B. daß
- der Vertrieb fachkundig berät und überzeugt,
- das Produkt qualitativ besonders hochwertig ist,

– der Abnehmer guten und preiswerten Service erhält,
– die Auftragsabwicklung prompt und kulant erfolgt,
– die Unternehmung auf dem Arbeitsmarkt vorteilhaft bekannt ist und infolge dieses guten Rufes qualifizierte Mitarbeiter gewinnen kann.

Zu den nach innen gerichteten Goodwill-Maßnahmen gehören
– Pflege des Betriebsklimas,
– Aus- und Weiterbildungsmöglichkeiten für die Mitarbeiter.

Sie sind wirksame Mittel, den Fortbestand der Unternehmung zu sichern und das Wachstum zu fördern.

Vertriebsorganisation

Ebenfalls als Investition gilt, die Vertriebsorganisation den Wandlungen des Marktes, der eigenen Produkte und des Arbeitsmarktes in sachlicher, zeitlicher, personeller und räumlicher (Standort) Hinsicht stetig anzupassen.

Forschung und Entwicklung

Zum Forschungs- und Entwicklungspotential einer Unternehmung zählt außer den Einrichtungen zur Durchführung der Forschungsarbeiten:
– Qualität der Forscher,
– Output der Forschung (Forschungsproduktivität),
– Kommunikationssystem zwischen Forschung und praktischer Auswertung (Realisierung von Patenten und Gebrauchsmustern, z. B. Lizenzhergabe).

Folgerungen

Welche Folgerungen ergeben sich, wenn Maßnahmen in den erwähnten Bereichen als Investitionen zu betrachten sind?

Planung

Für Planung und Beschaffung gelten Überlegungen wie für materielle Investitionsgüter. Anzuwenden sind:
– Investitionstheorie (Finanzierung),
– Abschreibung,
– Return-on-investment-Rechnung,
– integrierte Planungsmethoden.

Pflege- und Instandhaltungsmaßnahmen sind z. B. unter Anwendung der Netzplantechnik zu planen und durchzuführen. Auch die Ersatztheorie kann von Nutzen sein. Investitionen in den Markt sind in der Regel mit Anlagen, die sich allmählich abnutzen, vergleichbar. Dazu gehören z. B. Probleme betrieblicher Aus- und Weiterbildung. Bei Werbemaßnahmen plant man oft kurzfristig. Derartige Probleme sind zu behandeln wie der Ersatz plötzlich versagender Teile.

Bilanzierung

Eine Bilanzierung von Investitionen in den Markt ist wegen meist mangelnder Bewertungsmaßstäbe schwierig. Materielle Investitionsgüter sind nämlich zu bewerten, weil für sie Marktpreise existieren. Ein Marktpreis für eine »Investition in den Markt« (bezogen auf eine Unternehmung oder auf ein Produkt) wird sich nur sehr schwierig feststellen lassen.

Aus diesem Grund spielen Investitionen in den Markt im Prozeß der unternehmerischen Entscheidungsfindung sowie der Planung mit Planungshilfen eine wichtige Rolle. Ein Beispiel möge dies verdeutlichen. Aufwendungen für Werbemaßnahmen können als Kosten im Rahmen einer Investition in den Markt als Investitionen betrachtet werden. Nehmen wir an, ein Management beschließe Sparmaßnahmen. Im Zuge der Sparmaßnahmen wird man Kosten senken – im Rahmen der Finanzierungsmöglichkeiten der Unternehmung –, aber Rationalisierungsinvestitionen durchführen. Werden Werbemaßnahmen als Kosten angesehen, sind diese Gegenstand von Einsparungen. Betrachtet man sie als Investitionen, wird man die Werbemaßnahmen planvoll erweitern. Eine Unternehmung wird sich nur dann mit

Erfolg behaupten können, wenn sie Aufwendungen für Forschung und Marktbereich als langfristige Investitionen betrachtet und sie dementsprechend handhabt.

Fortlaufende Anpassung der Unternehmensorganisation

Wichtig ist, eine Rückkopplung herzustellen und ggf. den gesamten Verfahrensablauf lt. Abb. 3 erneut zu durchlaufen. Zu diesem Zweck ist die für die aktive Zukunftsbeeinflussung zuständige Unternehmens-Systemplanung verpflichtet, die fortlaufende Anpassung der Unternehmensstruktur an die gegebenen und sich ändernden Verhältnisse der Umwelt und des Marktes sicherzustellen. Dasselbe gilt auch für die zu vertreibenden Produkte bzw. Systeme. Produkt wie auch Unternehmensstruktur sollen stets miteinander in Einklang bleiben. Das kann mitunter dazu führen, daß der in Abb. 3 dargestellte Verfahrensablauf beginnend mit der Aktivitätsschwerpunktbestimmung erneut durchlaufen wird.

Die fortlaufende Anpassung der Unternehmensstruktur kann mit Hilfe von Managementsystemen vorgenommen werden. Unter dem Stichwort »Unternehmens-Systemplanung« ist ein derartiges Managementsystem als Beispiel dargestellt worden.

Eine weitere hiermit zusammenhängende Aufgabe ist, fortlaufend Fehleranalysen der vertriebenen Produkte bzw. Systeme durchzuführen, um festzustellen, welche technischen Fehler die Unternehmensstruktur aus dem Gleichgewicht bringen und welche Maßnahmen zur Abhilfe notwendig sind. Umgekehrt hat die Fehleranalyse auch Fehler der Unternehmensstruktur mit ihrem Einfluß auf das Produkt festzustellen und in die Maßnahmen zur fortlaufenden Anpassung der Unternehmensstruktur mit einzubeziehen.

Bei Fehleranalyse-Verfahren geht man so vor, daß man die Fehlerursachen nach rein technischen und rein organisatorischen Ursachen unterteilt. Die Abhilfe technischer Fehlerursachen obliegt den technischen Fachabteilungen, während durch technische Fehler zutage getretene organisatorische Fehler mit Hilfe der Organisationsabteilung eines Unternehmens abgestellt werden. Als einfaches Beispiel diene hier die Qualitätskontrolle eines Unternehmens. Das Auftreten bestimmter technischer Fehler im Endprodukt kann nicht allein konstruktionsbedingte Gründe haben, es ist ebensogut möglich, daß bei der Qualitätskontrolle gewisse Prüfverfahren in der falschen Reihenfolge angewendet werden. Dem abzuhelfen, ist Sache der Organisation der Qualitätskontrolle; es ist also kein ausschließlich technisches Problem. Schwieriger wird die Problemlösung, wenn sich die organisatorischen Dinge nicht allein auf den Betriebsablauf, sondern auch auf vertriebliche Dinge erstrecken.

Dr. ALEXANDER HAIDEKKER,
Leiter der Abteilung Unternehmensplanung der C. H. F. Müller Unternehmensbereich der Philips GmbH, Hamburg, Dozent am Lehr- und Forschungsinstitut für Industrielle Koordinierung, Hamburg-Bergedorf

Zulieferindustrie

Es kann davon ausgegangen werden, daß es sich im Falle der »Zuliefertätigkeit« um einen speziellen Aspekt der »zwischenbetrieblichen Arbeitsteilung« handelt. Innerhalb des Netzes der Betriebswirtschaften kann zeitlich jeweils festgestellt werden, welche Leistungen vor anderen effektuiert werden. Die bezüglichen Betriebswirtschaften werden so jeweils als *Vorbetriebswirtschaften* oder – vom Standpunkt des Empfangenden – als Lieferanten, die empfangenden Betriebswirtschaften als

*Nach*betriebswirtschaften oder – vom Standpunkt des Liefernden – als Abnehmer, bezeichnet.

Lieferanten führen ihre Leistungserstellung auf Grund von Aufträgen der Abnehmer, die *vor* oder *nach* Beginn der Hervorbringung der betreffenden Leistungen erteilt werden, durch. Im ersteren Fall kann von einer Auftragsproduktion, im zweiten Fall von einer Marktproduktion gesprochen werden. Im ersteren Fall hat sich der Lieferant nach dem schon erteilten Auftrag zu richten, im letzteren Fall danach, welche Aufträge ihm »der Markt« voraussichtlich erteilen wird.

Während eine *Lieferung* im obigen Sinn darin besteht, daß ein Vorbetrieb einem Nachbetrieb von ihm Hervorgebrachtes zur Verfügung stellt, liegt eine *Zulieferung ganz allgemein* dann vor, wenn es sich um eine Lieferung auf der Grundlage der Auftragsproduktion handelt und vom Auftraggeber Hinweise für die Durchführung gegeben werden, wobei die Angaben auch die zur Verfügungstellung von Zeichnungen, Modellen u. ä. umfassen können. Sie können so detailliert sein, daß Abweichungen auftragswidrige Lieferung bedeuten würden, aber auch nur einen Rahmen darstellen, der im Detail erst durch den Zulieferer auszufüllen ist. Von *Zulieferung im eigentlichen Sinn* wird aber meist nur dann gesprochen, wenn das so Gelieferte beim übernehmenden Betrieb nicht Hauptbestandteil seiner eigenen Hervorbringung ist (das ist z. B. bei Zubehörteilen der Fall).

Eine Zulieferbetriebswirtschaft ist demgemäß eine Betriebswirtschaft, die ausschließlich oder zumindest überwiegend Hervorbringung auf dieser Basis betreibt. Vielfach ordnen Literatur und Praxis Zulieferer expressis verbis oder sinngemäß dem Produktionsbereich unter dem Gesichtspunkt zu, »der Zulieferer arbeitet im Produktionsbereich für den Produktionsbereich des Auftraggebers«. Eindeutige Begriffsbildung mangelt aber häufig. (Vgl. hier Sundhoff, E. und Ihle, H.-A., a. a. O. S. 51.)

Praktisch ist es oft so, daß der Auftragnehmer mehr oder weniger langfristig an den Auftraggeber gebunden ist und ihm seine ganze oder auch nur einen Teil seiner Produktionskapazität zur Verfügung stellt. Der Auftraggeber kann dabei allenfalls zu bearbeitendes Material zur Verfügung stellen, das in seinem Eigentum bleibt (Lohnfertigung oder Lohnveredelung), oder es dem Auftragnehmer einzukaufen überlassen, wobei das Eigentumsrecht erst später auf ihn übergeht (Vollfertigung oder Vollveredelung).

Die Bedeutung, welche die Zuliefertätigkeit im Rahmen des Produktionsbereiches erreicht hat und erreichen wird, lassen es notwendig erscheinen, daß Untersuchungen systematisch vom Standpunkt der Zulieferer durchgeführt werden, wobei ein festumrissener Strukturtyp zugrunde gelegt wird: die oben bereits herausgestellte Zulieferbetriebswirtschaft. Ohne auf die Merkmale von Handwerks- und Industriebetrieben einzugehen und die Abgrenzungsproblematik aufzurollen (vgl. hier Wernet, W., a. a. O.), kann gesagt werden, daß die in Frage stehende Zulieferbetriebswirtschaft im Grundsätzlichen mehr Merkmale des Industrie- als des Handwerksbetriebes aufweist, so daß wir ihre Gesamtheit als *»Zulieferindustrie«* bezeichnen können. Sie befaßt sich damit, für die Produktion des Endproduktes des Auftraggebers gegebenenfalls zur Verfügung zu stellen:

a) *Bauteile,* wie beispielsweise Schrauben, Bolzen, Lager usw. und/oder

b) *Zubehörteile,* wie Armaturen, Prüfvorrichtungen usw. und/oder

c) *Produktionsmittel,* wie Anlagen und Werkzeuge usw.
(als Betriebsausstattung)
und/oder

d) *Arbeitsleistungen* wie Drehen, Fräsen, Schleifen usw.

Die Bedeutung der Zulieferindustrie

Exakte statistische Unterlagen darüber, welche Bedeutung die Zulieferindustrie gehabt hat oder heute hat, gibt es zur Zeit nicht. In Einzeluntersuchungen wird jedoch immer wieder darauf hingewiesen, daß die Bedeutung sehr groß sei, was durch Zahlenmaterial, das auf Einzelfällen oder den Verhältnissen in bestimmten Branchen beruht, belegt wird.

So weist Mellerowicz darauf hin, daß mehr oder weniger alle Großbetriebe der Produktion Zulieferbetriebe in Anspruch nehmen. Dabei sei die Zulieferung von Vorprodukten und Produktteilen vor allem bei Montageindustrien (Automobilfabriken), im Serienmaschinenbau und in der Chemie (besonders bei Apparaten und Laborgeräten) zu finden. (Vgl. Mellerowicz, K., a. a. O. S. 207 ff.) Aus den übrigen Industrien wird dann insbesondere die Elektroindustrie genannt, wobei betont wird, daß das Zulieferwesen ganz allgemein künftig voraussichtlich Gewicht gewinnen wird. (Vgl. Beckermann, Th., a. a. O. S. 163/164.) Um einen Anhaltspunkt für die betriebszahlmäßige Bedeutung zu geben, sei erwähnt, daß »allein Siemens-Schuckert, die AEG, Fried. Krupp, Mannesmann, Opel und Daimler Benz … insgesamt mit 120 000 bis 130 000 Zulieferfirmen zusammenarbeiten« (Beckermann, Th., ebenda).

Mellerowicz erwähnt auch, daß in den USA für die Metallverarbeitung festgestellt worden sei, daß etwa 60 % des Umsatzes auf Zulieferung geht (vgl. Mellerowicz, K., ebenda, S. 208), während Gellner darauf hinweist, daß »ein bedeutungsvoller Industriezweig, der zur Zulieferindustrie zu rechnen ist und überwiegend von kleinen und mittleren Unternehmen gebildet wird, … die Stahlverformung in der Bundesrepublik« ist. »Die in den Fachverbänden zusammengeschlossenen Industrieunternehmungen beschäftigten im Jahre 1964 mehr als 140 000 Menschen, wobei die Betriebe eine Beschäftigtenzahl von 100–500 Beschäftigten aufwiesen.« (Gellner, B., a. a. O. S. 54.)

In Zukunft werden es vor allem zwei Faktoren sein, die die Ausdehnung der Zulieferindustrie fördern werden:

a) Die fortschreitende Automation und
b) der Übergang zum sogenannten »Mehrwertsteuersystem«.

Darüber, daß die Automation in Zukunft auch umfangmäßig größere Bedeutung als bisher erlangen wird, besteht kaum ein Zweifel. Ökonomisch bedeutet das den Zug dazu, daß immer mehr größere starre Kapazitäten gleichmäßig und stark ausgela-

stet werden müssen. Das wird in vielen Fällen dazu zwingen, Zulieferer einzuschalten, weil viele Hersteller vielleicht wohl in der Lage sein würden, solche Kapazitäten zu schaffen, nicht aber, sie auch auszulasten. Zulieferer können ja gleichzeitig mehrere Betriebe der gleichen Branche (vielleicht sogar Konkurrenten) oder verschiedener Branchen beliefern (z. B. Schrauben und Bolzen werden nicht nur Automobilfabriken, sondern auch Flugzeugfabriken, dem Schiffsbau usw. zur Verfügung gestellt), so daß die Auslastung gewährleistet werden kann.

Das Umsatzsteuersystem verschiedener Länder hatte in der Vergangenheit häufig die Tendenz gefördert, daß innerhalb *einer* Unternehmung möglichst viel selbst hergestellt wurde. Man sprach davon, daß »Konzentration« gefördert werde. In der jüngsten Vergangenheit sind aus den verschiedensten Gründen eine Reihe von Ländern vom bisherigen Umsatzsteuersystem zu einem sogenannten »Mehrwertsteuersystem« übergegangen und – wie es jetzt den Anschein hat – werden weitere Länder folgen. Dieses Mehrwertsteuersystem bedeutet im Grundsätzlichen, daß in jeder Betriebswirtschaft nur insoweit mit einer mehrwertsteuerlichen Belastung zu rechnen ist, als eine Neuschöpfung von Werten erfolgt. Dadurch werden die Kalküle hinsichtlich Eigenherstellung und Fremdbezug auf eine neue Grundlage gestellt.

Die Aufgaben der Zulieferindustrie

Die grundsätzliche Aufgabe der Zulieferindustrie besteht darin, Leistungen zur Verfügung zu stellen, die die Abnehmer benötigen, aber nicht in gleich günstiger Weise selbst herstellen können.

Im einzelnen besteht eine wesentliche Aufgabe der Zulieferindustrie darin, Kapazitäten zur Verfügung zu stellen, die die Auftraggeber sonst nicht zur Verfügung hätten. Der Grund kann darin liegen, daß die Auftraggeber nicht das notwendige Kapital und die (qualitativ) geeigneten Arbeitskräfte haben, die Kapazitäten selbst aufzubauen, daß sie aus zeitlichen Gründen dazu nicht in der Lage sind oder daß ihnen der Aufbau zunächst oder überhaupt zu riskant ist, wie beispielsweise dann, wenn der Auftraggeber in einem für ihn neuen Produktionszweig tätig werden will oder nur ein einmaliger Spitzenbedarf abgedeckt werden soll usw.

Die Zuliefererindustrie kann aber auch die Aufgabe haben, Leistungen zur Verfügung zu stellen, deren Herstellung anderen Betriebswirtschaften verschlossen ist, weil das entsprechende »Know-how« rechtlich geschützt ist.

Andere Aufgaben wären, die Leistungen kostengünstiger oder qualitativ besser zur Verfügung zu stellen, ohne daß rechtliche Schranken vorliegen.

Kostenvorteile können sich in der Zulieferindustrie auf vielfache Weise ergeben, beispielsweise dadurch, daß notwendige Kapazitäten entsprechend ausgelastet werden können (Stückkostendegression) oder dadurch, daß die »Geschicklichkeitsdegression« in verschiedenen Bereichen zum Tragen kommt.

Die Kostenvorteile sind für den Abnehmer nur dann kalkülmäßig von Interesse, wenn sie ganz oder wenigstens teilweise (über die Preise) weitergegeben werden, wobei zu berücksichtigen ist, daß die Zulieferer natürlich auch Gewinn verrechnen. Ob die Weitergabe der Kostenvorteile erfolgt, ist eine Tatfrage, die im einzelnen zu prüfen ist.

Bessere Qualitäten können sich bereits auf Grund der Tatsache ergeben, daß Spezialmaschinen eingesetzt werden können (siehe Kostenvorteile). Bessere Qualitäten können sich aber auch aus der Tatsache ergeben, daß die Zulieferindustrie in der Lage ist, die für ihren Bereich in Frage kommenden Forschungs-, Entwicklungs- und Erprobungsarbeiten in einer Weise voranzutreiben, wie es dem Auftraggeber, der ja entsprechend größere Bereiche zu bearbeiten hat, nicht möglich ist. Qualitätsvorteile können sich auch dadurch ergeben, daß für die Fertigung ein Standort unabdingbar ist, den ein Zulieferer haben kann, der Auftraggeber nicht. Es kann auch vorkommen, daß die Qualität objektiv gar nicht besser ist als jene des Selbsthergestellten, daß eine Zulieferfirma aber ein so großes Image hat, daß es für den Auf-

traggeber unbedingt erforderlich ist, daß er in sein Erzeugnis die betreffenden Teile einbaut, wenn er seinem eigenen Ansehen nicht Abbruch tun möchte. Die Praxis zeigt, daß in solchen Fällen die Zusammenarbeit mit dem Zulieferer werbemäßig durch den Auftraggeber bekanntgemacht wird.

Andererseits ermöglicht es die Zulieferindustrie dem Auftraggeber, daß er sich auf jene Bereiche konzentriert, die er als seine Hauptaufgabenbereiche ansieht.

Auch individuelle Anfertigungen meist allerdings nicht für Einzelstücke, sondern für Serien, können von der Zulieferindustrie geboten werden, und die Frage der Schnelligkeit der Ausführung spielt eine Rolle.

Schließlich muß daran gedacht werden, daß die Zulieferindustrie für alle jene Funktionen, die sie übernimmt, auch das Risiko übernimmt, das somit bei den Auftraggebern nicht schlagend werden kann. Wie die Praxis zeigt, führt gerade diese Überlegung dazu, daß die Zulieferindustrie über Landesgrenzen hinweg meist nur durch Lizenzvergabe o. ä. tätig wird.

Die Risiken der Zulieferindustrie

Grundsätzlich unterliegt die Zulieferindustrie allen Risiken, die auch für alle anderen Betriebswirtschaften gegeben sind; d. h. je nachdem, welche Funktionen übernommen werden, je nachdem werden auch die Risiken beschaffen sein.

Risiken, die zwar auch im allgemeinen gegeben sind, die aber bei der Zulieferindustrie besondere Bedeutung erlangen, sind:

Das Problem der Auslastung

Der Wunsch und die Notwendigkeit der Auslastung aufgebauter Kapazitäten ist so allgemein, daß es nicht notwendig erscheint, die Sachlage im einzelnen darzulegen und zu begründen. Die Gefahr der schlechten Auslastung ist für die Zulieferindustrie besonders groß. Dies deshalb, weil ihre Stärke ja oft gerade darin besteht, daß Spezialmaschinen herangezogen werden, wie dies der Auftraggeber nicht tun kann, wodurch an Reagibilität eingebüßt und die Notwendigkeit der Auslastung erhöht wird. Gerade der Markt der Zulieferindustrie ist aber wenig transparent, so daß es sogar dazu kommen kann, daß die Zulieferindustrie keine Aufträge erhält, obwohl sie erteilt werden würden, wenn die Auftraggeber eine entsprechende Marktübersicht hätten. Daher wurden immer wieder Versuche angestellt, entsprechende »Auftragsvermittlungsstellen« (Auftragsbörsen, bourses des sons-traitance, contract-opportunity-meetings, procurement-referral-service) einzurichten, um der ungünstigen Situation zu steuern. Funktioniert die Auftragsverteilung, so kann die Zulieferindustrie aus einer Auftragsstreuung über verschiedene Branchen Nutzen ziehen (konjunkturmäßiger und saisonaler Ausgleich!).

Das Problem der Abhängigkeit vom Auftraggeber

Es ist unbestritten, daß gerade jene Zulieferer, welche nur einen einzigen Auftraggeber haben, der ihre gesamte Kapazität beansprucht, von diesem sehr abhängig sind. Sie sind es im Hinblick auf die Erfüllung seiner Wünsche (Preise, Lieferzeiten usw.), sind aber darüber hinaus mit ihm ganz allgemein auf Gedeih und Verderb verbunden. Letzteres deswegen, weil sie im Laufe der Zeit den Kontakt zum Markt verlieren können und so von Umsatzschwankungen des Auftraggebers besonders betroffen werden. Tendenzmäßig trifft das aber nicht nur für den aufgezeigten Extremfall zu, sondern auch dann, wenn der Lieferer nur wenige Auftraggeber hat, eine Situation, die noch dadurch verschärft werden kann, wenn auf seiten des Zulieferers die Zahl der Konkurrenten sehr groß ist.

Die Folgen der Abhängigkeit, die unter Umständen bedeuten können, daß der Zulieferer »gefügig« gemacht wird, können aber auch soweit gehen, daß er seine Existenz verliert, wenn er vom Auftraggeber ausgeschaltet wird. Man braucht hier nicht ausschließlich an unternehmenspolitische Entscheidungen langfristiger Art zu denken – der Übergang zur Selbsterzeugung unter Ausschaltung von Zulieferern ist sehr häufig im Falle von Auftragsrückgängen festzustellen. Hier muß daran gedacht werden, daß die Ausschaltung der Zulieferer oft gewissermaßen schichtweise durchgeführt wird. Ein Zulieferer wird von der Ausschaltung infolge Auftragsrückgang um so eher betroffen sein, als er einen zusätzlichen (Spitzen-)Bedarf gedeckt hat. Im Hinblick auf die Dauer der Zulieferung kann also zwischen dauernder und zeitweiser Zulieferung unterschieden werden, wobei die ökonomischen Auswirkungen unterschiedlich sind. (In der Literatur spricht man in diesem Zusammenhang auch von struktureller und konjunktureller Zulieferung.) Entscheidungen langfristiger Art können im Laufe der Zeit sowohl in der einen wie auch in der anderen Richtung festgestellt werden, wobei es interessant ist, daß beide Tendenzen hintereinander sogar bei gleichen Auftraggebern anzutreffen sein können.

Es kann aber gelegentlich auch festgestellt werden, daß die Auftraggeber von ihren Zulieferern abhängig werden, was sich vor allem bei Preisen und Konditionen zeigt. Dies insbesondere dann, wenn die Zulieferer eine hochspezialisierte, für den Auftraggeber unbedingt erforderliche Leistung, zur Verfügung stellen.

Es kann aber nicht von der Hand gewiesen werden, daß die Abhängigkeit des Zulieferers qualitativ und quantitativ bedeutender ist als umgehehrt. Auch gegenseitige Abhängigkeiten finden sich in der Wirtschaftspraxis, wenn es weder dem Auftraggeber noch dem Zulieferer ohne weiteres möglich ist, sich umzustellen, wie dies bei hochspezialisierter Produktion der Fall ist, wobei erschwerend beispielsweise gemeinsame Entwicklungsarbeit hinzukommt u. ä.

Die organisatorische Abwicklung der Zulieferung

Die organisatorische Abwicklung der Zulieferung von seiten der Zulieferindustrie hat wie in allen anderen Fällen auch unter den Gesichtspunkten: Absatzvorbereitung, Auftragseinholung, Vertragsabschluß, Vertragsdurchführung und Erhaltung der Geschäftsbeziehungen zu erfolgen, wobei zu berücksichtigen ist, daß die Absatzwege der Zulieferindustrie zwar unterschiedlich sein können, sehr oft aber keine Absatzmittler tätig sind.

Die Absatzvorbereitung umfaßt zunächst die Feststellung der Vertriebsbedingungen des Anzubietenden sowohl im Markt (vor allem Bedarfs- und Konkurrenzforschung) als auch in der eigenen Betriebswirtschaft (Betriebsforschung zur Erlangung von Kenntnissen über die Fähigkeiten im eigenen Bereich), dem sich die Gestaltung des Angebots und die informative Werbung anschließen. (Vgl. hier Schnutenhaus, O. R., a. a. O. S. 60 f.)

Mit der darauf aufbauenden *Auftragseinholung* soll der erse Schritt zum Heranbringen des »Produkts« an den Abnehmer erfolgen. Sie kann sich als spezielles Angebot an bestimmte Personen und generelles Angebot an einen bestimmten Personenkreis richten. Gerade in der Zulieferindustrie wird sehr häufig das spezielle Angebot gegeben sein, obwohl auch generelle Angebote (z. B. Anzeigen über freie Kapazitäten u. ä.) zu finden sind.

Besonders für spezielle Angebote gilt das für die Auftragsfertigung ganz allgemein Feststellbare, daß nicht alle Angebote zu einem Vertragsabschluß führen, was zu um so höherer Kostenbelastung führt, als die Angebote detailliert und auf einen ganz bestimmten Fall abgestellt sind.

Kommt es zu einem *Vertragsabschluß* — wobei gedacht werden muß, daß die Aktivität hierzu durchaus nicht nur von seiten der Zulieferindustrie ausgehen muß —, so müssen in diesem Zuge alle jene Probleme berücksichtigt werden, die bei jeder Auftragsannahme ins Kalkül gezogen werden müssen: d. h. insbesondere, daß grundsätzlich immer die eigene Leistungsfähigkeit berücksichtigt werden muß. Einzelne Punkte sind dann die für die Zulieferindustrie von besonderem Interesse, wie beispielsweise (vgl. hier auch: Laub, K. a. a. O.):

Fristigkeit (z. B. im Hinblick auf die Abschreibung der bezüglichen Investitionen);

Preisfixierung (z. B. im Hinblick auf die Festlegung der Vorgangsweise bei Material- und Lohnkostenveränderungen);

Haftungen (z. B. bei Materialbeistellung);

Qualität und Qualitätsprüfung (z. B. im Hinblick auf Garantieverpflichtungen);

Geheimhaltung (z. B. Problem gegebenenfalls dann, wenn nach detaillierten Angaben, Mustern und Modellen des Auftraggebers gearbeitet wird);

Liefertermine (z. B. hinsichtlich Erstrekkungsmöglichkeiten, Konventionalstrafen);

Kündigungsmodalitäten (z. B. seitens des Auftraggebers nur dann, wenn die investierte Kapitalsumme, die noch nicht abgeschrieben ist, zur Verfügung gestellt wird).

Die sich anschließende *Vertragsdurchführung* muß insbesondere unter dem Gesichtspunkt der striktesten Einhaltung der Vertragsbestimmungen stehen. Dies soll zwar immer der Fall sein, vom Standpunkt der Zulieferindustrie steht aber in diesem Zusammenhang besonders viel auf dem Spiel: sieht man einmal von allfälligen Vertragsstrafen ab, so kann die nicht exakte Einhaltung der vertraglichen Abmachungen leichter als sonst üblich dazu führen, daß in der Folge an die betreffenden Betriebswirtschaften keine Aufträge mehr erteilt werden, was gegebenenfalls existenzgefährdende Auswirkungen haben kann. Dabei muß daran gedacht werden, daß nicht vertragsgerechte Erfüllung für den Auftraggeber hier viel größere Schwierigkeiten mit sich bringen kann als dann, wenn es sich nicht um Zulieferungen handelt.

Besonderes Augenmerk sollte in der Zulieferindustrie auch auf die *Erhaltung der Geschäftsbeziehungen* gelegt werden. Die hier zu treffenden Maßnahmen sollten auf Grund der Aufgaben und Risiken der Zulieferindustrie insbesondere im Hinblick Dauerkunde/Nichtdauerkunde und Großabnehmer/Kleinabnehmer zu differenzieren sein.

Sonderprobleme

Wenn hier von Sonderproblemen gesprochen wird, soll das in dem Sinn geschehen, daß arteigene Probleme der Zulieferindustrie angesprochen werden, die sich auf Grund ihrer Aufgaben und Risiken ergeben können. Sie sind sehr vielgestalt, und es soll in der Folge keine Systematik geboten werden, sondern nur eine Auswahl solcher Problemstellungen, wie sie häufig im Bereich der Zulieferindustrie aktuell sind:

Die Auswirkungen der Betriebsgröße

Die Betriebsgröße in der Zulieferindustrie ist sehr unterschiedlich, wenn auch festgestellt werden kann, daß die überwiegende Mehrzahl der Betriebswirtschaften wohl der Kategorie »Klein- und Mittelbetriebe« zuzuordnen ist. Gerade die Betriebsgröße ist es nun, die den Typ der Zulieferbetriebswirtschaft in concreto weitgehend prägt und auch seine jeweilige Stellung im Wirtschaftsgefüge ganz allgemein determiniert.

So ist es ganz typisch, daß mit fortschreitender Größe der Umfang von Forschung, Entwicklung und Erprobung zunimmt. Das erklärt dann auch, daß gerade im Bereich der größeren Größenklassen der Zulieferindustrie Spitzenleistungen anzutreffen sind und man von »leistungsstarken« Zulieferern spricht.

Andererseits zeigt es sich, daß mit abnehmender Betriebsgröße die Zulieferer in steigendem Ausmaß zum »Spitzenausgleich« bei den Auftraggebern (vorübergehend) herangezogen werden, was ihre Risikosituation entscheidend prägt. So meint Beckermann, daß es erklärtes Ziel der Industrie sei, »ihre Bedarfsspitzen durch kleine Zulieferfirmen zu decken, diese also als konjunkturelle Kapazitätsreserve zu halten. Das gilt besonders für solche Produkte, die nicht nur von Betrieb zu Betrieb ausgetauscht, sondern in Zeiten der Unterbeschäftigung mühelos auch in den Fabrikationsstätten der Herstellerwerke hergestellt werden können. Die großen Werke hatten nicht selten nur einige hundert größere Zulieferfirmen, daneben aber tausende kleine. Diese vielleicht 40- oder 50mal so hohe Zahl von Betrieben erbringt aber u. U. einen geringeren Anteil an den Gesamtzulieferungen als die wenigen großen.« (Beckermann, Th., a. a. O. S. 170.)

So schließt sich der Kreis im Hinblick auf die oben herausgestellte Bedeutung von Forschung, Entwicklung und Erprobung für die Leistungsstärke der Betriebe und deren Spitzenleistungen. Abhilfe für die Kleinbetriebe kann hier allenfalls eine Kooperation untereinander schaffen.

Das Problem der Qualitätskontrolle in der Produktion

Eines der schwierigsten Probleme im Zusammenhang mit der Qualität der hervorgebrachten Leistungen der Zulieferindustrie ist es oft, daß der Auftraggeber die Produkte des Zulieferers nicht so kontrollieren kann, wie dies in seinem eigenen Betrieb geschehen könnte. Es wird daher vielfach notwendig sein, diesbezüglich Voraussetzungen in der Zulieferindustrie zu schaffen, die in etwa der Selbstherstellung beim Auftraggeber entsprechen. D. h., es wird dafür Sorge getragen werden müssen, daß zumindest die Abnahmekontrolle durch den Abnehmer bereits beim Zulieferer erfolgt, wenn man nicht darüber hinausgehen will, wobei die Herstellung selbst in diese Kontrolle einbezogen wird, so daß auch sofortige Eingriffe in den Produktionsablauf möglich werden.

Die Bedeutung von Normung und Spezialisierung

Für die Zulieferindustrie hat Normung und Spezialisierung besondere Bedeutung, weil sich daraus ja letztlich die Existenzvoraussetzung ableiten läßt, durch die es möglich erscheint, daß selbständige Zulieferer nicht nur einen Gewinn, sondern in bestimmten Bereichen der Verrechnung verschiedener Kostenkomponenten in höherem Ausmaß durchführen können, als dies bei Selbstherstellung der Fall wäre (beispielsweise Transportkosten einschl. Verpackung u. ä., wie sie sich aus der [auch räumlichen] Funktionsausgliederung aus dem Betrieb des Auftraggebers ergeben).

Aus unseren obigen Überlegungen über die Aufgaben der Zulieferindustrie ist klargeworden, daß ihr Arbeitsbereich sinnvollerweise eine hochspezialisierte Produktion darstellt. Gerade daraus ergeben sich Vorteile, aber auch Nachteile. Konkretisieren wir das etwas näher, so stellen wir fest, daß Vorteile der Spezialisierung sich beispielsweise auch auf dem Sektor des Einsatzes der menschlichen Arbeitskraft ergeben (günstige Kostensituation, weil stark mechanisiert/automatisiert), dem eine Erhöhung im Bereich der Kapitalkosten (Abschreibung, Verzinsung) gegenübersteht; Mechanisierung und Automatisierung können dabei zu einer sich ungünstig auf die gesamte Unternehmenspolitik auswirkenden Unelastizität führen.

Insgesamt kann gesagt werden, daß alle derartigen Problemstellungen in ihren positiven und negativen Auswirkungen im Einzelfall genau zu überprüfen sind, weil nur so der notwendige unternehmenspolitische Unterbau gefunden werden kann.

LITERATUR

Beckermann, Th., Die Handwerkswirtschaft, eine volkswirtschaftliche Analyse, Essen 1965

Beckermann, Th., Partnerschaft zwischen Handwerk und Industrie in: Internationales Gewerbearchiv, 1969, S. 166 ff.

Breidenbach, P., Kooperation im Zulieferwesen Handwerk–Industrie, München 1966

Engels, L. u. *Wiedner, J.*, Entscheidungsgrundlagen für die Verlagerung von Teilfertigungen in der Investitionsgüterindustrie, in: BFuP, 1974, S. 156 ff.

Feuerbaum, E., Die Zubringer- und Montageindustrie, Berlin 1956

Gellner, B., Wird die kleine oder mittlere Unternehmung diskriminiert?, Berlin 1968

Hölscher, K., Eigenfertigung oder Fremdbezug – Entscheidungsmodelle für den Wirtschaftlichkeitsvergleich, Wiesbaden 1971

Laub, K., Voraussetzungen einer erfolgreichen Funktionsausgliederung und Zuliefertätigkeit in: IHW Berichte Nr. 2, München 1966

Männel, W., Die Wahl zwischen Eigenfertigung und Fremdbezug: Theoretische Grundlagen – Praktische Fälle, Herne/Berlin 1968

Mellerowicz, K., Betriebswirtschaftslehre der Industrie, Band I, Freiburg 1968

Petzold, I., Die Zulieferindustrie, Diss. der TU, Berlin 1968

Raisch, M., Die Konzentration in der deutschen Automobilindustrie, Berlin 1973

Schnutenhaus, O. R., Praktische Absatztechnik mittelgroßer Industriebetriebe, Berlin 1964

Selchert, W. F., Die Ausgliederung von Leistungsfunktionen in betriebswirtschaftlicher Sicht, Berlin 1971

Sloan, L., Guides to Better Subcontracting, in: The Management Review, 1961, S. 52 f.

Sundhoff, E./Ihle, H. A., Handwerksbetriebe als Lieferanten von Industrieunternehmungen, Göttingen 1964

Wernet, W., Zur Abgrenzung von Handwerk und Industrie, Münster 1965

Prof. Dr. RUDOLF BRATSCHITSCH,
Institut für Betriebswirtschaftslehre und Unternehmenspolitik, Universität Innsbruck

Autorenverzeichnis

Dipl.-Kfm. Michael ADLER, Institut für Wirtschaftsberatung und Revisionswesen der Universität München (Rechnungslegung nach Publizitätsgesetz)

Dr. Walter ANDREE, Schwalbach, kaufm. Niederlassungsleiter i. Fa. Wayss & Freytag AG, Frankfurt/Main (Anzahlungen) (Arbeitsgemeinschaften)

Günter Andreas ANDRESEN, Hauptgeschäftsführer der SABO/ROBERINE Maschinenfabriken, Dieringhausen (Product-Management)

Prof. Dr. Otto ANGEHRN, Lehrstuhl für Betriebswirtschaftslehre und Marktforschung an der Eidgenössischen Technischen Hochschule Zürich (Marktsegmentierung)

Prof. Dr. A. ANGERMANN, Universität Heidelberg (Industrie-Kontenrahmen)

Dr. Klaus Dieter ARNDT, verstorben 1974, ehem. Präsident des Deutschen Instituts für Wirtschaftsforschung, Berlin (Wirtschaftsforschung)

Rechtsanwalt Dr. Wolfgang BACHE, Wiesbaden (Betriebsverpachtung)

Dr. Victor BATAILLARD, Direktor des SIB Schweizerisches Institut für Betriebsökonomie und Leiter der Höheren Wirtschafts- und Verwaltungsschule, Zürich (Führungstechnik)

Dr. Erich BATZER, Ifo-Institut für Wirtschaftsforschung, München (Großhandel) (Konsumerismus)

Dipl.-Volksw. Adolf BAUER, Geschäftsführer des Arbeitgeberverbandes der Versicherungsunternehmen in Deutschland, München (Devisenkurse) (Dumping)

Rolph R. BERG, Abteilungsdirektor, Betriebswissenschaftliches Institut der ETH, Zürich (Feasibility)

Dr. rer. pol. Alfred BERNHARD, Vizedirektor der Georg Fischer AG, Schaffhausen (Einzelfertigung)

Prof. Dr.-Ing. Ulrich BERR, Lehrstuhl für Fabrikbetriebslehre und Unternehmensforschung, Technische Universität, Braunschweig (Fertigungssteuerung)

Ernst BESSERER, Direktor der Commerzbank AG, Frankfurt/M. (insbesondere für Wandel- und Optionsanleihen) (Schuldverschreibungen)

Hans-Joachim BETTERMANN, IBM-Deutschland, Stuttgart (Datenverarbeitung, Berufsbilder) (Datenverarbeitung, Organisations-Aspekte)

Dipl.-Kfm. Dr. Wolfgang BISCHOFF, Steuerberater, Bad Vilbel (Working Capital)

Dr. Jürgen BLANKENBURG, i. Fa. M. W. Joost, Assekuranz-Makler, Hamburg (Führungsnachwuchs) (Risiko-Management)

Prof. Dr.-Ing. Hans BLOHM, Leiter des Instituts für Angewandte Betriebswirtschaftslehre – Unternehmensführung, Universität Karlsruhe (Berichtswesen, betriebliches) (Geschäftsbericht)

Dr. Franz BÖCKER, Betriebswirtschaftliches Institut der Universität Erlangen-Nürnberg (Multivariaten-Analyse)

Dipl.-Kfm. Dr. Axel BOJE, Unternehmensberater BDU, Berlin/Düsseldorf (Verkaufsabwicklung)

Dr. Richard BRÄNDLE, Geschäftsführer, Wolf-Geräte GmbH, Betzdorf (Organisationspläne) (Unternehmensziele) (Wachstumsplanung)

3588 *Autorenverzeichnis*

Dipl.-Kfm. Dr. rer. pol. Horst BRANDT, Mitglied des Vorstandes der Allgemeinen Electricitäts-Gesellschaft, AEG-TELEFUNKEN, Frankfurt/Main (Investitionsrechnung)

Prof. Dr. Rudolf BRATSCHITSCH, Institut für Betriebswirtschaftslehre und Unternehmenspolitik der Universität Innsbruck (Anlagevermögen) (Zulieferindustrie)

Wiprecht BRODERSEN, Direktor der Dresdner Bank AG, Frankfurt/Main (Vermögensverwaltung)

Christa BRUHN-JADE, Staatl. gepr. Fachlehrerin, Leiterin des Sekretärinnen-Studios der Volkshochschule, Wiesbaden (Zentrales Schreibzimmer)

Prof. Dr. Georg BRUNS, Frankfurt/Main (Emission von Wertpapieren)

Dr. Willy BRUPBACHER, Finanz- und Wirtschaftsberater, Zürich (Investmentsparen)

Dr. Dietrich BUCHNER, Marketing-Berater und Geschäftsführer der Buchner & Wiersprecher GmbH, Düsseldorf (Marketing-Kommunikation)

Paul BUSCHMANN, Geschäftsführer der Jungheinrich Unternehmensverwaltung KG, Hamburg (Kundendienst)

F. M. COLLARD, Frankfurt/Main (Budgetierung) (Controller)

Joachim DAEGE, Knoll AG, Chemische Fabriken, Ludwigshafen/Rhein (Einkaufsorganisation)

Dr. Alfred DEGELMANN, Geschäftsführer des Rationalisierungs-Kuratoriums der deutschen Wirtschaft (RKW), Landesgruppe Bayern, München (Führungsstile) (Funktions-[Stellen-]Bezeichnungen)

Dr. Wilhelm DEGENHARDT, Kelkheim (Taunus) (Investitionsgüterindustrie)

Karl Hans DEMMER, Obering., Prokurist, Zentralbereich Betriebswirtschaft, Siemens AG, München Stellv. Obmann VDI-Gemeinschaftsausschuß Wertanalyse (Wertanalyse)

Dr. Ernest DICHTER, President der Ernest Dichter Creativity Ltd., Croton-on-Hudson, New York (Motivforschung, Neuere Aspekte)

Fritz DIETZ, Präsident der Industrie- und Handelskammer Frankfurt am Main – Präsident des Bundesverbandes des deutschen Groß- und Außenhandels e. V., Bonn (Ausbildung und Weiterbildung von Führungskräften)

Dipl.-Volksw. H. DOHSE, MMP Media-Marketing, Institut für MEDIA-Marketing, Forschung, Planung, Hamburg (Werbemittel und Werbeträger)

Dr. Gerhard DORN, Unternehmensberater, Wiesbaden (Lagerhaltung)

Gerd DÜBBERS, Steuerbevollmächtigter, Heiligenhaus (Werbekosten)

Dipl.-Volksw. Martin DÜRBAUM, Stuttgart (Public Relations)

Dr. Dietrich EHLE, Rechtsanwalt, Köln (Zölle und Abschöpfungen)

Direktor Dr. jur. Walter EHMCKE, Leiter der Bayrischen Vereinsbank, Hauptniederlassung Nürnberg (Kreditverhandlungen)

Dr. rer. pol. Herbert EHRENBERG, stellvertretender Vorsitzender der SPD-Bundestagsfraktion und des Ausschusses für Wirtschaft des Deutschen Bundestags, Bonn (Strukturpolitik)

Dr. Klaus EHRHARDT, Abteilungsdirektor, Marketing-Service und Öffentlichkeitsarbeit, 3M Deutschland GmbH, Neuss/Rh. (Preis- und Rabattpolitik) (Testmarkt)

Dipl.-Ing. Karl H. ENGEL, industrial engineering + Management Beratung – Planung – Weiterbildung, Gröbenzell b. München (Materialfluß) (Transportwesen, betriebliches)

Dr. Bernd R. FALK, Leiter des Instituts für Gewerbezentren, Starnberg/München, Lehrbeauftragter an der Universität Regensburg (Zentren des Handels)

Dr.-Ing. Hasso Freiherr von FALKENHAUSEN, Unternehmensberater, Principal, McKinsey & Company, Inc., Düsseldorf (Operations Research) (Transportkosten-Minimierung)

Dr. Ernst FALZ, Dir. i. R. d. Hoechst AG, Falkenstein i. Ts. (Einkaufsmanagement)

Alden L. FIERTZ, Directeur, Trade Development Bank, Genf (Management by Objectives)

Dipl.-Kfm. Dr. A. J. FISCHER, Leiter der Beratungsgruppe Fischer Management Consultants München, Milano, Paris, Zürich, Barcelona (Marketing-Organisation)

Dr. Ernst FISCHER, Rechtsanwalt, Direktor der Patentabteilung der Metallgesellschaft AG, Frankfurt/Main (Lizenzen)

Prof. Dr. Hellmuth FISCHER, UDF, Unternehmensberatung Dr. Fischer, Stuttgart (Datenverarbeitung in Gemeinschaftsrechenzentren)

Heribert FISCHER, München (Fernsehwerbung)

Prof. Dr. Otfried FISCHER, Direktor des Seminars für Allgemeine Betriebswirtschaftslehre und des Seminars für Bankbetriebslehre, Universität Hamburg (Bankkostenrechnung) (Kreditwürdigkeitsprüfung)

Dipl.-Volksw. Robert FISCHER, München (Leitende Angestellte)

Prof. Dr. Herbert FLÖGEL, Institut für Marketing, Dietzenbach-Steinberg, Fachhochschule Würzburg (Konkurrenz-Analyse)

Dipl.-Ing. Johannes FLÖTER, Regierungsbaudirektor a. D., Frankfurt/Main (Auftragsvergabe, öffentliche)

Anke FÖRSTER, Steuerberater, Goslar/Harz (Steuerliche Betriebsprüfung)

Wirtschaftsprüfer und Steuerberater Prof. Dr. Karl-Heinz FORSTER, Mitglied des Vorstandes der Treuarbeit AG, Wirtschaftsprüfungsgesellschaft und Steuerberatungsgesellschaft, Frankfurt/Main (Bewertung in der Bilanz nach Aktienrecht)

Prof. Dr. phil. Dr.-Ing. habil. Kurt FRÄNZ, Direktor, Allgemeine Electricitäts-Gesellschaft AEG-Telefunken, Bereich Forschung und Entwicklung, Forschungsinstitute Berlin, Frankfurt, Ulm (Foschungs-Management)

Dr.-Ing. G. FRANZEN, Infratest-Industria, Institut für Unternehmensberatung und Produktionsgüter-Marktforschung GmbH & Co., München (Dienstleistungen)

Dipl.-Kfm. Dipl.-Hdl. Dr. oec. Emil FRATZ, Bad Feilnbach (Sortimentspolitik in der Investitionsgüterindustrie)

Dr. Claus FREILING, Vorstandsmitglied der Rasselstein AG, Neuwied (Konzernrevision)

Dr. Karl-Heinz FREITAG, Bundesverband der Deutschen Industrie e. V., Abteilung Volkswirtschaft und Statistik, Köln (Statistik, volkswirtschaftliche)

Dr. Hans FRIEDRICHS, Geschäftsführer der Deutschen Gesellschaft für Personalführung e. V., Düsseldorf (Betriebsrat) (Personalorganisation)

Werner FUCHS, Unternehmensberatung für Managementmethoden, Hamburg (Arbeitstechnik)

Prof. Dr. Friedrich FÜRSTENBERG, Institut für Soziologie der Hochschule für Sozial- und Wirtschaftswissenschaften, Linz (Industriesoziologie)

Dipl.-Kfm. Dr. Ludwig FURTNER, Wirtschaftsprüfer und Steuerberater, Geschäftsführer der SRT Südbayerische Revisions- und Treuhandgesellschaft mbH., Wirtschaftsprüfungsgesellschaft, Steuerberatungsgesellschaft, Lehrbeauftragter an der Universität München (Einkommensteuer)

Information and Library Service GATT, Genf (GATT)

Eberhard GAU, Unternehmensberater, Stuttgart (Betriebsabrechnung)

Prof. Dr. E. GAUGLER, Universität Mannheim (Instanzen, betriebliche)

Prof. Dr. jur. Dieter GAUL, Köln/Düsseldorf (Arbeitsverträge mit Führungskräften) (Geschäftsbedingungen) (Geschäftsgeheimnis)

Dr. Siegfried GEIGER, Geschäftsführer der delta-Marketingforschung GmbH & Co., Konstanz (Innovation)

Dipl.-Volksw. Axel GERBERDING, Hamburg (Internationaler Handel)

Dipl.-Ing. Roland GERLINGER, Unternehmensberater, Königstein/TS. (Neue Produkte und Produktdifferenzierung)

Dipl. rer. pol. (techn.) Erich GEYER, Geschäftsf. Vorstandsmitglied der AW produktplanung – Arbeitsgemeinschaft der Wirtschaft für Produktdesign und Produktplanung e. V. (früher AW design), Stuttgart, und Lehrbeauftragter an der Fachhochschule Niederrhein, Krefeld (Industrial Design) (Produktplanung)

Dipl.-Kfm. Harald GIESBERT, Unternehmensberatung, Mömbris-Daxberg (Instandhaltungskosten) (Inventurbewertung des Vorratsvermögens)

Direktor Heinz GÖLTENBOTH, München (Lohnanreizsysteme in der Produktion)

Dipl.-Volksw. Dr. K. J. GOLDBECK, Wirtschaftssachverständiger, Köln (Konkurs, Vergleich, Zwangsvollstreckung)

Dr.-Ing. Heinz A. GORGES, Technisches Vorstandsmitglied der Tracor Jitco Inc., Rockville, Maryland USA (Umweltschutz)

Dr. Erich GREIPL, Ifo-Institut, München (Konsumerismus)

E. H. W. GROSS, Generalbevollmächtigter der Phywe AG, Göttingen (Garantieleistungen für Investitionsgüter)

Dipl. rer. pol. Rudolf GROSSMANN, Direktor der August Thyssen-Hütte AG, Duisburg-Hamborn (Konzernrechnungslegung)

Prof. Dr. Eberhard GÜNTHER, Präsident des Bundeskartellamtes, Berlin (Kartelle)

Prof. Dr. Rul GUNZENHÄUSER, Lehrstuhl für Informatik an der Universität Stuttgart (Mathematik für Manager)

Dr. Max HACKL, Mitglied des Vorstandes der Bayerischen Vereinsbank, München (Aufsichtsrat)

Dr. Helmut HAGEMANN, Teilhaber McKinsey & Company, Inc., München (Organisation)

Prof. Dr. Dietger HAHN, Justus-Liebig-Universität Gießen (Return on Investment-/Cash-Flow-Führungskonzeption)

Paul G. HAHNEMANN, Wirtschaftsberater, München (Verkauf und Produktion [Abstimmung])

Dr. Alexander HAIDEKKER, Leiter der Abteilung Unternehmensplanung der C. H. F. Müller Unternehmensbereich der Philips GmbH, Hamburg, Dozent am Lehr- und Forschungsinstitut für Industrielle Koordinierung, Hamburg-Bergedorf (Unternehmenssystemplanung) (Zukunftsbeeinflussung)

Claus M. HALLE, Präsident von The Coca-Cola Export Corporation, Atlanta, Ga., USA (Franchising)

Norbert HANDWERK, München (Fernsehwerbung)

Dipl.-Ing. Klaus K. HANFT, IBM Deutschland, München (Computerunterstütztes Konstruieren)

Dr. Dr. h. c. Heimo HARDUNG-HARDUNG, Inhaber und Vorstand der 2MI Aktiengesellschaft für Industrieberatung, Paris (Joint Ventures)

Klaus H. HARTLIEB, Vorstandsmitglied der Bayerischen Hypotheken- und Wechsel-Bank, München (Exportfinanzierung)

Direktor Dipl.-Kfm. Hansgeorg HARTMANN, Leiter der Abt. Revision, Gerling-Konzern, Versicherungs-Zentrale AG, Köln (Betriebsversicherungen)

Heinz HAUPT, Vereidigter und öffentlich bestellter Sachverständiger für angewandte Büro- und Nachrichtentechnik, Essen-Rüttenscheid (Fernsehen, angewandtes) (Nachrichtenmittel im Betrieb)

Prof. Dr. jur. Wolfgang HEFERMEHL, Universität Heidelberg (Gesellschaftsrecht)

Wolfgang HEIDEN, Deutsche Babcock & Wilcox AG, Oberhausen (Textverarbeitung)

Dipl.-Volksw. Heidi HEILMANN, geschäftsführende Gesellschafterin der INTEGRATA GmbH, Unternehmensberatung BDU, Tübingen (Altersversorgung, betriebliche) (Arbeitsablaufplanung für EDV)

Dr. Wolfgang HEILMANN, Geschäftsführer der INTEGRATA GmbH, Unternehmensberatung BDU, Tübingen (Arbeitsvorbereitung im Büro)

Prof. Dr. Dr. h. c. E. HEINEN, Universität München (Handelsbilanzen)

Dipl.-Ing. Dr. rer. pol. Lutz J. HEINRICH, o. Prof. für Betriebswirtschaftslehre, insbesondere Betriebsinformatik an der Universität Linz/Österreich, Direktor des ifbi-Institut für Fertigungswirtschaft und Betriebsinformatik (Mittlere Datentechnik)

Dipl.-Kfm. Emil HEMMER, Direktor der Bayerischen Vereinsbank, München (Insolvenzen)

Dr. Helmut HENGSTENBERG, Esslingen (Publizität)

Ing. Wolfgang HERRICH, DVI, Ingenieurberatung, Bielefeld (Konstruktionsbüro)

Albrecht HERTZ-EICHENRODE, Exploration und Bergbau GmbH, Issum (Konzernorganisation)

Dipl.-Kfm. Peter J. HESSE, Geschäftsführender Gesellschafter Fa. H. Schmincke & Co., Künstlerfarbenfabrik, Düsseldorf (Management-System)

Gerhard HESSEL, Mitglied der Geschäftsleitung der Alkor GmbH, München (Absatzplanung)

Dipl.-Kfm. Dr. Klaus HEYDE, Berlin (Liquidation) (Rentabilität) (Wirtschaftlichkeit)

Wolfgang HEYN, Geschäftsführer der delta-Marketingforschung GmbH & Co., Konstanz (Innovation)

Dipl.-Kfm. Dr. Wilhelm HICK, Prokurist und Leiter des Rechnungswesen der Degussa, Zweigniederlassung Hanau, Dozent an der Fachhochschule Frankfurt/Main. Fachbereich Wirtschaft (Monatsbilanzen)

Assessor Alfred HILLERT, Leiter des Zentralbereichs Personal- und Sozialwesen des Jenaer Glaswerks Schott & Co., Gen., Mainz (Arbeitszeit, gleitende)

Dr. Günther HÖCKEL, verstorben 1973, Deutsches Institut für Betriebswirtschaft e. V. (DIB), Bearbeitet: L. Reissinger (DIB), Frankfurt/Main (Amerikanisches Management) (Autorität im Betrieb) (Communications)

Dr. Klaus HÖFNER, Inhaber und Leiter von Dr. Höfner & Partner, Management und Marketing-Beratung, München (Sortimentspolitik in der Konsumgüterindustrie)

Prof. Dr. Reinhard HÖHN, Leiter der Akademie für Führungskräfte der Wirtschaft, Bad Harzburg (Stellvertretung als Führungs- und Organisationsprinzip)

Dipl.-Kfm. Dr. jur. Norbert HÖLTZCKE, Rechtsanwalt und Syndikus in Waltrop/Castrop-Rauxel bei Gewerkschaft Victor

Chemische Werke, Castrop-Rauxel (Preisrecht in der Wirtschaft)

Dipl.-Kfm. Max A. HOFBAUER, Wirtschaftsprüfer und Steuerberater, München (Gewerbesteuer) (Grundstücksfragen)

Dr. Götz HOHENSTEIN, Geschäftsführer des Management-Instituts Hohenstein GmbH, Dilsberg-Neuhof (Manager und Management)

Dipl.-Kfm. Dr. Hermann HORRMANN, Königstein/Taunus (Rohstoffmärkte, internationale)

Prof. Dr. Lothar HÜBL, Ordinarius für Volkswirtschaftslehre, Technische Universität, Hannover (Kreditpolitik)

Dipl.-Ing. Dipl.-Wirtsch.-Ing. Klaus HÜLCK, Grünwald b. München (Programmiersprachen)

Wirtsch.-Ing. (grad.) Gerhard HUGEL, freiberuflicher und unabhängiger Berater für betriebliche Energiewirtschaft, Germering b. München (Energieversorgung)

Dr. Dr. Dedo HUNDERTMARK, Rechtsanwalt, Wirtschaftsprüfer und Steuerberater Arthur Andersen & Co. GmbH, Wirtschaftsprüfungsgesellschaft, Steuerberatungsgesellschaft, Hamburg (Steuerstrafrecht) (Wertsicherungsklauseln)

Dipl.-Ing. Peter HUTH, Regierungsbaudirektor, Bonn (Datenverarbeitung, grafische)

Ministerialrat Dr. Franz INDRA, München (Schlichtungswesen)

Robert ISSLER, Berater für Informations- und Rechnungswesen, Uitikon-Waldegg, Schweiz (Bilanzen für Managementaufgaben) (Lohnanreizsysteme im Verkauf)

Hans Werner JAEGER, Jaeger & Partner Unternehmensberatung, Frankfurt/M. (Vertriebswege)

Dipl.-Kfm. Dr. Heinz JANISCH, Direktor im Unternehmensbereich Datentechnik der Siemens AG, Krailling b. München (Datenverarbeitung, integrierte)

Wirtschaftsprüfer und Steuerberater Dipl.-Kfm. Dr. Kurt JEHLE, München (Bilanzanalyse und Bilanzpolitik) (Gewinn- und Verlustrechnung)

Dr. Peter JESSEN, Verkaufstrainer BDU, Hannover-Otternhagen (Verkäufertraining)

Dr. Uwe JOHANNSEN, geschäftsführender Gesellschafter, J & M, Marketing & Research Consultants, München (Kommunikationsforschung) (Kommunikationsmarketing) (Werbeerfolgskontrolle)

Prof. Dr. Gerd JOHN, Lehrstuhl für Betriebswirtschaftslehre, Universität Regensburg (Steuerplanung)

Wilfrid M. JORES, Wipperfürth, Lehrbeauftragter an der Gesamthochschule Wuppertal (Gruppendynamik)

Dr. Heinz K. JOSCHKE, Professor an der Fachhochschule München (Break-even-Analyse) (Finanzplanung)

Dipl.-Volksw. Peter KADOW, Wiss. Assistent am Institut für Wirtschafts- und Finanzpolitik, Universität Erlangen-Nürnberg (Nutzen-Kosten-Analyse)

Dipl.-Volksw. Christel KÄMMERER, Bad Honnef/Rhein (Arbeitszeit, variable)

Ing. (grad.) Rolf KAINZ, VDI, Unternehmensberater, Eßlingen/Neckar (Arbeitsvorbereitung im Betrieb)

Wirtschaftsprüfer, Dipl.-Kfm. Dr. Hermann KAROLI, Geschäftsführender Gesellschafter der Karoli-Wirtschaftsprüfung GmbH, Essen (Wirtschaftsprüfung)

Ministerialdirigent Wolfgang KARTTE, Bundesministerium für Wirtschaft, Bonn (Wettbewerbsbeschränkungen, Gesetz gegen)

Dr. Horst G. KARUS, Deputy President, AKZO International B. V., Arnheim/Holland (Management, multinationales)

Dipl.-Kfm. Klaus KETELBOETER, Direktor der Hermes Kreditversicherungs-AG, Hamburg (Ausfuhrgarantien)

Prof. Dr. Dr. Walter KERBER S. J., Hochschule für Philosophie, München (Mitbestimmung)

Dr.-Ing. Horst KIEMLE, Geschäftsbereich Datenverarbeitung der Siemens AG, München (Speicherverfahren, optische)

Dipl.-Psych. Josef E. KLAUSNITZER, Verhaltenspsychotherapeut, Leiter des PSYCHOGENIA-Instituts, München (Personalberatung/Verhaltenstraining) (Betriebspsychologie) (Eignungstest)

Dr. Friedrich KLEINE, Direktor der Henkel KGaA, Düsseldorf (Geschäftsordnung) (Geschäftsverteilungsplan)

Dr. Herbert KLÖNE, Maschen b. Hamburg (Wertsicherungsklauseln)

Rasto KLOPCIC, Geschäftsführer der Finanz-Leasing GmbH & Co. KG, Wiesbaden (Leasing)

Prof. Dr. Claus KÖHLER, Mitglied des Direktoriums der Deutschen Bundesbank, Hannover (Kreditpolitik)

Dr. Dietrich KÖLLHOFER, Direktor der Bayerischen Vereinsbank, München (Umlaufvermögen)

Erich KÖRLIN, Unternehmensberater, Murnau b. München (Vertriebskosten)

Dr. Heinz KÖSTER, Vorstandsmitglied der Gerling Konzern Allgemeine Versicherungs-AG, Köln (Produkt-Haftpflicht)

Dipl.-Kfm. Jürgen KOINECKE, Unternehmensberater, Hamburg (Auslandsniederlassungen)

Dipl.-Phys. Erwin KONRAD, Hard bei Bregenz, Geschäftsführer der Organisation Plaut AG (Kostenplanung und -kontrolle)

Dipl.-Ing. Herbert KRIPPENDORF, Ratingen (Automatisierung im Lager)

L. KROEBER-KENETH, Personalberater, Mitglied der Deutschen Gesellschaft für Psychologie und des Berufsverbandes Deutscher Psychologen e. V., Schönberg/Kronberg (Frauen im Betrieb)

Dipl.-Math. Lothar KRÜGER, Siemens AG, München (Time-Sharing)

Dipl.-Ing. Henrik H. KURSCHEWITZ, Geschäftsführer Direktor der Brown, Boveri & Cie AG, Mannheim-Käfertal (Group Technology)

Max LAMBERTS, München (Fernsehwerbung)

Dr. Manfred LANGE, R. A. Oetker Zentralverwaltung, Bielefeld (Produkt- und Preistest)

Richard LANGER, Unternehmensberater, Frankfurt/Main (Führungskräfte)

Dr. Helmut LAUMER, Abteilungsleiter am Ifo-Institut für Wirtschaftsforschung, München (Einzelhandel)

Eberhard LAUTERBACH, Königstein/Taunus (Planung für Krisen)

Prof. Dr. Manfred LAYER, Seminar für Industriebetriebslehre und Organisation der Universität Hamburg (Deckungsbeitragsrechnung) (Direct Costing)

Dipl.-Kfm. Ewald LECHTE, Herrenberg (Erfolgskontrolle und Erfolgssteuerung mit EDV)

Wilhelm LEHMANN, ehem. Mitglied des Vorstandes der Siemens AG, Erlangen (Vorstand)

Dipl.-Ing. Heinz LEIB, Leiter der Abteilung Entsorgung der BASF AG, Ludwigshafen (Müllverwertung in der Wirtschaft)

Dipl.-Kfm. Joachim LEISSLER, München (Verkaufsstatistik)

Dipl.-Kfm. Walfried LIENERT, Prokurist der Aluminium-Verwaltungs Ges. mbH., Bonn (Anlageverwaltung)

Dr. rer. pol. Rolf LIERTZ, Mitglied des Vorstandes H. F. & Ph. F. Reemtsma, Hamburg (Management-Techniken)

Dipl.-Kfm. J. H. LIETZ, bei Dr.-Ing. F. Porsche AG, Stuttgart-Zuffenhausen (Import)

Dr.-Ing. Fritz O. A. LINDEMANN, Korschenbroich-Glehn (Rationalisierung)

Prof. Dr. P. LINDEMANN, Honorarprofessor der Universität Mannheim und leitender Chefberater bei der IBM Deutschland, Stuttgart (Kybernetik)

Dipl.-Kfm. Frank LINK, Kreutles (Verbraucherpanel)

Dr. Peter LINNERT, Unternehmensberater, Dozent, Hamburg (Absatzpolitik, selektive) (Betriebsstatistik)   (Marketingplanung) (Verkaufsberichte)

Dr. Walter LIPPENS, Direktor der Deutschen Bank AG, Frankfurt/M. (Investitionen im Ausland)

Dr. Hans E. LITTMANN, Mettmann (Organisationsmittel) (Produktivität)

Dr. jur. Dr. oec. publ. Gerold LOOS, Rechtsanwalt und Fachanwalt für Steuerrecht, Direktor der Aktiengesellschaften der Agrippina Versicherungsgruppe, Köln (Umwandlung)

Prof. Dr. Klaus LÜDER, Universität Hamburg (Investitionskontrolle)

Dipl.-Math. Theo LUTZ, IBM Deutschland (Stuttgart), Leiter der Abteilung Produktprognosen (Datenbanken) (Informatik)

Prof. Dr. rer. pol. Wolfgang MÄNNEL, ord. Professor für Betriebswirtschaftslehre an der Universität Dortmund, Inhaber des Lehrstuhls für Fertigungswirtschaft (Eigenfertigung/Fremdbezug)   (Kostenspaltung)

Dr. Kasimir M. MAGYAR, Marketingdirektor, Extavayer-le-Lac, Schweiz (Produkt-, Marken- und Firmenimage)

Dipl.-Kfm. Dr. rer. pol. Hans Georg MANGOLD, Dortmund (Versandhandel)

Dr. James De V. MANSFIELD, Direktor PA Schweiz (Zürich), Tochtergesellschaft der PA International Management Consultants (Personal-Management)

Prof. Dr. Alexander MARETTEK, Technische Universität Clausthal (Gewinnplanung)

Prof. Dr. Werner MEDICKE, Vorstandsmitglied der Organisation Plaut AG, Unternehmensberatung, Figino/Lugano (Grenzplankostenrechnung)   (Materialabrechnung) (Plankostenrechnung)

Prof. Dr. Hans Günther MEISSNER, Lehrstuhl für Marketing, Universität Dortmund (Vertriebspolitik)

Dipl.-Volksw. H.-Th. METZE, Dietzenbach (Fehlzeiten)

Leitender Regierungs-Direktor a. D. Willy MIOSGA, ehem. Leiter der Warenzeichen-Abteilung und der Internationalen Markenstelle des Deutschen Patentamts, München (Warenzeichen und Marken)

Dr. Gerhard MÖSSLANG, Richter am Finanzgericht, München (Pensionsrückstellungen)

Helmut MORSBACH, Direktor der Dresdner Bank AG, Frankfurt/Main (Bankbilanz)

Hans-Peter MRACHACZ, Geschäftsführer der RADO-PLAN GmbH, Poing b. München (Betriebssysteme)

Dipl.-Ing. Dr. rer. pol. Heinrich MÜLLER, Generalbevollmächtigter der Organisation Plaut AG, Unternehmensberatung, Figino/Lugano (Modularprogramme) (Plankalkulation)

Peter MÜLLER, Chefredakteur der Zeitschrift data report, München (Datenverarbeitung, elektronische)

Dr. jur. Welf MÜLLER, Rechtsanwalt, Steuerberater, Frankfurt/M. (Stiftungen)

Prof. Dr. Heiner MÜLLER-MERBACH, Technische Hochschule Darmstadt, Fachgebiet Betriebswirtschaftslehre (Operations Research) (Heuristische Verfahren) (Risikoanalyse)

Dipl. rer. pol. Carlheinz NAUMANN, beratender Volkswirt VBV, Marketing- und Management-Beratung BDU, Nürnberg (Seminarerfolgskontrolle)

Wirtschaftsprüfer Dipl.-Volksw. Dr. Helmut NEUBERT, Persönlich haftender Gesellschafter der Dr. Helmut Neubert Unternehmensberatung KG, Wirtschaftsprüfungsgesellschaft, Düsseldorf (Cash Flow, totaler) (Management-Kontrolltechniken)

Dipl.-Kfm. Karl NEUPERT, Leiter der Hauptabteilung Service der Coca-Cola GmbH, Essen (Franchising)

Ing. (grad.) Klaus NIEMEYER, Leiter der Abteilung Planspiele der IABG, Ottobrunn b. München (Planspiel, computergestützt) (Systemanalyse)

Dr. Günther NIETHAMMER, Rechtsanwalt, München (Doppelbesteuerung)

Rechtsanwalt Prof. Dr. jur. Wilhelm NORDEMANN, FU und TU Berlin (Urheberrecht)

Hans OBERGETHMANN, Wirtschaftsjournalist und Fachschriftsteller, Neufahrn (Versicherungen des Unternehmens)

Dipl.-Volksw. Dr. rer. pol. Hans-Heinz OPPERMANN, Arbeitsgemeinschaft für wirtschaftliche Betriebsführung und soziale Betriebsgestaltung e. V., Heidelberg (Arbeitsmarkt) (Internationaler Zahlungsverkehr)

Dipl.-Ing. Bernhard OSSWALD, Vorstandsmitglied der Bayerischen Motoren Werke AG, Leiter des Bereiches Entwicklung, München (Entwicklung und Entwicklungskosten)

Dieter OSTER, Geschäftsführer der Lever Sunlicht GmbH, Hamburg (Management Development)

Dipl.-Kfm. Dr. Klaus Dirk PAMPE, Düsseldorf (Sortimentspolitik in Dienstleistungsbetrieben) (Zielgruppen)

(R. L.) mit freundlicher Genehmigung von Prof. Dr. C. Northcote PARKINSON (Parkinsons Gesetz)

Dr. Volker H. PEEMÖLLER, wissenschaftlicher Assistent im Institut für Wirtschaftsprüfungs- und Beratungswesen der Universität Würzburg (Organisationsprüfung)

Dipl.-Ing., Dipl.-Wirtsch.-Ing. Günther PEETZ, Messerschmitt-Bölkow-Blohm GmbH, DV-Produktsicherung, München (Bildschirm, interaktiver)

Dr. Kurt PENTZLIN, Hannover (Preisbindung)

Dr. Rudolf PFEFFER, Rechtsanwalt, Direktor i. R. der Commerzbank AG, Düsseldorf (Schuldscheindarlehen)

Dr. Christoph PFEIFFER, Vorsitzender des Vorstandes der Kölnischen Rückversicherungs-Gesellschaft, Köln (Rückversicherung)

H.-G. PLAUT, Unternehmensberatung, Figino/Lugano (Krisen-Management)

Dipl.-Volksw. Jürgen POECHE, Bundesverband der Deutschen Industrie e. V., Köln (Wettbewerbsformen)

Prof. Dr. Ludwig G. POTH, Düsseldorf (Marketing) (Marketing-Mix)

Dr. med. Wilhelm PREUSSER, Institut für Ganzheitsmedizin, Rosenheim (Stress)

Dr. jur. Georg Engelbert QUACK, Oberregierungsrat, Lehrbeauftragter der Universität München (Organschaft)

Wolfgang QUADFLIEG, München (Kommunikationsforschung)

Dr. rer. pol. Magnus RADKE, Generalbevollmächtigter der Telefonbau und Normalzeit GmbH, Frankfurt/Main (Kennzahlen) (Kostensenkung)

Friedrich Carl REIN, Rechtsanwalt und Steuerberater in München (Mehrwertsteuer)

Prof. Dr. Paul RIEBEL, Direktor des Seminars für Verkehrsbetriebslehre und Mitdirektor des Seminars für Industriewirtschaft der Johann-Wolfgang-Goethe-Universität, Frankfurt/Main (Kuppelproduktion und -kalkulation)

Prof. Dr. Rolf RODENSTOCK, apl. Professor an der Universität München, Vorsitzender des Institutes der Deutschen Wirtschaft, Köln (Management heute)

Dr. rer. pol. Dipl.-Volksw. H. RÖLLE, Unternehmensberatung, Seevetal (Internal Control)

Alfred RONNEBERGER, B. Com., R. I. A., C. A., Partner, Arthur Andersen & Co., Chartered Accountants, Toronto, Kanada (Management Accounting)

Dr. Hans ROSENKRANZ, Dipl.-Hdl., Unternehmensberater, München (Ausbildung der Ausbilder)

Prof. Dr. phil. Lutz von ROSENSTIEL, Dipl.-Psych. Wiss. Rat am Fachbereich für Wirtschafts- und Sozialwissenschaften an der Universität Augsburg (Werbemittelforschung)

Prof. Dr. Hans RUCHTI, Universität Würzburg (Abschreibungen)

Prof. Dr. Hans RÜHLE VON LILIENSTERN, Frankfurt/Main (Kooperation)

Dipl.-Ing. Karl-Heinz RÜSBERG, Techn. Vorstand der Aug. Enders AG, Lüdenscheid (Multiproject-Management)

Prof. Dr. Gustav SAAGE, WP/StB, Lehrbeauftragter an der Universität Göttingen (Management-Prüfung)

Prof. Dr. August SAHM, Technische Universität München, Leiter des zentralen Bildungswesens der Messerschmitt-Bölkow-Blohm GmbH (Ausbildungsplanung) (Fallstudien) (Motivation)

Dr. Manfred SARX, Wirtschaftsprüfer und Steuerberater, München (Steuerbilanz)

Manfred SAUER, stellv. Geschäftsführer der Nestlé-Gruppe Deutschland GmbH, Frankfurt/Main (Planung, langfristige)

Herbert SCHAAF, Gesellschafter der Heye & Partner Werbeagentur GmbH, München-Unterhaching (Direktwerbung)

Dipl.-Kfm. Dr. Hans Eberhard SCHEFFLER, Mitglied des Vorstandes der Firma Carl Zeiss, Oberkochen (Vorratsbewertung) (Wertminderungen)

Dr. Klaus SCHELLE, Vorstandsmitglied, Karl-Bräuer-Institut des Bundes der Steuerzahler, Wiesb./Stgt. (Finanzpolitik)

Georg SCHEPERS, Mitgl. des Vorstandes der Heller Factoring Bank AG, Mainz (Factoring)

Dr.-Ing. Günther SCHIEFERER, Hauptabteilungsleiter, Daimler-Benz AG, Sindelfingen (Fließarbeit)

Dr.-Ing. Dipl.-Wirtsch.-Ing. Konrad SCHLAICH †, Leiter des REFA-Institutes des Verbandes für Arbeitsstudien-REFA e. V., Darmstadt (Arbeitsplatzgestaltung) (Industrial Engineering)

Eduard SCHLEINKOFER, Bezirkssekretär der IG Metall, München (Tarifverhandlungen)

Helmut SCHLEMBACH, Köln (Aktienanalyse und -bewertung)

Oberregierungsrat i. R. Dr. jur. Karl SCHLESSMANN, Goslar (Arbeitgeberstellung) (Arbeitsrecht) (Lohnfortzahlung)

Jakob SCHMID, Leiter Hauptabteilung Einkauf und Materialverwaltung, Georg Fischer AG, Schaffhausen (Beschaffungsmärkte)

Prof. Dr. rer. nat. Heinz SCHMIDTKE, Institut für Ergonomie der TU München (Ergonomie)

Dieter SCHNEIDER, Industriegewerkschaft Metall für die Bundesrepublik Deutschland, Frankfurt/Main (Gewerkschaften)

Rechtsanwalt Dr. Ernst SCHNEIDER, Frankfurt/Main (Aktienrecht)

Dipl.-Volksw. Sigrid SCHOLTEN, Bundesverband der Deutschen Industrie e. V., Köln (Konsumgüterindustrie)

Prof. Dr. Herbert SCHOLZ, Leiter der Sozialakademie Dortmund, Lehrstuhl für Arbeitswissenschaft (Arbeitsphysiologie)

Dr. Gerhard SCHOTT, Unternehmensberatung BDU, Nürnberg (Betriebsvergleich) (Indexzahlen)

Dr. Dieter SCHRÖDER, Mitglied der Geschäftsleitung der Prognos AG, Basel (Regionalpolitik)

Prof. Dr.-Ing. Hans-Erich SCHUBERT, Lehrstuhl für Baustoffkunde, Technische Universität München (Materialprüfung)

Rechtsanwalt Dr. jur. Hans SCHUCK, Direktor der Deutschen Bank AG, München (Schachtel-Beteiligung)

Richard SCHÜLER, Geschäftsführer, Vallendar/Koblenz (Vorschlagswesen, betriebliches)

Dipl.-Ing. Horst SCHÜRHOFF, Geschäftsführer der System-Service GmbH, Düsseldorf (Zeit-Arbeit)

Dipl.-Volksw. Karl SCHUHMANN, Gesellschaft für Konsum-, Markt- und Absatzforschung e. V., Nürnberg (Kaufkraftvergleiche) (Verkaufsbezirke)

Kurt H. SCHULDES, Leiter des Personal- und Sozialwesens der Möller Werke GmbH, Bielefeld (Großraumbüro)

Dipl.-Kfm. Jürgen SCHULTZKE, WP, Arthur Andersen & Co. GmbH, Frankfurt/Main (Cash Flow)

Albert SCHWARZ, Leiter der Stabsabteilung Information im Battelle-Institut e. V., Frankfurt/Main (Vertragsforschung)

Hans-Otto SCHWARZ, Leiter der Kostenrechnung und Handlungsbevollmächtigter der VICKERS Bad Homburg v. d. H., Zweigniederlassung der Sperry Rand GmbH (Erfolgsrechnung) (Kalkulation)

Dr.-Ing. Ferdinand SCHWEIGER, Gewerbedirektor, Institutsleiter, Bayerisches Landesinstitut für Arbeitsschutz, München (Unfallverhütung im Betrieb)

Prof. Dr. Marcell SCHWEITZER, Universität Tübingen (Kostenrechnung)

Dipl.-Kfm. Curt SCHWESINGER, Sonthofen (Einkauf von Investitionsgütern)

Dipl.-Volksw. Dr. Rolf SEEBAUER, Unternehmensberater, München (Marketing, internationales)

W. SEGESSER, Vicedirektor, Chef Organisationsdienst, Swiss Air, Zürich (Bewertung von Führungskräften)

Prof. Dr. rer. oec. Johannes J. SEIBEL, Solingen (Finanzmanagement) (Kapitalbeschaffung)

Dipl.-Soziologe Wolfram SEIDEL, Allgemeine Deutsche Philips Industrie GmbH, Hamburg, Sozialpolitische Abteilung, Lehrbeauftragter an der Universität Hamburg (Konfliktsteuerung im Unternehmen)

Direktor Jochen SELL, Geschäftsführer des Bereiches Materialwirtschaft, Pfaff Industriemaschinen GmbH, Kaiserslautern (Beschaffungsplanung)

Johannes SEMLER jr., Oberursel/Ts. (Beteiligungen)

Prof. Dr. Jürgen SIEBKE, Institut für Theoretische Volkswirtschaftslehre der Universität Kiel (Gewinnbeteiligung)

Dr. Werner SIEGERT, Geschäftsführ. Vorstandsmitglied Deutsche Management-Gesellschaft e. V., Düsseldorf (Management-Bildung)

Ullrich SIEVERT, Geschäftsführer der Verkaufsleiterakademie e. V., Frankfurt/Main (Verkäuferauswahl) (Verkäuferführung)

Jörg M. SIMPFENDÖRFER, Direktor und Personalleiter der IBM Deutschland GmbH, Bereich Datenverarbeitung, Stuttgart (Personalinformationssysteme)

Dipl.-Kfm. Arno SÖLTER, Bundesverband der Deutschen Industrie e. V., Köln (Konzentration)

Dipl.-Kfm. Helmut SOLMS, Geschäftsführer der Stahl- und Röhrenwerke Reisholz GmbH, Düsseldorf-Reisholz (Rechnungswesen)

Prof. Dr. Karl-Gustav SPECHT, Vorstand des Seminars für Soziologie, Universität Erlangen-Nürnberg (Betriebssoziologie)

Dipl.-Kfm. Wolfgang SPRISSLER, Institut für Wirtschaftsberatung und Revisionswesen der Universität München (Rechnungslegung nach Publizitätsgesetz)

Dr. Peter STÄGER, Hauptdirektor der Schweizerischen Kreditanstalt, Zürich (Zahlungsbedingungen [Terms of Payment])

Kurt STEINLE, Abteilungsdirektor der Bayer AG, Leverkusen, Leiter der Geschäftsbuchhaltung (Jahresabschluß)

Ing. Walter STORK, M. Sc. M. E. (Wayne State University, Detroit, USA) Bayerische Motoren Werke AG, München (Entwicklung und Entwicklungskosten)

Charles STROMMENGER, Assistant Director, ITT, Brüssel (Linear Responsibility Charting, LRC Lineares Verantwortungs-Diagramm)

Dr. jur. Lic. jur. utr. Karl Erhard STRUNKMANN-MEISTER, Rechtsanwalt, München (Gewerblicher Rechtsschutz) (Musterrecht) (Wettbewerb, unlauterer)

Dr. rer. pol. Dipl.-Volksw. Gerd TACKE, Mitglied des Aufsichtsrats der Siemens AG, München (Multinationale Unternehmen)

Dr.-Ing. Wilhelm M. TEWORTE, Chemiker und Prokurist der Duisburger Kupferhütte, Duisburg, Leiter der Abteilung Umweltschutz (Luftreinhaltung)

Dr. rer. pol. Werner THOMAS, Leiter der Abteilung Unterrichtsmethoden in der IBM Schule für Datenverarbeitung, Sindelfingen; Lehrbeauftragter an der Universität Tübingen im Fachbereich Sozial- und Verhaltenswissenschaften, Pädagogik (Computer und Unternehmung) (Programmierter Unterricht)

Prof. Dipl.-Ing. Dr. phil. Norbert THUMB, Arbeitswissenschaftliches Institut, Technische Hochschule Wien (Flow charts)

Obering. Heinz TIMME, Goetzewerke Friedrich Goetze AG, Burscheid (Arbeitsbewertung)

Dr. sc. pol. Manfred TIMMERMANN, ord. Professor für Verwaltungswissenschaft an der Universität Konstanz (Entscheidungsbaumverfahren) (Wirtschaftlichkeitsrechnung)

Dr. Paul TOEPLER, Rechtsanwalt, München (Eigentumsvorbehalt)

Dipl.-Volksw. Dr. rer. pol. Werner TRAUB, Vorstandsmitglied, Deutsche Messe- und Ausstellungs-AG, Hannover (Dezentralisierung)

Dipl.-Kfm. Peter J. TRAUTH, Geschäftsführer und Gesellschafter der Team-Werbeagentur GmbH & Co. KG, GWA, Düsseldorf (Werbeagenturen)

Prof. Dr. Bartho TREIS, Betriebswirtschaftliches Seminar der Universität Göttingen (Handelsmarken)

Dr. Klaus TRÖSTER, Wirtschaftsjurist, Personaldirektor der SWF Spezialfabrik für Autozubehör, Bietigheim (Personalkosten)

Dipl.-Ing. Heinrich TULLY, Mitglied des Vorstandes der Pittler Maschinenfabrik AG, Langen bei Frankfurt/Main (Automatisierung im Betrieb)

Prof. Dr.-Ing. Günter W. TUMM, Leiter Unternehmensplanung Continental Gummiwerke AG, Hannover (Entscheidungsfindung)

Prof. Dr. Eberhard ULICH, Lehrstuhl für Arbeits- und Betriebspsychologie, Eidgenössische Technische Hochschule, Zürich (Industriepsychologie)

Dipl.-Volksw. Alexander Freiherr von UNGERN-STERNBERG, Unternehmensberater, Heidelberg (Zentralisation von Aufgaben)

Oberstleutnant i. G. Hasso Freiherr von USLAR-GLEICHEN, Lüneburg (Logistik)

Dipl.-Ing. Wolfgang VERGIELS, Jaeger & Partner Unternehmensberatung, München (Vertriebswege)

Dipl.-Kfm. Dr. Rolf VIEWEG, Geschäftsführer des Institutes für Unternehmensberatung, Lehrbeauftragter an der Universität Hamburg, und Dozent an den Wirtschaftsakademien Hamburg und Großhansdorf (Datenverarbeitung — Praktischer Einsatz für das Management)

Dr. Günter VOLLRATH, Direktor der Zentralen Verkaufsschulung, Allgemeine Electricitäts-Gesellschaft, AEG-Telefunken, Frankfurt und Berlin (Besuchsplanung und Besuchsvorbereitung im Vertrieb)

Günter WADUSCHAT, Eckenhagen (Export)

Prof. Dr. Horst WAGENFÜHR, Schondorf/Ammersee (Futurologie) (Kreativitätsforschung)

Dr. jur. Hellmuth WAGNER, Geschäftsführendes Präsidialmitglied des Bundesverbandes der Deutschen Industrie e. V., Köln (Wirtschaftsverbände)

Dr. Felix WALDRAFF, Gerlingen bei Stuttgart (Sozialleistungen im Betrieb)

Dipl.-Volksw. Eberhard WALZ, Kfm. Direktor der Firma LEWA Herbert oHKG, Leonberg (Liquiditätsrechnung)

Walter WANNENMACHER, Redaktion »Deutsche Zeitung«, Bonn-Bad Godesberg (Wirtschaftspresse)

Dipl.-Volksw. Alfred WEHNER, Geschäftsführer der VORSPANN-WERBUNG, Heilbronn (Datenerfassung)

Dr. jur. Günter WEISSE, Rechtsanwalt, Fachanwalt für Steuerrecht, Bonn (Körperschaftsteuer)

Dr. Winfried WERNER, Rechtsanwalt, Chefsyndikus der Deutschen Bank AG, Frankfurt/Main (Aktienrecht) (Konzernrecht)

Bruno WIERTZ, Jesteburg b. Hamburg (Job-Enrichment)

Prof. Dr. Jürgen WILD, Universität Freiburg, Betriebswirtschaftliches Seminar (Informationstheorie) (Input-Output-Analysen) (Organisationsstrukturen)

Dr. Günther WILKE, Rechtsanwalt, Frankfurt/Main (Aufträge, öffentliche) (Kaufvertrag) (Testament zur Unternehmenssicherung)

Dr. Friedrich WILLE, beratender Betriebswirt, Freudenstadt-Wittlensweiler (Profit Center)

Dipl.-Ing. Gerd WILLWACHER, Zoologisches Institut der Albert-Ludwigs-Universität, Freiburg (Biokybernetik)

Wilhelm P. WINTERSTEIN, Prokurist, Leiter des Bereiches Betriebsplanung und Distribution der Dunlop AG, Hanau (Inventur)

Prof. Dr. Eberhard WITTE, Universität München (Liquiditätspolitik)

Prof. Dr. Robert WITTGEN, Universität München (Finanzierung)

Prof. Dr. Günter WÖHE, Ordinarius für Betriebswirtschaftliche Steuerlehre und Revisions- und Treuhandwesen der Universität des Saarlandes (Unternehmensformen)

Max WOITSCHACH, IBM Deutschland GmbH, Stuttgart (Zufall und Wahrscheinlichkeit in der Entscheidungsfindung)

Herbert WOLF, Generalbevollmächtigter der Commerzbank AG, Frankfurt/M. (Schuldverschreibungen)

Prof. Jakob WOLF, Fachhochschule Regensburg (Firmenwert)

Ottokar John WOLF, Nestlé-Vevey/Schweiz (Einführung neuer Produkte) (Einführungspreise für neue Erzeugnisse)

Prof. Dr. Rolf WUNDERER, Universität Essen (GHS) (Arbeitsplatzbeschreibung [Stellenbeschreibung]) (Personalbeurteilung)

Prof. Dr. Klaus v. WYSOCKI, Wirtschaftsprüfer und Steuerberater, o. Prof. für Betriebswirtschaftslehre an der Universität München (Konzernrechnungslegung nach dem Publizitätsgesetz) (Weltbilanzen)

Dipl.-Kfm. Ekkehard ZAHN, Unternehmensberater, Hamburg (Auslieferungslager)

Dr. Ernst ZANDER, Vorstandsmitglied der Hamburgischen Electricitäts-Werke AG, Hamburg (Gehaltsfestlegung)

Dipl.-Kfm. Dr. rer. pol. Hans Rudolf ZARTH, Marketing- und Personalberatung/IPT Gruppe, Wiesbaden (Verkaufsförderung)

Dr. Alfred ZEICHEN, Institut für Betriebswirtschaftslehre und Unternehmenspolitik der Universität Innsbruck (Anlagevermögen) (Zulieferindustrie)

Wolfgang ZIELKE, Wirtschaftspädagoge, Düsseldorf (Berichteschreiben) (Gebrauchsanweisungen) (Kommunikationstechnik) (Lesetechniken für Manager) (Programmierte Instruktion)

Dr. Carl ZIMMERER, Geschäftsführender Gesellschafter der Interfinanz GmbH & Co., Düsseldorf (Aktienbilanz) (Fusionen) (Unternehmensbewertung) (Unternehmenshandel)

Prof. Dr. H.-J. ZIMMERMANN, Direktor des Instituts für Wirtschaftswissenschaften, Lehrstuhl für Unternehmensforschung (Operations Research) an der Rhein.-Westf.-Technischen Hochschule Aachen (Entscheidungstheorie) (Projektmanagement – operationsanalytische Hilfsmittel)

Verzeichnis aller Beiträge

Stichwortverzeichnis
(Die halbfett gedruckten Zahlen vor der Seitenzahl verweisen auf den jeweiligen Band)

Wirtschaft

+ Wirtschaftspolitik

**DDR-Wirtschaft —
eine Bestandsaufnahme**
Hg.: Deutsches Institut für
Wirtschaftsforschung Berlin.
Originalausgabe
Bd. 6259

**Warenproduktion
im Sozialismus**
Überlegungen zur Theorie
von Marx und zur Praxis
in Osteuropa.
Jiři Kosta/Jan Meyer/
Sybille Weber
Originalausgabe
Bd. 6184

**Ökonomische Theorie und
unterentwickelte Regionen**
Gunnar Myrdal
Bd. 6243

Der verkaufte Käufer
Die Manipulation
der Konsumgesellschaft.
Wolfgang Menge
Bd. 1374

**Handlexikon
Datenverarbeitung**
Carl Schneider
Bd. 6143

**Marketing Management
für den Praktiker**
Stephen Morse
Bd. 1356

Volkswirtschaftslehre
Karl Häuser
Funk-Kolleg Band 2
Originalausgabe
Bd. 6101

**Fischer Lexikon
Wirtschaft**
Hg.: Heinrich Rittershausen
Bd. FL 8

**Der Fischer Weltalmanach
Zahlen, Daten, Fakten**
Hg.: Gustav Fochler-Hauke
Originalausgabe
Bd. WA 76

FISCHER
TASCHENBÜCHER

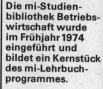